Vorwort

Das Buch „Kompetent in der Kita" wendet sich an Schülerinnen und Schüler in der sozialpädagogischen Erstausbildung der Berufsfachschule für Sozialassistenz, sozialpädagogische Assistenz bzw. Kinderpflege.

Fachlich bildet es den neuesten Stand ab und es werden die Ziele und Inhalte der Bildungspläne verschiedener Bundesländer bearbeitet. Dabei wurden vor allem die neuesten Erkenntnisse in der frühkindlichen Betreuung, Bildung und Erziehung berücksichtigt. Da es sich um ein Lehrbuch für eine Erstausbildung handelt, werden die für die Praxis grundlegenden Themenbereiche sehr ausführlich, andere darauf aufbauende Themen kürzer vorgestellt.

Die Struktur des Buches ermöglicht sowohl den Einsatz im durch eine Lehrkraft strukturierten Unterricht als auch die selbstständige Bearbeitung der Kapitel als Schülerin/Schüler. Damit bietet es methodisch den Ansatz zum selbst organisierten Lernen. Die Reihenfolge der Kapitel orientiert sich an einer inneren, thematischen Logik. Jedes Kapitel kann einzeln für sich bearbeitet werden.

Die Kapitel haben folgenden Aufbau:
1. Lernsituation
2. Zu erlernende Kompetenzen
3. Theoretische Inhalte mit Aufgaben zur Vertiefung und Anwendung (Fachteil)
4. Durchspielen einer vollständigen Handlung
5. Weitere Lernsituationen
6. Aufgaben zur Selbstreflexion
7. Praxisaufgaben

Die Lernsituation ist dabei das strukturgebende Element und steht für den Wunsch der Autorinnen, den Theorie-Praxis-Bezug in der Ausbildung als Aufgabe und Herausforderung zu bearbeiten.
1. Die Lernsituation schildert eine Situation aus der Praxis, in der eine sozialpädagogische Fachkraft vor einem Problem steht und sich für ein pädagogisches Handeln entscheiden muss. Diese Lernsituation hilft, die Verknüpfung von Theorie und Praxis zu erleichtern und den Blick der Schülerinnen/Schüler für ihre Praxissituationen zu schärfen.
2. In einem ersten Überblick werden die in dieser Praxissituation hauptsächlich erforderlichen theoretischen Kenntnisse und beruflichen Kompetenzen vorgestellt.
3. In der Darstellung der Theorie (Fachteil) wird wiederholt auf die Lernsituation verwiesen, um den Transfer zur Praxis zu erleichtern.
4. Nach dem Fachteil erfolgt im Buch das Durchspielen einer vollständigen Handlung, d. h., die sozialpädagogische Fachkraft reagiert beispielhaft auf die in der Lernsituation geschilderte Problem- oder Fragestellung.
5. Weitere Lernsituationen bieten Gelegenheiten zum Üben.
6. Aufgaben zur Selbstreflexion sollen für das Thema sensibilisieren. Sie dienen dazu, eigene Verhaltensweisen, Einstellungen, Kompetenzen und Befindlichkeiten wahrzunehmen und zu reflektieren.
7. Weitere Praxisaufgaben helfen, Theorie und Praxis zu verknüpfen.

Die pädagogischen Aspekte für die Betreuung, Bildung und Erziehung von Kindern mit Migrationshintergrund oder mit besonderem Förderbedarf sind in die Kapitel integriert. Dem späteren beruflichen Einsatz der sozialpädagogischen Fachkraft entsprechend konzentrieren sich die Lernsituationen auf den Krippen- und den Elementarbereich.

Die drei Autorinnen wünschen sich, dass das Buch sich in der sozialpädagogischen Erstausbildung bewähren wird, und freuen sich über Rückmeldungen und konstruktive Vorschläge, die zu seiner Weiterentwicklung beitragen können.

Die Autorinnen, Sommer 2010

Kapitel 1 Sich im Berufsfeld orientieren

Kapitel 2 Beziehungen zu Kindern und Grundlagen der Erziehung

Kapitel 3 Bedürfnisse – was brauchen Kinder zum Aufwachsen?

Kapitel 11 Planung und Durchführung von Bildungsangeboten

Kapitel 12 Die Gruppe in der Kindertagesstätte

Kapitel 13 Pädagogische Handlungskonzepte

Kapitel 14 Zusammenarbeit mit Eltern und Sorgeberechtigten

Anhang

Kapitel 1 Sich im Berufsfeld orientieren

1 Lernsituation

Lena trifft ihre ehemalige Schulkameradin Nicole, die eine Ausbildung zur Friseurin macht. Sie erzählt ihr, dass sie eine Ausbildung als Sozialassistentin begonnen hat. Nicole fragt nach, was das genau sei. „Manchmal wird dieser Beruf auch als sozialpädagogische Assistentin oder Kinderpflegerin bezeichnet“, antwortet Lena. „Mir war klar, dass ich irgendwas mit Kinder machen will. Kinder sind zutraulich und es macht mir Spaß, mit ihnen zu spielen. Also habe ich mich dafür beworben. Jetzt mache ich erst mal die Ausbildung. Vielleicht kann ich danach im pädagogischen Bereich weitermachen, mal sehen.“ Nicole fragt überrascht nach: „Wo arbeitest du denn? Was müsst ihr denn da noch lernen? Kinder hüten kann doch jeder!“ Lena widerspricht ihr energisch. Sie erinnert sich an ihren ersten Tag als Praktikantin im Kindergarten. Lena hatte sich bei verschiedenen Kindertageseinrichtungen beworben und vorgestellt. Schließlich kam es zu einem Ausbildungsverhältnis mit der evangelischen Kindertageseinrichtung Christuskirche.

Lenas erster Tag im Kindergarten ist sehr verwirrend für sie. Eigentlich dachte sie, dass sie Kindergärten kennt. Sie war als Kind ja schließlich selbst in einem Kindergarten. Aber hier ist alles anders!

Ihr Anleiter, Simon, begrüßt sie sehr freundlich, sagt jedoch direkt, dass er heute wenig Zeit für sie hat. Wenn sie etwas wissen will, könne sie ihn jedoch jederzeit fragen. Lena hat tausend Fragen. Sie will aber ihren Anleiter nicht nerven und hält keine Frage für so wichtig, ihn damit zu belästigen.

Nach der kurzen Begrüßung geht sie mit Simon in die „Blaue Gruppe“. In der Gruppe sind 20 Kinder, die sich alle auf vielfältige Weise beschäftigen. Zwei kleine Mädchen kommen auf sie zu und wollen mit ihr malen. Lena ist froh, dass sie etwas tun kann, und sucht mit den Kindern die Stifte. Sie ist ganz überrascht, als sie nach einer Weile angesprochen wird: „Lena, du kennst Frau Schröder ja schon aus dem Vorstellungsgespräch. Sie leitet unseren Kindergarten“, sagt ihr Anleiter Simon zu ihr. Lena sagt: „Hallo“. Soll sie noch etwas sagen? Sie schweigt lieber. „Viel Spaß noch“, sagt Frau Schröder und geht mit einem amüsierten Lächeln davon.

Nach einer Stunde geht Simon aus dem Raum, die Kinder folgen ihm. Auch sie geht hinterher und stellt fest, dass es in einer Art Restaurant Frühstück gibt. Sie setzt sich an den Tisch, an dem die zwei kleinen Mädchen sitzen, mit denen sie gemalt hat.

Nach dem Frühstück hilft sie dem Tischdienst, die Tische abzuräumen, und geht zurück in den Gruppenraum. Dort findet eine gemeinsame Gesprächsrunde statt. Schnell setzt sie sich mit in den Kreis. Simon sammelt gemeinsam mit den Kindern Ideen für ein Kindergartenfest. Lena staunt, was den Kindern alles einfällt. Sie fragt sich, ob sie als Kind auch so viele Ideen hatte? Was kann sie den Kindern eigentlich noch beibringen?

Nach dem Gesprächskreis geht Lena zu einigen Kindern, die auf dem Bauteppich spielen, und fragt, ob sie mitspielen könne. Ein Kind drückt ihr eine Figur in die Hand und sagt: „Du bist der Polizist, du regelst den Verkehr.“ Lena nimmt die Figur und beginnt mitzuspielen. Nach wenigen Minuten weiß sie nicht mehr, was sie noch sagen kann. Glücklicherweise ist jetzt Mittagszeit und die Kinder strömen wieder ins Restaurant.

Da sie nun weiß, wo es ist, geht sie ruhig hinterher. Die meisten Kinder sind schon fertig und haben ihr Geschirr und Besteck weggeräumt, als Simon zu ihr kommt. Er zeigt auf ein Mädchen, das sich in Ruhe noch eine Kartoffel nimmt: „Das ist Sina. Sina genießt das Essen gern länger. Normalerweise kommt sie dann etwas später allein nach, aber vielleicht möchtest du ihr ja Gesellschaft leisten? Ich bin nebenan und helfe den Kindern beim Anziehen.“ Lena setzt sich zu Sina. Das Restaurant ist mittlerweile leer. Plötzlich schießt es Lena durch den Kopf: Was mache ich eigentlich, wenn jetzt irgendwas passiert?

Nach dem Essen gehen die Kinder aller Gruppen der Einrichtung in den Garten. Einige werden jetzt auch schon von ihren Eltern abgeholt. Eine Mutter erkundigt sich bei Simon danach, ob ihr Sohn heute an der Musikstunde teilgenommen hat. Dabei stellt der Anleiter Lena gleich vor. An die Eltern der Kinder hatte Lena bisher noch gar nicht gedacht. Werden sie sie später dann auch mit ihren Fragen überfallen?

Später setzt sich ihr Anleiter mit Lena zum Anleitungsgespräch zusammen. „Wie hat dir dein erster Tag bei uns gefallen? Was ist dir aufgefallen? Erzähl einfach deine Beobachtungen und stell deine Fragen.“ Lena ist verunsichert: womit soll sie anfangen? Am Nachmittag ist Lena ganz schön geschafft. Von wegen, Kinder hüten kann jeder!

AUFGABE

1. Analyse
   Nennen und beschreiben Sie die Fragen und Schwierigkeiten, die Lena in der beschriebenen Situation hat.
2. Ziele formulieren
   Was muss Lena
   - herausfinden,
   - sich aneignen,
   - sich fragen,

um den genannten Fragen und Schwierigkeiten zu begegnen?

2 Zu erlernende Kompetenzen

Die Lernsituation verdeutlicht, dass die Ausbildung zur Sozialassistentin[1] Professionalität der Handelnden im Umgang mit Kindern und deren Sorgeberechtigten zum Ziel hat. Wer sich für diese Ausbildung entscheidet, tut dies nicht ohne Vorerfahrung, sondern vor dem Hintergrund seiner individuellen Lebens- und Erziehungsgeschichte. Diese bestimmt die Auffassung darüber, was Kinder brauchen, um sich angemessen entwickeln zu können, sowie die Vorstellung darüber, wie man selbst erziehen will. Angehende Sozialassistenten haben aufgrund ihrer bisherigen Lebensgeschichte Motive ausgebildet, die für ihre Berufswahl bedeutsam sind. Wer in diese Ausbildung eintritt, sollte sich zunächst einmal Klarheit über seine Erwartungen und seine Motive für diese Berufswahl verschaffen. Dies ist die Grundlage für die Entwicklung einer beruflichen Identität. Damit befasst sich der Punkt 3 dieses Kapitels.

Die Arbeit als Sozialassistentin ist vielfältig und fordert die ganze Person. Einen Überblick über die Tätigkeiten und Anforderungen, die an die Pädagoginnen gestellt werden, sowie über die dafür notwendigen Kompetenzen erhält man unter Punkt 4.

Die Anforderungen an die Arbeit in Tageseinrichtungen für Kinder sind gesetzlich festgeschrieben. Die rechtlichen Rahmenbedingungen beschreiben die Punkte 4.4 und 5.

Sozialassistentinnen werden (sofern sie sich nicht auf die Zielgruppe der alten oder hilfebedürftigen Menschen verlegen) vornehmlich in Kindertagesstätten für die Arbeit mit Kindern im Kleinkind-, Elementar- und Grundschulalter eingesetzt. Dieses Arbeitsfeld mit seinen Facetten wird in Punkt 6 vorgestellt. Die Arbeit in den einzelnen Tagesstätten kann unterschiedlich aussehen. Die Einrichtungen arbeiten nach unterschiedlichen Ansätzen, die auf verschiedene Träger, Konzeptionen und nicht zuletzt auf das sich oft stark unterscheidende Umfeld der Einrichtungen zurückzuführen sind.

Wenn es nach der Ausbildung in den Beruf geht, sind Kenntnisse über Vergütung, Arbeitsvertrag und gewerkschaftliche Vertretungen unerlässlich. Darüber informiert der Punkt 7. Mögliche Weiterbildungen stellt Punkt 8 vor.

1 Mit dieser Bezeichnung sind im Buch immer auch sozialpädagogische Assistentinnen und Kinderpflegerinnen (männlich und weiblich) gemeint.

3 Berufliche Identität und Berufswahlmotivation

Meine Berufswahlmotivation

Anfänger
Der Anfänger ist auch ein Gott.
Wo er waltet, rettet er alles.
Anfänger können gut beobachten,
staunen, entdecken und gut denken,
machen Experimente,
möchten dazugehören und
mitmachen.

Im Alltagsleben, in der Familie, unter Freunden wird man oft gefragt: „Warum willst du diese Ausbildung machen? Warum hast du dich so und nicht anders entschieden?" Einigen fällt es gar nicht leicht, darauf zu antworten. Oft hört man Sätze wie „Es hat sich so ergeben".

Bei der Frage nach der Berufswahlmotivation geht es darum, herauszufinden, warum sich jemand für einen bestimmten Beruf entscheidet.

Auch Lena erklärt ihre Berufswahl und muss sich mit Vorstellungen anderer über diesen Beruf auseinandersetzen. Ihre Freundin Nicole behauptet: „Kinder hüten kann doch jeder."

Die Auseinandersetzung mit und die Überprüfung der eigenen Motive (= Beweggründe) sind wichtig, um Klarheit darüber zu erhalten, ob die Berufswahl richtig war. Besonders in pädagogischen Berufen ist es wichtig, sich die Gründe der eigenen Berufswahl zu verdeutlichen, da diese direkt auf das eigene erzieherische Verhalten einwirken. Der Umgang mit anderen Menschen ist immer durch die eigene Lebensgeschichte beeinflusst. Man kann aus den eigenen Erfahrungen viel über sich selbst und die aktuellen Verhaltensweisen lernen.

Häufig liegen die Beweggründe in der eigenen Biografie und/oder Familiengeschichte begründet: Eigene positive Erfahrungen im Kindergarten und dementsprechend schöne Erinnerungen an die Kindheit können diesen Berufswunsch auslösen. Bestimmte Erwartungen,

Autobiografie: Darstellung des eigenen Lebens oder größerer Abschnitte daraus. Die Beschäftigung mit der eigenen Biografie hilft, eigene Impulse besser zu verstehen und bewusst professionell mit ihnen umzugehen. Über das ganze Berufsleben hinweg gibt es immer wieder Anlässe, die nahelegen, sich mit der eigenen Lebensgeschichte auseinanderzusetzen.

- Ich bin einzigartig.
- Meine Lebensgeschichte ist einzigartig.
- Ich habe aus den vielen Situationen gelernt, in denen ich war; kein anderer war in denselben Situationen.
- Ich habe von den vielen Menschen gelernt, mit denen ich zu tun hatte. Kein anderer hat dieselben Beziehungen wie ich.
- Ich habe das gelernt, was bisher für mein Leben nützlich war. Andere hatten andere Lebenslagen und haben etwas anderes gelernt.

Ich habe meine eigene Art entwickelt

- zu fühlen,
- zu denken,
- zu handeln,
- Menschen zu betrachten,
- Menschen zu begegnen,
- Situationen einzuschätzen.

Hoffnungen und Wünsche, aber auch bestimmte Befürchtungen und Ängste können sich mit der Berufswahl verbinden.

Motive für die Berufswahl

Nach einer Befragung von Armin Krenz sind nachfolgende Motive ausschlaggebend für den Beruf der Erzieherin. Ähnliche gelten für die Berufswahl Sozialassistentin:

- Die Hoffnung, dass die Arbeit auf die Rolle als Mutter vorbereitet.
- Die Vorstellung, dass eigene Erfahrungen von Ungerechtigkeit und Unfreiheit wiedergutgemacht werden könnten: „Was mir passiert ist, soll anderen nicht passieren."
- Die Vermutung, dass das Gefühl, Kinder lieb zu haben, allein entscheidend sei.
- Die Annahme, dass die Arbeit mit Kindern weniger anstrengend und daher stressfreier sei als die Arbeit in anderen Berufen.
- Die Meinung, mit Kindern und nicht mit Erwachsenen arbeiten zu wollen.
- Die Auffassung, viel zu erleben und aktiv zu sein.
- Der Wunsch, mit Menschen und nicht mit „toter Materie" arbeiten zu wollen.
- Das Wissen, dass einem die Arbeit mit Kindern Freude bereitet, weil man in diesem Bereich schon Erfahrungen gesammelt hat.

(nach Krenz, 1994)

Darüber hinaus können auch ganz pragmatische Motive hinter der Berufswahl zur Sozialassistentin stecken:

- Die Idee, lieber diese Ausbildung zu machen, als gar nichts zu haben, weil es keinen Ausbildungsplatz zum eigentlichen Traumberuf gab.
- Den ersten Schritt zum Besuch der Fachoberschule und somit zum Studium an einer Fachhochschule zu gehen (vgl. Punkt 8 Weiterbildungsmöglichkeiten).

Lena gibt an, dass sie in jedem Fall etwas mit Kindern machen wollte. Sie mag Kinder, weil sie so zutraulich sind. Außerdem spielt sie gerne mit ihnen.

AUFGABE

1. Welche dieser Motive könnten bei Ihrer Berufswahl eine Rolle gespielt haben? Welche würden Sie ergänzen?
2. Überlegen Sie, ob diese Motivationen tragfähig für ein jahrelanges Berufsleben sein können. Was spricht dafür? Was spricht dagegen?
3. Warum ist es gerade in pädagogischen Berufen wichtig, sich die Gründe für die eigene Berufswahl zu verdeutlichen?

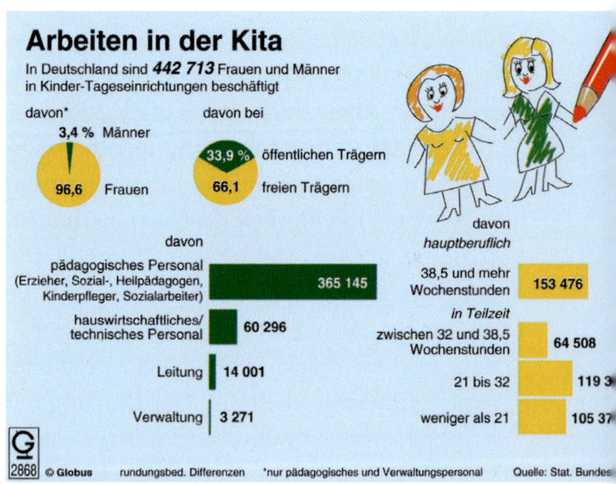

97 % der Beschäftigten in Tageseinrichtungen für Kinder sind Frauen

4 Berufliche Anforderungen und notwendige Kompetenzen

Wenn die Gründe für die Berufsentscheidung geklärt sind, ist der nächste Schritt, zu überlegen, was man in der Ausbildung lernen möchte und lernen muss. Der Beruf und die damit zusammenhängenden Anforderungen und Tätigkeiten spielen im Leben der meisten Menschen eine bedeutsame Rolle. Die Ausbildung und die anschließende Berufstätigkeit beeinflussen also die Identität (= die als „Selbst" erlebte Einheit der Person) eines Menschen sehr stark.

Eine Voraussetzung für den Beruf der Sozialassistentin ist die Bereitschaft, sich mit ihrer eigenen Persönlichkeit, mit theoretischen pädagogischen Erkenntnissen sowie mit Methoden auseinanderzusetzen – und sich dadurch immer weiter zu entwickeln. Im Laufe der Ausbildungszeit sollte sich die Einsicht in eigene Stärken und Arbeitsschwerpunkte entwickeln, sodass eine „berufliche Identität" entstehen kann.

Einfühlungsvermögen und Takt, Zuverlässigkeit und Lebensfreude sind Anforderungen an die Persönlichkeit einer pädagogischen Fachkraft. Braucht nicht auch eine Friseurin diese Fähigkeiten, um in ihrem Beruf erfolgreich zu sein? Ja, aber der Unterschied liegt im Detail: Kinder brauchen zuverlässige, einfühlsame und taktvolle, lebensfrohe Pädagogen mit Führungsqualität und einem hohen Maß an Selbstreflexion, weil sie

- noch besonderen Schutzes bedürfen und
- weil sie zumeist bereitwillig und kritiklos die Haltungen der Pädagogen bis ins Schulkindalter übernehmen.

Kinder nehmen ihre Erzieherinnen und Sozialassistentinnen mit deren ganze Persönlichkeit wahr. Die Pädagoginnen wirken als „Modell" für das Kind. Deshalb geht es in der Ausbildung auch im Wesentlichen um die Weiterentwicklung einer eigenständigen Persönlichkeit.

4.1 Kompetenzbereiche

Um in dem Beruf der Sozialassistentin kompetent handeln zu können, sollen die Assistentinnen in der Ausbildung sich gemäß dem Bildungsplan des Landes in bestimmten Kompetenzbereichen entwickeln.

Lena hat noch Schwierigkeiten, ihrem Anleiter Simon die Fragen zu stellen, die sie auf dem Herzen hat. Das ist am ersten Tag verständlich, schließlich muss sie sich erst orientieren. Später sollte sie sich aber trauen, zu fragen und z. B. ihre Unsicherheiten mitzuteilen, damit ihr Anleiter sie bestmöglich unterstützen kann.

AUFGABE

1. Informieren Sie sich in dem Bildungsplan, der Ihrer Ausbildung zugrunde gelegt wird, über die zu erwerbenden Kompetenzen während der Ausbildung.
2. Finden Sie zu jedem der drei Kompetenzbereiche vier konkrete Beispiele.
3. Formulieren Sie Ihre eigenen Ausbildungsziele für das erste Ausbildungshalbjahr.

Kompetenzbereich	Beschreibung	Erwartete Fähigkeiten
Personalkompetenz (auch: Selbstkompetenz oder Humankompetenz)	Die Bereitschaft und Fähigkeit, als individuelle Persönlichkeit eigene Entwicklungschancen und -möglichkeiten zu klären, zu durchdenken und zu beurteilen, Begabungen zu entfalten und Lebenspläne zu fassen und fortzuentwickeln. Sie umfasst personale Eigenschaften wie Selbstständigkeit, Kritikfähigkeit, Selbstvertrauen, Zuverlässigkeit, Verantwortungs- und Pflichtbewusstsein.	– Sich an Verabredungen und Regeln halten und Anforderungen verlässlich erfüllen – Eigene Bedürfnisse und Absichten artikulieren, aber auch zurückstellen – Verantwortung – auch für das eigene Handeln – übernehmen – In der Kooperation Teilaufgaben selbstständig durchführen – Eigene Handlungsmöglichkeiten und Grenzen erkennen und sich von anderen Fachkräften beraten lassen – Einsatzbereitschaft und Interesse an der Erweiterung berufsbezogener Kompetenzen und Kenntnisse zeigen – Ideen entwickeln und kooperativ umsetzen – Eigene Verhaltensweisen, Einstellungen, Kompetenzen und Befindlichkeiten wahrnehmen, reflektieren und situationsgerecht verändern – Eigenständig und problemlösend denken – Entscheidungen treffen – Flexibel und adäquat auf neue Anforderungen reagieren
Fachkompetenz	Die Bereitschaft und Fähigkeit, auf der Grundlage fachlichen Wissens und Könnens Aufgaben und Probleme ziel- und prozessorientiert, sachgerecht, methodengeleitet und selbstständig zu lösen und das Ergebnis zu beurteilen und zu dokumentieren.	Kontaktfähigkeit – Kontakt altersgerecht aufnehmen und Beziehungen bewusst gestalten – Kinder in ihrer individuellen, entwicklungsbezogenen Subjektstellung sehen und adäquat reagieren – Kindern altersgerechte Möglichkeiten der Partizipation bieten Beobachten und abgestimmtes Verhalten zeigen – Aktiv und genau beobachten – Beobachtungsergebnisse im Team darstellen – Kompetenzen und Bedürfnisse der Kinder und Jugendlichen in verschiedenen Altersgruppen erkennen und entsprechende pädagogische Angebote planen, durchführen, dokumentieren und auswerten – Die Lebenssituation von Kindern und ihren Eltern erfassen und Unterstützung in Konfliktsituationen leisten Erfahrungs- und Bildungsprozesse – Aneignungsprozesse und Ausdrucksmöglichkeiten von Kindern wahrnehmen und unterstützen – Lebens- und Erfahrungsräume in Kooperation planen und gestalten und dabei eigene fachtheoretische und fachpraktische Kenntnisse planvoll einbeziehen – Alltagsgestaltung und besondere Aktivitäten mit anderen Fachkräften zusammen planen, durchführen und reflektieren
Sozialkompetenz	Die Bereitschaft und Fähigkeit, selbstständig, sozial verantwortungsbewusst und kooperativ miteinander zu arbeiten, soziale Beziehungen zu leben und zu gestalten und sich mit anderen fair auseinanderzusetzen und zu verständigen.	– Sich im Kontakt in andere Menschen einfühlen – Aktiv zuhören, Befindlichkeiten und Spannungen erfassen – Sach- und Beziehungsebenen trennen können – Sich sozial verantwortlich verhalten – Konflikte gewaltfrei bearbeiten und lösen – Eigene Standpunkte und Interessen und die anderer Menschen wahrnehmen und vertreten – Im Team planen, handeln und reflektieren

Kompetenzbereiche aus dem Bildungsplan BFS für Sozialpädagogische Assistenz, Hamburg 2007

Rezeptvorschlag für die perfekte Sozialassistentin

Zutaten

- 1 intelligente und liebevolle Person
- 1 Kilo Reflexionsfähigkeit
- 1 Liter Kreativität
- 750 g Humor
- Je 250 g
  - Organisationstalent
  - Geduld
  - Kommunikationsfähigkeit
- 1 Liter Individualität
- 2 Esslöffel pflegerische und hauswirtschaftliche Fähigkeiten
- 4 Esslöffel Teamfähigkeit
- 1 Päckchen Selbstbewusstsein

Zubereitung

Die Person wird über 2 Jahre durch unterrichtliche Methoden und verschiedene Praktika zubereitet. Zu Beginn der Zubereitung werden ca. 350 g Reflexionsfähigkeit verabreicht. Nach und nach wird Kreativität zugegeben. Anschließend den Humor untermischen, sonst wird die fertige Sozialassistentin nicht nur langweilig, sondern kann auch die Widrigkeiten des Alltags nicht gut überstehen.

Organisationstalent, Geduld und Kommunikationsfähigkeit werden nun portionsweise untergehoben.

Zur besonderen Note der Sozialassistentin gehört zwingend Individualität. Hier ist darauf zu achten, dass diese Einmaligkeit ihren Platz findet, sich zu entfalten, deshalb muss man die Masse ab und zu mal „gehen lassen".

Während der zweijährigen Zubereitung geben Sie stetig etwas von der Restmenge der Reflexionsfähigkeit in die Rezeptur, so lange, bis die Gesamtmenge von 1 Kilo eingearbeitet ist.

Die pflegerischen und hauswirtschaftlichen Fähigkeiten werden vorsichtig untergehoben. Sie sollen sich mit der ganzen Person so mischen, dass ein gewisser Grad an Perfektion erreicht scheint.

Abschließend werden die 4 Esslöffel Teamfähigkeit zugegeben.

Zur dauerhaften Haltbarkeit und Würze der Sozialassistentin wird abschließend das Päckchen Selbstbewusstsein zugefügt.

Lassen Sie die fertige Person während der letzten Praktikumszeit ziehen, so werden Sie eine kompetente und fachlich qualifizierte Sozialassistentin erhalten.

AUFGABE

Tauschen Sie sich mit einer Partnerin über folgende Fragen aus.

1. Was macht Ihrer Meinung nach eine gute Sozialassistentin aus?
2. Welche Fähigkeiten bringen Sie selbst mit, um mit Kindern zu arbeiten?
3. Welche Kompetenzen wollen/müssen Sie sich in der Ausbildung noch aneignen?

4.2 Tätigkeiten

Sozialassistentinnen werden vielfältig eingesetzt. Sie unterstützen die Erzieherin in allen Tätigkeitsbereichen. Sie übernehmen pflegerische, hauswirtschaftliche und vor allem pädagogische Tätigkeiten. Dazu gehören Tätigkeiten wie Kinder zur Toilette begleiten, den Gruppenraum in Ordnung halten und vor allem die Kinder im Alltag angemessen unterstützen sowie Bildungsangebote für die Kinder zu planen und durchzuführen.

Lena erlebt schon an ihrem ersten Praktikumstag, dass ihre Arbeit sich zwar vorrangig auf die Kinder bezieht, sie es aber auch mit Kollegen, Leitung und Eltern zu tun hat. Daraus ergibt sich eine Vielfalt an Anforderungen und Tätigkeiten, die sie zu Beginn verunsichert.

Die Anforderungen an pädagogische Fachkräfte nehmen weiter zu. Dies hat vielfältige Ursachen: Immer mehr Kinder besuchen Tageseinrichtungen für Kinder. Dies ist zurückzuführen auf das Recht auf einen Kindergartenplatz für alle Kinder ab Vollendung des 3. Lebensjahres (§ 24 KJHG). Nach der Verabschiedung des Kinderförderungsgesetzes soll es von 2013 an für jedes Kind im Alter von 1 bis 3 Jahren einen Rechtsanspruch auf einen Platz in einer Kindertagesstätte oder in der Tagespflege geben. Somit wird die frühkindliche Bildung von Kindern im Alter von 0–3 Jahren stark an Bedeutung gewinnen.

Grundsätzlich gilt: Immer mehr Kinder verbringen immer mehr Zeit in öffentlichen Einrichtungen, die somit einen Großteil der Erziehung und Bildung der Kinder übernehmen. Auch deswegen müssen sich die Pädagogen mit steigenden Erwartungen der Eltern an die Qualität der pädagogischen Arbeit auseinandersetzen.

Im Folgenden zeigt die Auflistung einiger Tätigkeiten der Sozialassistentin, wie breit das Spektrum an Tätigkeiten ist. Diese Liste erhebt keinen Anspruch auf Vollständigkeit.

Eine Vielzahl von Betätigungen

**Tätigkeiten an einem typischen Arbeitstag
(gesammelt von einer Sozialassistenzklasse nach einem Jahr Ausbildung)**

absprechen
Angebote/Aktivitäten machen
anleiten, führen
Anleitergespräche führen
an- und ausziehen
Anwesenheitsliste führen
auf Hygiene achten
Aufmerksamkeit geben
aufpassen
aufräumen
Ausflüge begleiten
auf Toilette begleiten
Aushänge gestalten
backen
basteln
begrüßen
begründen
belohnen
beruhigen
beobachten
bestrafen
sich bewegen
sich durchsetzen
einkaufen
Elternabend mitgestalten
Elternbriefe schreiben
erforschen
erklären
ermahnen
ermutigen
ernst nehmen
Fragen beantworten
fördern
füttern
Frühstück vorbereiten
Geburtstag feiern
Gespräche führen
Grenzen setzen
Hände waschen
Hilfestellung leisten
Höflichkeit beibringen
im Garten arbeiten
sich informieren
kochen
kuscheln
Konflikte lösen
lachen
loben
malen
Notizen zu Kindern machen
planen
Räume gestalten
Regeln aufstellen und einhalten
schwimmen
singen
Mitarbeiterbesprechungen
Kindern die Nase putzen
sauber machen
schlafen legen
Schleife binden helfen
sich zurückhalten
spielen
Spielangebote leiten
sprechen
Streit schlichten
übersetzen
tanzen
telefonieren
Tisch decken
Tischmanieren beibringen
tragen
trösten
Tür- und Angelgespräche führen
turnen
verarzten
vermitteln
Verständnis zeigen
vorbereiten
vorlesen
waschen
wickeln
Zähne putzen begleiten
zuhören

AUFGABE

1. Ordnen Sie die oben aufgeführten Tätigkeiten dem pflegerischen, hauswirtschaftlichen, pädagogischen und ggf. sonstigen Tätigkeitsbereich zu.
2. Ordnen Sie die Tätigkeiten nach ihrer Bedeutung/Häufigkeit im Berufsalltag.
3. Welche weiteren Tätigkeiten fallen Ihnen ein? Ergänzen Sie.
4. Ergänzen Sie Ihre Liste mit den geforderten Kompetenzen aus Ihren Ausbildungsrichtlinien.
5. Finden Sie beispielhafte Situationen, in denen eine Assistentin die o.g. Kompetenzen anwendet bzw. braucht.

4.3 Die zukünftige Berufsrolle – Rollenwechsel

Viele Schülerinnen und Schüler wohnen während der Ausbildung noch bei den Eltern und setzen sich mit deren Normen und Erziehungspraktiken auseinander. Dadurch, dass man Erziehung selbst erfahren hat bzw. noch erfährt und diese positiv oder negativ bewertet, entwickelt man eigene Vorstellungen davon, wie erzogen werden sollte. In vielen Punkten geschieht dies unbewusst. Der Erziehungsstil der Eltern kann positiv bewertet werden und mit dem Ehrgeiz einhergehen, alles genauso machen zu wollen wie sie. Oder aber bestimmte Verhaltensweisen der Eltern

Erziehen und erzogen werden

werden abgelehnt und der Anspruch entsteht, es selbst ganz anders zu machen.

Spätestens mit Beginn des Praktikums muss ein Perspektiv- und Rollenwechsel stattfinden: Einerseits „genießt“ die Praktikantin noch Erziehung, Betreuung und Bildung durch Eltern, Lehrkräfte und andere Personen. Andererseits soll sie nun selbst Kinder betreuen, erziehen und ihnen Bildungsanregungen geben. Bisher hat man für sie gesorgt und ihr Angebote und Vorgaben gemacht. Jetzt steht sie selbst vor dieser Aufgabe.

Es wird von Seiten der Kinder, deren Eltern, der Anleiter und Kollegen sowie der Lehrkräfte erwartet, dass die Praktikantin Verantwortung übernimmt und für die Kinder ein Vorbild ist. Die angehende Pädagogin kann nicht immer ihre Anleiterin fragen, wie sie sich in bestimmten Situationen verhalten soll, sondern muss häufig Entscheidungen spontan und eigenständig treffen. Dabei ist sie in einer Doppelrolle: Sie wird weiterhin „erzogen“, erzieht aber gleichzeitig selbst. Die verschiedenen Rollen stehen nebeneinander und müssen in den verschiedenen Situationen eingenommen werden.

Es werden unterschiedliche Erwartungen an die angehende Pädagogin gestellt, die sich auch widersprechen können! Für die Kinder ist sie eine erwachsene Bezugsperson. Für ihre Anleiterin ist sie Praktikantin, der sie Aufgaben überträgt und sie anleitet. Für ihre Lehrkraft ist sie Schülerin, die sich mehr und mehr selbstständig in Einzel-, Gruppen- und Projektarbeit das notwendige Fach- und Handlungswissen erarbeitet, für Mitschüler ist sie Arbeitspartnerin in diesen Prozessen. Aus diesen Widersprüchen eigene Vorstellungen zu entwickeln, ist die wesentliche Aufgabe der angehenden Pädagogin für die nächsten zwei Jahre. Sie wird mit inneren und äußeren Auseinandersetzungen verbunden sein.

Zusammenarbeit zwischen Schule und Praxis

Erst die Zusammenarbeit von Praktikantin, Schule und Kindertageseinrichtung führt zu gut ausgebildeten pädagogischen Fachkräften. Der Kooperation zwischen Schule und Praxis liegen unterschiedliche Anforderungen zugrunde, die in verschiedenen verbindlichen Bildungsanforderungen und Konzepten festgehalten sind.

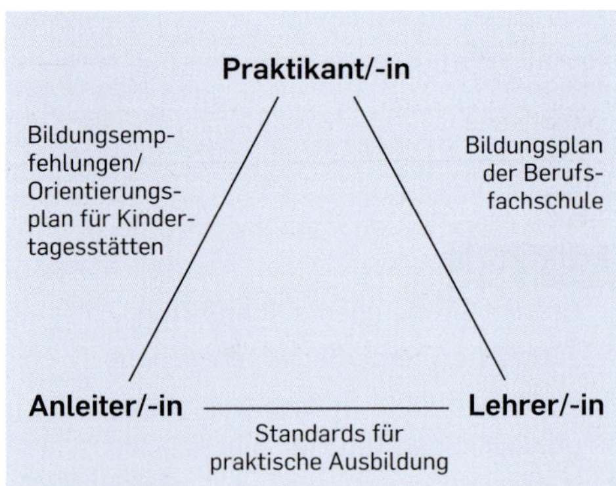

AUFGABE

1. Welche Erwartungen haben Sie an Ihre Praxisausbildungsstätte und an Ihre schulische Ausbildung?
2. Welche Erwartungen könnten in der Praxis vonseiten der Praxisanleiter, Eltern und Kinder an Sie gestellt werden?
3. Wie können Sie dazu beitragen, dass Ihre Erwartungen erfüllt werden?

4.4 Rechtliche Grundlagen

Die Anforderungen an die Arbeit der Pädagoginnen in Tageseinrichtungen für Kinder sind auch gesetzlich festgeschrieben. Leitziele in der Erziehung der Kinder sind deren Selbstständigkeit und die Gemeinschaftsfähigkeit.

Gemäß dem Kinder- und Jugendhilfegesetz (KJHG) (auch Sozialgesetzbuch VIII oder SGB VIII genannt) soll in Kindertageseinrichtungen die Entwicklung des Kindes zu einer „eigenverantwortlichen und gemeinschaftsfähigen Persönlichkeit" gefördert werden.

Im Anschluss heißt es: „Die Aufgabe umfasst die Betreuung, Bildung und Erziehung des Kindes." Diese Formulierung wird allgemein so verstanden, dass Kindertageseinrichtungen (also auch die Tagespflegestellen) neben einer bloßen Betreuung von Kindern auch einen **Bildungs- und Erziehungsauftrag** erfüllen müssen. Es sollen Anregungen und Lernimpulse gegeben werden, damit die Kinder vielfältige Erfahrungen mit sich selbst und anderen Kindern machen können (s. dazu auch Kap. 2 Beziehungen zu Kindern).

Grundgesetz (GG)

Rechtliche und politische Grundordnung der Bundesrepublik Deutschland. Im Grundgesetz finden sich u. a. die Menschenrechte und Bürgerrechte.

↓

12 Sozialgesetzbücher (SGB)

Hier werden alle Fragen nach sozialen Zusammenhängen geregelt.
Das achte Sozialgesetzbuch (SGB VIII) = Kinder- und Jugendhilfegesetz (KJHG) beschreibt Leistungen der Träger der öffentlichen Jugendhilfe (insbes. Jugendämter) an (hilfebedürftige) Kinder, Jugendliche, junge Erwachsene und deren Eltern.

↓

Ausführungsgesetze der Länder

Die Bundesländer haben die im KJHG geregelte Betreuung von Kindern in eigenen Gesetzen weiter ausgeführt. Einige werden hier beispielhaft genannt. (www.bildungsserver.de)

Baden-Württemberg: Gesetz über die Betreuung von Kindern in Kindergärten, anderen Tageseinrichtungen und der Tagespflege (Kindergartengesetz, KGaG)
Hamburg: Hamburger Kinderbetreuungsgesetz (KibeG)
Niedersachsen: Niedersächsisches Gesetz über Tageseinrichtungen für Kinder (KiTaG)
Schleswig-Holstein: Gesetz zur Förderung von Kindern in Tageseinrichtungen und Tagespflegestellen (Kindertagesstättengesetz, KiTaG)

↓

„Bildungspläne" für Tageseinrichtungen für Kinder

Zur Verbesserung und Weiterentwicklung der Bildungsarbeit in Kindertageseinrichtungen wurden in allen Bundesländern sogenannte „Bildungspläne" erarbeitet. (www.bildungsserver.de)

Baden-Württemberg: Orientierungsplan für Bildung und Erziehung für die baden-württembergischen Kindergärten
Hamburg: Hamburger Bildungsempfehlung für die Bildung und Erziehung von Kindern in Tageseinrichtungen
Niedersachsen: Orientierungsplan für Bildung und Erziehung im Elementarbereich niedersächsischer Tageseinrichtungen für Kinder
Schleswig-Holstein: Leitlinien zum Bildungsauftrag von Kindertageseinrichtungen

Lena erhält in der Gesprächsrunde zur Planung des Kindergartenfestes eine Ahnung davon, was Bildung in der Kindertageseinrichtung bedeuten kann. Zwar überlegt sie, was sie den Kindern noch beibringen kann, aber es stellt sich die Frage, ob Beibringen gleich Bildung ist?

§ 1 KJHG – Recht auf Erziehung, Elternverantwortung, Jugendhilfe

(1) Jeder junge Mensch hat ein Recht auf Förderung seiner Entwicklung und auf Erziehung zu einer eigenverantwortlichen und gemeinschaftsfähigen Persönlichkeit.

Diese Leitziele sollen über Erziehung, Bildung und Betreuung verwirklicht werden. Dies wird angesprochen im:

§ 22 KJHG – Grundsätze der Förderung

(3) Der Förderungsauftrag umfasst Erziehung, Bildung und Betreuung des Kindes (…). Die Förderung soll sich am Alter und Entwicklungsstand, den sprachlichen und sonstigen Fähigkeiten, der Lebenssituation (…) orientieren und seine ethnische Herkunft berücksichtigen.

Die einzelnen Bundesländer haben Ausführungsgesetze erlassen, die genauere Angaben hinsichtlich der Aufgaben und Ziele der Kindertageseinrichtungen und des pädagogischen Personals machen. Weitere rechtliche Rahmenbedingungen beziehen sich z. B. auf Räumlichkeiten und Sicherheit.

Die Bundesländer haben außerdem verbindliche Bildungsstandards und -ziele für die Arbeit in Kindertageseinrichtungen in sogenannten „Bildungsplänen" festgelegt. Diese Pläne sollen den pädagogischen Fachkräften einen „roten Faden" für die pädagogische Arbeit in Tageseinrichtungen für Kinder bieten.

AUFGABE

1. Bearbeiten Sie noch einmal die Lernsituation vom Anfang des Kapitels. In welchen Momenten findet Ihrer Meinung nach Bildung, Erziehung und Betreuung statt? Siehe dazu auch Kap. 2, Punkt 5.1 Das Bild vom Kind.
2. Informieren Sie sich in dem Kindergartengesetz Ihres Bundeslandes über die Regelungen zu Betreuungsschlüssel und zu Raumausstattung.

5 Aufsichtspflicht

Lena fragt sich, ob sie als Praktikantin überhaupt mit Sina allein im Frühstücksraum sein darf. Was ist wenn, Sina hier etwas passiert? Ihr Anleiter ist zwar nebenan, aber ist sie in so einer Situation nicht voll verantwortlich?

Die Frage der Aufsichtspflicht und der Haftung für Aufsichtspflichtverletzungen werden im Bürgerlichen Gesetzbuch (BGB) in den Paragrafen §823 BGB Absatz 1 und §832 Absatz 1 und 2 geregelt. Die Kita übernimmt die Aufsichtspflicht über die ihr anvertrauten Kinder per Vertrag von deren Sorgeberechtigten für die Zeit, in der sich die Kinder in der Einrichtung aufhalten. Geschieht einem Kind in dieser Zeit etwas oder fügt es anderen Kindern oder Gegenständen Schaden zu, so muss die aufsichtsführende Person oder der Träger für den Ersatz des Schadens aufkommen, wenn diese ihre Aufsichtspflicht vernachlässigt haben.

Aber gleichzeitig sieht das Kinder- und Jugendhilfegesetz vor, dass die Entwicklung des

Kindes zu einer eigenverantwortlichen und gemeinschaftsfähigen Persönlichkeit gefördert werden soll (KJHG §1 (1)). Dies ist nur möglich, wenn Eltern und die pädagogischen Fachkräften den Kindern Freiräume zugestehen.

Stehen diese Gesetze im Widerspruch? Nein, denn wie die Aufsicht zu führen ist, richtet sich nach:

- den persönlichen Eigenschaften des Kindes. Um seine Persönlichkeit zu entwickeln, braucht es Freiräume, die ihm Eltern und pädagogische Fachkräfte gewähren müssen. Diese Freiräume wachsen mit dem Zutrauen, das die Verantwortlichen in die Selbstständigkeit des Kindes haben;
- den sonstigen Umständen. Das heißt, dass räumliche Bedingungen, besonders Gefahrenstellen, berücksichtigt werden müssen;
- sowie danach, was dem Aufsichtspflichtigen nach seinen Verhältnissen und bei vernünftigen Anforderungen zugemutet werden kann. Die Aufsichtspflicht kann an die Praktikantin delegiert werden. Ist diese zuverlässig, umsichtig und verantwortungsbewusst und bei Gefahr entscheidungswillig, kann ihr die Aufsicht über die Gruppe oder einen Teil der Gruppe in Absprache und für einen überschaubaren Zeitraum übertragen werden. Dabei ist zu berücksichtigen, dass sich die Schülerin in der Ausbildung befindet und ihre Aufsichtsverpflichtung somit Schritt für Schritt erweitert wird.

Für die tägliche Praxis gibt es keine eindeutigere Regel als die des Bundesgerichtshofes (BGH), der als Maßstab für die „richtige“ Aufsichtspflicht im Einzelfall Folgendes empfiehlt: „Das Maß der gebotenen Aufsichtspflicht richtet sich nach Alter, Eigenart und Charakter des Kindes sowie danach, was dem Aufsichtspflichtigen in der konkreten Situation zugemutet werden kann. Es muss immer für den Einzelfall geprüft werden, was verständige Aufsichtspersonen unternehmen müssen, um das Kind oder Dritte vor Schaden zu bewahren.“ (BGH in NJW 1984, S. 2574)

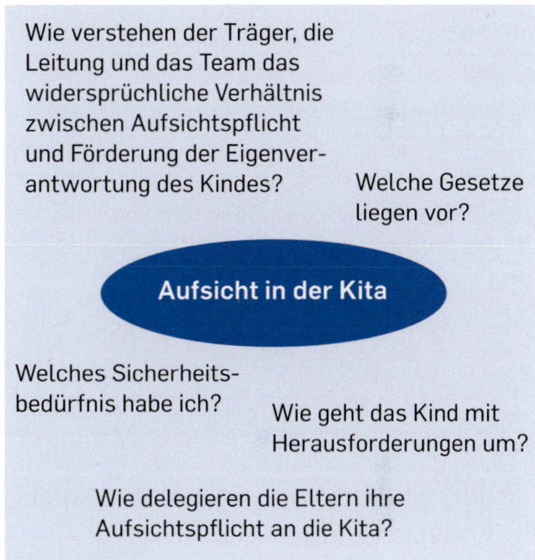

AUFGABE

Überlegen Sie, unter welchen Bedingungen und Voraussetzungen die Aufsichtspflicht an die Praktikantin delegiert werden kann. Erläutern Sie Ihre Überlegungen anhand von Beispielen.

6 Das Arbeitsfeld der sozialpädagogischen Assistentin

Sozialpädagogische Assistentinnen werden überwiegend in Tageseinrichtungen für Kinder und dort im Elementarbereich eingesetzt. Ab 2013 soll jedes 3. Kind unter 3 Jahren einen Krippenplatz erhalten. Auch bei sinkenden Kinderzahlen bedeutet dies einen starken Anstieg des Bedarfs an pädagogischen Fachkräften in diesem Bereich.

Lena hatte sich in verschiedenen Kindertageseinrichtungen beworben. Schließlich begann sie ihr Praktikum in einem Kindergarten.

Kindertagesstätte

Kinder im Alter von 0–3 Jahren gehen in die Krippe. Die Säuglinge werden nicht früher als in einem Alter von 8 Wochen in die Krippe aufgenommen. Die einzelnen Einrichtungen schreiben in ihrem Konzept fest, ab welchem Alter und auf welche Weise der Säugling in der Krippe aufgenommen wird. Es gibt unterschiedliche Betreuungskonzepte. Der Träger der Einrichtung entscheidet,

- ab welchem Alter das Kind aufgenommen wird,
- ob es mit Kindern ähnlichen Alters betreut wird (Krippe),
- ob es in Familiengruppen betreut wird, in denen Kinder im Alter von 2 Jahren gemeinsam mit Kindern bis zu 10 Jahren betreut werden (= altersgemischte Gruppe).

Kinder im Alter von 3–6 Jahren besuchen

- Elementargruppen (Kindergarten),
- die oben genannten altersgemischten Gruppen (2–10 Jahre),
- in einigen Bundesländern im letzten Kindergartenjahr die Vorschule. Diese findet entweder zu festen Zeiten in der Kindertageseinrichtung statt oder im Rahmen einer Vorschulgruppe in einer Grundschule.

Kinder im Alter von 3–6 Jahren haben je nach Ausführungsgesetz der Bundesländer einen Rechtsanspruch auf eine Betreuung von 4–5 Stunden täglich. Sollten die Eltern über die Halbtagsbetreuung hinaus einen Betreuungsbedarf haben, brauchen sie eine Ganztagseinrichtung.
Schulkinder besuchen

- den Hort in der Kindertagesstätte,
- den Hort, der in die Schule integriert ist.

Kinder mit Behinderungen besuchen integrative Einrichtungen (Integration), Sondereinrichtungen wie Förderschulen oder gehen auf die Regelschulen (Inklusion). In dem zukünftig verstärkt umzusetzenden „inklusiven Bildungssystem“ erhalten Kinder mit Behinderungen gleichberechtigt Zugang zum Unterricht an Grundschulen und weiterführenden Schulen, wie es in der UN-Behindertenrechtskonvention vom 13. Dezember 2006 festgelegt wurde.

6.1 Die Kindertageseinrichtung – Einrichtungen für Kinder von 0–14 Jahren

Die Kindertageseinrichtung umfasst als Oberbegriff eine Fülle von unterschiedlichen Tageseinrichtungen. Dabei handelt es sich um Einrichtungen für die Altersbandbreite von 0 bis 14 Jahren.

Lebensphase	Einrichtung
0–3 Jahre	Krippe oder Familiengruppe (0–6 Jahre)
3–6 Jahre	Kindergarten Elementarbereich
5–6 Jahre	Vorschule
6–14 Jahre	Hort oder altersgemischte Gruppe (0–14 Jahre)

Öffnungszeiten

Es gibt eine Halb-, eine Ganztags- und eine Über-Mittag-Betreuung. Die Über-Mittag-Betreuung ist ein Angebot für Schulkinder, während die Halb- und Ganztagsbetreuung sich an alle Kinder richtet.

Besonders in Großstädten bieten Ganztagseinrichtungen eine Öffnungszeit von zumeist 6:00–18:00 Uhr an. Für das Mittagessen sorgt die Einrichtung, das Frühstück bringen die Kinder selbst mit oder es wird in der Einrichtung zubereitet. Kindergärten, die eine kürzere Betreuung anbieten, öffnen in der Zeit von 8:00–12:00 Uhr. Diese Einrichtungen bieten lediglich ein Frühstück an.

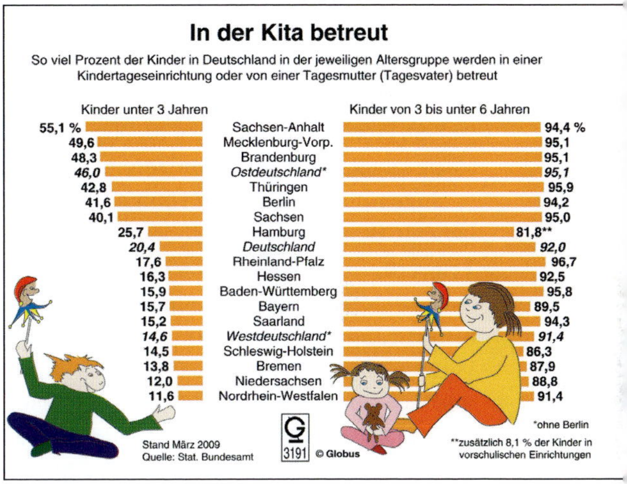

Rund 20 Prozent der unter 3-Jährigen besuchen eine Tagesstätte

Typischer Tagesablauf in der Kita

Die Zeit in der Kindertageseinrichtung folgt einer festen Tagesstruktur und bietet somit Sicherheit und Orientierung für die Kinder.

Beispielhafter Tagesablauf in einer Kita

6.2 Träger von Kindertageseinrichtungen

Die Gründung von Kindertageseinrichtungen erfolgt auf der Grundlage des Kinder- und Jugendhilfegesetzes. Von staatlicher Seite nehmen Jugendämter Aufgaben der Jugendhilfe wahr (dies sind die sogenannten **öffentlichen Träger**). Zu ihrem Aufgabenbereich gehören u. a. die Einrichtung und Organisation von Tageseinrichtungen für Kinder, Tagespflegestellen, Freizeiteinrichtungen für Jugendliche sowie integrativen Einrichtungen.

Jugendhilfe wird auch von gesellschaftlichen Gruppen und Verbänden, den **freien Trägern,** übernommen. Zu den freien Trägern zählen die Kirchen, bundesweit organisierte Jugend- und Wohlfahrtsverbände, Vereine oder auch Privatpersonen. Kirchen und manche Elternvereine schließen sich einem Landes- oder Bundesverband an. Das Diakonische Werk, der Deutsche Caritasverband, das Deutsche Rote Kreuz, die Arbeiterwohlfahrt und der Deutsche Paritätische Wohlfahrtsverband sind solche sogenannten Dachverbände. Der Träger ist dafür zuständig, dass seine Kindertageseinrichtungen den Auftrag des KJHGs erfüllen, Eltern bei ihrem Erziehungsauftrag zu unterstützen und Kindern und Jugendlichen das Hineinwachsen in die Gesellschaft zu erleichtern. Um diesen zu gewährleisten, obliegt ihm die wirtschaftliche Betriebs- und Personalführung.

Alle Träger, die die Auflagen der Aufsichtsbehörde erfüllen, erhalten finanzielle Zuwendungen für Personal-, Gebäude- und Sachkosten. Diese berechnen sich u. a. nach der Anzahl der Kinder. Die Eltern der Kinder bezahlen an die Behörde einen Eigenanteil, der sich nach ihren Einkommen richtet und abhängig ist von der Betreuungszeit der Kinder.

Das Einziehen der Elternbeiträge und der finanziellen Leistungen der öffentlichen Hand, aber auch die Personaleinstellung und -verwaltung sowie die Gebäudeerhaltung und das Festlegen der Öffnungszeiten sind Sache der betriebswirtschaftlichen Führung. Die pädagogische Leitung des Hauses und die Personalführung kann sie delegieren. Dabei muss sich der Träger an die Leitziele seines Dachverbandes halten, muss die Vorgaben des KJHG und der Ausführungsgesetze der Länder einhalten und die Rahmenbedingungen für die Umsetzung des Bildungsplans für Kindertageseinrichtungen schaffen sowie mit dem Elternbeirat zusammenarbeiten (s. Kap. 14 Zusammenarbeit mit Eltern und Sorgeberechtigten).

Jeder Träger erarbeitet wiederum Leitlinien, wie die Erziehung der Kinder unterstützt werden soll. Diese stellen die Grundlage für das pädagogische Konzept der Kindertageseinrichtung dar. Das Konzept legt die Arbeitsweise der Einrichtung fest.

Tageseinrichtungen für Kinder

Trägerschaft	Konzeptionelle Schwerpunkte	Bezeichnung
Öffentlicher Träger: Städte, Kreise und Gemeinden Freie Träger: vor allem Kirchen und Wohlfahrtsorganisationen, auch Vereine und Initiativen (s. Punkt 7)	Bewegungskindergarten, Waldkindergarten, Integrationskindergarten, Montessori, Waldorf, bilingualer Kindergarten, mit/ohne konfessioneller Ausrichtung, gruppenübergreifend offene oder geschlossene, altersgleiche Gruppen u. a. (s. Kap. 11)	Krippe Kindergarten Kindertagesstätte Kinderhaus Kinderladen Hort

Lena macht ihre Ausbildung in einer evangelischen Kindertageseinrichtung. Das bedeutet, dass sich die Arbeit dort an dem christlichen Menschenbild orientiert und von ihr erwartet wird, dass sie diese Werte aktiv umsetzt. Im Tages- oder Wochenablauf zeigt sich die christliche Erziehung z. B. in Gebeten vor dem Essen oder dem regelmäßigen Besuch des Kindergottesdienstes.

Unabhängig davon befindet sich jede Einrichtung in einem vorgegebenen sozialen Umfeld. Auch diese **Rahmenbedingungen** haben Einfluss auf Gruppengröße und Gruppenzusammensetzung (Alter und Geschlecht), Öffnungszeiten, den Tagesablauf und die Gestaltung der vorgegebenen Räume.

Es wird deutlich, dass es ein differenziertes Angebot an Betreuungsmöglichkeiten gibt, das sich u. a. in verschiedenen Altersmischungen, unterschiedlichen Öffnungszeiten, konzeptionellen Schwerpunkten und der Aufnahme von Kindern mit Behinderungen zeigt. Durch die Vielgestaltigkeit der pädagogischen Arbeit können Eltern im Rahmen der örtlichen Gegebenheiten eine Tageseinrichtung wählen, die ihren Wertvorstellungen entspricht.

AUFGABE

1. Beschaffen Sie sich Informationen über die Kindertageseinrichtung, in der Sie im kommenden Praktikum eingesetzt werden. Nutzen Sie dazu Informationsquellen wie Webseiten von Kindertageseinrichtungen, Broschüren oder Besuche in Einrichtungen. Berücksichtigen Sie folgende Aspekte:
   - Alter der Kinder
   - Tagesablauf
   - Betreuungsschlüssel (Verhältnis Erzieher : Kind)
   - Träger
   - Konzept
   - Tätigkeiten der pädagogischen Fachkräfte in dieser Betreuungsform
   - räumliche und materielle Ausstattung
2. Überlegen Sie, welchen Einfluss die unterschiedlichen Rahmenbedingungen auf die Arbeit mit Kindern haben können.

6.3 Tagespflege

Neben der Betreuung in Krippen gibt es die Tagespflege als familienähnliche Form der Kinderbetreuung (§23 KJHG). Aufgrund von Änderungen des Bundesrechts in Form des Tagesbetreuungsausbaugesetzes (TAG) zum 01.01.2005 und des Gesetzes zur Weiterentwicklung der Kinder- und Jugendhilfe (KICK) zum 01.10.2005 erfährt die Tagespflege zurzeit eine Neukonzeption. Die Tagespflege wird vom Gesetzgeber als Betreuungsform neben den institutionellen Formen wie Krippe oder Kindergarten angesehen. Tagesmütter und -väter benötigen eine Pflegeerlaubnis, die die persönliche Eignung der Tagespflegeperson und die Räumlichkeiten für die Kinderbetreuung bestätigt. Neu ist, dass die Pflegeerlaubnis bereits ab dem ersten Kind beim Jugendamt beantragt werden muss. Näheres dazu findet man auf der Webseite des Bundesministeriums für Familie, Senioren, Frauen und Jugend (www.handbuch-kindertagespflege.de).

Wenn Lena später als Sozialassistentin arbeiten möchte, ist es für sie von Interesse,

Bei einer Tagesmutter

Hamburg:
Sozialpädagogische/r Assistent/-in 30,0 Std./Woche, Teilzeit, flexibel, unbefristet ab 01.11.20...
Eine kleine Einrichtung in HH-Harvestehude sucht Unterstützung für sein junges, ehrgeiziges Team.
Aufgaben: Alle berufsüblichen Tätigkeiten. Wir arbeiten in unseren Teams gleichberechtigt und mit hoher Eigenverantwortung. Eigeninitiative, Umsicht, Spontaneität sind in einem kleinen Team unerlässlich.
Anforderungen: ausgebildete Fachkraft – Freude an der Arbeit mit Kinder und deren Eltern – Freude an der Arbeit mit einem kleinen, jungen Team – Ideenreichtum – Einsatzbereitschaft und Flexibilität – 1 bis 2 Jahre Berufserfahrung. Qualifizierte Bewerbungen bitte postalisch oder per E-Mail an ...

Passau:
Kinderpfleger/-in 38,5 Std./Woche, Vollzeit, befristet bis 31.08.20..., Schwangerschaftsvertretung.
Anforderungen: Betreuung von Schülern nach der Schule, Hausaufgaben-, Freizeitbetreuung, Kooperation mit Lehrern, Eltern, Verbänden, Institutionen.

Münster:
Sozialassistent/-in 39,0 Std./Woche, Vollzeit, unbefristet.
Das Diakonische Werk des Kirchenkreises sucht zum 01.03.20... für den Aufbau von zwei integrativen Krippengruppen zwei engagierte, teamfähige, belastbare, flexible und einfühlsame Sozialassistenten (m/w) zur Förderung, Begleitung und Bildung von Kindern unter 3 Jahren. Berufserfahrung in einer Kindertagesstätte wird vorausgesetzt.
Arbeitszeit: 7:30 – 15:30 Uhr
Vergütung: nach KAT, K4
Voraussetzung ist die Zugehörigkeit zu einer christlichen Kirche.

Hannover:
Sozialassistent/-in Elternzeitvertretung, 30 Std./Woche, ab sofort.
Gruppendienst in einer altersgemischten Elementar-Krippengruppe mit Übernahme aller pflegerischen und päd. Aufgaben, inkl. Elterngesprächen, schriftl. Reflexionen und Beobachtungen, pädagogischen Angeboten in Kleingruppen und Projekten.
Wir suchen einen kommunikativen und engagierten Mitarbeiter (m/w), der möglichst über Erfahrungen mit dem Konzept der offenen Arbeit und des situationsorientierten Ansatzes verfügt. Bereitschaft, sich in einer anspruchsvollen Teamarbeit zu engagieren. Erfahrungen mit unterschiedl. Altersgruppen (Elementar-, Krippenkinder) erwünscht. Wir erwarten außerdem didaktische und methodische Handlungskompetenz, musisch-kreative Kompetenzen, einen guten Zeugnisdurchschnitt sowie gute Sprachkenntnisse (Deutsch). Gute Hauswirtschafts- und pflegerische Kenntnisse.

welche pädagogischen Schwerpunkte die Träger der verschiedenen Einrichtungen setzen. Ihre Bewerbung schickt sie zwar direkt an die Kita, die Leitung des Hauses hält aber i. d. R. Rücksprache mit dem Träger der Einrichtung.

AUFGABE

Antworten Sie auf eine der Stellenausschreibungen mit einem fiktiven Bewerbungsschreiben, in dem Sie darlegen, warum Sie für die Stelle geeignet sind.

7 Arbeitsvertragliche Grundlagen

Als Arbeitsrecht bezeichnet man die Gesamtheit aller Gesetze und Bestimmungen, die das Arbeitsverhältnis zwischen Arbeitgeber und Arbeitnehmer regeln. Hierzu gehören Bestimmungen zum Arbeitsschutz, zu den Folgen bei Arbeitsunfällen, der Sozialversicherung, der Mitbestimmungsrechte von Gewerkschaften und Betriebsräten u. a.

Der Arbeitsvertrag

Lena ist Praktikantin in der „Kita Christuskirche“. Wenn sie nach ihrer Ausbildung direkt in den Beruf wechselt, wird sie einen Arbeitsvertrag mit ihrer neuen Arbeitsstelle eingehen und nach dem Kirchenangestelltentarif KAT bezahlt.

Im Arbeitsvertrag (§611–630 BGB) werden Rechte und Pflichten zwischen Arbeitnehmer und Arbeitgeber geregelt (Arbeitsleistung, Vergütung, Arbeitszeit, Urlaub). Der Vertrag wird im sozialpädagogischen Bereich häufig durch eine Dienstordnung ergänzt. Diese regelt beispielsweise die Zeiten für Vor- und Nachbereitung sowie Mitarbeiterbesprechungen. Schulpraktikanten sind keine Arbeitnehmer und haben deshalb auch keinen Anspruch auf Vergütung.

Ruhepausen nach dem Jugendarbeitsschutzgesetz

Der Paragraf 11 im Jugendarbeitsschutzgesetz (JArbSchG) sieht vor, dass alle Auszubildenden unter 18 Jahren eine Pause von 30 Minuten wahrnehmen sollen, wenn sie mehr als 4,5 bis 6 Stunden arbeiten, und eine Pause von 60 Minuten bei einer Arbeitszeit von mehr als 6 Stunden.

Eine Pause ist nur dann eine Pause, wenn die Arbeit für mindestens 15 Minuten unterbrochen wird. Die Pausen sollen frühestens eine Stunde nach Beginn der Arbeitszeit und spätestens eine Stunde vor Ende der Arbeitszeit liegen.

Ruhe während der Arbeitspausen

Vergütung

Die pädagogischen Fachkräfte, die einen Arbeitsvertrag mit einem Träger abgeschlossen haben, erhalten ein monatliches Gehalt. Diese Summe setzt sich aus verschiedenen Zahlungen zusammen (siehe unten). Das Grundgehalt richtet sich im TVöD nach der Anzahl der Jahre, die der Arbeitnehmer ununterbrochen für einen Träger tätig ist.

Grundgehalt	laut TVöD (Tarifvertrag öffentlicher Dienst) bzw. KAT (Kirchenangestelltentarif)
+ Überstunden	
+ Jahressonderzahlungen	(z. B. Weihnachts-, Urlaubsgeld)
= Gehalt	

www.gew.de: Hier finden Sie aktuelle Entgelttabellen (Rubrik „Kita").
www.nettolohn.de: Hier können Sie Ihr persönliches Nettogehalt berechnen.

AUFGABE

Informieren Sie sich über das Gehalt, das Sie selbst zu Beginn Ihrer Berufstätigkeit nach dem TVöD bekommen würden.

Berufsverbände

Nach Artikel 9 Abs. 1 GG (Grundgesetz) haben alle Deutschen das Recht, Vereine und Gesellschaften zu bilden. Unter einem Berufsverband versteht man einen organisierten Zusammenschluss einer Berufsgruppe. So haben sich z. B. der Berufsverband evangelischer oder katholischer Erzieher/Erzieherinnen gebildet oder der politisch und konfessionell unabhängige Pestalozzi-Fröbel-Verband. Die Berufsverbände vertreten die Interessen ihrer Mitglieder gegenüber der Politik und Öffentlichkeit. Sie sehen unter anderem ihre Aufgabe darin, den Ministerien oder Behörden

Vorschläge zur Weiterentwicklung der Ausbildungen von Erziehern und Zweitkräften in Kindertageseinrichtungen zu machen oder sich für veränderte Arbeitsbedingungen oder Eingruppierungen einzusetzen. Darüber hinaus informieren sie über pädagogische Fragen und setzen sich für Strukturverbesserungen der außerfamiliären Erziehung ein.

Eine besondere Organisation von Arbeitnehmern zur Durchsetzung berufsbezogener und sozialpolitischer Interessen – speziell auch von Sozialassistenten, sozialpädagogischen Assistenten und Erziehern – bilden die **Gewerkschaften**:

- GEW (Gewerkschaft für Erziehung und Wissenschaft)
- ver.di (Vereinigte Dienstleistungsgewerkschaft)

8 Weiterbildungsmöglichkeiten

Lena denkt daran, sich nach der Ausbildung im pädagogischen Bereich weiterzubilden.

Für die Sozialassistentin gibt es verschiedene Möglichkeiten, sich weiterzubilden. Im Folgenden werden Weiterbildungen im sozialpädagogischen und im allgemeinbildenden Bereich vorgestellt.

Weiterbildung im sozialpädagogischen Bereich

Ausbildung zur Erzieherin/zum Erzieher

Eine Sozialassistentin kann die Ausbildung zur Erzieherin anschließen. Je nach Bundesland unterscheiden sich Ausbildungsdauer und Ausbildungsinhalte. In Baden-Württemberg dauert die Ausbildung z. B. 4 Jahre und ist gegliedert in

- ein einjähriges Berufskolleg für Praktikantinnen und Praktikanten (1-BKSP)
- eine zweijährige Fachschule für Sozialpädagogik (2-BKSP) sowie
- ein einjähriges Berufspraktikum.

Mit einer abgeschlossenen Ausbildung im sozialpädagogischen Bereich lässt sich die Ausbildung zur Erzieherin in der Regel um das einjährige Berufskolleg verkürzen.

Ausbildung zur/zum Heilerziehungspfleger/-in

Die Ausbildung dauert 3 Jahre. Sie soll dazu befähigen, Menschen mit Behinderung in ihrem Lebensalltag zu begleiten und sie in ihrer Selbstbestimmung und gesamten Entwicklung zu unterstützen und zu fördern. Die Zugangsvoraussetzungen und Kursgebühren können von Bundesland zu Bundesland unterschiedlich sein. Ob und in welcher Höhe Schulgeld erhoben wird, kann bei den Schulen erfragt werden.

Weiterführende Bildungsabschlüsse im allgemeinbildenden Bereich

Fachhochschulreife

Es besteht häufig im Rahmen der Ausbildung die Möglichkeit, durch Teilnahme an Zusatzunterricht und durch Ablegen einer Zusatzprüfung parallel die Fachhochschulreife (FHR) zu erwerben. In Hamburg kann diese beispielsweise nach einer abgeschlossenen SPA-Ausbildung durch den einjährigen Besuch der Fachoberschule (FOS) erworben werden. Damit erlangt man die Zugangsberechtigung für die Fachhochschule (FH).

Fachhochschule

Allgemeine Hochschulreife
In vielen Bundesländern gibt es sogenannte Berufsgymnasien oder Fachgymnasien. Dort kann die allgemeine Hochschulreife mit dem Schwerpunkt „Pädagogik und Psychologie" innerhalb von 3 Jahren erworben werden. Damit erlangt man die Zugangsberechtigung für die Universität. Weitere Möglichkeiten können sich je nach Zugangsvoraussetzungen des Bundeslandes und/oder der Schule auch in den nichtärztlichen Heilberufen wie Logopäde oder Ergotherapeut bieten.

AUFGABE
Informieren Sie sich über die für Sie in Frage kommenden Weiterbildungsmaßnahmen.

9 Durchspielen einer vollständigen Handlung

Analysieren – welche Situation findet Lena vor?

Lena, die angehende Sozialassistentin aus der Eingangssituation, weiß, dass sie sich zu Beginn ihrer Ausbildung erst einmal orientieren muss. Damit erklärt sich auch ihre Unsicherheit, wie sie sich den Kindern, der Leitung des Hauses, ihrem Anleiter Simon und den Eltern gegenüber verhalten soll. Hilfreich ist das Wissen darüber, dass sie ein Recht auf Anleitung hat, und dass Simon das auch ernst nimmt. Deshalb kann sie sich gut auf das Anleitergespräch einlassen.

Lena wird auch klar, dass sie ihr Praktikum mit etwas anderen Erwartungen an die Arbeit im Kindergarten angetreten hat. Ihre Erlebnisse an diesem ersten Tag unterscheiden sich sehr von ihren eigenen Erfahrungen als Kind im Kindergarten.

Auf die Bitte ihres Anleiters, am Ende des ersten Tages ihre Beobachtungen zu schildern und Fragen zu stellen, ist sie nicht vorbereitet. Es ist schwierig, auf Anfrage diese vielen Eindrücke und unterschiedlichen Situationen zu sortieren und dann auch noch „kluge" pädagogische Fragen zu stellen. Dadurch wird ihr deutlich, wie wichtig es ist, Zeit zu haben, die Gedanken zu ordnen.

Planen – welche Schritte muss Lena gehen?

Lena und ihr Praxisanleiter setzen zu Beginn eine Struktur für die Praxisanleitung fest. Zuerst verabreden sie einen festen Termin für die Anleitergespräche. Die Gespräche sollen eine Stunde dauern. Sollte Simon z. B. krank sein, wird geklärt, wer für diese Zeit die Vertretung übernimmt. Bei Fragen, die direkt geklärt werden müssen, kann sie ihren Anleiter jederzeit ansprechen, wenn die Situation es erlaubt. Allerdings ersetzen diese kurzen Gespräche nicht die tatsächlichen Anleitergespräche.

Lena hat von der Schule den Auftrag bekommen, ein **Ausbildungsbuch** zu schreiben. Dazu bekommt sie von der Schule regelmäßig Aufgaben für die Praxis. Gleichzeitig hat das Buch Raum für Notizen und Fragen zum Alltag, zum Bündeln ihrer Erfahrungen, um sie dann mit der Anleitung zu besprechen. Sie soll sich für jedes Anleitergespräch überlegen, was sie besprechen möchte. Lena und Simon verständigen sich darauf, dass sich beide auf jedes Gespräch vorbereiten, um am Ende zu konkreten Verabredungen oder Aufgaben für Lena zu kommen. Natürlich werden die Aufgaben im Verlauf der Ausbildung verantwortungsvoller und mit mehr Anforderungen an Lenas Eigenständigkeit verbunden sein.

Nachdem sie diese grundsätzlichen Dinge geklärt haben und Lena nun ihre Erfahrungen des Tages schildert, wird dem Anleiter deutlich, dass es in einem ersten Schritt darum gehen muss, noch einmal zu klären, welche Beweggründe Lena hatte, diesen Beruf zu wählen. In diesem Zusammenhang werden sie auch auf ihre Kompetenzen zu sprechen kommen. Weiterhin gilt es, Lenas Erwartungen an ihre Ausbildung in der Praxis und die Erwartungen, die an sie als Praktikantin gestellt werden, im nächsten gemeinsamen Gespräch zu klären. So kann sie mehr Sicherheit im Alltag gewinnen. Dazu wollen beide ihre gegenseitigen Erwartungen formulieren, aber auch gleichzeitig überlegen, welche Erwartungen wohl die jeweils andere Seite hat.

Lena berichtet, dass sie die Selbstständigkeit und der Ideenreichtum der Kinder während der Gesprächsrunde sehr beeindruckt haben. Gleichzeitig habe sie jetzt aber Zweifel, was sie den Kindern noch beibringen könne. Hinter dieser Unsicherheit kann die Frage nach Rolle und Aufgaben der pädagogischen Zweitkraft stehen. Beide beschließen, auch diesen Punkt in den kommenden Anleitergesprächen aufzugreifen. Außerdem erteilt der Anleiter Lena die Aufgabe, die Tätigkeitsbereiche einer Assistentin zu beschreiben. Dazu soll sie ihre Kolleginnen und Kollegen in unterschiedlichen Tätigkeiten beobachten und befragen.

Durchführen – was macht Lena?

Lena nimmt das, was verabredet wurde, in Angriff. Zuerst überlegt sie sich für ihr Ausbildungsbuch eine Struktur. Sie unterteilt das Buch in drei Bereiche: Praxisaufgaben aus der Schule, Notizen/eigene Gedanken sowie Vor-/Nachbereitung der Anleitergespräche. Ihre Aufzeichnungen zu den Erwartungen an die Praxis und ihre Überlegungen zu möglichen Erwartungen an sie sind sehr umfangreich. Auch die Beobachtung und Befragung der Kollegen muss geplant werden. Lena beschließt, sich einmal am Tag für einen begrenzten Zeitraum hinzusetzen, um ihre Beobachtungen zu notieren. Dabei fallen ihr Fragen zu Simons Verhalten gegenüber den Kindern ein, die sie ebenfalls vermerkt.

Ihre Aufzeichnungen im Ausbildungsbuch helfen ihr bei der Strukturierung ihrer Fragen und Bedürfnisse. So kann sie vorbereitet in das nächste Anleitergespräch gehen.

Reflektieren und Bewerten – wie wertet Lena ihre Erfahrungen aus?

Indem Lena so einen Teil des Anleitergespräches aktiv vor- und nachbereitet, übernimmt sie selbst einen Teil der Verantwortung für ihre Ausbildung. Zudem ist sie gezwungen, im Alltag genauer hinzusehen und sich Fragen und Stichworte zu notieren. Dadurch wächst ihr Verständnis für die einzelnen Aspekte des Berufsalltags. Lena nimmt sich bewusst Zeit, ihre Fragen und Gedanken genau zu formulieren. Anfangs erscheint ihr das eher mühsam und langwierig. Doch nach einigen Wochen erkennt sie, dass ihre Stichworte in vielen Situationen hilfreich sind: Im Anleitergespräch kann sie auf beobachtete Beispiele oder Fragen zurückgreifen. Auch für den Unterricht sind die Notizen hilfreich, um Zusammenhänge zu entdecken.

Dokumentieren und Präsentieren – wie hält Lena die Ergebnisse fest?

Lenas Ausbildungsbuch ist in drei Bereiche unterteilt: Ein Bereich dient persönlichen Notizen und Überlegungen, die sie nur für sich selbst anstellt. Im zweiten Bereich bearbeitet Lena Praxisaufgaben aus der Schule und im letzten Bereich trifft sie schriftliche Vor- und Nachbereitungen für die Anleitergespräche. Hier notiert sie Fragen und Ergebnisse, Vereinbarungen und Absprachen. Er kann der Anleitung auch zur Dokumentation vorgelegt werden. In der Schule werden einzelne Bearbeitungen der Praxisaufgaben präsentiert und besprochen.

Weitere Lernsituationen

Lernsituation 1

Jan ist 18 Jahre alt. Er hat keine Geschwister. Das Ende der Gesamtschule fand er mühsam. Deshalb hat er erst ein Jahr lang gejobbt. Jans Traumberuf ist eigentlich Automobilkaufmann, er hat in diesem Bereich jedoch keinen Ausbildungsplatz bekommen. Viel Spaß macht ihm sein Hobby Fußball: Er ist Jugendtrainer im Fußballverein Concordia. Da er „gut mit Kindern kann", hat er sich nun für die Ausbildung zum sozialpädagogischen Assistenten entschieden. Wenn es gut läuft, möchte er gern weiter lernen. Allerdings weiß er nicht, was er im Kindergartenbereich zusätzlich machen kann. Auch spielen für ihn das Gehalt und mögliche Aufstiegschancen eine Rolle.

Lernsituation 2

In der „Kita Krümelkiste" möchte man für die Kinder, die im Sommer eingeschult werden, das Projekt „Mein Schulweg" anbieten. Ziel soll es sein, dass die Kinder ihren Weg von ihrem Zuhause zur Schule allein bewältigen können. Auf einem Elternabend soll die Projektidee vorgestellt werden Die Sozialassistentin Sandra verteilt die Einladungen zum Elternabend und nähere Informationen dazu, indem sie sie in die Fächer der Kinder legt. Am nächsten Tag wird sie von einer Mutter angesprochen, die dieses Projekt als gefährlich empfindet. Ihre Tochter sei noch nie allein im Stadtteil unterwegs gewesen und sie würde sie lieber zur Schule begleiten, damit ihr nichts passiere.

Lernsituation 3

Henriette (3,6 Jahre) besucht seit 6 Monaten die Kindertagesstätte. Sie hat sich gut eingelebt und fühlt sich mit den 21 anderen Kindern ihrer Gruppe wohl. In der Gruppe arbeiten eine Erzieherin in Vollzeit und eine teilzeitbeschäftigte Sozialassistentin, Lena. Der Gruppenraum ist in verschiedene Funktionsbereiche unterteilt: Es gibt einen Bauplatz, ein Atelier zum Basteln, Werken und Malen und eine Ruhezone. Die Materialien im Atelier sind für die Kinder frei zugänglich, damit sie nicht nach benötigten Dingen fragen müssen.

Während die Erzieherin eine Kaffeepause macht, schneidet sich Henriette mit einer Schere so stark in den Finger, dass sie ins Krankenhaus gebracht werden muss. Zum Zeitpunkt des Unfalls war die Sozialassistentin mit einer Kleingruppe von Kindern in der Bauecke beschäftigt. Die Eltern sind entsetzt, dass so etwas passieren konnte. Sie sind der Meinung, Lena habe nicht richtig „aufgepasst", und beschuldigen sie der Verletzung der Aufsichtspflicht.

AUFGABE

Bearbeiten Sie die Lernsituationen nach folgenden Schritten:

1. Analysieren – welche Situation finden die Pädagogen vor?
2. Planen – welche Schritte müssen die Pädagogen gehen?
3. Durchführen – was genau machen die Pädagogen?
4. Reflektieren und Bewerten – wie deuten und werten die Pädagogen aus?
5. Dokumentieren und Präsentieren – wie halten die Pädagogen die Ergebnisse fest?

Aufgaben zur Selbstreflexion

1. Zeichnen Sie Ihre „Lebenslinie" mit den markanten Stationen Ihres Lebens auf ein A3-Blatt.

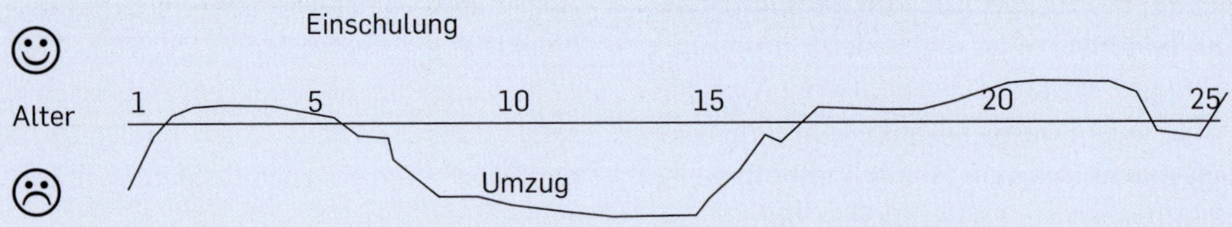

2. Stellen Sie sich selbst die folgenden Fragen und notieren Sie die Antworten in Ihr „Praxisbuch":
   - Wie habe ich Erziehung erlebt? Was möchte ich aufgrund dessen unbedingt beachten bzw. auf keinen Fall tun?
   - Welche Normen und Werte haben meine Eltern/Erzieher mir vermittelt (kulturell, traditionell)?
   - Welche Normen und Werte sind mir wichtig? Kann und soll das, was ich für richtig und falsch halte, in gleicher Weise für die Kinder gelten, die ich betreue?
   - In welche Kinder könnte ich mich aufgrund meiner Geschichte leicht, in welche schwerer einfühlen?
   - Welchen Kindern könnte ich leichter, welchen schwerer gerecht werden, weil sie vielleicht genauso sind, wie ich war als Kind, oder ganz anders?
   - Was könnte mich aufgrund meiner Lebensgeschichte besonders berühren?

- Welche Aspekte meiner Lebensgeschichte könnten besonderen Einfluss auf mein erzieherisches Handeln haben?

3. **Brief an mich selbst**
Schreiben Sie einen Brief an sich selbst. Adressieren Sie ihn anschließend an sich selbst und geben Sie den Brief Ihrer Lehrkraft. Am Ende der Ausbildung wird Ihnen Ihr Brief zugesandt. Sie können dann prüfen, welche Ihrer Ziele Sie erreicht haben. Gehen Sie dabei u. a. auf folgende Fragen ein:
a) Wer werde ich in zwei Jahren sein?
b) Welche Schritte/Stufen liegen vor mir?
c) Was möchte ich in dieser Zeit erreichen?
d) Was möchte ich an mir, an meinem Denken, Fühlen und Handeln noch verändern?

Praxisaufgaben

1. Befragen Sie Sozialassistenten und Erzieher in Ihrer Praxiseinrichtung nach deren Motiven für die Berufswahl. Erkundigen Sie sich danach, ob diese Motive auch heute noch, mit entsprechender Berufserfahrung, gültig sind oder ob und inwiefern sie sich verändert haben.
2. **Führen Sie ein „Ausbildungsbuch".**
Im Praktikum erlebt und erfährt die Praktikantin vielfältige Aspekte von pädagogischer Arbeit mit Kindern. In der Lernpsychologie geht man heute davon aus, dass nur jenes Lernen bedeutsam und verändernd ist, das uns auch als Person anspricht. Das Ausbildungsbuch ist eine Mischung aus persönlichem Tagebuch, Notizbuch für Gedanken zu Erlebnissen im Berufsalltag und gezielten Anregungen zur Reflexion. Es soll den Lernweg dokumentieren, den Sie als angehende Pädagogin während der Zeit der Ausbildung durchlaufen.
Anhand der Eintragungen können Sie sich darüber klar werden, was Sie gut können, was Sie noch nicht verstanden haben, was Ihnen Spaß macht, was Sie weniger gerne tun usw. Ihr Lernprozess wird erkennbar. Außerdem ergeben sich möglicherweise Fragen, die notiert werden und im Unterricht/im Gespräch mit Mitschülern, im Anleitergespräch oder im Gespräch zwischen Anleiter/-in, Praktikant/-in und Lehrkraft beim Praxisbesuch geklärt werden können.
Die folgenden Praxisaufgaben (Teil I und Teil II) sollen Anregungen geben, die vielfältigen Erfahrungen zu sortieren und zu strukturieren. Sie lenken die Aufmerksamkeit auf ausgewählte Aspekte pädagogischer Arbeit, um diese bewusst zu machen.

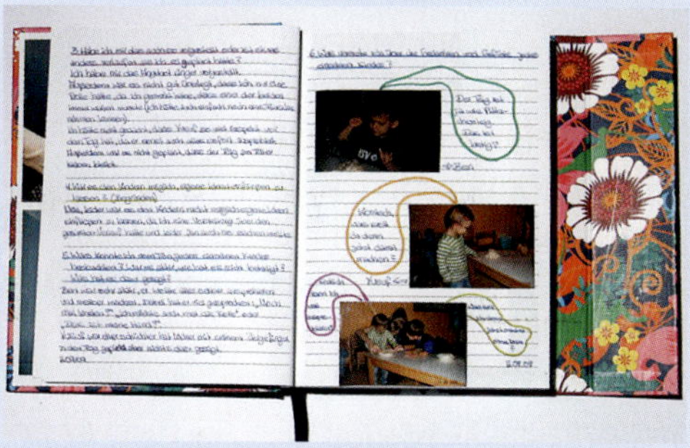

Ausbildungsbuch/Praxisbuch

Teil I: Ausbildungsbuch – vor dem ersten Praktikum

1. Einmal in der Woche (Datum nicht vergessen) beantworten Sie zwei Fragen oder Aussagen aus der folgenden Auswahl:
Was hat mich erstaunt und dadurch zum Nachdenken gebracht?
Hierüber habe ich mich gefreut.
Das habe ich von den Kindern gelernt.
Das hat mich überfordert.
Das würde ich sofort ändern bzw. habe ich mir anders vorgestellt.

Das möchte ich genauer wissen, ausprobieren.
Das mache ich beim nächsten Mal anders.
Das ist mir diese Woche besonders gut gelungen. Das lag daran, dass…
Diese Schwierigkeiten sind diese Woche aufgetreten.
Davor habe ich mich diese Woche erfolgreich gedrückt.
Das hat mich diese Woche geärgert.
Besonders hilfreich war in dieser Woche, dass …
Besonders spannend war in dieser Woche, dass …
An einem Kind ist mir aufgefallen…
Das erkläre ich mir so …
Für die nächste Woche nehme ich mir Folgendes vor, weil …

Bearbeiten Sie die Fragen und Aussagen möglichst konkret und gründlich, d.h. erläutern und begründen Sie Ihre Antworten. Wechseln Sie die Fragen – wenn möglich – wöchentlich. Nutzen Sie Ihre Aufzeichnungen für die Vorbereitung der Anleitergespräche und der Gespräche zwischen Anleiter/-in, Praktikant/-in und der praxisbegleitenden Lehrkraft.

2. Sammeln Sie Notizen aller Art stichwortartig: Beobachtungen, Gedanken, Fragen zum Tagesablauf, zu Kindern, zu Erzieherverhalten, Ideen für Aktivitäten, Spontanbeobachtungen von Kindern usw. Diese Notizen werden auch mit dem Datum versehen, müssen aber nur für Sie selbst verständlich und später noch nachvollziehbar sein. Mithilfe dieser Aufzeichnungen lassen sich Themen für die Anleitergespräche finden.

3. **Meine Entwicklungsaufgabe**
Stellen Sie sich eine eigene Lernaufgabe für die Praxis, anhand derer Sie sich „entwickeln" möchten, um Ihren Lernprozess in die Hand zu nehmen. Sie können diese mit Ihrer Anleiterin im Gespräch entwickeln. Die wöchentlichen Reflexionen im Praxisbuch können Sie bei der Aufgabenfindung unterstützen. Thematisieren Sie Ihre Entwicklungsaufgabe regelmäßig in den Anleitergesprächen. Nehmen Sie sich etwas vor, das Sie in 4–6 Wochen erreichen können.
a) Beantworten Sie folgende Fragen zu Ihrer Entwicklungsaufgabe ausführlich und möglichst genau in Ihrem Ausbildungsbuch:
   - Was will ich lernen?
   - Was ist mir dabei besonders wichtig?
   - Was tue/lese/erfrage ich, um meinem Ziel näher zu kommen?
   - Was wird sich bei mir verändert haben, wenn ich mein Ziel erreicht habe?
b) Wenn Sie das Gefühl haben, dass Sie Ihre Lernaufgabe bewältigt bzw. vorerst abgeschlossen haben, beantworten Sie folgende Fragen in Ihrem Ausbildungsbuch:
   - Wie bin ich meinem Ziel näher gekommen?
   - Welche Stolpersteine gab es?
   - Welche Fragen sind aufgetaucht?
   - Was beschäftigt mich noch?
   - Woran möchte ich weiterarbeiten?

Teil II: Ausbildungsbuch – Auswertung des ersten Praktikums

1. Schreiben Sie zu folgenden Aussagen Ihre Ideen, Erinnerungen und Gedanken spontan im Ausbildungsbuch auf:
Darüber habe ich mich in der Praxis gefreut. Das hat mir Spaß gemacht.
Davon war ich tief beeindruckt.
Diese Begegnung geht mir nicht mehr aus dem Sinn.
Da haben mich die Kinder überrascht.
Das habe ich von den Kindern gelernt.
Da kann ich die Kinder gut verstehen.
Das habe ich neu entdeckt.

Das würde ich sofort ändern. Das entsprach nicht meinen Erwartungen. Das hat mir gefehlt.
Da bin ich ganz schön an meine Grenzen gekommen, da war ich mit meinem Latein am Ende.
Das möchte ich noch genauer wissen, ausprobieren, lernen. Das nehme ich mir vor.

2. **Bedeutsame pädagogische Erfahrungen – eine Übung mit Bausteinen**
Die Gruppe sitzt an Tischen. In der Mitte liegt eine hinreichende Menge an neutralen Holzbausteinen, bunten Teilen, verschiedenen kleinen Figuren, möglichst jedoch keine Bausteine, die bereits mit einer Bedeutung besetzt sind.
Aufgabenstellung: Bauen Sie eine persönlich erlebte, bedeutsame Situation aus Ihrem Praktikum, jede für sich. Fangen Sie einfach an zu bauen, ohne lange zu überlegen, lassen Sie sich vom Material inspirieren. Positionieren Sie sich selbst in Ihrem Bauwerk. Geben Sie Ihrem Bauwerk am Ende einen Titel und schreiben Sie diesen auf einen Zettel, den Sie vor Ihr Bauwerk legen. Dauer ca. 10 Minuten.
Anschließend gehen alle herum und schauen sich die Bauwerke der anderen schweigend aus verschiedenen Perspektiven an. Danach werden die Bauwerke in folgenden Schritten besprochen: Zunächst erläutert die Baumeisterin kurz, welche Situation sie gebaut hat. Es können aus der Gruppe informationsorientierte Rückfragen zur Bedeutung einzelner Elemente, Farben etc. gestellt werden („Hat es eine Bedeutung, dass …?“). Der Moderator achtet in dieser Phase darauf, dass keine Interpretationen von außen erfolgen. Nun äußern sich die Gruppenmitglieder im Sinne eines *Sharing* zu eigenen Assoziationen und Gefühlen, die das Bauwerk bei ihnen ausgelöst hat („Mir fällt dazu ein …“; „Das gibt mir ein Gefühl von …“). Die Baumeisterin hört schweigend zu. Sie greift dann auf, was sie angesichts der Rückmeldungen beschäftigt, worüber sie nachdenkt, was eventuell einen neuen Blick auf die dargestellte Szene (im Sinne eines Perspektivwechsels) eröffnet hat. Abschließend kann das Bauwerk umgebaut oder ergänzt werden („Möchten Sie etwas umbauen oder ergänzen?“). Damit kann sich auch der Titel des Bauwerks ändern.

Kapitel 2 Beziehungen zu Kindern und Grundlagen der Erziehung

1 Lernsituation

Als Tanja in die Krippe kommt, in der sie seit einiger Zeit als Sozialassistentin tätig ist, erlebt sie eine erstaunlich ruhige und konzentrierte Atmosphäre. Da dies nicht immer so ist, setzt sie sich zunächst an den Rand des Geschehens und schaut zu. Es sind erst vier Kinder da und jedes scheint sich heute intensiv zu beschäftigen: Felix (15 Monate alt) steht an einem kleinen Bollerwagen und drückt mit seinem Körper dagegen – der Wagen bewegt sich jedoch nicht. Tanja bemerkt, dass das Mädchen Maria (2 Jahre) sich auch für den Bollerwagen interessiert und daran zerrt. Die kleine Fiola (20 Monate) sitzt mit einem großen DUPLO-Stein vor einem zweiten Stein und versucht, beide zusammenzustecken. Krabbelkind Finn (7 Monate) schiebt sich auf dem Bauch zu den Steinen. Er kommt nur langsam voran und quengelt vor sich hin.

Tanja fragt sich, ob sie Finn oder Felix helfen soll. Sie entschließt sich, zu Felix zu gehen. „Hallo Felix, das ist ganz schön schwer, den Bollerwagen zu schieben. Du hast dich schon sehr angestrengt. Soll ich dir helfen?" Felix antwortet: „Tanja helfen." Tanja schiebt nun mit Felix zusammen den Bollerwagen über eine Teppichschwelle. Gleichzeitig sagt sie zu Maria: „Maria, jetzt lässt du Felix mit dem Wagen spielen. Nimm du so lange die Eisenbahn." Maria fängt an zu weinen und will nicht loslassen. „Maria, nein. Du lässt den Wagen nun los. Margot", Tanja ruft nach ihrer Kollegin, „kannst du Maria mal die Eisenbahn geben?" Ihre Kollegin Margot kommt dazu und nimmt die kleine Maria mit sich, dabei flüstert sie der Sozialassistentin zu: „Schade, fast hätte Felix es allein geschafft."

AUFGABE

Bearbeiten Sie die Lernsituation.

1. Analyse
   Nennen und beschreiben Sie,
   - was der Leser über die Kinder erfährt,
   - welches Verhalten Tanja zeigt,
   - welche Ansicht ihre Kollegin in der beschriebenen Situation vermutlich hat.
2. Ziele formulieren
   Was muss Tanja
   - herausfinden,
   - sich aneignen,
   - sich fragen

um in der beschriebenen Situation mit Felix pädagogisch angemessen handeln zu können?

2 Zu erlernende Kompetenzen

Dieses Kapitel setzt sich mit grundlegenden Fragen zum Menschen und zur Erziehung auseinander und vermittelt hierfür Kompetenzen, um sachgerecht handeln zu können. Der Mensch ist ein sich entwickelndes Wesen. Er lernt im Laufe der Jahre grundlegende Dinge, die ihn erst zu einem aufrecht stehenden und selbstständig entscheidenden Menschen machen. Darum geht es nachfolgend in Punkt 3.

Lernen findet nicht nur, aber auch im Rahmen von Erziehung statt. Was Erziehung leisten kann und wo sie auch Grenzen hat, erfährt man unter Punkt 4.

In der Lernsituation wird deutlich, dass die beiden Fachkräfte Margot und Tanja unterschiedliche Vorstellungen davon haben, was Kinder leisten können – ihr jeweiliges Bild vom Kind ist verschieden. Über die Fähigkeiten von Kindern wird unter Punkt 5 nachgedacht.

Um Kinder zu erziehen, muss zunächst eine gute Beziehung zum Kind hergestellt werden. Wie entsteht sie? Deutlich wird in dem Beispiel, dass Tanja sehr wertschätzend mit dem Krabbelkind Felix umgeht. Informationen zum Thema vermittelt Punkt 6.

Erziehung möchte etwas bewirken, sie verfolgt Ziele – warum hilft Tanja Felix? Was ist ihr wichtig? Was ist Margot wichtig, sodass sie die Hilfe nicht angeboten hat? Neben diesen Fragen soll auch geklärt werden, mit welchen Mitteln erzogen wird. Dies findet sich ebenfalls unter Punkt 6.

Wie verhält man sich bei einem Konflikt? Die zweijährige Maria will auch gerne mit dem Wagen spielen und lässt nicht freiwillig los. Mit dem professionellen Umgang mit solchen Situationen setzt sich Punkt 7 auseinander.

3 Anthropologische Grundlagen der Erziehung

Wer ein neu geborenes Kind anschaut, staunt, wie klein dieses Kind ist – es löst sofort einen Schutzreflex beim Erwachsenen aus. Man weiß, dass das Kind einige Jahre braucht, bis es alles das kann, was man als typisch menschlich bezeichnet: auf zwei Beinen eigenständig gehen, sich mit Worten und Gesten verständigen, sich selbstständig in vielerlei Hinsicht verhalten. Macht man die gleiche Beobachtung bei einem neu geborenen Fohlen, ist einiges anders: Kurz nach der Geburt steht es auf eigenen Beinen und galoppiert bald schon herum. Zwar wird es noch eine Zeitlang von der Mutterstute gesäugt, doch verfügt es bereits kurz nach der Geburt über Möglichkeiten, die beim Menschenkind erst Jahre später zu finden sind.

Anthropologie: Die Wissenschaft vom Menschen und seiner Entstehung. Sie untersucht den Menschen in seiner Eigenart.

3.1 Der Mensch als Mängelwesen

Der Mensch ist zunächst ein Wesen, das den organischen Bedingungen (Atmung, Blutkreislauf und Stoffwechsel) unterliegt wie andere Säugetiere auch. Doch er zeichnet sich von Beginn an durch einige Besonderheiten aus. Der Mensch ist von Anfang an auf die Zuwendung und die Ansprache vom Erwachsenen angewiesen, da er in allem *unfertig* ist:

- Er hat nahezu keine Instinkte, die sein Verhalten festlegen.
- Er hat kein dickes Fell, das gegen Kälte schützen kann.
- Er kommt im Grunde zu früh zur Welt.
- Hätte er keine ihn umsorgenden Menschen, würde er nicht überleben.
- Er hat jedoch eine besondere Daumenstellung, die seinen Händen die Möglichkeit des Greifens gibt.

Instinkte: vererbte Verhaltensweisen, die durch Reize ausgelöst werden und gleichförmig verlaufen

Der Mensch unterscheidet sich von anderen Lebewesen durch eine spezielle Beschaffenheit seines Gehirns (s. Kap. 6 Kognitive Entwicklung), die die Ausbildung höherer Funktionen wie Gedanken, Vorstellungen, Sprache zulässt. Aufgrund der Fähigkeiten des Gehirns und seines durch Instinkte nicht festgelegten Wesens kann er lernen, das zu kompensieren, was ihm fehlt – so kann er sein Verhalten in alle möglichen Richtungen entwickeln, ohne durch Instinkte festgelegt zu sein. Ein Tier hat z. B. einen Fluchtinstinkt bei Feuer; der Mensch lernt, mit Feuer sachgerecht umzugehen, es für sich zu nutzen oder strategisch zu löschen.

Der 7 Monate alte Finn kann noch nicht laufen, er beginnt gerade erst, auf dem Bauch vorwärts zu robben. Aber es ist sicher, dass er das Laufen lernen wird, solange er gesund bleibt.

Da der Mensch keine natürlichen Werkzeuge wie Reißzähne oder Krallen hat, schafft er sich welche, ebenso sorgt er für Kälteschutz. Indem der Mensch Dinge schafft, um sich seine Welt für das (Über-)Leben zu gestalten, schafft er Kultur (z. B. Kleidung, Messer).

Kultur: Die Bezeichnung für alles, was der Mensch selbst– und nicht die Natur geschaffen hat.

Die 20 Monate alte Fiola hat erkannt, dass Dinge zu verändern, zu benutzen sind. Sie steckt zwei DUPLO-Steine zusammen und beginnt, den Sinn von selbst Geschaffenem zu erproben.

Viel ist passiert in der ersten Zeit

Diese scheinbaren Mängel des Menschen (keine Instinkte, zu früh geboren) führen dazu, dass er **lernen muss und erziehbar ist**. Es liegt also gerade in jener Tatsache, dass der Mensch mit Mängeln geboren wird, die Chance zu lernen. Seine Nachkommen werden erzogen, um in der bereits geschaffenen Kultur zu leben und diese weiter zu entwickeln.

3.2 Der Mensch als soziales und kulturelles Wesen

Der Mensch ist ein soziales Wesen. Von Beginn seines Lebens an ist er auf mitmenschliche Kontakte angewiesen, um zu überleben. Gleichzeitig lernt er durch das soziale Gegenüber, mit anderen Menschen zurechtzukommen und die ihn umgebende Kultur anzunehmen.

Der Mensch kreiert für das Überleben seine Kultur: seine Werkzeuge, um etwas zu bauen, seine Sprache, um sich zu verständigen, seine Häuser und Kleidung. Die Kultur ist ein Produkt des Menschen. Gleichzeitig lebt der Mensch in dieser Kultur und entwickelt sie weiter.

Der Mensch ist ein kulturelles Wesen. Er lernt, in der Kultur, in die er hineingeboren wird, zu bestehen. Dafür muss er sich einiges an Fähigkeiten aneignen und wird dazu erzogen, die Werte und Normen (s. Kap. 10 Wahrnehmen und Beobachten) der Gesellschaft zu übernehmen. Hinzu kommt, dass er auch ein Wesen mit Geist und Vernunft ist – er ist in der Lage nachzudenken, zu reflektieren und zu urteilen.

Krabbelkind Finn hat gesehen, dass Fiola mit einem DUPLO-Stein spielt. Das hat sein Interesse geweckt und er möchte nun auch einen Stein haben. Da er noch nicht laufen und sprechen kann, versucht er mit seinen Mitteln, sein Interesse zu befriedigen.

So lässt sich sagen, dass die scheinbar unvollkommene biologische Ausstattung des Menschen und die besondere Veranlagung seines Gehirns es ihm ermöglichen und notwendig machen, Neues zu erlernen. Indem er lernt, sich in einer Gruppe von Menschen zu verhalten, wird er darauf vorbereitet, mit anderen Menschen harmonisch zu leben.

Über die Notwendigkeit der Erziehung

Dabei hilft Erziehung: Eine Pädagogin gibt Impulse zum Lernen und setzt Ziele, die erreicht werden können; sie begleitet den jungen Menschen und ermöglicht ihm, Verantwortung zu übernehmen; sie gestaltet die Umwelt, sodass das Kind Anregungen zum Forschen erhält. Das Kind wird dabei in seinen Möglichkeiten gefordert und gefördert.

3.3 Folgen mangelnder Erziehung

Im Laufe der Geschichte hat es immer wieder Menschen gegeben, die als Kind ausgesetzt wurden und bei Tieren überlebten (Kaspar Hauser, Wolfsjunge). Einige von ihnen fand man nach einigen Jahren und konnte erforschen, was passiert, wenn der Mensch keine Erziehung erhält. Den Kindern fiel es beispielsweise schwer, in späteren Jahren den aufrechten Gang vollständig zu beherrschen, nachdem sie sich jahrelang wie die Wölfe auf allen Vieren fortbewegt hatten. Kinder, die in den entscheidenden ersten 12 Jahren keine Sprache gelernt hatten, konnten dies kaum nachholen. Daraus schließt man, dass bestimmte Verhaltensweisen nur zu bestimmten Zeiten in der menschlichen Entwicklung besonders gut zu erlernen sind.

Andere Forschungen haben gezeigt, dass der Mensch von Beginn an liebevolle Zuwendung und Körperkontakt braucht. Erhält er diese nicht, verkümmert er seelisch und körperlich, auch wenn er zugleich ernährt und gepflegt wird. Diese Erscheinung nennt man **Hospitalismus**. Es wurde untersucht, dass das Baby eine feste emotionale Bindung an eine Bezugsperson entwickeln muss, um eine stabile Basis für die Zukunft zu erhalten (mehr zur Bindungstheorie im Kap. 4, Punkt 3.3).

AUFGABE

Welche Werkzeuge/Materialien setzt das Kind ein, um etwas zu greifen und um greifen zu lernen?

4 Grundlagen der Erziehung

Dass der Mensch erzogen werden muss, ist deutlich geworden. Dies sagt jedoch noch nichts darüber aus, in welchem Umfang es möglich ist, den Menschen zu erziehen, und ob es Grenzen für Erziehung gibt. Einen ersten Hinweis gab es insofern, dass der Mensch nicht jederzeit alles so gut erlernen kann wie in den ersten Jahren.

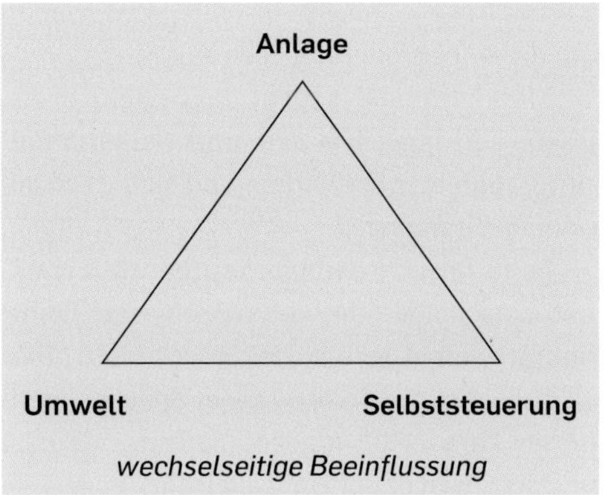

Die drei Aspekte, die das Verhalten des Menschen bedingen und die sich wechselseitig beeinflussen

4.1 Anlage

Die Anlage des Menschen ist die genetische Ausstattung, die der Mensch erhält. Festgelegt sind hierin z. B. die Haar-, Augen- und Hautfarbe ebenso wie die Möglichkeit, sich schnell oder langsamer in bestimmten Bereichen Wissen anzueignen. Die Gene des Menschen legen Haut- und Haarfarbe zwar fest; er wird jedoch langfristig ebenso von Umweltfaktoren beeinflusst. Für das zu erlernende Verhalten oder die Fähigkeit sich Wissen anzueignen gilt dies noch deutlicher. Der Mensch erhält zwar ein „genetisches Paket", wie schnell er etwas lernen kann oder wo seine besonderen Talente oder Temperamente liegen, doch dieses genetische Paket ist durch die Umwelt in unterschiedlichem Maße zu beeinflussen.

4.2 Umwelt

Wenn man in diesem Zusammenhang von „Umwelt" spricht, meint man damit alle direkten und indirekten Einflüsse, die auf den Menschen wirken. Schon der kulturelle Bereich zeigt: Je nachdem, wo der Mensch aufwächst, erlernt er eine andere Sprache und lernt z. B. in unterschiedlicher Weise, sich zu begrüßen oder Zeitung zu lesen, Telefon oder Computer zu nutzen. Wie im Kapitel 6 (Kognitive Entwicklung) verdeutlicht wird, ist es bedeutsam, eine anregende Umgebung für ein Kind zu schaffen. Seine genetische Disposition kann dadurch angeregt werden, sich zu entfalten. In diesem Sinne greift der erzieherische Einfluss. Ob aber alles so beim Kind ankommt, wie man es als Erzieherin gern hätte, hängt wesentlich von einem weiteren Aspekt ab – der Selbststeuerung des Kindes.

4.3 Selbststeuerung

In der Lernsituation wird deutlich, wie zwei Kinder ihr Eigeninteresse ausdrücken: Felix und Maria wollen beide mit dem Bollerwagen spielen. Als Tanja eingreift, wird deutlich, dass Maria das Verbot nicht ohne Weiteres akzeptiert – sie beginnt zu weinen.

Die Kinder setzen sich selbst aktiv mit ihrer Umwelt auseinander und entscheiden, was sie machen wollen. Dieser Prozess beginnt bereits ab der Geburt: Von Beginn an verdeutlichen die Säuglinge, dass sie etwas möchten, dass sie etwas stört. Sie wählen aus dem Angebot der Umgebung das aus, was für sie in dem Moment bzw. in dieser Entwicklungsphase das Wichtigste ist, was sie interessiert. Die Umwelt reagiert darauf – wenn die Sozialassistentin beispielsweise das Kind beobachtet, dessen Interesse wahrnimmt und ihm ein pädagogisches Angebot macht. Insofern wird wiederum die Selbststeuerung beeinflusst.

Man kann also sagen, dass alle drei Aspekte – Anlage, Umwelt und Selbststeuerung – aufeinander wirken und sich wechselseitig beeinflussen.

Felix hat die Anlage, laufen zu lernen, und entscheidet, dies auszuprobieren. Dafür nimmt er ein Angebot der Umwelt wahr: Dies ist zunächst der Bollerwagen. Später akzeptiert er Tanjas Hilfsangebot (Selbststeuerung) und setzt sich damit Umwelteinflüssen aus.

Die gegenseitige Beeinflussung dieser drei Aspekte bestimmt letztlich, wie die individuelle Persönlichkeit ausgebildet wird. In welcher Weise die drei Bereiche sich wechselseitig beeinflussen, hängt auch davon ab, wie die Umwelt auf den Menschen reagiert und welche Möglichkeiten zur Selbststeuerung gewährt werden.

AUFGABE

Finden Sie Beispiele und diskutieren Sie, inwiefern die Umwelt, die genetische Anlage oder die Selbststeuerung federführend beim Verhalten sind. Lässt sich dies eindeutig beantworten?

5 Menschenbild

In der Lernsituation sagt die Kollegin Margot zu Tanja: „Schade, fast hätte er es allein geschafft." Dieser Satz verdeutlicht, dass Margot ein anderes Menschenbild hat als Tanja.

Menschenbild: Darunter versteht man die Vorstellung, die sich jemand vom Menschen macht. Dabei spielt es eine Rolle, welchen verschiedenen Merkmalen des Menschen er mehr Bedeutung beimisst als anderen.

Merkmale können angeboren sein, z. B. die Hautfarbe oder Haarstruktur. Wenn man einen Menschen vor allem danach beurteilt, legt man ihn auf etwas fest, das er nicht ändern kann und das auch nichts über sein tatsächliches Wesen aussagt. Dies geschah im Nationalsozialismus, als Menschen nach ihrem Aussehen klassifiziert wurden: Blond und blauäugig waren die guten Arier. Es wurde nicht nach dem Wesen geschaut, sondern über Äußerlichkeiten das Wesen festgelegt. Dies nennt man Vorurteil.
Merkmale können erworben sein, z. B. ein höfliches oder ein ungehobeltes Verhalten. Beurteilt man einen Menschen nur nach diesem Verhalten, kann auch dies zu einer Fehleinschätzung führen: Nämlich dass Menschen mit ungehobeltem Verhalten nicht in der Lage seien, sich anders zu verhalten, sie also dumm sind (s. auch Kap. 10 Wahrnehmen und Beobachten).

Menschen nach nur einem Merkmal (z. B. einer Behinderung) zu definieren (der Behinderte) bedeutet, dieses Merkmal als das ausschlaggebende für den ganzen Menschen anzunehmen und nicht die vielen zusätzlichen Facetten seiner Persönlichkeit wahrzunehmen. Entsprechend dem Menschenbild, das man hat, wird man sich als Pädagoge verhalten.

Tanja hat es sicher gut gemeint mit Felix, aber nach Margots Ansicht hat sie Felix einen eigenen Erfolg genommen. Margot hat Felix mehr als Tanja zugetraut, dass Felix es selbst schaffen würde, den Bollerwagen zu bewegen. Tanja hat sich auf das Merkmal „klein" konzentriert und dies verbunden mit „hilfsbedürftig". Deshalb hat sie Felix geholfen. Sie unterschätzt Kinder in dem, was sie leisten können.

5.1 Das Bild vom Kind

Das erzieherische Verhalten ist geprägt von der eigenen Vorstellung, wie Kinder fühlen, denken, handeln, lernen, welche Wünsche und Bedürfnisse sie haben, wie sie sich entwickeln, was sie können oder nicht können, was sie dürfen oder was sie sollten. Alle diese Vorstellungen setzen sich zu einem Bild vom Kind zusammen.

Für die Arbeit mit Kindern ist es notwendig, dass man über dieses Bild vom Kind nachdenkt: Welche eigenen Vorstellungen vom Kind sind vorhanden? Welche Erkenntnisse aus den Wissenschaften (Erziehungswissenschaft, Psychologie, Soziologie, Biologie, Medizin usw.) gibt es, wodurch sich das Bild wahrscheinlich verändern bzw. weiterentwickeln wird? Für die Zukunft bedeutet dies, dass auch das heutige Bild vom Kind nicht endgültig ist, sondern dass es einer fortwährenden Entwicklung unterliegt.

AUFGABE

1. Vervollständigen Sie die folgenden Sätze:
   - Kinder sind ...
   - Wenn ich an Kinder denke, dann ...
   - Kinder machen ...
   - Kinder müssen ...
2. Malen oder zeichnen Sie Ihr Bild vom Kind (Ihre Vorstellung vom Kind) oder schreiben Sie einen Text, in dem Ihre eigenen Vorstellungen über Kinder und Kindheit heute deutlich werden. Tauschen Sie sich anschließend mit einem Mitschüler aus und notieren Sie Gemeinsamkeiten und Unterschiede.

Das Kind ist kompetent und bestimmt seine Entwicklung mit. Damit ist gemeint, dass das Kind fähig ist, zu entscheiden, was ihm wichtig ist, und dass es gleichzeitig aktiv ist, das zu wählen und zu lernen, was ihm weiterhilft. Das Kind ist also nicht unfähig, hilflos, passiv. Es steuert sich selbst, um sein Wissen über die Welt zu erwerben: Schon das Neugeborene will Kontakt und bildet erste „Hypothesen" über seine Umwelt und vergleicht sie mit seiner Wahrnehmung. Dies geschieht, wenn

- der Säugling durch Schreien oder Lächeln Zuwendung von der Mutter erfährt. Die Nähe der Mutter beruhigt und fühlt sich angenehm an. Das Kind wird also versuchen, dieses angenehme Gefühl möglichst oft zu erleben;
- das Baby sein Wissen über die Welt erweitert, wenn es z. B. alle greifbaren Gegenstände fallen lässt bzw. herunterwirft. Das Kind verschafft sich mit diesen „Experimenten" ein erstes grundsätzliches physikalisches Verständnis;
- das Kind schon mit dem ersten Lallen aktiv die Reaktion der Mutter hervorruft. Das Kind holt sich in jeder Phase die Sprechanreize, die es braucht, um seine Sprache zu entwickeln.

Dies gelingt jedoch nur, wenn das Kind ein Gegenüber, einen anderen Menschen, erlebt, der reagiert und das Kind in seinen Aktivitäten anregt und unterstützt.

Wissen über die Welt erwerben

5.2 Der Selbstbildungsprozess

Das Kind übernimmt also eine aktive Rolle in seiner Entwicklung, während der es die Welt und sich selbst kennenlernt. Das Kind erforscht die Welt wie ein Wissenschaftler oder Entdecker und „konstruiert" sich so sein Bild von der Welt. Einige dieser Selbstbildungsprozesse halten ein Leben lang an; auch der Erwachsene bildet und verändert sein Weltbild weiter aufgrund neuer Eindrücke und Erfahrungen. Im frühesten Kindesalter sind diese Selbstbildungsprozesse insofern besonders bemerkenswert, da das Neugeborene die bei der Geburt bereits millionenfach vorhandenen Nervenzellen anregt, sich zu einem ersten Informationsnetz zu verknüpfen. Je vielfältiger und umfassender diese ersten Erfahrungen sind, desto mehr Verknüpfungen gibt es. Dieses Netz bildet eine wichtige Grundlage für weiteres Lernen, um den Herausforderungen im späteren Leben zu begegnen und sie meistern zu können (s. Kap. 6 Kognitive Entwicklung und Kap. 9 Kindliche Lernformen).

Für Felix kann es sein, dass ihm eine wichtige Erfahrung vorenthalten wurde: Er weiß nun nicht, was es heißt, dies selbst geschafft zu haben. Dafür setzt sich möglicherweise die Erfahrung fest, dass man um Hilfe bitten kann.

AUFGABE

1. Welches Bild vom Kind hat Tanja, welches hat Margot? Besprechen Sie Ihre Einschätzung mit einem Mitschüler. Vergleichen Sie sie mit Ihrem Bild vom Kind.
2. Was bedeutet das Bild vom Kind nun für die Erziehung? Hierzu bedarf es einer Unterscheidung von Erziehung und Bildung.

6 Erziehung

Erziehung und Bildung unterscheiden sich, sind aber nur gemeinsam zu haben – um es sehr knapp zusammenzufassen, liefert Erziehung den „Rahmen", Bildung den „Inhalt".

6.1 Bildung und Erziehung

Bildung kann nicht „gegeben" werden, weil sich das Kind sein eigenes Bild von der Welt macht bzw. „konstruiert", wie es wissenschaftlich heißt. Diese „Konstruktion" ist nie ganz fertig, sondern wird laufend durch neue Erkenntnisse „umgebaut" oder „angebaut": Das Kind erweitert sein Wissen, erfährt, was es kann, entwickelt Urteilsvermögen und Haltungen, Geschmack und sittliches Benehmen.

> **Bildung:** Dies ist ein Prozess der Aneignung von Wissen, Fähigkeiten, Fertigkeiten, Erkenntnissen und Haltungen, um die Förderung der Selbstbestimmung und Eigenständigkeit des Menschen zu erreichen. Dieser Prozess spielt sich im Menschen ab und ist nur an seinen gezeigten Resultaten durch Handlung, Verhalten, Anwendung oder Äußerung erkennbar.

Bei diesem Prozess ist das Kind auf die Erfahrungsmöglichkeiten angewiesen, die ihm seine Umwelt bietet. Und hier kommt die **Erziehung** ins Spiel: Wenn das Kind sich selbst bildet, braucht es dazu Erfahrungsmöglichkeiten. Diese zu schaffen, ist Aufgabe der Pädagogen, indem sie die **Umwelt gestalten** und zwar in zweifacher Hinsicht:

- **in materieller Hinsicht** – dem Kind Räume, Gegenstände, Naturanlagen anregungsreich und übersichtlich anbieten.

Der Raum, in dem die Kinder spielen, bietet verschiedene Materialien, die ihr Interesse wecken: ein Bollerwagen, DUPLO-Steine, Bücher und anderes – alles ist für die Kinder zugänglich. Die Kinder nutzen es nach ihren Wünschen und regen damit Bildungsprozesse in sich selbst an.

- **in sozialer Hinsicht** – den Austausch zwischen Erwachsenen und Kind sowie zwischen Kindern ermöglichen.

Tanja geht auf Felix zu und veranlasst ihn zu einer Verhaltensreaktion. Auch Maria erfährt in ihrem Verhalten eine Reaktion eines Erwachsenen. Es findet ein sozialer Austausch statt.

Erziehung: Ein bewusst unternommenes Einwirken auf den jungen Menschen mit dem Ziel, sein Wissen und seine Fähigkeiten zu erweitern sowie sein Verhalten zu verändern. Der Prozess der Erziehung findet zwischen den Menschen statt.

Pädagogen können also die Selbst-Bildung des Kindes beeinflussen, indem sie Ausschnitte der Welt auswählen, die sich das Kind aneignen kann. Sie können auffordern und herausfordern, sich mit bestimmten Themen zu befassen, und das Kind in seinen Bildungsprozessen anregen und unterstützen. Umgekehrt können die Bildungsprozesse durch in diesem Sinne fehlende oder mangelhafte Erziehung be- bzw. verhindert werden: Fehlt z. B. regelmäßig ein Gesprächspartner oder gibt es keine Möglichkeiten, die Umgebung zu erforschen, wird das Kind in seinem Lernen aufgehalten. Dies kann sich negativ auf die Entwicklung des Kindes bis ins Erwachsenenalter auswirken.

Erziehung regt zudem an, sich in seinen sozialen Verhaltensmöglichkeiten auszuprobieren und dasjenige Verhalten zu erlernen, das dem Kind hilft, sich in seine Familie, in seine Gruppe und in die Gesellschaft zu integrieren. Dabei lernt das junge Wesen auch, dass an es unterschiedliche Erwartungshaltungen herangetragen werden, je nachdem in welcher Situation es sich befindet: Ist es zu Hause das älteste Kind, erwartet man von ihm anderes als vom jüngsten Kind; in der Kindergartengruppe erwartet man von ihm eher Anpassung an die Gruppe, wohingegen die Großeltern es als erstes Enkelkind als etwas Besonderes wahrnehmen. Beim Erlernen des Sozialverhaltens werden dem Menschen unterschiedliche Rollen zugewiesen. Die Erwartungshaltung an den Einzelnen ist dabei unterschiedlich.

AUFGABE

1. Die Bundesländer haben für die Arbeit in den Kindertagesstätten Richtlinien erarbeitet, die das Verständnis von Bildung für den pädagogischen Alltag verdeutlichen. Besorgen Sie diese Bildungspläne und erarbeiten Sie das Bildungsverständnis.
   a) Welches Bildungsverständnis liegt vor?
   b) Welche Bildungsbereiche gibt es und was umfassen sie?
   c) Welche Angebote/Projekte werden vorgeschlagen?
2. Welche Materialien, Räumlichkeiten, Angebote gibt es zu den jeweiligen Bildungsbereichen in der Einrichtung, in der Sie Ihr Praktikum machen?

Beziehung – Erziehung?

6.2 Sozialisation und Erziehung

Der Prozess der aktiven Auseinandersetzung mit der Welt und der damit erfolgenden Aneignung von Wissen findet ein Leben lang statt. Die Zeit der bewussten und organisierten Erziehung begrenzt sich dabei vor allem auf die ersten Jahre des Menschen, wenn er Kind und Jugendlicher ist und verschiedene Institutionen wie Familie, Kindergarten, Schule durchläuft. Aber auch in dieser Zeit nimmt der Mensch nicht nur das auf, was gezielt auf ihn einwirken soll, sondern vieles mehr aus seiner Umgebung: das Verhalten von Freunden, die Art zu leben in seiner Familie, die Ansichten seiner Lehrkräfte, die Möglichkeiten zu spielen, welche die Wohnung seiner Eltern erlaubt, um nur wenige Beispiele zu nennen. Diesen Prozess nennt man **Sozialisation**. Dabei ist Erziehung der bewusst und absichtsvoll einwirkende Teil der Sozialisation.

Sozialisation: Umfasst den Prozess, in dem sich Menschen durch Kommunikation und Teilnahme an sozialen Handlungen Sprache, gesellschaftliche Gewohnheiten, Regeln, Werte, Normen und Wissen aneignen. Die Menschen werden handlungsfähig und entwickeln ein Bild von sich selbst.

Fiola hat mit ihren 20 Monaten sicherlich noch nicht die Absicht, ein anderes Kind gezielt zu erziehen. Dennoch wirkt sie durch ihre Anwesenheit und ihr Spiel auf andere: Finn lässt sich durch Fiolas Spiel anregen und interessiert sich für einen DUPLO-Stein, vielleicht zum ersten Mal. Damit hat er für sich etwas Neues entdeckt und einen Zugewinn an Wissen erworben.

6.3 Erziehungsverhalten

Wie soll sich eine Sozialassistentin nun im pädagogischen Alltag verhalten? Um dies sinnvoll beantworten zu können, sind verschiedene Aspekte zu berücksichtigen:

6.3.1 Personelle Haltung und die Beziehung zum Kind

Grundlage jedes erzieherischen Verhaltens ist die Gestaltung der Beziehung zwischen Pädagogin und Kind. Diese muss positiv emotional sein, um eine vertrauensvolle Basis zwischen Kind und Erwachsenem zu haben. Oben war bereits deutlich geworden, dass das heutige Bild vom Kind das eines „Gestalters" seiner Entwicklung ist. Dabei braucht das Kind eine wertschätzende, empathische und kongruente Begleitung durch einen ihm zugewandten Erwachsenen.

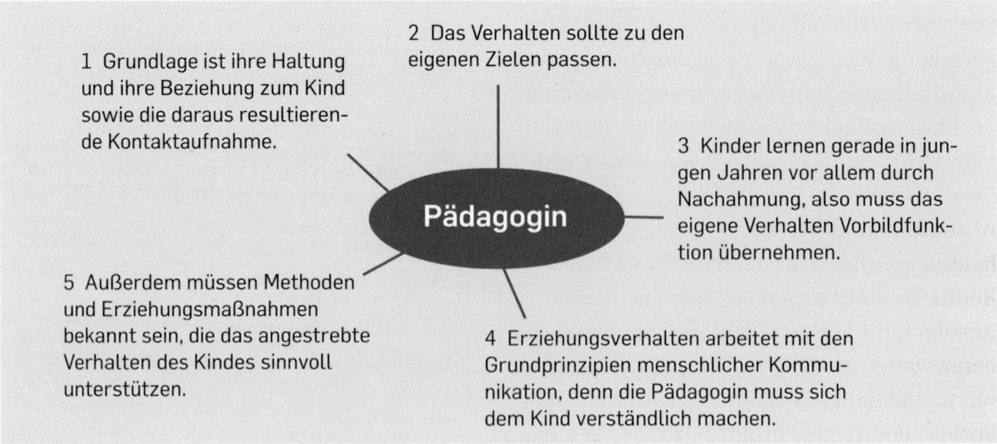

kongruent: Das Verhalten eines Menschen stimmt mit seinen Gefühlen und Einstellungen überein.

Was sagen diese Begriffe nun aus?
Jeder Mensch – und dies gilt besonders für ein Kind – möchte bedingungslos akzeptiert werden. Dem Kind sollte man mit Wärme, Achtung und Rücksichtnahme auf seine ganz persönliche Individualität begegnen – damit tritt man ihm wertschätzend gegenüber und akzeptiert es zunächst so, wie es ist. Dies kann sich ausdrücken durch einen freundlichen Ton, durch Zuhören, wenn das Kind etwas erzählt, indem man zum Kind auf Augenhöhe geht, es in den Arm nimmt, das Kind anlächelt.

Für die Beziehung zwischen Kind und Erwachsenem bedeutet dies, das Kind bemerkt, es wird angenommen und kann so sein, wie es ist. Die Annahme des Kindes besteht auch dann, wenn einzelnes Verhalten kritisiert wird. Eine bedingungslose Annahme des Kindes trägt dazu bei, dass sich ein **positives Selbstbild** entwickelt.

Um das Kind als Person anzunehmen, muss die Pädagogin herausfinden, welcher Mensch das Kind ist. Dabei hilft genaues Beobachten oder bei älteren Kindern aktives Zuhören (s. Punkt 6.3.4). Hiermit lässt man sich auf das Kind ganz ein.
Die akzeptierende Haltung wird bei Tanja deutlich, als sie das bisherige Bemühen um den Bollerwagen bei Felix wertschätzend anerkennt: Du hast dich schon sehr angestrengt.

Akzeptanz und Wertschätzung des Kindes heißen jedoch nicht, dass das Kind anderen Bedürfnisse absprechen oder verabredete Regeln verletzen darf. Der Grundstein wird bereits von Geburt an gelegt: Erlebt das Kind wertschätzendes Verhalten selbst, hat es ein Vorbild und eigene Erfahrungen mit diesem Verhalten. Damit ist die Voraussetzung gegeben, dem Kind zu sagen: Dieses Verhalten ist nicht zu akzeptieren, das sollst du ändern. Indem die Pädagogin dem Kind dies vermittelt, verdeutlicht sie, dass erst die Wertschätzung des Kindes sie veranlasst, einzelne nicht akzeptable Verhaltensweisen anzusprechen und darauf hinzuwirken, dass das Kind diese ändert. Die Methoden, wie einem Krippenkind oder einem Vorschulkind das nicht akzeptierte Verhalten vermittelt wird, müssen sich deutlich unterscheiden. Einem Krippenkind hilft ein deutliches und konsequentes im Ton freundliches „Nein"; ein Vorschulkind kann man bereits an herrschende Regeln oder Verabredungen erinnern und an seine Einsicht appellieren.

Eng verbunden mit einer wertschätzenden Haltung ist eine **empathische Haltung**. Empathie bedeutet, sich auf den anderen und seine Welt einzulassen.

Finn möchte ebenso wie Fiola einen DUPLO-Stein haben. Er spricht noch nicht und kann sich erst auf dem Bauch vorwärts schieben. Tanja muss sich empathisch in ihn hineinfühlen, um zu verstehen, was er möchte. Dann wird sie verstehen, dass er aus lauter Ungeduld jammert: Er kann noch nicht so schnell das umsetzen, was er möchte.

Die Beziehung zwischen Kind und Pädagogin sollte so gestaltet sein, dass sich die Pädagogin echt, also kongruent verhält. Sie täuscht nicht vor und lügt nicht, sondern steht zu ihren Bedürfnissen. Sie schafft damit für das Kind eine transparente und vertrauensvolle Beziehung. Sie vermittelt den Kindern diese Bedürfnisse in einer pädagogischen Haltung. Ist es ihr zu laut, so sagt sie mit effektiver Ich-Botschaft beispielsweise: *Mir ist es zu laut. Ich kann gar nichts verstehen, wenn Emma mit mir spricht. Seid bitte leise, sodass ich Emma verstehen kann.*

Im Zusammenspiel von Wertschätzung und Akzeptanz, Empathie und Echtheit

Eine positive Beziehung

gestaltet sich die Beziehung zwischen Kind und Pädagogin positiv. Die Pädagogin wird für das Kind zu einem Menschen, dem es vertrauen kann. Dann kann es der Pädagogin folgen, wenn sie vorschlägt oder auffordert, sich angemessen zu verhalten. Denn die Person der Pädagogin selbst ist im Grunde das wirksamste Mittel der Erziehung.

AUFGABE

1. Beobachten Sie eine erfahrene Kollegin (oder Kollegen) im Umgang mit den Kindern – wie verdeutlicht sie (er) Wertschätzung, Empathie und Kongruenz?
2. Überprüfen Sie Ihr eigenes Verhalten diesbezüglich. Wie verhalten Sie sich, wenn Kinder Quatsch machen, nicht aufräumen, Streit haben? Tauschen Sie sich mit Mitschülern aus: Was fällt leicht, was schwer an diesem Verhalten?
3. Wie kann man es besser machen? Erproben Sie ein wertschätzendes, empathisches Verhalten im Rollenspiel:
   - einen Konflikt zwischen Kindern lösen
   - Grenzen setzen, wenn Kinder zu laut toben oder Unfug machen beim Essen

6.3.2 Erziehungsziele: Werte und Normen

Die Erziehung des Menschen verfolgt unter anderem dieses Ziel: Der junge Mensch soll befähigt werden, sich in der Gesellschaft angemessen zu verhalten und in dieser Gesellschaft zu leben. Dieses so einfach klingende Ziel ist sehr allgemein gehalten. Stellt man die zwei naheliegenden Fragen „Wie muss ich mich denn verhalten, damit es ein angemessenes Verhalten ist?“ und „Was muss ich tun bzw. können, um in dieser Gesellschaft zu leben?“, wird klarer, dass es einiges zu klären gibt. Eine Gesellschaft hat Werte, die verdeutlichen, was dieser Gesellschaft wichtig ist, und ohne die ein Zusammenleben der Menschen kaum möglich ist.

Werte: Prinzipien über das, was in der Gesellschaft als vor allem erstrebenswert und wünschenswert gilt, z. B. Meinungsfreiheit, Selbstständigkeit. Sie dienen den Menschen als Orientierung. Werte können im Laufe der Zeit einen anderen Stellenwert erhalten.

Erziehung hat die in der Gesellschaft gültigen Wertvorstellungen vor Augen – diese sind die übergeordneten Ziele, die die Erziehung verfolgt. Darüber hinaus haben die Kindertagesstätten ebenfalls Ziele, die sie in ihrer Einrichtung verwirklicht sehen möchten: Ihnen sind eventuell Friedfertigkeit, Rücksichtnahme und Gerechtigkeit wichtige Werte, die sie in ihrer Erziehungsarbeit anstreben. Auch der einzelne Mensch hat Werte, die ihm besonders wichtig sind und die er an andere weitergeben möchte.

Angestrebte Werte könnten bei Tanja Hilfsbereitschaft sein, wohingegen Margot vielleicht eher das Ziel selbstständiges Handeln und eigenständige Leistung verfolgt.

Um die Werte zu verwirklichen, sind Verhaltensregeln notwendig. Diese Regeln nennt

man Normen. Unsere Gesellschaft verfolgt eine Reihe sehr grundlegender Werte, die im Grundgesetz verankert sind. Dazu gehören Frieden und Freiheit, Gleichheit aller Menschen, Gerechtigkeit, Sicherheit und vor allem die Unantastbarkeit der Würde des Menschen. Zunehmend wird Bildung als ein wichtiger Wert in der Gesellschaft betrachtet.

Normen: Verhaltensregeln, die helfen, den angestrebten Wert zu erreichen. Beispiel: Das Kind räumt selbst den Tisch ab. Es zeigt Selbstständigkeit, was als Wert und Erziehungsziel gewünscht ist. Normen können sich in verschiedener Form zeigen: als Gewohnheiten (alle Kinder ziehen in der Kita Hausschuhe an – Wert Sauberkeit), als Gebräuche (zum Geburtstag gibt es ein Geschenk – Wert Zuwendung/Liebe), als Gesetz (Kindesmisshandlung wird bestraft – Wert Schutz des menschlichen Lebens/Menschenwürde).

AUFGABE

1. Wählen Sie einen der genannten Werte aus und erkunden Sie in der Praxis, wie dieser Wert in der Erziehung umgesetzt wird. Dazu können Sie verschiedene Vorgehensweisen wählen: Sie sprechen mit Ihrer Anleiterin, Sie lesen im Konzept der Einrichtung nach oder Sie beobachten die Arbeit einer erfahrenen Erzieherin.
2. Fragen Sie nach, welche Werte die Einrichtung, in der Sie Ihr Praktikum machen, als Erziehungsziel verfolgt. Ist Ihnen selbst schon ein wichtiges Erziehungsziel aufgefallen? Mit welchen Verhaltensregeln sollen diese Ziele erreicht werden?
3. Was sind für Sie wichtige Erziehungsziele? Welche Werte stecken dahinter?

Um abschließend auf die zwei oben aufgeworfenen Fragen zurückzukommen: Wenn deutlich ist, welche Werte eine Gesellschaft verfolgt und welche Werte und Normen in Gruppen wichtig sind, in die der Mensch sich integrieren möchte, kann beantwortet werden, *wohin* und *wozu* der Mensch erzogen werden muss, um in der Gesellschaft zu bestehen. Hierbei helfen die Kindertagesstätte und später die Schule, immer in Zusammenarbeit mit den Eltern bzw. Sorgeberechtigten.

6.3.3 Verschiedene Erziehungsstile

Die meisten Eltern und Erzieher stimmen darin überein, dass sie starke und selbstbewusste Kinder wollen, die in der Lage sind, für ihre eigenen Belange selbstständig und entscheidungsfähig einzutreten, die leistungsbereit und verantwortungsfähig sind. Diese Ziele werden durch den demokratischen Erziehungsstil unterstützt.

Der demokratische Erziehungsstil: Er ist emotional zugewandt und lenkt angemessen. Dieser Erziehungsstil betont die partnerschaftliche und kooperative Komponente des Erziehungsprozesses. Dem Kind wird die Sicherheit und Orientierung gegeben, die es braucht, aber auch so viel Freiheit zu handeln, wie es kann. Es wird behütet, aber weder überbehütet noch überfordert. Das gelingt am besten, wenn beide Seiten sich austauschen und abstimmen. Dabei sind die Bedürfnisse von beiden Erziehungspartnern, dem Kind und dem Erwachsenen, zu berücksichtigen. Wichtig sind die ständigen gemeinsamen

Absprachen oder sogar das Aushandeln von Umgangsformen und Regeln mit altersgemäßen Begründungen und Erläuterungen. Andererseits erfahren die Kinder Konsequenzen, wenn sie die Bedürfnisse des anderen verletzt oder abgesprochene Regeln nicht beachtet haben. Eine Rückmeldung über die Regelverletzung hilft dem Kind, sich zu orientieren. Wie diese Konsequenz aussieht, erfährt man unter Punkt 6.3.5. Die Rückmeldung an das Kind baut die Beziehung zum Erwachsenen weiter aus: Die Regelverletzung endet nicht im Nichts, im sozialen Beziehungsvakuum, sondern wird vom Erwachsenen wahrgenommen.

Die Wissenschaftler R. Tausch und A. Tausch haben die für sie wichtigen Aspekte Lenkung und Wertschätzung in eine Skala gefasst. Um festzustellen, welcher Erziehungsstil genutzt wird, kann in dieser Skala markiert werden, in welchem Verhältnis Lenkung und Wertschätzung zueinander stehen. Daraus lassen sich Rückschlüsse auf einen nachgiebigen, autoritären, überbehütenden oder demokratischen Erziehungsstil ziehen:

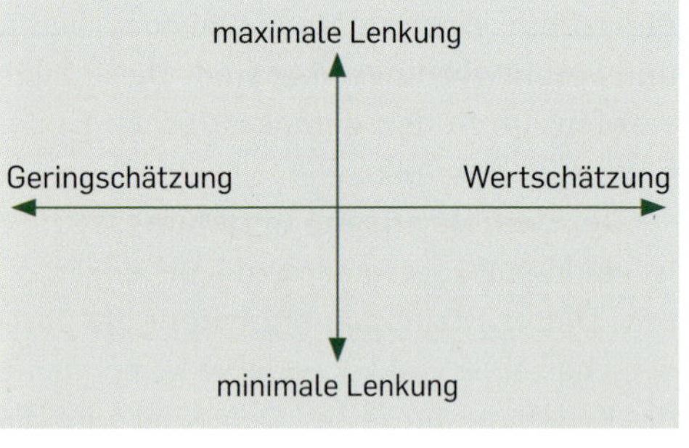

Lenkung und Wertschätzung im Erziehungsstil

Es kann vorkommen, dass Erzieher (Eltern, Lehrkräfte o. a.) den Konflikt vermeiden wollen und nicht auf Regelverletzungen reagieren. Es kann sogar so weit gehen, dass es keine klaren Regeln gibt und keine Vereinbarungen über das Zusammenleben getroffen wurden. Dies kann bei Kindern zu Irritationen führen – sie wissen nicht, woran sie sind, und versuchen, dies durch unangemessenes Verhalten herauszufinden. Wenn z. B. Eltern sich so weit zurückziehen, dass sie für die Kinder nicht mehr greifbar sind, wird dieses Verhalten als Lieblosigkeit von den Kindern verstanden. Die Folge kann aggressives Verhalten vor allem bei kleineren Kindern sein. Diesen Erziehungsstil nennt man **permissiv**.

Johannes Grützke: Misch du dich nicht auch noch ein, 1972

Der autoritäre Erziehungsstil: So bezeichnet man jenes Verhalten, das viel straft, bevormundet und befiehlt und die Bedürfnisse von Kindern nicht beachtet. Hier herrscht die Einstellung vor, dass man aufgrund der Tatsache, dass man der Erwachsene, der Vater, die Mutter, der Lehrer u. Ä. ist, die Macht hat zu bestimmen – unabhängig davon, ob das Kind in der Lage wäre, schon mitzuentscheiden.

Richtig ist dabei, dass Eltern die Verantwortung für ihre Kinder haben. Auch dürfen Kinder nur altersentsprechend die gleichen Rechte und Pflichten wie ein Erwachsener übernehmen. Sie haben aber die gleiche **Würde** wie der Erwachsene. Beispiel: Ein dreijähriges Kind, das beim Einkaufen quengelt und einen Kuchen möchte, kann noch nicht über das Einkaufsbudget der Familie entscheiden. Daher kann man dem Kind den Wunsch abschlagen. Es ist aber Aufgabe des Erwachsenen, zu erkennen, welches Bedürfnis das Kind hat: Vielleicht ist ihm langweilig oder es ist müde. Die Würde des Kindes wird beachtet, wenn auf dieses Bedürfnis eingegangen wird: *„Ich weiß, du bist müde, komm, ich nehme dich kurz auf den Arm."* Oder: *„Willst du mir helfen beim Einkaufen? Dann kannst du jetzt diese Nudeln in den Wagen legen."* Hierfür eignet sich am besten der demokratische Erziehungsstil. Dieser Stil setzt auf vielfältige Kommunikation.

Ein gutes für das Beispiel gemeinschaftliche Aushandeln von Regeln ist eine Kinderkonferenz (s. Kap. 11 Planung und Durchführung von Bildungsangeboten, Projektarbeit).

Kinderkonferenz
Hier kommen alle Kinder zusammen und besprechen für sie und die Gruppe wichtige Anliegen. Geht es darum, neue Regeln für den Bewegungsraum zu finden, da es hier in letzter Zeit zu viel Streit gegeben hat, könnte das folgendermaßen aussehen: Die Pädagogin nennt das Ziel: es soll weniger Streit geben. Dann tragen die Kinder ihre Ideen ebenso zusammen wie die Pädagogin. Mit Punkten stimmen die Kinder ab, welcher dieser Ideen sie zustimmen. Am Ende einigt man sich gemeinsam, welche Regeln in Zukunft für den Bewegungsraum gelten.
In diesem Verfahren können alle Beteiligten ihre Bedürfnisse äußern. Gleichzeitig wird den Kindern die Bedeutung der abgestimmten Regeln verständlicher und ihre Bereitschaft, diese einzuhalten, größer.

AUFGABE

1. Denken Sie an Ihre eigene Erziehung: Wie wurden Sie erzogen? Wobei durften Sie mitentscheiden, wobei nicht? Wie empfanden Sie dies als Kind, wie sehen Sie es heute?
2. Finden Sie bei Tausch/Tausch heraus, wie man den permissiven und den autoritären Erziehungsstil definiert.

6.3.4 Kommunikative Aspekte

Menschen kommunizieren den ganzen Tag miteinander. Durch verbale und nonverbale Äußerungen teilen sie sich etwas mit. Da auch Mimik oder Körperhaltung Informationen beinhalten und nicht nur das gesprochene Wort, kann man festhalten: **Man kann nicht nicht kommunizieren** (Watzlawick).

Kommunikation findet immer zwischen mindestens zwei Personen statt: einem Sender und einem Empfänger. Zwischen beiden kann es zu Missverständnissen oder sogar Konflikten kommen, da der Empfänger nicht immer das verstanden hat, was der Sender ausdrücken wollte, oder der Empfänger über die sachliche Information hinaus noch anderes aus den Worten herausgehört hat. Das liegt daran, dass jede Äußerung vier Botschaften gleichzeitig enthält (nach Schulz von Thun).

Kommunikation mit Kindern

Beispiel:
Wenn die Erzieherin Margot sich zum Essen an den Tisch im Gruppenraum setzt mit den Worten **„Das ist hier aber laut!“**, dann können die Kinder Folgendes gehört haben:

Sachliche Information	Es ist laut hier.
Selbstoffenbarung (also Information über die Erzieherin)	Es ist ihr hier zu laut.
Beziehungsinformation	Sie findet uns blöd, weil wir laut sind.
Appell	Sie will, dass wir leise sind. Wir dürfen uns nicht mehr unterhalten.

In vielen Kommunikationszusammenhängen hört der Mensch nicht in erster Linie die sachliche Information, sondern die anderen Ebenen. Kennen die Kinder ihre Erzieherin Margot schon gut, wissen sie einzuschätzen, dass diese Lärm nicht gut erträgt, und beziehen es nicht auf sich. Häufig werden kritische Äußerungen jedoch eher als Beziehungsinformation gewertet: *Sie findet uns blöd.*

Je nachdem, was vorrangig gehört wird, reagiert der Empfänger. Das kann in diesem Fall sehr unterschiedlich sein. Das Beziehungsohr würde eventuell erwidern: *Ich finde dich dann auch blöd.* Das Selbstoffenbarungsohr würde eventuell sagen: *Ja, hier war gerade eine Spinne in das Essen von Maria gefallen und Maria hat sich erschreckt. Daher waren wir alle ganz aufgeregt.*

AUFGABE

In der Lernsituation fragt Tanja Felix: „Soll ich dir helfen?“ Finden Sie heraus, was Tanja auf den vier Ebenen mitteilt.

Wer den demokratischen Erziehungsstil pflegt, wird versuchen, Hinweise zur Beziehung und Appelle möglichst direkt und nicht versteckt in einer scheinbar sachlichen Mitteilung zu äußern. Wenn etwas stört, wird dies am besten durch klare Selbstoffenbarung bekundet. Dies geschieht in Form von Ich-Botschaften. **Ich-Botschaften** teilen dem Kind in nicht vorwurfsvoller, urteilsloser Form mit, was der Erwachsene als Reaktion auf ein nicht akzeptables Verhalten eines Kindes erlebt (s. auch Kap. 14, Punkt 5.2 Charakterisieren einer Ich-Botschaft).

In dem oben aufgeführten Beispiel hätte die Erzieherin mitgeteilt: *Wenn es so laut ist, kann ich mich gar nicht auf mein Essen konzentrieren und in Ruhe essen. Das schmeckt mir dann nicht.*

Indem sie ihre Bedürfnisse äußert, haben die Kinder die Möglichkeit, darauf einzugehen und das weitere Vorgehen angemessen auszuhandeln.

AUFGABE

Spielen Sie diesen Aushandlungsprozess im Rollenspiel nach.

6.3.5 Erziehungsmaßnahmen

Wenn Verhaltensregeln gemeinsam ausgehandelt oder gegenseitig akzeptiert wurden und sie dennoch verletzt werden, muss es eine Konsequenz geben. Diese Konsequenz zeigt der Erwachsene gegenüber dem Kind an. Auch dieses situativ lenkende Verhalten gehört zum demokratischen Erziehungsstil. Entscheidend ist dabei die professionelle Haltung – eine Erziehungsmaßnahme wird nicht aus Wut oder Ärger ergriffen, sondern soll die angemessene Reaktion auf das Verhalten des Kindes sein. Die Pädagogin nimmt eine professionelle Haltung ein, wenn sie pädagogisch reagieren kann: Sie lässt sich nicht persönlich ärgern, sondern versteht das Verhalten des Kindes situationsgebunden – die neue Kollegin soll getestet werden, ob sie konsequent ist; der kleine Finn jammert, weil er nicht vorwärts kommt, aber nicht um Tanja zu ärgern; das Kind war so in Gedanken, dass es auf die gerade gebaute Burg getreten ist.

Die Frage ist, welche Sanktionen eine Normverletzung nach sich ziehen sollte.

> **Sanktion:** positive oder negative Reaktion auf ein Verhalten. Wird meist verwendet als negative Reaktion auf eine Regelverletzung.

Ein überwiegend strafendes Verhalten, wie es der autoritäre Erziehungsstil zeigt, führt nicht zu sich selbst disziplinierenden Kindern, sondern eher zu Aggression und Gewalt. Auch Konfliktvermeidung hilft nicht weiter. Sinnvolle Konsequenzen können stattdessen sein:

Ein **Lob** ist angebracht, wenn das Verhalten eines Kindes gestärkt werden soll: Ein Kind hat zum ersten Mal allein seine Spielsachen aufgeräumt. Dieses Verhalten soll anerkannt und gestärkt werden – das Kind wird gelobt. Das Kind hat nach vielen Gesprächen endlich ohne Aufforderung seine Spielsachen weggeräumt. Auch dieses Kind wird gelobt, ohne Bezug zu seinem früheren Fehlverhalten. Lob sollte einen konkreten, anerkennenswerten Hintergrund haben und nicht einfach bei jeder Gelegenheit erfolgen.

Eine **Belohnung** kann auf vielfältige Weise erfolgen. Ein Lob kann eine Belohnung sein ebenso wie die Möglichkeit, etwas Besonderes tun zu dürfen (z. B. ein Lied oder Spiel für den Morgenkreis aussuchen). Natürlich kann eine Belohnung auch materiell sein – aber auch immaterielle Belohnungen haben große Wirkung und unterstützen gewünschtes Verhalten: eine Stunde mit dem Lieblingsspielzeug spielen können, als erster in den Bewegungsraum dürfen, Ansagen im Morgenkreis übernehmen, abzählen, wer schon alles da ist, sind Beispiele für immaterielle Belohnungen, die bei Kindern Freude auslösen.

Indem Kinder **ermutigt werden**, sich Dinge zuzutrauen, Erfahrungen mit Experimenten zu machen, werden sie in ihrem positiven Verhalten gestärkt und müssen nicht mit unerwünschtem Verhalten auf sich aufmerksam machen.

Auch die Möglichkeit, Kindern **Erfolge zu verschaffen**, hilft, sie in ihren positiven Seiten zu stärken, und trägt zur Entwicklung von leistungsbereiten Kindern bei.

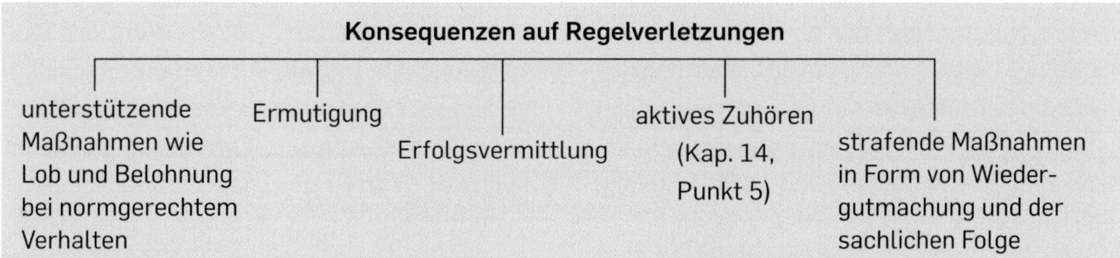

Unterstützendes Verhalten bei Regelverletzungen

Nach Margots Meinung hätte Tanja noch einen Moment länger warten sollen, dann hätte Felix den Bollerwagen selbst bewegt bekommen und dies als eigenen Erfolg verbuchen können. Eine dann folgende Anerkennung hätte diesen Erfolg verstärkt. Aber auch Tanja hatte den Erfolg im Sinn, hatte Felix' Verhalten aber als „am Ende seiner Kräfte" interpretiert und ihm daher Hilfe angeboten.

Nicht alle Regelverletzungen lassen sich mit unterstützenden Erziehungsmaßnahmen klären; bedürfen dennoch einer Konsequenz. Sinnvoll ist es, vor der Konsequenz zu erinnern, wie die abgemachten Regeln lauten, und im Wiederholungsfall auf eine folgende Konsequenz zu verweisen. Ändert das Kind sein Verhalten nicht, ist es sinnvoll, als Strafe die Wiedergutmachung zu erwirken.

Die **Wiedergutmachung** bedeutet, dass zwischen dem Fehlverhalten und der Strafe ein Zusammenhang besteht. Bei der Wiedergutmachung muss jedoch bedacht werden, ob das Kind die Zusammenhänge schon begreifen kann. Erst dann ist diese Erziehungsmaßnahme sinnvoll. Wirft ein Kind das Essen voller Wut auf den Boden, kann es bei einem 5- oder 6-jährigen Kind sinnvoll sein, dass es nach dem Wutanfall das Essen vom Boden wischt: *„Florian, du holst jetzt einen Lappen und wischst das Essen wieder auf. Die Scherben fegst du mit einem Besen zusammen."* Bei einem 2- oder 3-jährigen Kind muss man genau überlegen, ob diese Maßnahme hier angebracht ist.

Die **sachliche Folge** kann sein, dass kein weiteres Essen dieser Art vorhanden ist. Das Kind muss dann anstelle des warmen Mittagessens ein Butterbrot essen: *„Jetzt ist kein Essen mehr da. Wenn du noch Hunger hast, dann kann ich dir ein Brot machen."*

Damit wird die Strafe entpersönlicht: Sie ist vom Erzieher unabhängig und nur an das betreffende Verhalten geknüpft.

AUFGABE

Welche Erziehungsmaßnahmen können Sie an einem Praxistag beobachten? Achten Sie auch darauf, wie oft Kinder ermutigt werden.

7 Konflikte

Zwischen Kindern oder zwischen Kind und Erwachsenen gibt es hin und wieder Streitigkeiten. Sehr häufig geht es darum, dass das Kind durchsetzen möchte, was es sich vorgenommen hat.

Maria möchte auch mit dem Bollerwagen spielen. Es gibt leider nur einen. Finn möchte auch einen DUPLO-Stein. Davon liegen mehrere im Raum herum, sodass Finn weiter versuchen kann, den Stein zu erreichen. Käme jetzt ein anderes Kind und wollte mit allen DUPLO-Steinen ein Haus bauen, könnte es Streit geben.

Häufig fehlt vor allem dem jüngeren Kind noch die Verhaltensmöglichkeit, sich zu einigen. Dies muss es lernen. Dabei helfen Regeln, die den Kindern zur Orientierung dienen: Erst spielt Felix 5 Minuten mit dem Bollerwagen, dann ist Maria an der Reihe. Wenn die Sanduhr durchgelaufen ist, sind die 5 Minuten vorbei. Wir teilen das Spielzeug – keiner darf alles für sich nehmen. Klare Orientierungen sind vor allem für jüngere Kinder einfacher zu verstehen. Diese müssen wertschätzend, aber auch deutlich vermittelt werden. Zu viele erklärende Worte oder Diskussionen überfordern jüngere Kinder. Ältere Kindern hinterfragen, wollen wissen und müssen den Sinn einer Regel verstehen.

Eine andere Hilfe für das Kind besteht darin, dass das Kind lernt, sich in die Rolle des anderen zu versetzen: Überlege einmal, wie du es fändest, wenn dir jemand dein Spielzeug wegnähme. Dies hilft vor allem älteren Kindern, sich in den anderen hineinzuversetzen und zu spüren, wie sich der andere am Streit Beteiligte fühlt. Dadurch lernen sie auch empathisches Verhalten und werden sensibler bei Konflikten.

Eine weitere Möglichkeit, einen Streit zu lösen, besteht darin, dass jedes Kind zunächst seine Perspektive darstellt:

Kind A: Ich brauche das Auto für meine Rennbahn und da habe ich es mir geholt, es lag da rum.
Kind B: Ich habe schon die ganze Zeit damit gespielt und will weiter spielen – es lag da nur kurz, weil ich auf der Toilette war.

Nun wird beiden Kinder die Möglichkeit gegeben, eine Lösung für den Spielzeugstreit zu finden. Hierbei übernimmt die Pädagogin eine unterstützende Rolle. Ältere Kinder lösen solche Situationen nach einiger Übung leicht selbst. Jüngere Kinder brauchen die Anwesenheit des Erwachsenen und vielleicht einige Impulse für eine gute Lösung.

Manchmal haben aber die Kinder ganz eigene Lösungsideen, auf die ein Erwachsener nicht käme.

Daher sollte man nicht als Entscheider auftreten, sondern die Kinder auf dem Weg zur eigenen Konfliktlösung unterstützen.

8 Durchspielen einer vollständigen Handlung

Analysieren – was findet Tanja vor?

Die Sozialassistentin Tanja findet eine konzentrierte Atmosphäre vor, die sie in angemessener Weise nutzt: Sie setzt sich dazu und beobachtet die Kinder. Damit schafft sie die Möglichkeit, sich auf die Situation und auf die Kinder einzustellen, einzufühlen und zu verstehen, ob ihre Unterstützung erforderlich ist. So kann sie eine gute Beziehung zu den Kindern aufbauen.

Solch ein ruhiger Moment ist auch eine gute Gelegenheit, sein Wissen über die Kinder und deren Fähigkeiten, sein Bild vom Kind zu überprüfen. Tanjas Zutrauen zu Felix' Fähigkeiten ist nicht so stark, wie Felix es verdient hätte: Er ist inzwischen schon in der Lage, den Bollerwagen zu bewegen. Und Finn kann sich inzwischen vorwärtsbewegen. Das grundsätzlich positive Bild, das Tanja von Kindern hat, muss durch deren Entwicklungsschritte immer wieder an der Realität gemessen werden. Dabei kann ihr auch ein späteres Reflexionsgespräch mit ihrer Kollegin Margot helfen.

Vor diesem Hintergrund war die Entscheidung, Felix zu helfen, nicht richtig; Krabbelkind Finn war stattdessen derjenige, der Unterstützung benötigt hätte. Er hat sich weiterentwickelt und ist nun in der Lage, vorwärts zu robben, kann dies aber nur langsam und zudem auch noch nicht ausreichend sprechen. In diesem Moment hätte Tanja sich verdeutlichen sollen, welches Ziel sie verfolgt und mit welchen Mitteln sie es erreichen und Finn damit in seiner Entwicklung unterstützen will. Ein empathisches Sich-in-den-Jungen-Einfühlen hätte Tanja verstehen lassen, dass er noch nicht alles kann, was er möchte.

Ihre Hand hinter dem Fuß von Finn hätte ihn bei der Fortbewegung unterstützt und ihm dazu verholfen, den DUPLO-Stein selbst zu erreichen, ihm aber auch auf dem Weg in die Selbstständigkeit geholfen.

Planen – wie will Tanja weiter vorgehen?

Tanja will zunächst mit ihrer Kollegin sprechen. Sie hat bemerkt, dass sie die Kinder unterschiedlich sehen – welches Bild vom Kind hat Margot, welches hat sie selbst? Außerdem ist sie sich nicht sicher, ob sie sich angemessen gegenüber der zweijährigen Maria verhalten hat: Diese wollte ja keinen Streit, sondern nur den Wagen haben.

Bei Felix möchte sie in Zukunft darauf achten, dass sie ihm weniger abnimmt. Nun kann er bereits laufen und soll auch Gelegenheit erhalten, diese neue Bewegungsmöglichkeit auszuprobieren. Ihr Ziel ist es, Felix verschiedene Möglichkeiten der Bewegung anzubieten, um sein Bedürfnis nach selbstständiger Fortbewegung zu befriedigen. Das kann beinhalten: wieder den Bollerwagen schieben, ein Laufrad benutzen, kleine Laufspiele anbieten.

Finn kann sich nun auch mehr bewegen und will teilnehmen. Tanja möchte ihn vermehrt ansprechen, sodass er merkt, er ist auch dabei.

Durchführen – was macht Tanja?

Das Gespräch mit Margot fand bei einer üblichen Teamsitzung statt. Margot hat dargestellt, dass sie den Kindern viel zutraut: Kinder wollen selbst etwas erreichen, wenn man sie lässt. Sie sieht ihre Aufgabe in der Unterstützung und dem Bieten von Material und Raum. Die genaue Beobachtung der Kinder macht deutlich, was ihnen wichtig ist und wo sie Unterstützung brauchen. Dabei sei ihr aufgefallen, dass Maria wenig eigene Ideen habe.

Maria werden nun immer wieder alternative Angebote gemacht: Sie soll sich entscheiden lernen. Tanja tritt ihr gegenüber wertschätzend, aber auch lenkend auf, da Maria gern das machen möchte, was andere Kinder neben ihr tun. Tanja spricht dann in einem wertschätzenden klaren Ton mit ihr: *„Maria, dieses Spiel mit den Kugeln benutzt Felicita gerade. Möchtest du das andere Spiel mit den Kugeln oder möchtest du das Laufrad?“* Tanja gibt nicht nach und wartet auf eine Antwort von Maria.

Tanja hat eine gute Beziehung zu den Kindern, die sich beispielsweise in ihrem wertschätzenden Verhalten zu Felix zeigt. Ihr ist bewusst, wie wichtig es ist, mit dem Kind zu sprechen, seine bisherigen Anstrengungen wertzuschätzen und zu fragen, ob Hilfe erwünscht ist. Damit kann sich Felix selbst entscheiden, ob er die Hilfe annehmen oder allein weiter probieren will. Sie hat ihm nun immer wieder unterschiedliche Bewegungsmöglichkeiten geschaffen. Eine ermutigende Bemerkung zu seinen Anstrengungen hat ihn ermuntert, für ihn schwierige Laufbewegungen doch in Angriff zu nehmen.

Bei allen Gruppenaktivitäten spricht Tanja Finn vermehrt an und achtet darauf, dass er seinen Möglichkeiten entsprechend mitmachen kann.

Reflektieren und Bewerten – wie bewertet Tanja ihr eigenes Verhalten und die Situationen?

Tanja wird deutlich, dass sie vieles ähnlich wie Margot sieht, aber etwas weniger Zutrauen zur Leistungsfähigkeit der Kinder hatte. Darauf hat sie dann verstärkt geachtet. Bei Felix machte sich ihr leicht verändertes Verhalten sofort bemerkbar. Der Erfolg, selbst etwas geschafft zu haben, stärkt ihn: Er lässt sich zunehmend auf schwierigere Angebote ein, wie Laufrad fahren, auf dem Sandkastenrand balancieren.
Durch ihre wertschätzende Haltung zeigt Tanja, dass es ihr wichtig ist, die Kinder in ihr Handeln einzubeziehen. Sie verfolgt den demokratischen Erziehungsstil.

Finn kann noch nicht zeigen, ob er nun zufriedener ist. Tanja selbst ist mit sich zufrieden, dass sie nun alle Kinder verstärkt wahrnimmt und ihrem Vermögen nach unterstützt.

Mit 2 Jahren steht Maria am Beginn des Autonomiealters – da möchte das Kind alles selbst machen (s. Kap. 6 Kognitive Entwicklung und Kap. 3, Punkt 4.3.4). Das Mädchen bekommt nun eine klare Orientierung, ein alternatives Angebot und die Zuwendung einer Erwachsenen. Tanja bemerkt, dass Maria sich auf ihr System einlässt und schon erwartet, dass sie sich zwischen zwei Angeboten entscheiden kann.

Dokumentieren und Präsentieren – was hält Tanja schriftlich fest und in welcher Form?

Tanja führt ein Praxisbuch, in dem sie Ergebnisse der Teamsitzungen notiert wie auch Beobachtungen über die Kinder. Ihr Gespräch mit Margot notiert sie vollständig, da es ihr wichtig ist, sich ihr Bild des Kindes immer wieder in Erinnerung rufen zu können. Außerdem notiert sie in Stichworten die Merkmale eines demokratischen Erziehungsstils.

An anderer Stelle des Praxisbuchs hat sie sich immer Notizen zu den einzelnen Kindern gemacht. Diese ergänzt sie jetzt mit ihren gewonnenen Erfahrungen bei Felix, Finn und Maria. Wenn es wieder einen Austausch unter den Kolleginnen zu den einzelnen Kindern gibt, können diese Notizen gut in das Gespräch einfließen.

Margot dokumentiert die Ergebnisse ebenfalls und hält sie im Portfolio fest. Damit hat sie einen weiteren Informationsteil für die nächsten Entwicklungsgespräche mit den Eltern (s. Kap. 14 Zusammenarbeit mit Eltern und Sorgeberechtigten).

Weitere Lernsituation

In letzter Zeit ist es in der „Murmelgruppe" der „Kindertagesstätte Sonnenschein" sehr unruhig geworden: Fast täglich erlebt der junge Sozialassistent Bernd, dass sich Kim und Sonja (beide 5 Jahre alt) streiten. Viele der Dreijährigen sind außerdem ängstlich und trauen sich kaum zum Spiel in die Gruppe, sondern ziehen sich morgens schnell auf den Bauteppich in einer Ecke zurück. Oft lösen sie sich nur langsam von ihren Eltern. Die Kinder sprechen ruppig miteinander, selten herrscht eine friedliche Atmosphäre. Wenn dann die Erzieherin Erika oder Gesa kommt, je nachdem, wer gerade Vertretungsdienst hat, wird manches Mal geschimpft und nicht immer genau hingeguckt, welches Kind nun verantwortlich war für die Normverletzung. Bernd ist froh, als nach drei Wochen endlich die Gruppenerzieherin aus ihrer Krankheitsphase gesund zurückkommt. Er möchte mit ihr verschiedene Dinge besprechen: Welches Erziehungsverhalten soll hier grundsätzlich gelten? Wie schaffen es die Kinder, Streit zu schlichten oder Regeln einzuhalten? Wie können die Fachkräfte den Jüngsten der Gruppe wieder Selbstvertrauen verschaffen?

AUFGABE

Bearbeiten Sie die Lernsituation nach folgenden Schritten:

1. Analysieren – welche Situation findet Bernd vor?
2. Planen – welche weiteren Schritte muss Bernd gehen?
3. Durchführen – was genau macht Bernd?
4. Reflektieren und Bewerten – wie deutet und wertet Bernd aus?
5. Dokumentieren und Präsentieren – wie hält Bernd die Ergebnisse fest?

Aufgaben zur Selbstreflexion

Lassen Sie sich mehrere Tage ausschnittsweise von einer Pädagogin in der Kindertagesstätte beobachten. Bitten Sie auch einen Klassenkameraden, Sie zu beobachten. Ziel der Beobachtung soll sein, dass Sie herausfinden, wie Ihr Verhalten gegenüber Kindern oder anderen Mitmenschen ist. Sind Sie zugewandt und offen? Können Sie sich wertschätzend und dennoch klar in Ihrer Haltung zeigen?

Sammeln Sie die Hinweise und überdenken Sie diese. Könnten die Beobachtungen Ihnen weiterhelfen, Ihren Erziehungsstil zu verfeinern, oder sind es nur zufällige Momentaufnahmen Ihres Verhaltens?

Praxisaufgaben

1. Schreiben Sie auf, welches Bild vom Kind Sie haben. Besprechen Sie dies mit Ihrer Anleitung. Überlegen Sie, warum Sie dieses Bild vom Kind haben.
2. Beobachten Sie verschiedene Erzieherinnen dabei, wie sie Konflikte mit den Kindern regeln. Notieren Sie Ihre Beobachtungen und suchen Sie dann das Gespräch mit den Erzieherinnen darüber.
3. Bieten Sie ein kleines Bildungsangebot an und nehmen Sie sich dabei fest vor, den demokratischen (bzw. autoritären Erziehungsstil) zu nutzen. Lassen Sie sich dabei beobachten. Werten Sie dieses Verhalten später mit der Beobachterin aus.

Kapitel 3 Bedürfnisse – was brauchen Kinder zum Aufwachsen?

1 Lernsituation

In der Krippe „Sternchen" sind 12 Kinder im Alter zwischen 8 Wochen und 3 Jahren.

Es ist Zeit, **Emines** Windeln zu wechseln, denkt ihre Bezugserzieherin Jacqueline und fragt das 21 Monate alte Mädchen, ob sie mit ihr zum Windelnwechseln in den benachbarten Wickelraum kommen wolle. Emine geht daraufhin gleich mit. Selbstständig erklimmt sie die Treppe zum Wickeltisch, wo Jacqueline sie in Empfang nimmt. Jacqueline nimmt sich immer Zeit für das Wickeln, denn sie weiß, dass Emine sehr gern nackt mit den Beinen strampelt. Wenn Jacqueline das Mädchen mit einer Feder streichelt, quietscht es vergnügt.

Tanja, die Zweitkraft in der Krippe, ist etwas genervt, weil sich Jacqueline für die Wickelsituation wieder so viel Zeit lässt. Sie weiß zwar, dass die einfühlsame Körperpflege und das Sich-füreinander-Zeit-Nehmen ein wesentlicher Bestandteil ihrer pädagogischen Aufgaben ist, aber schließlich wollen sie heute ein Bildungsangebot im Atelier machen. Jetzt würden alle wieder unter Druck kommen, weil nicht viel Zeit bis zum Mittagessen bleibt.

Aus den Augenwinkeln sieht Tanja **Leon** (2,2 Jahre) in der Kuschelecke liegen und selbstvergessen auf einem Gummiring herumkauen. Ob er sich langweilt? Jetzt fängt **Marie**, gerade 13 Monate alt, an zu weinen. Tanja weiß nicht, wie sie auf ihr Weinen reagieren soll. Was will Marie denn? „Wenn du mir doch einfach sagen könntest, was los ist“, seufzt sie. Sie fragt Marie, ob sie auf den Arm möchte. Marie willigt ein, beide kuscheln einen Moment. Als der Junge **Finn** Tanja sein aus Legosteinen gebautes Flugzeug zeigt, ruft sie: „Oh, schön.“ In dem Moment fällt ihr wieder ein, dass ihr letzte Woche aufgefallen ist, dass Finn sich in der Bauecke zunehmend langweilt.

Da kommt die Erzieherin Jacqueline mit der vergnügten Emine zurück in den Gruppenraum. „Lass uns mal kurz überlegen, wie wir den Tag organisieren wollen“, sagt sie zu Tanja. Kurze Zeit später geht Tanja wie geplant mit drei Kindern ins Atelier. Sie lässt die Kinder mit Farben, Pinseln, Kratzern und Rollen auf großen Papierbögen experimentieren. Damit sie sich frei bewegen können, hat Tanja sie bis auf die Windeln ausgezogen. Als die Kinder anfangen, ihre Körper zu bemalen, ermutigt die Sozialassistentin sie und kommentiert das Geschehen. Tanja genießt diese Zeit der ruhigen und konzentrierten Arbeit mit den Kindern sehr.

Als es Zeit fürs Mittagessen ist, wird es wieder hektisch. Die Kinder müssen zusammenkommen, damit die Gruppe gemeinsam zum Kinderrestaurant gehen kann. Als alle Kinder sitzen, beginnt Tanja, den Kindern die Teller aufzufüllen. So können sie schneller anfangen zu essen. Als sich Leon die Karaffe mit Wasser nehmen will, fragt sie ihn: „Soll ich dir Wasser einschenken?“ Nebenbei fordert sie Marie auf, den Spinat wenigstens zu probieren. Als sie selbst Kind war, musste sie auch immer alle Speisen probieren, sonst gab es keinen Nachtisch.

Gerade balanciert Emine vorsichtig ihren leeren Teller zum Geschirrwagen. Tanja will aufspringen und ihr den Porzellanteller aus der Hand nehmen, als sie Jacqueline Emine loben hört: „Ich finde es klasse, dass du deinen Teller allein zum Geschirrwagen bringst.“

Tanja merkt, dass sie unzufrieden ist. Der Alltag ist sehr hektisch und sie hat oft das Gefühl, den Wünschen und Bedürfnissen der Kinder nicht gerecht werden zu können. Besonders die Essenssituation zur Mittagszeit gefällt ihr nicht: Irgendwie geht es mehr um Nahrungsaufnahme als um ein schönes gemeinsames Essen. Als sie Jacqueline darauf anspricht, stimmt diese sofort zu. Sie beschließen, über die Gestaltung der Essensituation in ihrer Gruppe nachzudenken.

AUFGABE

Bearbeiten Sie die Lernsituation.

1. Analyse
   Nennen und beschreiben Sie,
   - was der Leser über die Kinder erfährt,
   - welche Bedürfnisse die Kinder wie äußern,
   - welches Verhalten Tanja und Jacqueline gegenüber den Kindern zeigen.
2. Ziele formulieren
   Was muss Tanja
   - herausfinden,
   - sich aneignen,

damit die Bedürfnisse der Kinder im Alltag und besonders in der Essenssituation berücksichtigt werden?

2 Zu erlernende Kompetenzen

Bedürfnisse können häufig nicht direkt beobachtet werden. Vielmehr müssen sich Pädagogen die Bedürfnisse von Kindern aus deren Verhalten erschließen. Oft äußern Kinder ihre Bedürfnisse in Handlungen, die Erwachsene nicht direkt verstehen. Deswegen ist es wichtig, dass Fachkräfte die Kinder genau beobachten. Um sich angemessen zu verhalten, müssen sie kindliche Ausdrucksformen wahrnehmen und dekodieren können.

Hierzu braucht die pädagogische Fachkraft Kenntnisse über körperliche, sozial-emotionale und kognitive Grundbedürfnisse von Kindern. Diese Bereiche werden in Punkt 4 ausführlich vorgestellt. Professionelle Möglichkeiten, die verschiedenen Bedürfnisse zu erfüllen, werden in den jeweiligen Unterpunkten „Pädagogische Konsequenzen" dargestellt. Die Pädagogin handelt dann angemessen, wenn sie die kindlichen Grundbedürfnisse in der Raumgestaltung und -ausstattung, in der Bereitstellung von Spiel- und Verbrauchsmaterialien, in der Struktur des Tagesablaufs sowie in ihrem Verhalten berücksichtigt.

3 Bedürfnisse von Menschen

Ein Bedürfnis wird von Menschen als ein Mangelzustand wahrgenommen, der beseitigt werden muss. Hunger, Durst, Sauerstoff, Kleidung u. a. werden als primäre (= ursprüngliche) oder angeborene Bedürfnisse bezeichnet. Die Bedürfnisbefriedigung wird als lustvolle Erfahrung empfunden. So ist Essen, besonders nach einer längeren Hungerphase, ein Hochgenuss.

Die durch Erziehung und Sozialisation vermittelten Bedürfnisse werden sekundäre (= zweitrangige) oder erworbene Bedürfnisse genannt. Darunter fallen z. B. soziale Bedürfnisse wie Anerkennung und kognitive Bedürfnisse wie künstlerische oder musische Tätigkeiten. Die Menschen können sich in der sekundären Bedürfnisbefriedigung sehr stark unterscheiden. „Bedürfnisse und Ansprüche des Individuums sind stets vermischt mit Bedürfnissen und Ansprüchen der Umwelt (der unmittelbaren Bezugspersonen, der Institutionen, der Gesellschaft); zum anderen sind kindliche Bedürfnisse und Ansprüche erst in der Interaktion mit der Umwelt entwickelbar." (Fatke, 1980)

Hierarchie der Bedürfnisse nach Maslow

Der amerikanische Psychologe Abraham H. Maslow hat ein Modell entwickelt, welches die Bedürfnisse in eine Hierarchie bringt. Der

> **Hierarchie:** Herrschaft, Ordnung, Prinzip, der Anfang, der Erste. So bezeichnet man ein System von Elementen, die einander über- bzw. untergeordnet sind.

Mensch versucht demnach, zuerst die basalen Bedürfnisse zu befriedigen, bevor er sich den höher gelagerten Bedürfnissen zuwendet.

Bedürfnispyramide nach Maslow

Die unterste Stufe umfasst hierbei die fundamentalen physiologischen Bedürfnisse wie Hunger. Auf Stufe 2 folgen die Sicherheitsbedürfnisse, Stufe 3 beinhaltet die sozialen Bedürfnisse. Diesen folgen dann die Ich-Bedürfnisse und erst wenn alle anderen Bedürfnisse befriedigt sind, folgt auf der letzten Stufe das Verlangen nach Selbstverwirklichung.

Die Theorie von Maslow ist nicht immer zutreffend, denn es gibt häufig Situationen, in denen man sich zwischen der Befriedigung unterschiedlicher Bedürfnisse entscheiden muss. Dieses Modell ist also nicht dogmatisch zu verwenden, denn kein Modell kann die Wirklichkeit ersetzen – es dient nur der Verdeutlichung.

4 Grundbedürfnisse von Kindern

Die Grundbedürfnisse von Kindern lassen sich in drei Gruppen unterteilen:
- körperliche Bedürfnisse
- sozial-emotionale Bedürfnisse
- kognitive Bedürfnisse

Eine solche Einteilung kann helfen, kindliche Bedürfnisse zu erschließen. Dabei muss jedoch beachtet werden, dass sie nie isoliert als Einzelbedürfnisse vorkommen, sondern integriert in ein Ganzes sind. Es ist wichtig, dass Kinder ihre eigenen Bedürfnisse wahrnehmen und ausdrücken. Kinder müssen dies nicht lernen – es sei denn, Eltern und Erzieher haben sie allzu oft daran gehindert: „Du willst bestimmt“, „Davor hast du doch Angst“, „Das tut doch gar nicht weh“ sind Beispiele dafür, wie Erwachsene Kinder daran hindern, ihre eigenen Gefühle zu artikulieren. Um Bedürfnisse von Kindern wahrnehmen zu können, müssen Pädagogen in der Lage sein, das Verhalten, die Gestik und Mimik sowie die verbalen Äußerungen des Kindes einfühlsam, sorgfältig und konsequent zu beobachten. Im nächsten Schritt müssen die Pädagogen die Bedürfnisse richtig verstehen und deuten, um sie dann angemessen erfüllen zu können (s. Kap. 10 Wahrnehmen und Beobachten).

Kinder äußern ihre Bedürfnisse mithilfe von Ausdrucksformen, die Erwachsene oft nur schwer entschlüsseln können. Dabei ist es schwierig, die tatsächlichen Bedürfnisse aufzudecken und nicht von den eigenen („erwachsenen“) Bedürfnissen auf die der Kinder zu schließen. Neugeborene und Säuglinge können ihre Bedürfnisse nur über Weinen und Schreien ausdrücken. Beginnen die Kinder zu sprechen, lernen sie, ihre Bedürfnisse auch in Worte zu fassen. Je älter die Kinder werden,

Bedürfnisse ausdrücken

Kind

Körperliche Bedürfnisse (Punkt 4.1)	Sozial-emotionale Bedürfnisse (Punkt 4.2)	Kognitive Bedürfnisse (Punkt 4.3)
Bedürfnis nach Bewegung Bedürfnis nach gesunder und ausreichender Nahrung Bedürfnis nach Schlaf- und Ruhephasen	Bedürfnis nach Sicherheit und Schutz Bedürfnis nach Verständnis Bedürfnis nach Geborgenheit Bedürfnis nach Zugehörigkeit Bedürfnis nach Anerkennung	Bedürfnis nach Anregung Bedürfnis nach Spiel Bedürfnis nach Leistung Bedürfnis nach Selbstbestimmung Bedürfnis nach Selbstverwirklichung

desto präziser können sie ihre Bedürfnisse benennen und tun dies auch.

Wenn das Kind erfährt, dass die Bezugsperson sich zuverlässig um es sorgt, seine körperlichen, sozial-emotionalen und kognitiven Bedürfnisse befriedigt, kann es sich gesund entwickeln. Werden hingegen seine Bedürfnisse gerade in den ersten Lebensjahren unzulänglich erfüllt, kann dies kurz- und langfristig zu körperlichen und seelischen Entwicklungsverzögerungen und Verhaltensauffälligkeiten führen.

4.1 Körperliche Bedürfnisse

Körperliche Bedürfnisse empfindet der Mensch, um sein unmittelbares biologisches, körperliches Überleben zu sichern. Werden z. B. die Bedürfnisse nach Nahrung, Bewegung oder Schlaf längere Zeit nicht erfüllt, wird er körperlich geschädigt oder stirbt sogar. Deswegen bezeichnet man diese Bedürfnisse auch als primäre, also grundlegende Bedürfnisse.

4.1.1 Bedürfnis nach Bewegung

Im Säuglings- und Kleinkindalter werden unwillkürliche, also unkontrollierte Bewegungen immer gezielter und koordinierter, bis das Kind schließlich laufen kann. Laufend kann es seine Umwelt noch besser entdecken, denn jetzt kann es sich selbstständiger fortbewegen als beim Krabbeln.

Die kleine Emine trainiert während der Wickelsituation ihre Beine, indem sie strampelt. Auch in dieser Situation übt sie, die Bewegungen ihrer Beine und anderer Gliedmaßen mehr und mehr aufeinander abzustimmen.

Damit Kinder in diesem Alter lernen können, ihre Bewegungen abzustimmen, das Laufen zu lernen und ihre Umwelt zu entdecken, muss man ihnen die Möglichkeit zur Bewegung geben, sie z. B. in einer kindersicheren Umgebung krabbeln lassen. Säuglinge und Kleinkinder, die gegen ihren Willen in ihrer Bewegungsfreiheit eingeschränkt werden, fangen in der Regel an, ihren Missmut durch Weinen zum Ausdruck zu bringen. Auch das Kind im Elementaralter verfeinert weiter seine Koordinationsfähigkeit, z. B. beim Schließen eines Reißverschlusses oder beim Schmieren eines Brotes. Außerdem trainieren Kinder in diesem Alter durch Rennen, Klettern und Toben ihre Ausdauer und Kraft. Im Schulkindalter wird der Leistungsgedanke wichtiger: Die Kinder wollen sich mit anderen messen. Man weiß heute aus zahlreichen Studien, dass Kinder, die sich vielseitig bewegen, sich auch geistig und seelisch besser entwickeln.

Um sich im Bereich der Bewegung gut entwickeln zu können, sollten sie ganz unterschiedliche Bewegungsarten erleben. Elementare Bewegungen sind z. B. Schaukeln und Schwingen, Rollen und sich Drehen, Steigen und Klettern, Balancieren, Springen, Fahren und Rutschen, Kriechen und Krabbeln,

Schieben und Ziehen. Nur durch unterschiedlichen Bewegungserfahrungen lernen Kinder ihren Körper richtig kennen und werden stärker. Das dringende Bedürfnis nach Bewegung erkennt man im Kindergartenalter vor allem daran, dass sich Kinder ganz viel bewegen wollen und viele Bewegungsmöglichkeiten auf Spielplätzen und in der Turnhalle nutzen. Wenn Kinder lange Zeit in ihrem Bewegungsdrang eingeschränkt waren, werden sie oft „quengelig“ oder aggressiv.

Die in der Lernsituation beschriebene Einrichtung des Kinderrestaurants bietet zum einen den Vorteil, dass die Kinder in einer größeren Gemeinschaft essen. Zum anderen steht in den Gruppenräumen so mehr Platz zur Verfügung. Die Kinder haben dadurch mehr Möglichkeiten, sich auch im Gruppenraum weiträumig zu bewegen.

4.1.2 Bedürfnis nach Nahrung

Eine gesunde und ausreichende Ernährung ist für die gesunde Entwicklung des Kindes lebensnotwendig. Dies gilt in besonderem Maße für Neugeborene und Säuglinge, die noch keine feste Nahrung vertragen. Die beste Form der Ernährung ist in diesem Alter die Muttermilch, da sie alles enthält, was ein Kind für seine gesunde Entwicklung braucht. Kleinkinder ab dem 2. Lebensjahr stellen sich zunehmend auf „normales“ Essen um. Da Säuglinge noch nicht sprechen können, fangen sie in der Regel an zu weinen, wenn sie das Bedürfnis nach Muttermilch haben. Kleinkinder können z. B. durch Zeigen und erste Worte („Happa“) auf das Bedürfnis nach Nahrung aufmerksam machen. Kinder im Elementaralter sind in der Lage, ihr Bedürfnis nach Nahrung klar zu artikulieren.

Der Kindergarten sollte darauf achten, dass sich die Kinder möglichst ausgewogen ernähren. Häufig essen die Kinder zu süß, also zu viel Zucker. Stattdessen ist ein abwechslungsreiches Angebot an Vollkornprodukten, Obst und Gemüse sinnvoll. Zum Frühstück sind z. B. Vollkorn- und Knäckebrote mit Käse und Wurst sowie Obst und rohes Gemüse (Gurken, Möhren) eine gute Wahl. Das Mittagessen sollte eine warme und frisch zubereitete Mahlzeit sein. Gerade als Zwischenmahlzeit eignet sich Obst gut: So kann man eine Obstschale mit Äpfeln und Bananen in den Gruppenraum stellen, aus der sich jedes Kind nach den eigenen Bedürfnissen bedienen kann.

Durch Fehlernährung kann es sowohl zu schnell sichtbaren Mangelerscheinungen als auch zu langfristigen gesundheitlichen Beeinträchtigungen (z. B. Diabetes) kommen.

Geräumiger Gruppenraum

Kinder wählen selbst aus, was sie essen möchten

Besonders Schulkinder ernähren sich häufig von Fastfood. Wenn Kinder einmal an ein bestimmtes Ernährungsverhalten gewohnt sind, fällt es ihnen im Erwachsenenalter meist schwer, von dieser Gewohnheit abzukommen.

Jamie Oliver und die englische Schulküche

2004 begann der Profikoch Jamie Oliver, motiviert von dem dürftigen Essen an vielen britischen Schulen, mit einem seiner bis dato ehrgeizigsten Projekte: Er ging wieder in die Schule, mit dem Ziel, die Kinder und Köchinnen gleichermaßen zu schulen und zu motivieren. Sie sollten das Kochen genießen und sich gesund ernähren. Sie sollten nahrhaftem Mittagessen den Vorzug vor den Fertiggerichten geben, die sie bisher gewohnt waren. Er startete die nationale Kampagne „Feed Me Better" (www.feedmebetter.com). Eine von über 250.000 Briten unterschriebene Petition führte letztlich dazu, dass die Regierung sich verpflichtete, 280 Mio. Pfund (ca. 400 Mio. Euro) zusätzlich zur Verfügung zu stellen, um den Standard des Essens zu verbessern, den Köchinnen Fortbildungsmaßnahmen zu finanzieren und die Schulen entsprechend neu auszurüsten.

4.1.3 Bedürfnis nach Schlaf- und Ruhephasen

Neugeborene und Säuglinge brauchen lange Schlaf- und Ruhephasen. 16 bis 19 Stunden am Tag können diese Phasen dauern. Je älter die Kinder werden, umso länger sind die Wachphasen. Bei Kleinkindern bis zum 3. Lebensjahr sinkt der Schlafbedarf auf 14 Stunden. Häufig werden die Kinder „quengelig", wenn sie nicht auseichend Schlaf bekommen haben oder müde sind. Kindergartenkinder zwischen 3 und 6 Jahren brauchen ca. 11–13 Stunden Schlaf.

Auch Kinder sind, genau wie Erwachsene, nicht zu jeder Tageszeit gleich leistungsfähig. Nach einer gewissen Anlaufzeit nach dem Aufstehen sind sie morgens zwischen 9 und 12 Uhr besonders leistungsfähig. Mittags von 13–15 Uhr liegt bei den meisten Kindern ein Leistungstief, an dem sie sich zurückziehen oder schlafen. Die Leistungsfähigkeit erreicht wieder ein hohes Niveau von 16–18 Uhr und sinkt dann kontinuierlich, bis gegen 20 Uhr die Müdigkeit so groß ist, dass die Schlafenszeit ansteht. Auch Hortkinder brauchen immer noch viel Schlaf. Sie machen zwar keinen Mittagsschlaf mehr, brauchen aber ihre Ruhephasen. Schulkinder können ihr Ruhebedürfnis häufig gut einschätzen.

Den meisten Kindern sieht man deutlich an, wenn sie müde werden und Ruhe brauchen. Wie Leon in der Lernsituation ziehen sie sich dann gemütlich in eine Ecke zurück, um ein Buch zu betrachten oder sich auf ein Sofa zu legen und auszuruhen.

Schlaf- und Ruhephasen dienen dem Körper als Erholung. Wenn man nicht ausreichend schläft, haben die Organe und das Immunsystem keine Gelegenheit, sich zu regenerieren – man wird anfälliger für Krankheiten. Wissenschaftliche Untersuchungen zeigen auch, dass der Schlaf für die Lernfähigkeit von besonderer Bedeutung ist: Das Gehirn

Rückzugsbereich

braucht die Zeit des Schlafs, um das Lernen „vor- und nachzubereiten“. Da kleine Kinder jeden Tag viele neue Dinge lernen, haben sie einen besonders hohen Schlafbedarf.

4.1.4 Pädagogische Konsequenzen

Alltägliche Situationen wie Essen, Wickeln, Zähneputzen bieten vielfältige Lerngelegenheiten für Kinder. Dabei kommt es auf die Gestaltung dieser Situationen an. Wichtig ist es, sich **Zeit** zu nehmen und den Kindern Zeit zu geben.

Jaqueline ist sich der Bedeutung der Wickelsituation bewusst und lässt sich trotz des Zeitdrucks nicht aus der Ruhe bringen. Emine kann ausgiebig mit ihren Beinen strampeln und sie so kräftigen. Gerade die Wickelsituation stellt für die Kinder eine wichtige Körpererfahrung dar.

Während des Wickelns hat die Pädagogin die Möglichkeit, sich intensiv mit dem Kind zu beschäftigen. Sie kann in dieser Zeit z. B. eine Massage durchführen oder mit verschiedenen Materialien die Körperwahrnehmung des Kindes anregen. Dabei schaut sie genau, ob das Kind sich wohlfühlt.

Bedürfnisse von Kindern zu berücksichtigen bedeutet, diese wahrzunehmen und Kinder **an Entscheidungen zu beteiligen**. Z. B. können Kinder darüber entscheiden, was in der kommenden Woche zu Mittag gekocht wird – oder wenigstens über einen Tag in der Woche bestimmen. Kinder sollten auch an der Gestaltung des Tagesablaufs beteiligt werden. Es kann bspw. gemeinsam beschlossen werden, ob es ein gemeinsames Frühstück gibt oder jeder isst, wenn er Hunger hat.

Auch in pflegerischen Situationen beachtet Jacqueline die Bedürfnisse der Kinder. Emine entscheidet, ob sie jetzt ihr Spiel unterbrechen und gewickelt werden möchte oder später. Jaqueline hebt sie nicht fremdbestimmt hoch und legt sie auf den Wickeltisch, sondern lässt Emine selbstständig über die Treppen auf den Wickeltisch klettern.

Der Tagesablauf sieht der kindlichen Leistungskurve entsprechend einen Wechsel von Spannung (Bewegung) und Entspannung (Ruhe- und Schlafphasen) vor. Besonders für junge Kinder müssen mehrere Schlafphasen am Tag eingeplant werden.

Auch an der Gestaltung der Räume sollten die Kinder beteiligt werden. **Ein Ruheraum** oder Nischen im Gruppenraum, in die sich Kinder zurückziehen können, um sich auszuruhen, sowie genügend Platz zum Toben und Bewegen gehören dazu. Wenig und bewegliches Mobiliar ist daher von Vorteil. Eine Ruheecke, die mit Teppich ausgelegt ist, in der Decken und Kissen zum Kuscheln einladen und ein Korb mit unterschiedlichen Massagegeräten frei zur Verfügung steht, lädt zum Entspannen ein. Beruhigende Farben aus dem warmen Farbspektrum helfen beim Entspannen. Leise Musik und gedämpftes Licht sorgen für eine angenehme Atmosphäre. Manche Kinder

Ein Bewegungsraum mit viel Platz

Außengelände mit vielfältigen Bewegungsmöglichkeiten

brauchen als Schlafbegleiter ein Kuscheltier, ein Tuch oder einen Schnuller. Einschlafrituale wie Vorlesen, ein Schlaflied oder Musik helfen vielen Kindern in den Schlaf.

Ein Bewegungsraum bietet Kindern verschiedene Materialien. Groß- und Kleingeräte wie Sprossenwand, Bänke, Bälle oder Rollbretter bieten vielfältige Bewegungsanlässe. Ein ansprechendes **Außengelände** ist ebenfalls wichtig. Auf dem Spielplatz draußen können Kinder ihre Geschicklichkeit, Kraft und Ausdauer an Spielgeräten wie Schaukeln, Baumstämmen, Klettergerüsten erproben, sich aber auch im Weidetunnel oder hinter Hecken zurückziehen.

Je weniger die Räume funktionell und geregelt sind, desto lieber werden sie von Kindern aufgesucht. Kinder haben ein großes Bedürfnis, sich frei ihrem Spiel- und Forscherdrang hinzugeben. Kinder lieben es, „verbotene" Winkel und versteckte Ecken aufzusuchen. Im Außengelände bauen sie gern geheime Verstecke, um sich so der Aufsicht der Pädagoginnen zu entziehen. Dies ist gerade für ältere Kinder spannend und wichtig.

Regelmäßige und vollwertige **Mahlzeiten** in einer ruhigen, schön gestalteten Essenssituation sorgen für ausgewogene Ernährung und Genuss beim Essen. Das bedeutet z. B. auch, dass im Hortbereich Mittagessen angeboten wird.

Die Kinder sollten der jeweiligen Jahreszeit angepasste Wechselkleidung in der Kita haben. **Kleidung** muss vor Umwelteinflüssen wie Regen, Kälte oder Sonneneinstrahlung schützen. Man kann am Nacken von Säuglingen und Kleinkindern fühlen, ob dem Kind warm oder kalt ist. Blaue Lippen und Schweißausbrüche sind ebenfalls Indikatoren für eine falsche Kleidungswahl. Kindergarten- und Hortkinder merken es selbst und machen auf ihr Bedürfnis aufmerksam. Zum Turnen sollten die Kinder Turnkleidung tragen, damit sie sich gut bewegen können und die normale Kleidung nicht verschwitzen. Aus demselben Grund sollten die Kinder zum Schlafen mindestens einen Teil ihrer Tageskleidung ablegen.

4.2 Sozial-emotionale Bedürfnisse

Soziale und emotionale Bedürfnisse eines Kindes

Bereits Kleinkinder verfügen über Sozialkompetenz. Schon 9 Monate alte Babys interessieren sich für andere Kinder, nehmen Kontakt auf und ahmen sie nach. Sie gehen sehr vertrauensvoll miteinander um, versuchen Konflikte zu lösen, beginnen sich zu helfen und gegenseitig zu trösten. Wie sehr sich Kinder aufeinander einlassen, hängt stark von einer harmonischen Atmosphäre ab, die den Bedürfnissen der Kinder nach Verständnis, Geborgenheit, Zugehörigkeit und Anerkennung nachkommt (s. auch Kap. 4, Punkt 3.3 Bindung).

4.2.1 Bedürfnis nach Sicherheit und Schutz

Kinder sind auf Sicherheit und Schutz angewiesen. Eltern und Pädagogen müssen die Kinder vor Verletzungen an Leib und Seele bewahren. Kinder handeln entsprechend ihrem Entwicklungsstand und können Gefahren nicht realistisch einschätzen. Sie haben zum Beispiel keine Vorstellung von der Geschwindigkeit eines herankommenden Autos und überqueren vielleicht noch die Straße, obwohl das Auto schon zu nahe ist. Speziell im Krippenbereich sollten mögliche Gefahrenstellen (Steckdosen, Herd, Treppen usw.) besonders gesichert sein. Bei älteren Kindern bedeutet es, sie vor gefährlichen Gegenständen und manchmal auch vor sich selbst oder vor anderen Menschen zu bewahren. Hortkinder, die immer mehr Freiraum und immer weniger Aufsicht genießen sollen, brauchen die Gewissheit, dass sich jemand für ihren Schutz einsetzt. Eine Bezugsperson, an die sie sich bei Ängsten und Nöten wenden können, ist unabdingbar. Grundlage hierfür ist eine tragfähige Beziehung. Denn auch die Seele des Kindes, egal wie alt es ist, braucht Schutz.

4.2.2 Bedürfnis nach Verständnis

Kinder brauchen von ihren Mitmenschen Mitgefühl und Einfühlsamkeit für ihre Art zu denken und zu empfinden.

Im Säuglings- und Kleinkindalter ist das Bedürfnis nach Verständnis grundlegend. Säuglinge und Kleinkinder können ihre Ängste, Sorgen und Nöte nicht aussprechen. Sie können häufig nur durch Schreien und Weinen darauf aufmerksam machen. Ältere Kinder, z. T. bis weit ins Kindergartenalter hinein, haben eine ganz eigene Denkweise und können nicht immer zwischen Fantasie und Wirklichkeit unterscheiden. Viele Kinder haben Angst vor Monstern oder der Dunkelheit: Für sie können die Monster sehr real und damit bedrohlich sein. Um sich angenommen und verstanden zu fühlen, muss sich ihre Bezugsperson auf ihre Gedankenwelt einlassen und sie nachvollziehen. Alle Anliegen müssen ernst genommen werden.

In der Lernsituation weint Marie. Auch wenn für Tanja noch nicht klar ist, weshalb Marie weint, bringt sie ihrer Situation Verständnis entgegen, indem sie sich fragt, was die Ursache für Maries Befinden sein könnte. Es ist wichtig, sich Zeit für Kinder zu nehmen, ihnen zuzuhören, ihre Ängste, Sorgen und Nöte nicht herunterzuspielen oder sich sogar lustig darüber zu machen (s. auch Kap. 4, Punkt 3.2 Die magische Phase).

4.2.3 Bedürfnis nach Geborgenheit

Kinder brauchen eine Mischung aus Sicherheit, Nähe, Wärme und Ruhe. Häufig empfinden wir Geborgenheit in Situationen der körperlichen Nähe, z. B. beim Kuscheln mit einer Bezugsperson. Dieses Bedürfnis muss erfüllt werden, weil Kinder sich in schwierigen Situationen durch das Gefühl von Geborgenheit wieder entspannen und beruhigen.

Säuglinge und Kleinkinder fordern Geborgenheit häufig unmittelbar von ihren Bezugspersonen ein. Wenn sie das Bedürfnis nach der Nähe ihrer Bezugsperson haben, zeigen sie in der Regel Verhaltensweisen wie Lächeln, um den Kontakt zu einer Person zu halten, oder sie schreien, um z. B. auf den Arm genommen zu werden. Ältere Kinder suchen nicht mehr so häufig wie Kleinkinder die Geborgenheit

Geborgenheit vermitteln

ihrer Bezugsperson. In Situationen, die ihnen Angst machen oder sie belasten, brauchen aber auch sie die Zuwendung und körperliche Nähe. Vorschulkinder kuscheln auf dem Schoß ihrer Erzieherin oder kuscheln sich auf dem Sofa beim Vorlesen an. Um das Bedürfnis nach Geborgenheit zu befriedigen, muss die Pädagogin körperliche Nähe zulassen und Kinder, wenn sie das Bedürfnis haben, z. B. in den Arm nehmen können.

Auch in der Lernsituation ist von einem solchen Moment die Rede: Tanja fragt Marie, ob sie auf den Arm möchte. Marie willigt ein und beide kuscheln einen Moment.

4.2.4 Bedürfnis nach Zugehörigkeit

Kinder bedürfen einer Gemeinschaft mit anderen Menschen, mit denen sie sich verbunden fühlen, um mit ihnen Erlebnisse, Gedanken und Gefühle teilen zu können.

Schon Säuglinge und Kleinkinder wollen Zugehörigkeit spüren. Gerade die ganz jungen Kinder brauchen die Sicherheit einer Gemeinschaft (z. B. der Familie), zu der sie gehören. Sie fangen deswegen auch schnell an zu weinen oder sogar zu schreien, wenn sich kein Mitglied ihrer Familie in ihrem Sichtfeld befindet. Im Kindergartenalter ist die Familie immer noch die wichtigste Gemeinschaft. Durch den Besuch des Kindergartens werden jedoch auch andere Menschen (vor allem gleichaltrige Freunde) immer wichtiger. Beispielsweise wollen Kinder zur „Bande“ gehören und beim Fußballspiel in eine Mannschaft gewählt werden.

Im Kindergarten kann besonders am Anfang die Zugehörigkeit zu einer Kindergartengruppe das Bedürfnis nach Zugehörigkeit erfüllen: *„Du bist jetzt auch einer aus der Mäusegruppe!“* Gemeinsame Aktivitäten können den jüngeren Kindergartenkindern zusätzlich helfen, ein Wir-Gefühl zu entwickeln. Im Schulkindalter spielt die Zugehörigkeit zur Klasse und zu Freunden eine immer stärker werdende Rolle.

4.2.5 Bedürfnis nach Anerkennung

Kinder brauchen Lob und Respekt. Sie wollen sich so angenommen wissen, wie sie sind. So erfahren sie: Jemand hat mich lieb, ich bin etwas wert. Dieses Bedürfnis muss erfüllt werden, weil Kinder die Anerkennung anderer benötigen, um ein gesundes Selbstwertgefühl aufzubauen.

Dem Säugling und auch dem Kleinkind genügt in der Regel die Anerkennung seiner Bezugspersonen. Es fordert Anerkennung ein, wenn es z. B. ein Förmchen in die passende Öffnung steckt und dann erwartungsvoll die Mutter ansieht. Auch kleine Lernfortschritte sind in diesem Alter oft eine große Leistung und unsere Anerkennung wert. Bei Kindergartenkindern wird die Anerkennung von weiteren Bezugspersonen, z. B. von Freunden und Erziehern, immer wichtiger. Kinder fordern häufig direkt ein Lob oder eine Anerkennung ein. Finn zeigt Tanja sein aus LEGO gebautes Flugzeug und erhofft sich dafür ein Lob und die Anerkennung der Sozialassistentin.

In der pädagogischen Praxis ist Anerkennung sehr wichtig. Sie kann sich in ernst gemeintem Interesse für die Belange des Kindes zeigen: *„Was du gesehen hast, interessiert mich brennend. Erzähl mir davon!“* So kann die Pädagogin den Kindern helfen, Wörter für ihre Gefühle zu finden, vor allem für die Gefühle zueinander. Gleichzeitig zeigt sie auch, dass sie selbst von den Kindern lernt. Zeichen der Anerkennung sind, dem Kind etwas zuzutrauen, es spüren zu lassen, dass es eigene Fähigkeiten hat, dass es eine einzigartige Persönlichkeit ist. Beispielsweise können schon Krippenkinder Geschirr aus Porzellan benutzen.

Mit Lob sollte man aber auch behutsam umgehen: Wenn man immer alles allgemein lobt, ist ein Lob irgendwann nichts mehr wert. *„Das hat du toll gemacht“* ist im Grunde nichtssagend: Wichtig ist, genau zu benennen, was das Kind gut gemacht hat (s. Kap. 2, Punkt 6.3.5 Erziehungsmaßnahmen).

So lobt Jaqueline Emine in der Lernsituation mit den Worten: *„Ich finde es klasse, dass du deinen Teller allein zum Geschirrwagen gebracht hast.“*

AUFGABE

Erklären Sie die körperlichen und sozial-emotionalen Grundbedürfnisse, indem Sie folgende Tabelle für jedes Bedürfnis der körperlichen und sozial-emotionalen Bedürfnisse ausfüllen.

Anzeichen für das Bedürfnis nach …

	Kinder dieses Alters zeigen dieses Bedürfnis z. B. dadurch, dass …	Dieses Bedürfnis muss erfüllt werden, weil …
Säuglings- und Kleinkindalter 		
Kindergartenalter 		
Schulkindalter 		

Als pädagogische Fachkraft könnte ich darauf reagieren, indem ich … ____________________

____

____

____

____

____

4.2.6 Pädagogische Konsequenzen

Voraussetzung für eine gesunde Entwicklung des Kindes ist die sichere **Bindung** zu einer oder mehreren Bezugspersonen. Bezugspersonen sind in erster Linie die Eltern, aber auch Großeltern, Geschwister und andere wichtige Personen aus dem näheren Umfeld, z. B. die erzieherischen Fachkräfte der Kindertagesstätte (s. Kap. 4 Sozial-emotionale Entwicklung).

Bereits das Neugeborene muss sich von Anfang an darauf verlassen können, dass jemand da ist, der sich kümmert, sich ihm zuwendet und seine Bedürfnisse erfüllt. Im Säuglings- und Kleinkindalter sind die Kinder häufig noch sehr stark an ihre Bezugspersonen gebunden. Für diese Zeit hat das Kind in der Einrichtung eine Bezugserzieherin, die sich in einen intensiven Kontakt zu dem Kind begibt. Ihre Aufgabe ist es, viel Zeit mit dem Kind zu verbringen und die häufig erlebten Alltagssituationen wie Wickeln, Schlafen oder Essen mit dem Kind zusammen möglichst liebevoll zu gestalten, es zu trösten und mit ihm zu kuscheln.

Diese Situationen sind auch als Lerngelegenheiten der Kinder zu sehen. Über die emotionale Zuwendung ihrer Bezugsperson lernen sie, selbst Zuwendung zu geben. Im Kontakt und in der Auseinandersetzung mit anderen eignen sie sich soziale Verhaltensweisen an.

Mädchenraum

Mit zunehmendem Alter verändert sich die enge Beziehung zur Bezugsperson und wird etwas offener. Das Kind im Elementaralter ist in der Regel schon so selbstständig, dass die Bezugsperson zu einer Art „sicherem Hafen“ wird, in den es sich immer wieder „retten“ kann, wenn es sich unsicher fühlt. Kontakt zu Gleichaltrigen ist bereits im Säuglingsalter sehr sinnvoll und auch wichtig. Sie liegen vielleicht nebeneinander, schauen sich an oder berühren sich und können damit Kontakte knüpfen. Auf diese Weise machen sie erste Erfahrungen mit anderen Kindern und erkennen sich als gleiche. Sobald die Kinder im Kleinkindalter in der Lage sind, nebeneinander zu spielen, entstehen ausgeprägtere Kontakte, meist durch die Spielsituation, den Austausch von Spielmaterial oder ebenso durch neugieriges gegenseitiges Anschauen und Anfassen. Je mehr Erfahrungen Kinder jedoch von Anfang an mit Gleichaltrigen machen können, umso mehr und umso früher wird ihr Sozialverhalten gestärkt. Kindergartenkinder und besonders Hortkinder haben ein großes Bedürfnis nach Kontakt zu Gleichaltrigen. Sie brauchen gleichaltrige Freunde, um sich auszutauschen und sich mit ihnen zu vergleichen. Altersgemischte Gruppen bieten den Kindern vielfältige Möglichkeiten, mit Kindern unterschiedlichen Alters Erfahrungen zu sammeln.

Die Tagesstruktur muss ausreichend Raum und Zeit für emotionale Zuwendung und soziale Kontakte bieten. Ein immer wiederkehrender Tagesablauf mit festen Zeiten z. B. für Morgenrunde und Mittagessen bietet Sicherheit und Orientierung für die Kinder. Im Verlauf des Tages muss es Zeiten für das freie Spiel geben, in denen die Kinder sich ihre Spielpartner und ihr Material selbst aussuchen und gemeinsam vereinbaren können, wie lange was wie oder nach welchen Regeln gespielt wird. So können sich erste Freundschaften bilden.

Für den Krippenbereich bieten sich kleinere **Räumlichkeiten** an, damit die Kinder immer Sichtkontakt zu ihren Bezugspersonen haben. Je jünger das Kind, umso weniger Spielraum beansprucht es. Mit steigenden Fortbewegungsmöglichkeiten des Kindes müssen die räumlichen Voraussetzungen für das Spiel und die Kontaktaufnahme neu gestaltet werden. In den Spielräumen der Kita sollte es Rückzugsmöglichkeiten für die Kinder geben, wo sie ungestört und für die Erwachsenen nicht sichtbar miteinander spielen können.
Für Schulkinder spielen Rückzugsmöglichkeiten auch eine große Rolle. Gerade nach der Schule brauchen die Kinder Erholung und ungestörte Zeit für sich. Oft ziehen sich die Mädchen und Jungen für sich in „ihre" Räume zurück. Einige Kitas reagieren auf dieses Bedürfnis mit der Einrichtung von Jungen- und Mädchenräumen.

Wichtig sind eine **respektvolle Haltung** gegenüber den sozialen Prozessen von Kleinkindern und ein wachsamer Blick auf die Interaktionen der Kleinen. Konflikt- und Kommunikationsversuche sollten nicht übereilt unterbrochen oder Lösungen vorweg genommen werden, da Kinder sonst nicht lernen können, schwierige Situationen zu lösen (s. Kap. 2, Punkt 7 Konflikte). Eine einfühlsame und respektvolle Begleitung der Kinder ist eine wesentliche Voraussetzung für eine tragfähige Beziehung. Indem Kinder wissen, dass ihre Bedürfnisse wahrgenommen werden und sie ihre Gefühle ohne Angst äußern dürfen, wird auch ein Teil der Präventionsarbeit in Bezug auf sexuellen Missbrauch geleistet (s. Kap. 8 Sexuelle Entwicklung und Sexualpädagogik).

4.3 Kognitive Bedürfnisse

Lernhunger

Eine weitere Gruppe sekundärer Bedürfnisse sind die kognitiven Bedürfnisse: Dies sind Bedürfnisse nach „geistiger Nahrung" und Herausforderung. Der Mensch ist von Geburt an neugierig. Er will Neues erfahren und entdecken und sich dabei als Persönlichkeit entfalten (s. Kap. 6 Kognitive Entwicklung).

4.3.1 Bedürfnis nach Anregung

Anregungen sind für jedes Kind wichtig. Bereits ein Neugeborenes reagiert auf zärtliche Ansprache, auf Anregung durch Körperkontakt, aber auch auf Reizvermittlung z. B. durch Mobiles, Musik oder Gesang. So lernt das Kind von Anfang an seine Umwelt mit allen Sinnen kennen. Indem es die Gegenstände berührt und in den Mund steckt, „begreift" das Kind die Welt im wahrsten Sinne des Wortes. Es lernt auf diese Weise etwas über deren Beschaffenheit, es unterscheidet zwischen hart und weich und erfährt etwas über Form und Größe.

Wichtig ist, dass sich Anregungen und Anreize alters- und entwicklungsentsprechend verändern. Klein- und Kindergartenkind bevorzugen z. B. eher Bilderbücher, einfache Bewegungsspiele oder kleine Experimente in/mit der Umwelt ebenso wie Material zum Konstruieren (Bauklötze). Ältere Kinder brauchen hingegen größere Herausforderungen, die sie sich mehr und mehr selbst suchen. Auf diese Weise wird von Anfang an spielerisch der Lernhunger des Kindes angeregt und gestillt. Fehlen einem Kind diese Anregungen und damit verbundenen Erfahrungen, entwickelt es sich unter Umständen nicht gesund (s. Kap. 4 Sozial-emotionale Entwicklung).

4.3.2 Bedürfnis nach Spiel

Eng verbunden mit dem Bedürfnis nach Anregung ist das kindliche Bedürfnis nach Spiel. Es vereint mehrere charakteristische Merkmale wie Zweckfreiheit, Selbstbestimmung, Spaß, Spannung, Entspannung, Überraschung, Zufriedenheit und Wiederholbarkeit. Das Spiel fördert die kindliche Entwicklung in allen Bereichen. Dabei werden soziale Verhaltensweisen erprobt und eingeübt, wird mit Gegenständen experimentiert, Materialerfahrungen werden gesammelt und die Kinder erleben sich als selbstwirksam. Im Spiel erobern Kinder unter Einsatz aller Sinne die Welt. Es hilft ihnen außerdem, die Wirklichkeit, also Alltagssituationen und Probleme zu verarbeiten. Jedes Kind, egal welchen Alters, braucht genügend Zeit und Raum, um spielen zu können. Nur durch Spielen ebenso wie durch Anregung ist eine gesunde Entwicklung möglich.

Bewegungsspiel

Mit zunehmendem Alter verändern sich das Spiel und die Wahl des Spielmaterials. Die Pädagogin sollte somit bei der Auswahl von Spielen bzw. Spielmaterial auf Alter und Entwicklungsstand der Kinder achten. Erst spielen Kinder mit sich selbst und erkunden ihren Körper und was sich alles mit ihm bewegen lässt. Dann erkunden sie ihre nähere Umgebung: Sie räumen Schubladen aus, untersuchen Krümel auf dem Teppichboden. Ältere Kinder interessieren sich vermehrt für spezielle Spielmaterialien wie Sandspielzeuge oder Konstruktionsspiele (DUPLO- oder LEGO-Steine). Allerdings darf das Spielzeug die Kreativität und Fantasie der Kinder nicht einschränken, sondern soll vielseitig verwendbar, erweiterbar und lange benutzbar sein. Spielpartner sind schon früh wichtig, im Schulkindalter sind sie unentbehrlich. Die Kinder sind so fantasievoll und kreativ, dass sie weniger Spielsachen brauchen als zuvor und häufig gemeinsam Spiele erfinden. Besonders gern spielen Hortkinder Bewegungs- und Wettkampfspiele, bei denen sich die Kinder aneinander messen und so ihre eigenen Fähigkeiten einschätzen können.

4.3.3 Bedürfnis nach Leistung

Leistung ist eine Anstrengung, die auf ein bestimmtes Ziel ausgerichtet ist und mit einem Erfolg abschließt. Leistung ist etwas, das von uns verlangt wird. Durch diese Anforderung und ihre Zweckbestimmung unterscheidet sie sich vom Spiel.

Schon Kleinkinder wollen gefordert sein, sich anstrengen und etwas bewirken. Sie helfen z. B. gern bei anfallenden Arbeiten im Haushalt. Nach erfolgreicher Anstrengung erleben die Kinder Stolz, etwas geschafft zu haben. Im Elementarbereich werden schon kleine Aufgaben an Kinder verteilt (z. B.

Tisch- oder Fegedienste). Mit dem Beginn der Schule erweitert sich das soziale Umfeld um Lehrkräfte und Klassenkameraden. Es werden vermehrt Leistungsanforderungen an die Kinder gestellt und sie vergleichen sich immer mehr mit Gleichaltrigen. Es entstehen Hoffnung auf Erfolg und Angst vor Misserfolg. In Konkurrenzsituationen erkennt das Kind, dass es eine Aufgabe besser oder schlechter bewältigt als andere Kinder. So lernt es Schritt für Schritt, seine Leistungsfähigkeit einzuschätzen, und erfährt, was es sich selbst zutrauen kann und was noch nicht. Dadurch wird sein Selbstwertgefühl und Selbstbewusstsein stark beeinflusst – positiv wie negativ.

Grundsätzlich gilt, dass jedes Kind Anregung und Herausforderung braucht und etwas leisten will. Bei Überforderung kann das Selbstbewusstsein des Kindes leiden, da es sich womöglich als Versager erlebt, sich nichts mehr zutraut, sich zurückzieht. So ein Gefühl der Unzulänglichkeit kann beispielsweise durch frühzeitige Selektion oder Sitzenbleiben in der Grundschule entstehen. Andererseits kann Unterforderung zu Langeweile führen und dazu, dass sich das Kind nicht mehr anstrengt und das Interesse an Leistung verliert. Demnach können sowohl Über- als auch Unterforderung die Leistungsbereitschaft und die gesunde Entwicklung des Kindes hemmen.

4.3.4 Bedürfnis nach Selbstbestimmung

Das Bedürfnis nach Selbstbestimmung äußert sich recht früh bei Kindern und ist mit dem Bedürfnis nach Leistung eng verbunden.

Mit ca. 18 Monaten entdeckt und erkennt sich das Kind allmählich als eigenständige Person. Mit zunehmender Beweglichkeit und Muskelkraft stehen neue Lebenserfahrungen zur Verfügung: *ICH bin es, der plant, handelt und darüber sprechen kann.* Das Kind will sich selbst, seine Kräfte und Fähigkeiten

In der Autonomiephase

ausprobieren und so sich selbst erfahren. Es erprobt seine Selbstständigkeit. Durch seine Entdeckerfreude, dem Bedürfnis, Dinge und Menschen zu erforschen, stößt es zwangsläufig an Grenzen, mit denen es jetzt öfter konfrontiert wird. Es ist dabei hin- und hergerissen zwischen der Abhängigkeit von seiner Bezugsperson und seinem Streben nach Selbstständigkeit. In dieser Zeit sind rasche Stimmungsschwankungen typisch. Kinder neigen zu Wutausbrüchen und Unzufriedenheit. Man sprach von dieser Phase lange als „Trotzalter". Der Trotz ist hier jedoch der notwendige persönliche Kampf des Kindes um Loslösung und Selbstständigkeit (= Autonomie). Deshalb wird diese Zeit treffender als **Autonomiealter** bezeichnet. Das Bedürfnis nach Selbstbestimmung zeigt sich besonders deutlich in dem oft geäußerten Wunsch, nahezu alles allein zu machen. Damit möchte das Kind seine Selbstständigkeit unter Beweis stellen. Das Gefühl, etwas selbst zu können, groß zu werden/zu sein stärkt die Kinder in ihrer Autonomie (s. auch Kap. 4, Punkt 3.4 Autonomie und Kompetenz).

4.3.5 Bedürfnis nach Selbstverwirklichung

Das Bedürfnis nach Selbstverwirklichung meint das Streben nach der Entwicklung der eigenen Persönlichkeit. Menschen streben generell danach, ihr Potenzial auszuschöpfen, etwas zu erschaffen, worin sie sich als Person ausdrücken können. Kinder leben dieses Bedürfnis in erster Linie – und von Anfang an – im Spiel aus.

So baut Finn in der Lernsituation ein Flugzeug aus LEGO-Steinen. Er hat das Flugzeug nach seinen Vorstellungen erschaffen. Vielleicht hat er mehrere Anläufe genommen, bis das Flugzeug so war, wie er es sich vorgestellt hat. Vielleicht entwickelt er seine Konstruktion weiter, vielleicht haucht er ihm im nächsten Schritt Leben ein und hebt als Pilot ab.

Kinder verleihen ihren Gedanken, Wünschen, Sorgen und Erfahrungen Ausdruck im Spiel, sie schaffen, erfinden, gestalten voller Fantasie und Kreativität. Dies gilt für jede Altersstufe, wenngleich sich die Form des kindlichen Spiels mit zunehmendem Alter und zunehmenden Fähigkeiten verändert. Auch im kreativen Gestalten verwirklichen sich die Kinder selbst, wenn sie ihre Fantasie z. B. in einem Kunstwerk ausdrücken.

Tanja lässt die Krippenkinder mit Farben, Pinseln, Kratzern und Rollen auf großen Papierbögen experimentieren. Die Pädagogin unterstützt die Kinder bei der Verwirklichung ihrer Ideen, indem sie sie ermutigt, mit den verschiedenen Werkzeugen und der Farbe auch auf ihrem Körper zu experimentieren. Sie beschreibt die Handlungen der Kinder, ohne diese zu bewerten.

AUFGABE

Wie könnte das Bedürfnis nach Anregung von Finn konkret befriedigt werden? Recherchieren Sie in der Bibliothek und im Internet nach konkreten Materialien, mit denen Sie auf dieses Bedürfnis besonders gut eingehen könnten.

4.3.6 Pädagogische Konsequenzen

Die Bezugsperson spielt bei Säuglingen und Kleinkindern eine wichtige Rolle als Spielpartner, sie bietet Anregungen, stellt Spielmaterial zur Verfügung, unterstützt, wenn Hilfe verlangt wird, beobachtet, stört das Kind nicht, wenn es beschäftigt ist, und vermeidet Spielunterbrechungen. Das Kleinkind beschäftigt sich immer mehr allein mit seinen Spielmaterialien und wendet sich stärker gleichaltrigen Spielpartnern zu. Lerngelegenheiten bieten sich also über die Anregung der Pädagogin, aber auch über die Gestaltung und Ausstattung der Räume.

Die Tageseinrichtung gestaltet die Räume nicht für Kinder, sondern mit den Kindern. Es ist die Aufgabe der Pädagogin, die Kinder zu beobachten und zu erkennen, ob die zur Verfügung stehenden Materialien und die Gestaltung der Räume dem Entwicklungsstand, den Bedürfnissen und Interessen der Kinder entsprechen. Sie unterstützt die Kinder bei der Umsetzung ihrer Gestaltungsideen und regt zu Veränderungen an, die sie gemeinsam mit den Kindern und eventuell mit deren Eltern umsetzt. Die Kinder entscheiden mit, wenn neue Ausstattungsgegenstände und Spielmaterialien angeschafft werden. Diese Form der Beteiligung sollte so früh wie

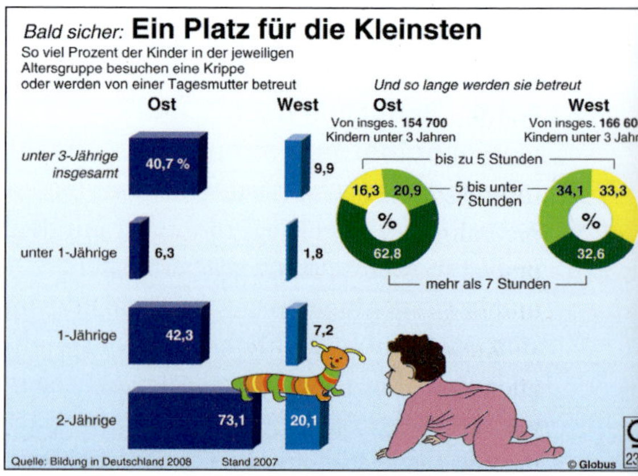

Für unter Dreijährige ist eine anregende Umgebung wichtig

möglich beginnen und kann z. B. in regelmäßigen **Kinderkonferenzen** (s. Kap. 2, Punkt 6.3.3) im Elementar- und Hortbereich weitergeführt werden. Die Kinder können in dieser Konferenz Vorschläge einbringen, diskutieren und Entscheidungen treffen. So werden die Kinder in ihrer Fähigkeit, sich eine Meinung zu bilden, sie zu äußern sowie selbstständig zu handeln, unterstützt.

Eine Möglichkeit, Kinder kognitiv anzuregen, ist die interessante Gestaltung der Umwelt, damit sie in die Lage versetzt werden, auf viele ihrer Fragen selbst eine Antwort zu finden. Je anregender Räume sind, umso intensiver können die Kinder ihre Erfahrungen machen. Ein wesentlicher Aspekt ist eine **lebendige Raumgestaltung**. Es sollte zum Beispiel für viel Licht (Sonne/Schatten, Lampen), für Farben, Spiegel, Objekte jeder Art (Mobiles, Gegenstände zum Befühlen/Betasten) usw. in Räumen gesorgt werden. Die Einrichtungen sowie das Spiel- und Experimentiermaterial sollten mit Bedacht ausgewählt und sortiert sowie in Sichthöhe frei zugänglich untergebracht sein. Eine Vielfalt an Geräten und Materialien bietet den Kindern die Möglichkeit, sich auszuprobieren. Die Spielzeuge, Materialien und Werkzeuge können z. B. in erreichbarer Höhe, nach Themen geordnet und mit Fotos gekennzeichnet sein. Die Fotos und durchsichtige Behälter erleichtern das Wiederfinden von Materialien. Kinder können so selbstbestimmt damit umgehen. Beispiel: Murmelbahnen und Murmeln sind interessante Materialien; die Kinder bauen die Bahnen selbst, d. h., sie experimentieren, planen voraus, finden Lösungen für Probleme und üben sich in Geduld.

Zudem sind Orte notwendig, an denen auch eine „Sauerei“ gemacht werden darf und wo die Kinder ohne Einschränkungen „arbeiten“ und experimentieren können. Dafür ist häufig das sogenannte **Atelier** mit seinen unterschiedlichen Arbeitsbereichen und Angeboten vorgesehen. Die Kinder haben dort viele Möglichkeiten, sich zu erproben, Spuren zu hinterlassen, zu entdecken, dass sie die Welt verändern können. Selbstverwirklichen können sie sich in der Arbeit mit Materialien wie Papier, Knete, Ton, Holz. Deshalb muss es in einem ritualisierten Tagesablauf Freiräume für diese Art der Entdeckung und Erkundung geben.

Im Atelier

Alle sinnlichen Erfahrungen hinterlassen Spuren der Erinnerung, die immer wieder mit neuen Erfahrungen abgeglichen werden. So entsteht ein Wissen, auf das die Kinder verlässlich zurückgreifen können. Die Erfahrungen der Kinder im Krippenalter im Bereich der Bewegung, der Sinne und des sozialen Miteinanders bilden eine wichtige Grundlage für alle weiteren Bildungsprozesse! (s. auch Kap. 5 Motorische und sensorische Entwicklung)

Entsprechende Anleitung ist sinnvoll, wenn es um arrangierte Experimente zu einem bestimmten Thema geht. Somit sollten auch die **gezielten Angebote, Projekte und Ausflüge** so geplant werden, dass die Kinder möglichst viel eigenständig machen und miteinander ins Gespräch kommen können.

Alle Kinder brauchen Unterstützung auf ihrem Weg in die Selbstbestimmung, das heißt, dass auch die Bezugspersonen die Ablösung zulassen und die Autonomie fördern müssen. Dies kann dann gelingen, wenn den Kindern etwas zugetraut wird und sie möglichst viel selbst machen bzw. ausprobieren können. Erwachsene sollten Kinder an sie gerichtete Fragen selbst beantworten lassen, anstatt für sie zu antworten („Nein, sie hat noch nicht gegessen“). Und Pädagogen sollten den Kindern nicht alle Arbeit und Mühe abnehmen („Ich mach das schnell für dich“), sondern sie unterstützen, wenn ihnen etwas nicht gelingen will. Dazu brauchen sie Geduld, Zeit, Ruhe und Ausdauer.

AUFGABE

1. Fertigen Sie eine Mindmap zum Thema „Grundbedürfnisse des Kindes“ an.
2. Finden Sie zu den körperlichen, sozial-emotionalen und kognitiven Grundbedürfnissen von Kindern jeweils ein passendes Beispiel.

Vernachlässigung

Natürlich ist es nie möglich, alle Bedürfnisse von Kindern zu befriedigen – ein gewisses Maß an Frustration ist nicht zu vermeiden. Zudem wachsen Kinder an Belastungen und Problemen, entwickeln neue Fertigkeiten und Kompetenzen in der Auseinandersetzung mit Schwierigkeiten und widrigen Lebensumständen. Sehr starke und fortdauernde Erfahrungen von Mangelerlebnissen können sich jedoch langfristig negativ auswirken. Dies kann sich u. a. in sehr starkem Unter- oder Übergewicht zeigen, zu einer tiefen Erschütterung des Urvertrauens bis hin zum Aufbau von Urmisstrauen, Ängsten oder Aggressionen führen (s. Kap. 4 Sozial-emotionale Entwicklung). Kinder sind deshalb aber keine „Tyrannen“ – hinter auffälligen Verhaltensweisen stecken oft unerfüllte Bedürfnisse.

Inzwischen weiß man, dass solche negativen Einflüsse nicht automatisch zu Entwicklungsstörungen führen – selbst wenn sie in den ersten Lebensjahren auftreten. Kinder sind in unterschiedlichem Maße „verwundbar“: Geschlecht, Alter, Persönlichkeitsmerkmale und Umweltfaktoren spielen hier eine Rolle. Kinder können negativen Einflüssen besser widerstehen, wenn sie körperlich gesund sind, ein positives Selbstbild haben, überdurchschnittliche sprachliche Fertigkeiten besitzen, gute Schulleistungen erbringen und fähig sind, positive Reaktionen ihrer zwischenmenschlichen Umwelt hervorzurufen (Stichwort **Resilienz**). Eine intensive Beziehung zu einer primären Bezugsperson (vor allem in der frühen Kindheit) und ein gut ausgebautes Netzwerk aus Freunden und Familie können auch ausgleichend wirken.

Für die pädagogische Zweitkraft gilt, dass sie, sobald sie Anzeichen für eine Vernachlässigung bei einem Kind wahrnimmt, das Gespräch mit der Gruppenleitung suchen soll. Diese wird dann weitere Schritte überlegen.

AUFGABE

Situation: Auf einem Konzepttag haben Sie mit Ihren Mitarbeitern beschlossen, die Konzeption des Kindergartens noch einmal zu überdenken.

1. Erstellen Sie ein Konzept für einen Kindergarten, der möglichst alle körperlichen, sozial-emotionalen und kognitiven Bedürfnisse der Kinder erfüllt. Beziehen Sie sich dabei auf Räume, deren Einrichtung/Ausstattung und Spiel-/Verbrauchsmaterialien, den Tagesablauf und die Einstellungen sowie das Verhalten der Pädagogen. Erstellen Sie eine Übersicht darüber,

	Bewegung	Ruhe und Schlaf	Nahrung	Sicherheit, Schutz	Verständnis	Geborgenheit	Zugehörigkeit	Anerkennung	Anregung	Spiel	Leistung	Selbstbestimmung	Selbstverwirklichung
Rollenspielraum													
Atelier													
Haltung der Pädagogin													

welche Bedürfnisse bspw. bei der Ausstattung Ihres Raumes wie berücksichtig wurden. Fertigen Sie ggf. eine Skizze dazu an.

2. Verfassen Sie einen Elternbrief, in dem Sie den Eltern Ihr Konzept mithilfe der Bedürfnisse der Kinder erklären und begründen.

5 Durchspielen einer vollständigen Handlung

Analysieren – was findet Tanja vor?

Tanja schildert Jacqueline ihre Unzufriedenheit. Sie sei über den hektischen Tagesablauf in der Krippe genervt. Fühle sich gehetzt, weil sie den verschiedenen Bedürfnissen der Kinder gerecht werden möchte, aber sie könne nicht mehreren Kindern gleichzeitig ihre Aufmerksamkeit schenken. Besonders unzufrieden sei sie mit dem Verlauf des Mittagessens. Sie merke, dass sie den Kindern wenig Raum lasse, beim Essen selbst etwas zu tun und zu entscheiden. Dadurch, dass sie alles für die Kinder übernehme, nähme sie ihnen Lernmöglichkeiten und gerate selbst unter Stress. Anders sähe es während der Bildungsangebote aus. Wenn eine ruhige Atmosphäre herrsche, der Ablauf des Angebotes klar sei, die Kinder mitentscheiden und sich in ihrem Tun entfalten, könne Tanja sich auf die Kinder und ihre Bedürfnisse einlassen.

Jacqueline kennt dieses Gefühl, allen Kindern gerecht werden zu wollen, und dann doch nur oberflächlich mit ihnen in Kontakt zu kommen. Sie berichtet Tanja, dass sie irgendwann eingesehen hat, dass nicht alles gleichzeitig geht. Jetzt wendet sie sich dem einzelnen Kind ganz zu. Erklärt dem Kind, welches gleichzeitig ihre Aufmerksamkeit braucht, dass sie jetzt erst beispielsweise mit Emine die Windeln wechseln geht und danach Zeit für es hat. Dann hält sie diese Verabredung auch konsequent ein. So nimmt sie beide Kinder in ihren Bedürfnissen ernst und räumt sich die Zeit und Ruhe ein, darauf angemessen zu reagieren.

Gemeinsam gehen die beiden Pädagoginnen noch einmal die Organisation der Essenssituation durch. Der gemeinsame Gang zum Kinderrestaurant zu der festgelegten Essenszeit bringt viel Unruhe in die Gruppe. Die meisten Kinder gehen vorher auf die Toilette oder werden gewickelt, weil nach dem Essen die Mittagsruhe ansteht. Der Aufbruch zieht sich für die Kinder hin, sie werden unruhig. Einige sind schon sehr hungrig. Wenn sie im Restaurant ankommen, sind die Tische bereits gedeckt. Es ist recht laut, weil eine Elementargruppe gleichzeitig mit ihnen isst. Auch beim Essen müssen Tanja und Jacqueline die Zeit im Auge behalten, denn im Anschluss an ihre Essenszeit kommen weitere Gruppen ins Restaurant.

Planen – wie will Tanja vorgehen?

Um das Essen in der Krippe professionell zu planen, zu gestalten und durchzuführen, müssen sich Tanja und Jacqueline mit dem eigenen Essverhalten auseinandersetzen. Welche Bedeutung messen sie dem Essen in ihrem Alltag bei? Die beiden überlegen, was für sie beim Essen wichtig ist und welche Lerngelegenheiten sich in der Essenssituation für die Kinder ergeben:

- Soziales Miteinander erleben – sich als Teil der Kindergruppe erfahren und Zeit haben, sich miteinander bei Tisch zu unterhalten;
- Essen als eine sinnliche Erfahrung erleben – die Kinder sollen ausreichend Zeit haben, ihr Essen an einem schön gedeckten Tisch zu genießen und sich z. B. in der Handhabung des Bestecks zu üben;
- Durch eigenes Handeln Selbstvertrauen erwerben – die Kinder entscheiden selbst darüber, was sie essen und wie viel, ob sie schon satt oder noch durstig sind;
- Unterschiede erkennen – warm/kalt, hart/weich, hungrig/satt, durstig/nicht mehr durstig, sauber/schmutzig.
- Mathematische Grunderfahrungen machen – wie viele Kinder sitzen am Tisch? Wie viele Löffel brauchen wir?

Die beiden Pädagoginnen beschließen, das Mittagessen in ihrem Gruppenraum einzunehmen. Dort können sie in Ruhe mit den Kindern zusammen die Mittagessenssituation vorbereiten. Dabei wollen sie auf eine gemütliche Atmosphäre achten und den Tisch ästhetisch ansprechend decken. Mit dieser Regelung kann auch der Toilettengang oder das Wickeln stärker an den Bedürfnissen der Kinder ausgerichtet werden und es entsteht weniger Hektik vor dem Essen. So haben die Kinder und auch die Pädagoginnen mehr Zeit, in Ruhe zu essen.

Tanja und Jacqueline nehmen sich vor, sich zurückzunehmen und die Kinder selbst entscheiden zu lassen, was sie essen, und sie selbstständig mit Schüsseln, Getränkekaraffen und Besteck umgehen zu lassen. Sie wollen ihre Hilfe nur dann anbieten, wenn es nötig ist.

Durchführen – was macht Tanja?

Die beiden haben die Essenssituation in ihrer Krippengruppe umgestellt. Zum Mittagessen gehen sie nicht mehr ins Kinderrestaurant, es wird im Gruppenraum eingenommen. Es wurde ein großer Klapptisch an der Wand befestigt, der zu den Essenszeiten ausgeklappt wirt. So bleibt weiterhin Platz für Bewegung im Gruppenraum. Dazu wird ein großer Tisch liebevoll für alle gedeckt: mit einer Tischdecke aus Stoff, farblich passenden Sets für jedes Kind und mit schönem, aber gut handhabbarem Geschirr aus Porzellan. Die Großen werden in die Vorbereitungen für das Mittagessen eingebunden. Der Essenwagen muss aus der Küche in den Gruppenraum geschoben werden, jedes Kind braucht ein Gedeck und die Lätzchen müssen verteilt werden.

Ein Gong erinnert die spielenden Kinder daran, dass es Mittagessen gibt. Jacqueline füttert dann schon die Jüngsten, weil diese hungrig sind. Sie hat die Kleinste auf dem Schoß, um ihr als Bezugserzieherin deutliche Zuwendung geben zu können. Tanja gibt die Schüsseln herum, damit die Kinder sich Kartoffeln und ihr Stück Fleisch selbst auswählen können. Die Kinder entscheiden selbst, was und wie viel sie essen wollen. Sie zerteilen ihr Essen eigenständig und schenken sich ihre Getränke ein. Tanja unterstützt die Kinder nur bei Bedarf, achtet aber immer darauf, dass die Kinder möglichst viel selbstständig machen können. Sie schneidet z. B. die Kartoffeln klein, damit die Kinder die Stückchen mit der Gabel aufspießen können. Wenn zwei Kinder sie gleichzeitig ansprechen, bittet sie das eine Kind kurz zu warten, damit sie sich erst dem einen und dann dem anderen mit ganzer Aufmerksamkeit widmen kann.

Kinder, die mit dem Essen fertig sind, dürfen aufstehen und sich anderen Dingen widmen. Sie bringen ihr Geschirr selbstständig zum Geschirrwagen. Kinder, die länger essen, können so lange sitzen bleiben, wie sie brauchen. Das Abräumen übernehmen Jacqueline und Tanja. Es gibt aber immer Kinder, die mithelfen und den Geschirrwagen in die Küche schieben.

Reflektieren und Bewerten – wie bewertet Tanja ihr eigenes Verhalten?

Tanja merkt, dass, seitdem sie den Ablauf des Mittagessens stärker an den Bedürfnissen der Kinder orientieren, viel mehr Ruhe eingekehrt ist. Die Kinder haben mehr Sicherheit und Orientierung, weil sie den Ablauf kennen und daran beteiligt sind. Sie essen mit mehr Freude und Genuss. Wenn sie etwas nicht mögen, wird das respektiert – die Kinder werden deshalb nicht wählerischer oder verwöhnter in ihren Essgewohnheiten, wie es Tanja zu Beginn angenommen hat.

Tanja arbeitet noch an ihrer Haltung. In den Momenten, in denen wieder viel auf einmal auf sie einströmt, muss sie sich selbst ermahnen, sich zurückzunehmen und den Kindern etwas zuzutrauen. Aber es gelingt ihr immer besser.

Dokumentieren und Präsentieren – was hält Tanja schriftlich fest und in welcher Form?

Tanja und Jacqueline notieren die pädagogischen Begründungen für die Veränderungen der Essenssituation in ihrem Praxisbuch. Dort werden die Grundlagen für die pädagogische Arbeit in der Gruppe, Protokolle von Teambesprechungen usw. festgehalten. Die beiden stellen ihr Konzept und die Gründe für die Neugestaltung der Mittagssituation in der nächsten Dienstbesprechung ihren Kolleginnen und Kollegen vor. Nach einer Erprobungsphase sollen die Veränderungen in das pädagogische Konzept für die Arbeit in der Krippe einfließen. Auf dem kommenden Elternabend wollen Tanja und Jacqueline das Thema „Wahrnehmen und Erfüllen von kindlichen Bedürfnissen“ aufnehmen und anhand der Alltagssituationen Essen und Wickeln verdeutlichen.

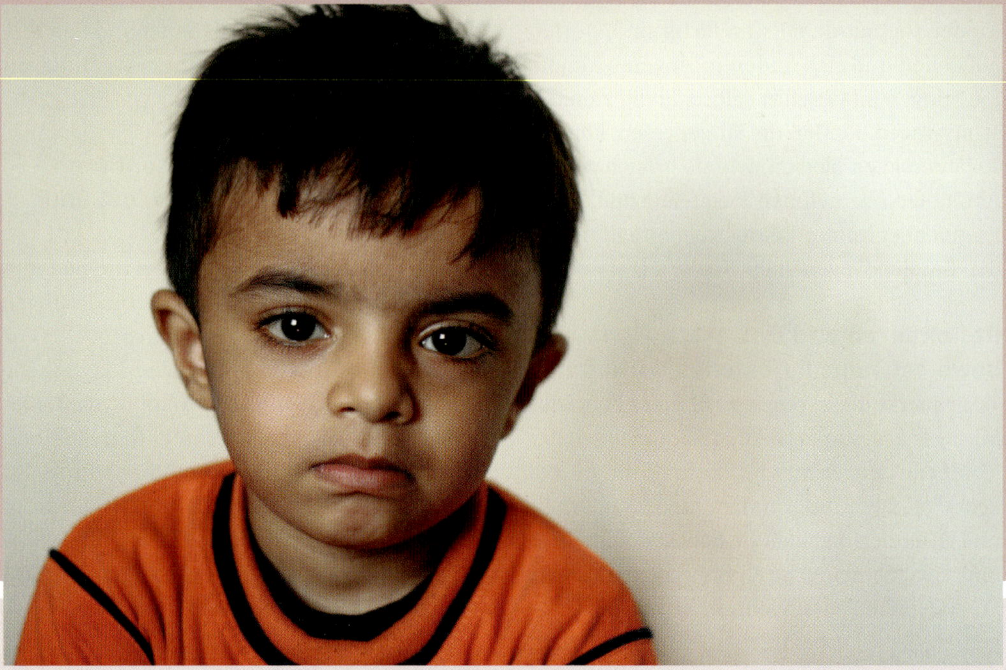

Weitere Lernsituationen

Lernsituation 1

Said (2,7 Jahre) ist vor Kurzem mit seinen Eltern aus einem Krisengebiet geflohen und kommt neu in den „Kindergarten Kleine Engel". In der Auffangunterkunft, in der er im Moment wohnt, hat Said kaum Spielkameraden oder Spielsachen. In den letzten Monaten kam beides ohnehin viel zu kurz. Auch andere für Kinder interessante Dinge oder Orte fehlen, er langweilt sich oft. Seine Mutter kümmert sich sehr um ihn und macht alles für ihren Sohn: Sie bindet ihm die Schuhe, schmiert seine Brote und sagt ihm, was er anziehen soll. Dabei würde Said gern mal zeigen, was in ihm steckt.

Lernsituation 2

Emma (4,5 Jahre) ist vor Kurzem mit ihren Eltern von Flensburg nach Hamburg gezogen. Die Sozialassistentin Mia hat schon gemerkt, dass der Neustart für Emma nicht leicht ist. Mia hat z. B. beobachtet, dass Emma sich morgens im Kindergarten kaum von ihrer Mutter trennen mag und ihr buchstäblich „am Rockzipfel" hängt.

In den ersten Tagen tat sich Emma sichtlich schwer damit, neue Freunde zu finden, obwohl sie sich sehr darum bemühte. Vor den anderen Kindern spielte sie sich häufig auf und benahm sich besonders albern, um die anderen Kinder zu beeindrucken. Der Sozialassistentin gegenüber verhielt sie sich jedoch sehr verletzlich. Einmal erzählte sie Mia schluchzend, dass sie ihre alten Freunde und ihre Großeltern sehr vermisse.

AUFGABE

Bearbeiten Sie die Lernsituationen nach folgenden Schritten:

1. Analysieren – welche Situation finden die Pädagogen vor?
2. Planen – welche weiteren Schritte müssen die Pädagogen gehen?
3. Durchführen – was genau machen die Pädagogen?
4. Reflektieren und Bewerten – wie deuten und werten die Pädagogen aus?
5. Dokumentieren und Präsentieren – wie halten die Pädagogen die Ergebnisse fest?

Aufgaben zur Selbstreflexion

Überlegen Sie zu jedem der im Kapitel genannten Grundbedürfnisse des Kindes, ob Ihr eigenes Bedürfnis in dem jeweiligen Bereich erfüllt wird.

- Was fehlt Ihnen? Wovon brauchen Sie mehr?
- Was könnten Sie tun, um die Bedürfnisbefriedigung zu unterstützen?
- Was fällt Ihnen bei der Erfüllung Ihrer Bedürfnisse eher leicht und eher schwer?

Praxisaufgaben

1. Versuchen Sie sich in einen Säugling oder ein Kleinkind Ihrer Gruppe hineinzuversetzen: Wenn er/es sprechen könnte, was würde er/es wohl sagen? Wie würde er/es beispielsweise einen Tag in seinem Leben beschreiben? Notieren Sie Ihre Gedanken aus der Sicht des Kindes.
2. Beobachten Sie in Ihrer Praxiseinrichtung ein Kind über einen längeren Zeitraum und versuchen Sie, anhand des Verhaltens, der Gestik und Mimik und den verbalen Äußerungen seine Bedürfnisse so genau wie möglich wahrzunehmen. Machen Sie sich Notizen. Welche Bedürfnisse äußert das Kind auf welche Weise?
3. Beschreiben Sie eine Situation möglichst genau und anschaulich, in der Sie Äußerungen eines oder mehrerer der im Kapitel genannten Bedürfnisse bei Ihrem Beobachtungskind beobachten konnten. Ordnen Sie diese den entsprechenden Bedürfnissen zu.

Kapitel 4 Sozial-emotionale Entwicklung

1 Lernsituation

Christian arbeitet seit knapp drei Jahren in seinem Wunschberuf als Sozialassistent in einer Familiengruppe einer integrativ arbeitenden Kindertagesstätte. Noch immer gibt es Arbeitstage, nach denen er völlig erschöpft ist; so viele Erlebnisse und Eindrücke stürmen auf ihn ein, so unterschiedlich und stets reflektiert muss er handeln. Heute ist wieder so ein Tag. Das fängt schon morgens bei seiner Ankunft im Gruppenraum an. Die 3-jährige **Marina** springt vom Spieltisch auf, der Stuhl fällt polternd um. Sie stürzt sich in Christians Arme. „Oh Chrissi, ich hab dich ja so lieb!", ruft sie und deckt ihn mit klebrigen Küssen ein. Ihre gleichaltrige Freundin sitzt noch am Tisch mit dem angefangenen Puzzle und schaut mit gerunzelter Stirn auf.

Britta, ein bis vor kurzem noch eher schüchternes und braves Mädchen, weigert sich lautstark die Hausschuhe anzuziehen, bis die Mutter sichtbar entnervt aufgibt, Christian Hilfe suchend anblickt und sich mit einem „Na, dann eben nicht!“ verabschiedet.

Die 6 Monate alte **Lynn** weint in der Wiege vor sich hin, obwohl sie gerade gefüttert und frisch gewindelt wurde. Mehrere Kinder laufen zur Wiege und schütteln diverse Rasseln. Lynn hält kurz inne, um dann noch heftiger zu weinen. Erschrocken schauen die Kinder Christian an.

Alex kann beim Frühstück nicht neben seinem Freund sitzen, weil die Plätze links und rechts schon besetzt sind. Er rennt wütend schreiend in den Waschraum.

Später beim Spielen draußen stolpert **Benjamin** über eine Schaufel, fällt der Länge nach hin und weint. Die fast 6-jährige **Tine** stellt ihn wieder auf die Beine und pustet sein Knie, bis er lächelt und weiterrennt.

Und so geht es weiter, ein Ereignis folgt auf das nächste – Katastrophen und Glücksmomente. Christian beobachtet genau, freut sich über kreative Lösungen und greift unterstützend ein, wenn die Situation es erfordert. Dann neigt sich der Tag seinem Ende zu. Die meisten Kinder sind schon abgeholt worden, nur drei Jungen spielen noch in der Bauecke. Dabei wirkt **Tim** unkonzentriert, er lässt schon seit einiger Zeit die Tür nicht aus den Augen. Als **Leons** Mutter kommt, springt ihr Sohn ihr strahlend entgegen und schmiegt sich an sie: „Guck mal, was wir machen!“ Er zieht sie zur Bauecke und zeigt dort auf eine lange Mauer. Nachdem die Mutter die Mauer genügend bewundert hat, verabschieden sich die beiden und winken Christian noch einmal fröhlich zu. Als kurz danach **Marcos** Mutter kommt und nach ihrem Sohn ruft, scheint es so, als hätte der sie nicht bemerkt. Er baut zunächst weiter, kommt dann doch und geht schließlich hinter seiner Mutter zur Tür hinaus. Als am Ende dann Tims Mutter angehetzt kommt, schluchzt er auf, rennt auf sie zu und klammert sich an sie. Sie befreit sich aus seinen Armen. „Also wirklich Tim! Bist heute wieder mal besonders erwachsen, oder was?“, sagt sie und schaut noch einmal kurz zu Christian, ehe beide schnell verschwinden.

AUFGABE

Bearbeiten Sie die Lernsituation.

1. Analyse
   - Nennen und beschreiben Sie, was der Leser über die Kinder erfährt.
   - Beschreiben Sie, welche Kontakte es zwischen den einzelnen Personen gibt und wie sie sich dabei verhalten.

2 Ziele formulieren
   - Was muss Christian über die Kinder in der Gruppe wissen, um angemessen handeln zu können?
   - Welche Ziele kann er sich setzen, um die emotionale und soziale Entwicklung der Kinder günstig zu beeinflussen?

2 Zu erlernende Kompetenzen

Was geschieht an solch einem ganz normalen Tag in einer Kita? Was erleben die Kinder und was brauchen sie, um sich in emotionaler und sozialer Hinsicht gut entwickeln zu können? Vor allem: Welche Kenntnisse und Kompetenzen brauchen pädagogische Kräfte, um Kinder wie Marina, Britta, Tine, Lynn und eben auch Alex, Benjamin, Tim, Leon und Marco in ihrer emotionalen und sozialen Entwicklung gut unterstützen zu können?

Wichtig ist die Kenntnis der grundlegenden emotionalen Bedürfnisse von Kindern unterschiedlichen Alters. Im pädagogischen Handeln müssen Fachkräfte sensibel wahrnehmen können, welche Gefühle ein Kind im Moment ausdrückt, und angemessen darauf reagieren. Dazu gehört auch das Wissen über die Phasen der emotional-sozialen Entwicklung. Darüber informiert Punkt 3.1 dieses Kapitels.

Zur emotionalen Entwicklung gehört eine Zeit, in der die kindliche Fantasie gleichsam übersprudelt. Dabei weiß man nicht genau, ob die Kinder erlebte Geschichten erzählen – oder erfundene. Es entstehen Ängste, die für Erwachsene manchmal schwer nachzuvollziehen sind. Dies ist ein Kennzeichen für die sogenannte magische Phase. Genaueres dazu findet sich in Punkt 3.2.

Eine pädagogische Fachkraft muss auch etwas über sich selbst im Kontakt mit den Kindern wissen. Dazu gehört: Welche Rolle habe ich für die Kinder? Wie kann ich ihnen ein Partner bei ihrer Persönlichkeitsentwicklung sein? Kinder sind auf dem Weg: Sie sind sozial offene Einzelwesen und werden im Laufe der Zeit ein bindungsfähiges und selbstständiges Mitglied einer sozialen Gruppe. Über Bindungstheorien informiert Punkt 3.3.

Um die Bedeutung von Kompetenz(-erwerb) und Autonomie für die Entwicklung von Kindern geht es in Punkt 3.4.

Die Gruppe in der Kita bietet Kindern die Möglichkeit, Freundschaften zu schließen und viele unterschiedliche Rollen auszuprobieren. Sie begegnen gleichaltrigen, älteren, jüngeren Kindern und erwachsenen Bezugspersonen. Besonders vielfältig ist das Beziehungsangebot in Gruppen mit einer gemischten Zusammensetzung, wenn Kinder verschiedenen Alters und Geschlechts, mit unterschiedlicher nationaler und kultureller Herkunft und Weltanschauung zusammentreffen. Um die Bedeutung anderer Menschen für die emotionale Entwicklung geht es in Punkt 3.5.

Unverzichtbar ist im Gruppenalltag das Wissen um die Bedeutung des Spielens. Es ist für Kinder die wichtigste Art, die Welt zu erobern. Spielen bietet eine „Bühne" für die Entwicklung von sozial-emotionalen Kompetenzen. Mit Konkurrenz umgehen und sich selbst behaupten; kooperativ sein und Empathie zeigen – was das bedeutet, wird in Punkt 3.6 erläutert.

Pädagogische Fachkräfte müssen die Bedeutung von Übergängen kennen, die immer dann auftreten, wenn das Kind in eine neue Betreuungseinrichtung wechselt: bei der Eingewöhnung in Krippe oder Kita; bei der Vorbereitung auf die Einschulung und der Gestaltung des Übergangs von der Kita in die Schule. Die Pädagogen bieten sich dabei dem Kind und seiner Familie als kompetente Begleiter an und helfen in der neuen und ungewohnten Situation. Das ist das Thema Punkts 3.7.

3 Die Entwicklung von Kindern in emotionaler und sozialer Hinsicht

3.1 Emotionale Grundbedürfnisse und die Aufnahme sozialer Kontakte

Bereits Neugeborene zeigen **Freude, Trauer, Ärger und Furcht**. Ein freudiges Baby ist für uns alle leicht von einem ärgerlichen zu unterscheiden. Bei einem rotgesichtigen, schreienden Kind müssen die sensiblen, liebenden Bezugspersonen herausfinden, weshalb es ärgerlich ist: Hat es Hunger? Fühlt es sich unwohl in einer vollen Windel? Hat es Schmerzen? Langweilt es sich? Und auch Anzeichen von Furcht oder Angst sind leicht erkennbar, beispielsweise durch Wimmern und das Abwenden von der Quelle der Angst. Nicht ganz so leicht, aber auch deutlich erkennbar ist Trauer, die Resignation, die ein Kind signalisiert, wenn es nicht gehört wurde und aufgegeben hat. Auch diese stillen Babys können unser Mitgefühl wecken. Man nennt die vier Gefühlsausdrücke die **primären Emotionen**. Über den Ausdruck von Gefühlen können alle Menschen ab ihrer Geburt mit anderen kommunizieren. Menschen sind von Beginn ihres Lebens an emotional kommunikativ, womit sie sich zugleich als soziale Wesen zeigen.

Diese Fähigkeiten sichern das Überleben. Denn auch wenn Eltern wissen, dass ihr Kind Nahrung, körperliche Pflege und liebevolle Zuwendung braucht, dass dies die körperlichen Grundbedürfnisse sind (s. Kap. 3 Bedürfnisse): Zur Feinabstimmung darüber, welches Bedürfnis in diesem Moment das wichtigste ist, das am besten sofort erfüllt werden muss, muss das Kind selbst das Signal geben. Das Baby allein spürt den Hunger, das Unbehagen von Nässe oder Anregungsarmut und gibt seinem Bedürfnis den passenden Ausdruck. Der Erwachsene muss das ganz und gar abhängige Wesen einfühlsam verstehen können und er kann dies, wie Forscher herausgefunden haben, in einer überall auf der Welt verständlichen Sprache ohne Wörter.

Dass nicht immer ganz einfach auf der Hand liegt, was solch ein kleiner Mensch will, zeigt sich auch in Christians Arbeitsalltag: Baby Lynn weint und signalisiert so ihre Not. Da ihr noch die Worte fehlen, muss man etwas über die aktuelle Situation wissen und genau hinhören. So wissen auch die Kinder der Gruppe aus Erfahrung, dass Lynn um diese Tageszeit (nach dem Füttern und Wickeln) sehr wahrscheinlich weder Hunger noch Kälte noch Nässe verspürt. Schmerzen scheinen auch nicht infrage zu kommen, denn dann würde sie schreien. Diesen Baby-Alarm-Schrei kennen alle gut. Deshalb

Eindeutig zu erkennen: Anzeichen von Furcht

Anzeichen von Freude

Was sind Emotionen, was sind Gefühle?
Das Wort **Emotion** leitet sich aus dem lateinischen Wort „movere" ab; das bedeutet „sich bewegen". Emotionen bewegen uns ganz körperlich: Die Freude und die Aufregung lassen unser Herz schneller schlagen; das Lachen schüttelt uns; wir möchten „die Welt umarmen"; Babys strampeln vor Vergnügen, Kinder hüpfen vor Freude. Emotionen bewegen uns zum Handeln, man kann auch sagen: Sie wollen ausgedrückt werden.
Das deutsche Wort **Gefühl** hat den Stamm „fühlen" in sich. Auch dies ist etwas Körperliches, das wir mit unseren Sinnen wahrnehmen können: Wir fühlen Freude als Herzschlag, als Wärme, wenn das Blut schneller an die Hautoberfläche getrieben wird. An anderen Menschen können wir die Rötung des Gesichts und die Mimik sehen und erkennen in diesen physischen (körperlichen) Anzeichen das Gefühl der Wärme, das wir selbst gut kennen. Gefühle „erregen" uns – auch in dieser Wortverbindung ist genannt, wie wir Fühlen erleben: Es ist eine ganz-körperliche Bewegung, die gleichzeitig die Seele erfasst.
Die Wörter Gefühle und Emotionen werden im Alltag in oft gleicher Weise verwendet. Mit Gefühlen/Emotionen bewerten wir Situationen und geben den Erlebnissen eine Bedeutung. Ohne Gefühle hat nichts einen Wert, einen Sinn.

tippen die Kinder auf Langeweile und liegen damit wahrscheinlich ganz richtig. Es entbrennt ein wahrer Wettstreit in Sachen Hilfsbereitschaft; die Kinder wissen, dass Lynn im Moment sehr interessiert Rasseln lauscht, und so wollen sie alle gern helfen. Zunächst scheint das ja zu funktionieren, dann aber erschrickt sie sich möglicherweise über die plötzliche Lautstärke der Rasseln.

Jetzt sind Christians Kompetenz, seine Erfahrung und sein Einfühlungsvermögen gefordert: Er sollte eine ganze Palette möglicher Gründe für Lynns Weinen im Hinterkopf haben und ihr aus ihrer Not heraushelfen können. Sie scheint sich zunächst zu langweilen und „nörgelt", dann erschrickt sie sich; das ist an dem heftigen Weinen erkennbar. Die Situation überfordert Lynn und sie ist darauf angewiesen, dass ein Erwachsener sie liebevoll auffängt und beruhigt. Sie kann eben noch nicht mitteilen, dass sie Rasseln im Prinzip spannend findet, es ihr aber jetzt zu laut ist. Gleichzeitig muss Christian auch im Blick haben, dass die nur wenig älteren Kinder erschrocken sind, gern helfen wollten und nun nicht mehr weiter wissen. Auch ihre Gefühle sind zu berücksichtigen und die sozialen Kompetenzen, die sie durch ihre Hilfsbereitschaft bewiesen haben, sollen weiter unterstützt werden.

AUFGABE
Versetzen Sie sich in Christians Rolle und machen Sie Vorschläge, was er tun könnte, um Lynn und den anderen Kindern aus dieser vertrackten Situation herauszuhelfen.

Von Anfang des Lebens an ist auch das Gegenteil von Aufregung wichtig: die **Entspannung**. Ärger und Furcht wollen besänftigt, deren Ursachen beseitigt werden. Dabei sind Kleinstkinder völlig ihren Gefühlen ausgeliefert und auf Schutz, Trost und die liebevolle Wärme der Erwachsenen angewiesen. Und auch freudige Erregung ist als Dauerzustand nicht aushaltbar: Hier müssen die Bezugspersonen als soziale Partner auftreten, die Freude anerkennen, mitschwingen und beruhigend wirken. Dabei braucht die Bezugsperson die Fähigkeit zur **Feinfühligkeit**. Das bedeutet, sie muss die Signale des Babys erkennen und in passender Weise auf das sichtbar werdende Bedürfnis eingehen können.

Beispiele für Signale des Babys, die nur mit Feinfühligkeit wahrgenommen werden können:

Fragender Blick, der von der Bezugsperson mit Freundlichkeit beantwortet wird

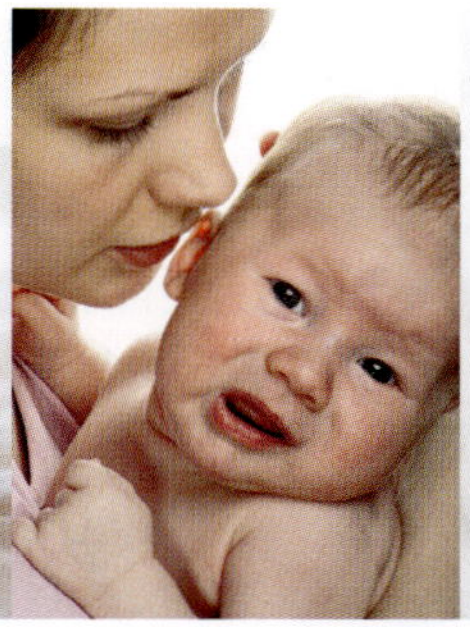

Zeichen starker Belastetheit; die Bezugsperson muss feinfühlig handeln: die Quelle für den Stress finden und für Entspannung sorgen

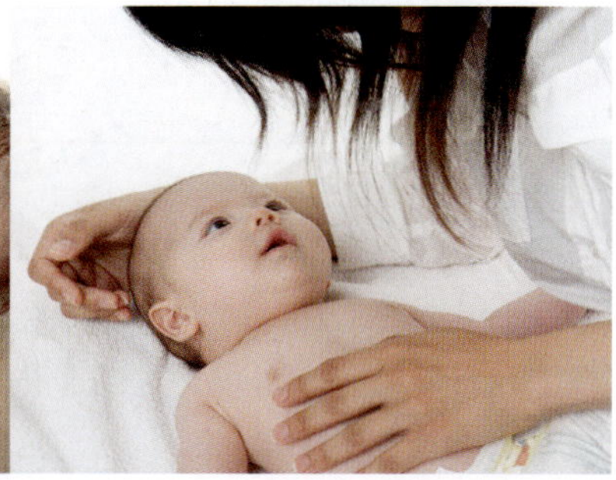

Zeichen von Offenheit – eine ruhige Atmosphäre und eine freundliche Mimik der Bezugsperson tragen die Situation

Erst dann, wenn ein Kind nicht nur körperlich gut gepflegt wird, sondern wenn auch seine Gefühlsäußerungen passend beantwortet und befriedigt werden, kann es wachsen und sich gesund entwickeln. Genauso wie auf Ernährung und Sauberkeit ist es auf freundliche, zärtliche Berührungen, Lächeln und eine sanfte, ruhige Ansprache, auf Zuwendung und Dialog angewiesen. Gleichzeitig sind dies die ersten Schlüssel zum sozialen Lernen.

Vertrauen und Liebe werden am Anfang des Lebens ganz konkret erfühlt, nämlich über die Haut. Die Haut ist das größte Organ und zugleich die Grenze zwischen innen und außen, zwischen „mir und den anderen". Mit der Haut kann jedes Lebewesen fühlen, wer es ist und wo das Gegenüber beginnt (s. auch Kap. 5 Motorische und sensorische Entwicklung). Durch die sanfte Berührung der Haut wird Liebe erfühlt und Vertrauen belohnt. Noch bevor Sprache zur Verfügung steht, kann eine ganzkörperliche Kommunikation, in der Regel zunächst zwischen Mutter und Kind, stattfinden. Nur wer diese Erfahrung oft und ausreichend genug gemacht hat, ist im Erwachsenenleben liebes- und beziehungsfähig.

Der Ausdruck von Gefühlen verfeinert sich im Laufe der Entwicklung. Gleichzeitig können die Kinder ihre Gefühle immer besser unterscheiden. Auch kleinste Kinder erleben Liebe, Überraschung, später Ekel und Scham, und können diese Gefühle mit der Zeit immer eindeutiger ausdrücken. Diese auch als **Basisemotionen** bezeichneten Gefühle gelten als im Menschen angelegt, deren Ausdruck vor allem über die Mimik international verstanden wird.

AUFGABE

Es gibt eine Reihe von Bilderbüchern, die Kindern helfen sollen, den Ausdruck von Gefühlen in der Mimik eines Menschen zu erkennen. Leihen Sie solche Bilderbücher aus Ihrer Praxisstelle oder einer Bibliothek. Beurteilen Sie, ob die den Charakteren zugeschriebenen Gefühle auch aus den Bildern ablesbar sind.

Der Ausdruck von Gefühlen gelingt in der Entwicklung vom Neugeborenen über das Kleinst- und Kleinkindalter und im weiteren Verlauf bis zum Erwachsenwerden immer besser. Mit dem Erlernen von Sprache können auch der verbale Austausch und die verfeinerte Wahrnehmung der eigenen Gefühle stattfinden: *Bin ich erfreut, aufgeregt, stolz oder geschmeichelt? Fühle ich mich traurig oder ärgerlich? Ist es leichter Ärger, schlimme Wut oder gar furchtbarer Hass?* Mit zunehmendem Alter lernen Kinder Freude, Stolz,

Die sechs Basisemotionen: Freude, Ärger, Angst, Erstaunen, Ekel, Trauer

Zuneigung und Zärtlichkeit als verwandte, aber unterschiedliche Gefühlsmischungen, also komplexe Emotionen, zu unterscheiden. Eines Tages kann ein Kind erkennen, dass es eifersüchtig und neidisch ist, z. B. wenn die Eltern sich umarmen oder wenn ein anderes Kind bekommt, was es selbst gern hätte. Auch Schuldgefühle und ein schlechtes Gewissen entwickeln Kinder erst in jenem Alter, in dem ihre kognitiven Kompetenzen so weit entwickelt sind, dass sie sich als Verursacher von Handlungen sehen können (s. Kap. 6 Kognitive Entwicklung). Wann welche Gefühlsäußerung angemessen ist und wie man sie zeigt, ist davon abhängig, in welcher Kultur ein Kind aufwächst. Dabei lernt es seine Gefühle passend mitzuteilen und kann immer mehr auch feine Unterschiede wahrnehmen.

Ironie: Eine besonders komplizierte Gefühlsäußerung ist Ironie, der scheinbar freundlich vorgetragene Ärger. Hier mischt sich Bitterkeit mit äußerlicher Freundlichkeit. Dieser Ausdruck kann von Kindern nicht gedeutet werden und sie können dann nur mit Verwirrung reagieren, spüren aber meist die Verletzung. Den Gebrauch von Ironie lernen erst ältere Kinder. Auch Jugendliche und Erwachsene haben häufig Probleme mit diesem zwiespältigen Ausdruck.

Tim kann die ironische Äußerung seiner Mutter nicht verstehen. Auf der Ebene der Wörter hat sie ihn als „heute besonders erwachsen" bezeichnet. Was soll er davon halten, alle wissen genau wie er selbst, dass er ein Kind ist? Außerdem ahnt er als schon recht kompetenter Sprecher der deutschen Sprache, dass man nicht alle Eigenschaftswörter sinnvoll steigern kann. Seine Mutter, die sonst doch fast alles weiß und von der er noch komplett abhängig ist, tut dies aber; das ist sehr verwirrend. Hinzu kommt, dass er am Tonfall sehr genau hört, dass sie keine Witze machen will, sie scheint nicht mit ihm lachen zu wollen und wirkt eher genervt. Außerdem freut sie sich nicht so wie er, dass sie sich endlich wiederhaben; er hat, wie schon so häufig, sehr auf sie warten müssen. Mit ihrem Verhalten signalisiert sie Ablehnung und mit ihren Worten scheinbar ein Lob.

AUFGABE

Tims Mutter scheint nicht zu wissen, wie sehr sie ihr Kind kränkt, verunsichert und verwirrt. Machen Sie ihr Vorschläge, wie sie besser auf sein Bedürfnis nach Liebe und Sicherheit in der Abholsituation eingehen könnte.

Gleichzeitig lernen Kinder auch, dass sie bei anderen Menschen Gefühle auslösen können. Mutter, Vater oder Großeltern freuen sich darüber, das Kind wiederzusehen, oder über kleine Geschenke. Andererseits gibt es auch Dinge, über die Erwachsene oder andere Kinder ärgerlich werden. Das allgemeine Wissen über typische Auslöser von Gefühlen wächst mit der Zeit und damit kann ein Kind zunehmend besser Situationen vorhersehen. Es kann versuchen, bestimmte Emotionen bei anderen zu wecken oder sie besser zu vermeiden.

Aktives Lernverhalten zeigen Kinder auch, wenn sie für sich selbst wieder und wieder Situationen herstellen, in denen sie bestimmte Emotionen erleben können:

Das kleine Nachtgespenst – beliebtes Motiv für Kindertheater

- besonders gruselige Stellen in Geschichten wiederholt hören wollen
- immer wieder mutig vom hohen Absatz springen
- Witze erzählen, albern sein, andere zum Lachen bringen und herzhaft mitlachen
- in die Arme eines geliebten Menschen rennen und empor gewirbelt werden

In Bewegungsspielen wie „Schwarzer Mann" können Kinder sich gemeinsam mit anderen aufregen, gruseln und diese überwältigenden Gefühle in Bewegung umsetzen. Eine schöne Variante ist auch „Herr Hai, Herr Hai, wie spät ist es?". Höhlen bauen, sich verkleiden und Gespenst-Spielen gehören ebenfalls zu den Kindergartenfavoriten.

Herr Hai, Herr Hai, wie spät ist es?

Ein Kind ist der Hai, die anderen Kinder sind kleine Fische, die der Hai gerne als Imbiss verzehrt. Die kleinen Fische rufen immer wieder: „Herr Hai, Herr Hai, wie spät ist es?" und zupfen ihn dabei, damit er sich richtig ärgert. Der Hai antwortet irgendetwas. Nur wenn er „Essenszeit" ruft, müssen sich die kleinen Fische in Sicherheit bringen, da nun der Hai alle Kinder fressen kann, die er erwischt. Sie werden dann selbst zum Hai. Das Spiel endet, wenn es keine frechen kleinen Fische mehr gibt, sondern nur noch verfressene Haie.

AUFGABE

Gruselspiele sind bei Kindern im Elementaralter sehr beliebt. Finden Sie weitere solcher Spiele heraus und analysieren Sie, worin jeweils der „Gruselkitzel" besteht. Achten Sie bei den Beschreibungen auf die Altersangaben und vergleichen Sie sie mit Ihren Erfahrungen in Ihrer Praxisstelle im Umgang mit solchen Spielen.

3.2 Die magische Phase

Magie und Zauberkräfte üben nicht nur auf Kinder eine besondere Anziehungskraft aus. Alle Menschen sind dazu in der Lage, leblose Dinge zu beseelen und sie beispielsweise sprechen zu lassen. Das funktioniert nicht nur mit Puppen oder Kuscheltieren; wir können uns alle problemlos vorstellen, dass uns eine Jacke zuwinkt oder eine Blume zunickt. Niemand wundert sich besonders darüber, dass in der Werbung sprechende Bären Hustenbonbons anbieten oder Töpfe böse werden, wenn man sie mit dem falschen Mittel putzt.

Kinder können sich ab etwa dem 3. Lebensjahr Gedanken über Geschehnisse machen und Vorstellungen und kleine Geschichten entwickeln. Dabei können sie nicht immer sicher Fantasie, Wunsch und Wirklichkeit voneinander unterscheiden. Dass alle Dinge in ihrer Umgebung lebendig sein könnten, ist für sie problemlos vorstellbar. Kinder dieses Alters werden auch noch sehr von ihren Gefühlen überwältigt. Man spricht von der magischen Phase, weil Kinder in dieser Zeit besonders für solche Fantasien bereit sind.

Hinzu kommt, dass verstärkte Autonomiewünsche (s. Punkt 3.4 Autonomie und Kompetenz) die Kinder in Konflikte stürzen und Ängste und Selbstzweifel aufkommen lassen. Sie haben ihren eigenen Willen und entdecken, dass sie ihn nicht immer und sofort durchsetzen können, ja, dass dies zu Streit mit anderen Menschen, vor allem auch

Angstbewältigung

Manche Kinderbücher zum Thema Angstbewältigung sind mittlerweile Klassiker

mit Mutter oder Vater, führt. Das ist erschreckend. Das Böse ist plötzlich in der Welt. So können Ängste vor Ungeheuern unterm Bett entstehen, die das Kind nachts nicht schlafen lassen. Zur Angstbewältigung brauchen Kinder die Hilfe der Eltern und können erfahren, dass die Überwindung einer Angst das Selbstvertrauen stärkt.

Zur Unterstützung sind Hilfen auf verschiedenen Ebenen möglich. Das können Märchen und Geschichten sein, in denen ein Held oder eine Heldin vorkommt, mit dem/der sich das Kind identifizieren kann. Wichtig ist, dass am Ende das Gute siegt und die bösen Mächte überwältigt werden. Neben den traditionellen Märchen gibt es eine Vielzahl von Büchern, die zeigen, wie wichtig dieses Thema für Kinder ist.

Ebenso können Rituale in beängstigenden Situationen helfen. Vor dem Schlafengehen werden alle Bösewichte symbolisch hinausgefegt oder mit vergleichbaren Tätigkeiten gebannt. Talismane wie ein Traumfänger, ein Kuscheltier, ein Zauberstab können tröstende Kraft entwickeln, oder ein Halstuch der Mutter, das das Kind im Kindergarten trägt.

Dies alles ist die Voraussetzung dafür, dass ein Kind zur **Empathie** fähig wird und sich gegenüber anderen sozial kompetent verhalten kann. Die Empathie ist die Fähigkeit, die Gefühle anderer Menschen wahrnehmen und mitfühlen zu können. Das Unterscheiden der

Ein Kind durchläuft in seiner emotionalen Entwicklung in etwa folgende Phasen:

Im 1. Lebensjahr wird es von Gefühlen überwältigt oder angesteckt und ist vollständig auf das verständnisvolle Verhalten der pflegenden Personen angewiesen.

↓

Vom 2. bis zum 4. Lebensjahr durchläuft ein Kind in Bezug auf seine Gefühle eine eher egozentrische Phase. Es vermischt noch ab und zu in seinem Erleben eigene und fremde Gefühle, fühlt mit, zunächst ohne zu verstehen. Muss z. B. weinen, wenn es andere Kinder weinen sieht. Lacht gern mit, ohne zu wissen warum.

↓

Danach, etwa bis zum Erreichen des Schulalters, gelingt dem Kind das Unterscheiden zwischen fremden und eigenen Gefühlen immer besser. Es kann sich darüber mit anderen austauschen und sich spontan einfühlsam verhalten.

↓

Ab dem Schulkindalter können Kinder unterschiedliche Situationen und persönliche Lebensgeschichten abwägen. Emotionale Erfahrung kann mit kognitiven Fähigkeiten kombiniert werden. Kinder in diesem Alter können sich vorstellen, dass unterschiedliche Lebenserfahrungen zu unterschiedlichen emotionalen Reaktionen führen können.

eigenen Gefühle von denen anderer Menschen erlaubt die Entwicklung von Mitgefühl, Rücksichtnahme oder Hilfsbereitschaft und des Willens, jemanden zu trösten.

Die 6-jährige Tine hat den Unfall von Benjamin genau beobachtet und konnte sich in seinen Schrecken gut einfühlen. Darüber hinaus weiß sie, natürlich aus eigener Erfahrung, wie groß sein Schmerz ist und was man dagegen tun kann. So ist sie der Situation völlig selbstständig gewachsen und kann ihm wirklich „wie eine Große“ helfen.

AUFGABE

Beobachten Sie in Ihrer Praxiseinrichtung und beschreiben Sie das Verhalten genau:

1. ein sehr junges Kind – wie verhält es sich, wenn es sich freut, und welches Verhalten zeigt es bei Ärger oder Frustration?
2. ein älteres Kind (im Vorschulalter) – wie verhält sich dieses Kind, wenn es sich freut, und welches Verhalten zeigt es bei Ärger oder Frustration?

3.3 Bindung

Kinder erlernen also den Umgang mit den eigenen Gefühlen. Dabei entwickeln sie ihre sozialen Kontakte weiter und eignen sich soziale Kompetenzen an. Sozial kompetente Menschen können durch ihr Verhalten die Gemeinschaft fördern, für ein verbindliches und gutes Klima sorgen und gleichzeitig auf sich selbst und ihre Bedürfnisse achten.

Dies gelingt nicht allen Kindern und auch nicht allen Erwachsenen gut. Wie kommt es zu so unterschiedlicher Ausprägung sozialer Kompetenzen, weshalb erscheinen uns manche Menschen warmherzig und offen und andere eher kühl, abweisend oder scheu und zurückhaltend, wieder andere emotional überschäumend, ja aggressiv? Was hat das mit Bindung, mit den ersten Erfahrungen

Das emotionale Klima in den Familien kann sehr unterschiedlich sein

von Beziehungen im Leben eines Kindes zu tun? Die erste einfache Antwort ist, dass das emotionale Klima in der Familie ein Kind von Anfang an einhüllt und seine Art des Erlebens und Zeigens von Gefühlen bestimmt. Dieses Klima ist vom Temperament der Eltern und von der Feinfühligkeit bestimmt, mit der sie auf die Bedürfnisse ihres Kindes eingehen können. Das ist ebenso von ihren eigenen sozialen Kompetenzen abhängig als auch davon, wie selbstbestimmt oder anstrengend sie ihr Leben und ihren Alltag wahrnehmen.

Die **Bindungstheorie** geht zurück auf den englischen Kinderpsychiater JOHN BOWLBY. Sie fußt darauf, dass Neugeborene eine Bindung zu ihren Bezugspersonen (in der Regel ihren Eltern) eingehen müssen, denn das sichert ihr Überleben. Menschliche Säuglinge sind absolut hilflos bei ihrer Geburt und bleiben (im Gegensatz zu vielen Säugetieren) auch noch jahrelang davon abhängig, dass sie regelmäßig mit Lebensnotwendigem versorgt werden. Eine sichere Bindung an eine versorgende Person ist deshalb grundlegend für das Überleben. In welcher Weise die Eltern auf dieses Grundbedürfnis nach Bindung und liebevoller Zuwendung eingehen, wie sie ihr Kind füttern, pflegen und liebkosen, wie sie mit ihm sprechen, ob und wie schnell sie auf seine ersten Äußerungen reagieren, all das bestimmt seine ersten Lebenserfahrungen. Diese wiederum prägen die Art, wie es seine

Mit AINSWORTH und BOWLBY unterscheidet man heute drei Arten der Bindung von Kindern an ihre engsten Bezugspersonen:

Vertrauensvoll und zugeneigt

Sicher-gebunden

Sicher-gebundene Kinder haben in ihrem Leben erfahren, dass ihre Eltern sich ihnen liebevoll und feinfühlig zugewandt haben und dass ihre Bedürfnisse zuverlässig erfüllt worden sind. Sie fühlen sich voraussetzungslos und um ihrer selbst willen geliebt. Gegenüber ihren engsten Familienmitgliedern zeigen sie große Zuneigung und Vertrauen. Von dieser sicheren Basis ausgehend können sie selbstbewusst, unbefangen und furchtlos die Welt erkunden. Diese Kinder sind in der Regel freundlich, ausgeglichen, neugierig und können sich gut konzentrieren. Kinderpsychiater sind sich nach vielen Untersuchungen einig darüber, dass etwa 60 % aller Kinder sicher gebunden aufwachsen; das gilt auch für Deutschland heute.

Unsicher-vermeidend

Unsicher-vermeidend gebundene Kinder haben die Erfahrung machen müssen, dass ihre Wünsche nach Nähe und persönlicher Zuwendung zu wenig erfüllt wurden. Sie können daraus die Vorstellung entwickeln, dass ihre Wünsche grundsätzlich auf Ablehnung stoßen und ihnen kein Anspruch auf Liebe und Unterstützung zusteht. Sie versuchen, von anderen Menschen unabhängig zu werden und Situationen zu vermeiden, in denen sie mit emotionalen Bedürfnissen auf Ablehnung stoßen könnten. Sie ziehen sich emotional aus ihrer Umwelt zurück und unterdrücken ihre Bedürfnisse nach Kontakt, Nähe und Zuwendung. Diese Kinder wirken häufig sehr vernünftig und selbstständig, verhalten sich anpassungsbereit und unauffällig.

Unsicher-ambivalent

Unsicher-ambivalent gebundene Kinder haben die Erfahrung großer Unstetigkeit von Seiten ihrer erwachsenen Familienmitglieder machen müssen. Sie haben liebevolle Zuneigung und die feinfühlige Erfüllung ihrer Bedürfnisse erlebt und ebenso Missachtung, Ignoranz oder Zurückweisung und Kränkung. So gibt es wenig Sicherheit und müssen sie immer auf der Hut sein: Sie müssen sich gegenüber ihren Bezugspersonen einerseits deutlich mit ihren Bedürfnissen in Erinnerung bringen, können aber andererseits nicht sicher davon ausgehen, dass sie damit angenommen werden. Diese Kinder reagieren häufig übermäßig anhänglich mit Anklammern und Trennungsangst, aber auch mit Ärger auf ihre Bezugspersonen, was sie in neue Konflikte stürzen kann.

Gefühle äußert, welche emotionalen Erwartungen es an seine Mitmenschen hat, ob es später in der Lage ist, Bindungen einzugehen, Freundschaften zu schließen und Liebe zu geben. Dazu hat die Entwicklungspsychologin MARY AINSWORTH praktische Forschungen und Beobachtungen durchgeführt und die Bedeutung der Qualität der elterlichen Bindung für die gute Entwicklung eines Kindes, für seine spätere Beziehungsfähigkeit und letztlich auch für seine Fähigkeit, Lebenssinn und Glück empfinden zu können, nachgewiesen.

So verrät die sehr unterschiedliche Reaktion der drei Jungen in der Bauecke auf ihre Mütter beim Abholen etwas über die Bindungen und Beziehungsstile in ihren Familien. Bei einem ersten Blick in den Kindergartenalltag muss ihre unterschiedliche Lebenserfahrung und emotionale Entwicklung nicht auffallen. Tim, Leon und Marco verstehen und ergänzen sich beim Konstruktionsspiel gut. Die Unterschiede werden erst in emotional bedeutsamen Situationen sichtbar, wie hier beim Warten auf die Mutter am Ende eines langen Kindergartentages.

Leon kann sich angemessen verhalten: Er zeigt die Freude über das Kommen seiner Mutter ebenso wie den Stolz auf das Bauwerk. Er kann genießen und sich glücklich verabschieden. Marco und Tim scheinen angesichts der Abholsituation deutlich unter Stress zu stehen, denn sie verhalten sich für einen unbefangenen Beobachter befremdlich. Marco vermeidet es zunächst einmal, die Ankunft seiner Mutter überhaupt zu bemerken. Erst mit dem Wissen über die Bedeutung von Bindung kann vermutet werden, dass das seine Strategie ist, der Kränkung durch Zurückweisung zu entgehen. Er hat vielleicht nicht einmal mehr die Erwartung, liebevoll bemerkt zu werden. Auch Tim steht unter Stress, denn er weiß nie genau, wie seine Mutter gerade gestimmt ist: liebevoll und überschwänglich oder abweisend und ihn eher ignorierend. Er hat vermutlich große Sorge, ihre Liebe zu verlieren, versucht alles in seiner Macht Stehende zu tun, das zu verhindern, und nimmt dafür einiges in Kauf.

3.4 Autonomie und Kompetenz

Gesunde Kinder jeden Alters sind nach der Befriedigung ihrer Grundbedürfnisse (s. Kap. 3 Bedürfnisse) hellwach, neugierig und stets aktiv dabei, sich ihre Umwelt zu erobern. Sie können sozusagen nicht anders, ihr wachsendes und sich vernetzendes Gehirn treibt sie zum Lernen (s. Kap. 6 Kognitive Entwicklung). Lernen hat einen selbst belohnenden Charakter, das Gehirn beantwortet jede Erkenntnis und jeden Handlungserfolg mit der Ausschüttung von Endorphinen, also Glückshormonen.

Dabei ist ein Kind am Anfang darauf angewiesen, dass Mutter oder Vater als sichere Ausgangsbasis für die Eroberung der Welt zur Verfügung steht und immer dann, wenn es sich überfordert fühlt, Schutz und Trost bietet. So entwickelt ein Kind in der sicheren Bindung immer mehr Kompetenzen im Umgang mit allem: den Dingen der Umwelt, mit anderen Menschen und mit den Gefühlen, seinen eigenen und denen von anderen. Liebevoll zugewandte Personen stellen einen Raum zur Verfügung, in dem das Kind mehr und mehr selbst tun kann. Je mehr ein Kind selbst tun kann, desto unabhängiger wird es. Es gewinnt an Kompetenz und an Autonomie.

Wie ein unsichtbares emotionales Band erlaubt die sichere Bindung die weiträumige Eroberung der Welt. Es reicht für ein Kind im Krabbelalter völlig aus, wenn die geliebte Person anwesend ist, dann wendet es sich neugierig der Umgebung zu. Es wird sich in

Sich die Umwelt erobern und Kompetenzen entwickeln

regelmäßigen Abständen rückversichern, ob alles in Ordnung ist und die Bezugsperson zuverlässig Schutz zu geben bereit ist. Nur wenn eine verunsichernde, befremdliche Situation eintritt, sucht das Kind den „sicheren Hafen“. Unsicherheit andererseits macht eng, mutlos und erlaubt nur wenig Kompetenzerwerb. Kinder, die sich nicht sicher sein können, dass die Bezugsperson stets erreichbar bleibt, können sich nicht unbefangen Neuem zuwenden. Sie müssen ängstlich darauf bedacht sein, ihren Schutz nicht zu verlieren, weil die Bezugsperson nicht mehr erreichbar ist. So ist es nur scheinbar ein Widerspruch, dass die sicherste Bindung das größte Maß an Freiheit und Autonomie erlaubt.

Der aktive Weg in die Welt ist voller Risiken. Die meisten Fertigkeiten kann man nur durch Ausprobieren erlernen: „Versuch macht klug“ ist nicht nur eine alte Redensart, sondern oft der einzige Weg. Erst hinterher weiß (nicht nur) das Kind, ob eine Idee funktioniert, ob es etwas schon kann, ob es körperlich schon groß oder kräftig genug ist, ob sich andere Menschen von den eigenen Wünschen lenken lassen.

AUFGABE

Gehen Sie in Gedanken zurück in Ihre eigene Kindheit, befragen Sie eventuell Ihre Eltern und machen Sie sich Notizen zu den folgenden Fragen:
Wie haben Sie gelernt, sich allein anzuziehen, eine Schleife zu binden, mit Besteck zu essen, auf einem Bein zu stehen, Fahrrad zu fahren? Gibt es andere Lernerfahrungen aus Ihrer Kindheit, an die Sie sich erinnern? Wie haben Sie sich beim Lernen und danach gefühlt? Vergleichen Sie Ihre Erfahrungen mit Mitschülern unter dem Gesichtspunkt von Mühe und Frustration sowie Stolz und Freude.

Ab etwa Mitte des 2. Lebensjahres und häufig bis zum Alter von 4 Jahren entwickeln Kin-

Britta und die Hausschuhe

der das dringende Bedürfnis, so häufig wie möglich ihre eigenen Ideen auszuprobieren und ihren Willen durchzusetzen. Diese Versuche können sehr heftig ausfallen und von den beteiligten Erwachsenen viel Geduld und Einfühlungsvermögen verlangen.

Besonders überraschend ist es für Eltern, wenn ein Kind seinen Willen an Dingen oder Gewohnheiten ausprobiert, die sie selbst für eigentlich unwichtig halten, wie das tägliche Wechseln von Straßenschuhen zu Hausschuhen: Britta kann vermutlich nicht so schnell sagen, weshalb sie die Hausschuhe heute nicht anziehen will. Aber sie ist sicher, dass sie es nicht will, und darauf kommt es an. So ist das Aufgeben der Mutter für sie ein wichtiger Sieg. Sie hat ihren Willen durchgesetzt und weiß jetzt, dass sie das kann! Damit hat sie etwas riskiert und ihr Selbstbewusstsein gestärkt.

Früher hat man dies die „Trotzphase“ genannt. Das ist ein irreführender Ausdruck, der die Vorstellung von mutwillig „unartigem“ kindlichen Verhalten weckt. Heute nennt man das die **Autonomiephase** (s. Kap. 3, Punkt 4.3.4). Denn ebenso wie alles andere müssen das Ausprobieren eigener Ideen, das Durchsetzen des eigenen Willens und der passende Ausdruck von Gefühlen gelernt werden. Streit in der Kindergruppe kann leicht entstehen, wenn mehrere Kinder damit beschäftigt sind, die Durchsetzung ihres Willens zu erproben[1]. Um zu einem gescheiten, geschickten und sich seiner selbst sicheren Menschen zu werden, braucht ein Kind Übungsfelder.

Diese sind ebenso wichtig wie die Ermunterung der Eltern beim Laufen-Lernen. Denn auch hier wissen wir: Der Weg vom Krabbelkind zum Läufer ist lang und mit schmerzhaften Niederlagen gepflastert, aber kein gesundes Kind wird aufgeben, bevor es nach mehr als 2 Jahren sicheren Schrittes gehen kann. Ebenso wichtig ist es, dass Kinder sich im Austragen von Konflikten üben. Auch auf diesem Gebiet sind sie zuerst ungeschickt. Aber sie sind auch mutig und wüten beim Ringen um Autonomie gegen ihre liebsten Bezugspersonen. Sie müssen das im vollen Vertrauen darauf tun, dass die Großen das Richtige tun werden und den Übungsraum zur Verfügung stellen.

3.5 Soziale Kontakte

Im Kontakt mit anderen Menschen können Kinder Erfahrungen im Ausdruck ihrer Gefühle sammeln und ihre Wahrnehmung für Unterschiede ähnlicher Emotionen verfeinern. Sie lernen, die Gefühle anderer zu berücksichtigen. Und sie erleben, dass sie selbst einen Einfluss haben – sowohl darauf, was in einer Situation geschieht, als auch darauf, welche Stimmung die Beteiligten haben.

Besondere Bedeutung hat dabei die Kindergruppe im Kindergarten. Hier gibt es über die Kleinfamilie hinaus eine Vielfalt unterschiedlicher Kinder und Erwachsener, die sich zuverlässig Tag für Tag treffen. Zuneigung und Abneigung werden fühlbar, unterschiedliche Stimmungen werden erlebbar, erste Regeln im sozialen Umgang miteinander müssen gesetzt werden. Es können sich Freundschaften bilden (und auch wieder auseinandergehen). Nicht selten schließen sich zwei Kinder für eine Zeit so eng zusammen, dass sie alles zu zweit machen möchten. Wenn während solch enger Freundschaftsphasen ein Kind an einem Tag nicht in der Kita ist, zeigt das andere deutlich seinen Verlust, mag nicht spielen und sich an nichts beteiligen.

AUFGABE

Beobachten Sie an 2–3 Tagen ein Kind in Ihrer Praxiseinrichtung und legen Sie dabei eine nach Stunden gegliederte Tabelle an, aus der Folgendes hervorgeht:
Mit welchen Kindern hat das Kind Kontakt? Ist es ein freundlicher Kontakt? Gibt es einen Konflikt? Wie verhält sich das Kind dabei? Wann ist es aktiv und initiativ? Wann macht es mit, was andere Kinder vorschlagen?

Wie wichtig dem Jungen Alex sein Freund ist, zeigt er mit seinem wütenden Schreien, als neben diesem kein Platz frei mehr ist. Er ist so von diesem Gefühl überwältigt, dass er nicht handlungsfähig ist. Er braucht Unterstützung beim Finden eines Auswegs;

Enge Freundschaften können entstehen

1 Siehe auch die Praxisaufgaben am Ende des Kapitels

Im Rollenspiel

jemanden, der ihm zeigt, wie er die Situation zu seinen Gunsten beeinflussen kann: Einen der Sitznachbarn um einen Platztausch bitten oder direkt den Freund ansprechen und zu sich an einen anderen Tisch holen u. Ä. Wenn er das mit verständnisvoller Unterstützung oft genug erlebt hat, muss er nicht mehr hilflos außer sich geraten, sondern kann seine Wünsche angemessen vortragen.

Über die Familie hinaus können Kinder entdecken, dass gleichberechtigte Beziehungen stark und fröhlich machen, in Notfällen helfen und trösten können. Sie können sich bei älteren erfahrenen Kindern etwas abgucken oder sich Hilfe holen und ihrerseits Kleinere unterstützen. In Wettbewerb und Konkurrenz erfahren Kinder sich selbst und können ihre Stärken trainieren. Im Streitfall kann man lernen, sich durchzusetzen, nachzugeben oder sich zur beiderseitigen Zufriedenheit zu einigen.

3.6 Die emotionale und soziale Bedeutung des Spielens

Das freie Spielen an sich trägt zum emotionalen Wachstum von Kindern so sehr bei, dass in jeder Kitagruppe ein möglichst großer Teil des Tages dieser selbst bestimmten Tätigkeit gewidmet ist. Die tiefe Befriedigung, die ins Spielen versunkene Kinder ausstrahlen, belegt, dass sie konzentriert auf allen Ebenen lernen. Darüber hinaus haben die unterschiedlichen Spielformen spezielle Effekte.

Als emotional bedeutsam gelten vor allem die im Elementaralter bei allen Kindern beliebten **Rollenspiele**. Dabei gibt es richtige Klassiker: „Mama-Papa-Kind" ebenso wie das Nachspielen von Abenteuergeschichten aus den Medien. Diese Spiele sind wichtige Probe-Bühnen: Hier üben Kinder das, was sie als Tätigkeiten und Aufgaben von Erwachsenen beobachten. Das Hineinschlüpfen in die Erwachsenenrolle ermöglicht das Nachfühlen, dabei erleben die Kinder sich als „Große". Eine Familiensituation fühlt sich aus der Perspektive der Eltern anders an als aus der Kinderrolle. Für die Kinder kann es dabei auch um das Bewältigen von realen Erlebnissen gehen. Der Schmerz über einen Streit mit Vater oder Mutter wird erträglicher, wenn man selbst einmal als Vater oder Mutter streng agiert.

AUFGABE

Beobachten Sie Kinder in Ihrer Praxiseinrichtung beim Rollenspiel: Was wird gespielt? Was tun die einzelnen Kinder? Was sagen sie dabei?

Die „Rollenspieler" erwerben im Verlauf ihrer Kindergartenzeit eine wachsende Vielfalt des Ausdrucks. Sie werden flexibel in den einzelnen Rollen, erleben am eigenen Leib, dass man eine Aufgabe auf ganz unterschiedliche Art erfüllen kann. Sie üben dabei soziale Kompetenzen wie das Aufeinander-Eingehen, die

Wer ist der schnellste? Im Wettbewerb miteinander

Kooperation, das Bestimmen, das Bestehen auf Standpunkten oder auch das Abstandnehmen von Vorstellungen – dies fällt im Rollenspiel manchmal leichter als in der direkten Auseinandersetzung. Hinzu kommt eine weitere wichtige soziale Fähigkeit: In Familien und Gruppen von Menschen gibt es an jedem Tag Widersprüche, unterschiedliche Meinungen und verschiedene Interessen. Kinder lernen im Laufe der Zeit, dass dies normal ist und dass man trotzdem befreundet bleiben kann.

Ebenso wichtig für die soziale und emotionale Entwicklung ist das gemeinsame **Gestaltungs- oder Konstruktionsspiel**, beispielsweise in der Bauecke oder der Sandkiste. Einerseits kommt es auch hier auf Kompetenzen an, die bei einer gelungenen Kooperation gebraucht werden: Vorschläge machen und von anderen annehmen, das gemeinsame Werk kritisch prüfen, Verbesserungen anbringen oder das Bauwerk gemeinsam weiterentwickeln. Andererseits finden die Kinder hier Lösungen für Konstruktionsprobleme, die beim Bauen entstehen: Stabilität, große Höhe, kompliziertes Aussehen. Dies festigt ihr Selbstbewusstsein, ihr Wissen darüber, was sie können und wer sie sind: stolze Erbauer interessanter Häuser oder Brücken.

Regel- und Wettbewerbsspiele gut zu überstehen gehört zu einer der größeren Herausforderungen der mittleren Kindheit. Weil zunächst einmal jedes Kind der Gewinner sein möchte, ist es eine kaum verkraftbare emotionale Zumutung, nicht zu diesen zu gehören. Aber auch für Kinder im Vorschul- und Schulalter ist das Verlieren eines Spiels, das Dasein als Zweiter oder gar Letzter beim Wettlauf/Brettspiel sehr schmerzhaft. Dazu braucht man schon ein Stück Persönlichkeit und Sicherheit. Selbst dann ist das Einhalten von Regeln nicht immer leicht und die Versuchung zu schummeln liegt für viele Kinder nahe. Es entstehen heftige Emotionen: neben Stolz und Freude der Sieger können Kummer, Wut, Verzweiflung, Neid, Empörung und Scham treten. All dies sind schmerzhafte Erfahrungen, die starke Kinder überwinden und die sie stärken können. Dazu sind sie aber auch darauf angewiesen, dass sie um ihre sonstige Liebenswürdigkeit und Stärke sicher wissen und dass ihnen verständnisvolle Bezugspersonen emotionale Unterstützung geben.

AUFGABE

Schauen Sie sich in Ihrem Freundeskreis und in Ihrer Familie um: Kennen Sie „gute" und „schlechte" Verlierer? Woran kann man das erkennen? Welche Eigenschaften haben diese Menschen ansonsten?

Tauschen Sie sich in der Klasse über die Ergebnisse aus. Und Sie selbst? Zu welcher Gruppe zählen Sie sich?

3.7 Sozial-emotionale Bedeutung von Übergängen (Elternhaus – Kita – Schule)

In den ersten Lebensjahren ist es für Kinder sehr schwer, eine Situation ohne die Anwesenheit einer geliebten Bezugsperson zu meistern. Deshalb ist der Eintritt in eine Kindergruppe ein einschneidendes Erlebnis, dem in den meisten Einrichtungen heute große Aufmerksamkeit gewidmet wird. Erster Gegenstand der Kooperation zwischen Eltern und Kita ist die sogenannte **Eingewöhnung**[I]. Dafür werden je nach Alter des Kindes Zeiträume zwischen einigen Tagen und mehreren Wochen eingeplant. So verlockend die vielen Dinge und die anderen Kinder auch sind, im Vergleich mit der ruhigen häuslichen Situation kann dies das neu angekommene Kind emotional überfordern. Deshalb braucht es Mutter oder Vater als sicheren Hafen. Erst nach und nach fasst es dabei Vertrauen zu einer Erziehungskraft, die dann am Tage diese Funktion übernehmen kann. Das emotionale Wachstum des Kindes besteht darin, dass es sich einer weiteren Person anzuvertrauen lernt und die Erfahrung macht, dass sich Vater und Mutter über längere Zeit entfernen können und nach einer (noch nicht überblickbaren) Zeitspanne zuverlässig wieder kommen.

Marina hat inzwischen so viel Vertrauen zum Sozialassistenten Christian gefasst, dass er neben ihrer Familie ein überaus wichtiger Mensch in ihrem Leben geworden ist. An diesem Tag hat ihre Mutter sie vor Christians Dienstbeginn in die Kita gebracht und das Mädchen wird ihn vermisst haben. Nun, da er endlich gekommen ist, muss sie sich ganz schnell seiner versichern. Erst dann wird sie in Ruhe weiterspielen können. Es ist auch möglich, dass sie erst einmal versucht, ihn eine Weile ganz allein für sich mit Beschlag zu belegen.

So gern alle Kinder irgendwann in die **Schule** kommen wollen: Auch dieser komplette Wechsel ist eine emotionale und soziale Entwicklungsaufgabe, für deren Bewältigung Kinder in individuell unterschiedlichem Ausmaß auf die Unterstützung von verständnisvollen Erwachsenen angewiesen sind. Diese müssen Rituale des Übergangs bereitstellen, mit deren Hilfe der Abschied von der Kita, den anderen Kindern dort, möglicherweise von einem noch jüngeren besten Freund und den langjährig vertrauten Erwachsenen gut gelingen kann. Auch die Schule als neue Einrichtung soll sich im Vorfeld bekannt machen und zur Erkundung durch künftige Erstklässler bereit sein. So begleitet gelingt es der Mehrheit der Kinder problemlos, die Herausforderungen, die eine neue Umgebung mit neuen Menschen und neuen Verhaltensanforderungen bereithält, erfolgreich zu meistern. Sie sind dann wieder ein Stück selbstständiger und kompetenter geworden.

Immer wieder neue Umgebungen

I Die zzt. bekannteste Form ist das sogenannte Berliner Eingewöhnungsmodell, vgl. Laewen u. a.

4 Durchspielen einer vollständigen Handlung

Christian ist als Mann in einer Kita heutzutage in Deutschland in einer besonderen Situation; er hat fast ausschließlich Kolleginnen. Er ist sich dessen bewusst, dass er für die Kinder, besonders für die Jungen, ein wichtiges Rollenvorbild ist, und vertritt als betreuender und sorgender Erwachsener die väterlichen Anteile. Er ist als Mann für jene Kinder besonders wichtig, die ohne Vater aufwachsen. Das ist immer noch die Mehrheit der Kinder in Ein-Eltern-Familien, denn 80 % von ihnen leben allein mit ihrer Mutter zusammen.

Der ersten Herausforderung begegnet er gleich bei Arbeitsbeginn: **Marina** braucht ihn als Sicherheit. Dafür hat sie das Spiel unterbrochen; das andere Kind registriert dies als Zurückweisung mit offensichtlichem Ärger. Das weitere Geschehen hängt jetzt davon ab, wie feinfühlig Christian auf die Bedürfnisse der beiden Kinder reagiert: Er muss einerseits auf Marinas Bedürfnis nach Zuwendung eingehen und andererseits ihr den Weg in die Gruppe ebnen. Die Kinder sind für sie die passenden Spielpartner und auch das andere Mädchen am Tisch braucht die Versicherung, gemocht und akzeptiert zu werden. So wird er sich möglicherweise eine Weile zu den Mädchen an den Tisch setzen und mitmachen, bis beide signalisieren, dass es in Ordnung ist, wenn er in für sie erreichbarer Nähe bleibt.

In der Auseinandersetzung, die **Britta** mit ihrer Mutter führt, ergreift Christian nicht Partei. Er kann nur dann eine Unterstützung für Brittas emotionale Entwicklung sein, wenn er beiden, Mutter und Tochter, vermittelt, dass sie seine Sympathie und Unterstützung haben.

Er wird sich sofort um die schreiende **Lynn** kümmern, mit ihr kuscheln und dafür sorgen, dass sie sich beruhigen kann. Dabei beteiligt er nach Möglichkeit die anderen Kinder: Sie sollen weiter im Kontakt mit dem Baby bleiben dürfen, solange sie interessiert sind und Lynn es verkraften kann.

Alex braucht Christians Unterstützung und Trost, um mit seinem Schmerz und der Kränkung fertigzuwerden, dass sein Freund scheinbar nicht für ihn erreichbar ist. Erst wenn dieses Bedürfnis nach Anteilnahme erfüllt ist, wird Alex für ein Gespräch über Handlungsalternativen offen sein.

Generell verhält sich Christian in seiner Arbeit als liebevoller, aber zurückhaltender Begleiter der Kinder. Die erste Position in der Liebe der Kinder haben die Eltern, sie sind das erste Rollenvorbild und ihre Auffassung vom Leben ist das Entscheidende. Sie werden in alle größeren, pädagogischen Entscheidungen in Bezug auf ihr Kind einbezogen; mit ihnen suchen Christian und seine Kolleginnen regelmäßig das Gespräch.

Die Begegnung von **Marco** und **Tim** mit ihren Müttern beim Abholen und auch beim Bringen beobachtet Christian schon seit einiger Zeit. Er sieht, wie viel Frustration und Stress auf beiden Seiten immer wieder entstehen, und wird dieses Problem in die nächste Teamsitzung einbringen. Die Kolleginnen werden darüber beraten, wie sie Marcos und Tims Mutter im Umgang mit ihren Söhnen unterstützen können. Die Leitung der Kita wird einfühlsame Gespräche mit jeder Mutter individuell führen. Möglicherweise sind beide Mütter in einer schwierigen Lebenssituation und brauchen Unterstützung. Oder sie wissen einfach nicht, dass ihre Söhne schon sehr verunsichert und ganz dringend auf Zuwendung und Stetigkeit angewiesen sind.

Die vollständige Handlung am Beispiel von Baby Lynns Weinen

Analysieren – welche Situation findet Christian vor?

Lynn signalisiert durch leises Weinen ein Unbehagen. Die 4-jährigen Kinder wollen sie offenbar durch die Rassel erfreuen und vom Weinen abbringen. Sie sind so eifrig, dass sie zu laut und heftig hantieren. Lynn schreit, sie scheint sich erschreckt zu haben und ist zu jung, um dieses Gefühl allein bewältigen zu können. Das wiederum erschreckt die hilfsbereiten Kinder, die nun ratlos sind. Sie haben zu wenig Erfahrung und brauchen die Unterstützung eines Erwachsenen.

Planen – welche weiteren Schritte muss Christian gehen?

Als erstes muss er Lynn beruhigen und dann erforschen, ob ihr anfängliches Unbehagen noch vorhanden ist. Sollte das der Fall sein, muss er nach möglichen Gründen suchen (kann trotz Müdigkeit nicht einschlafen, ein körperliches Unbehagen, Verdauungsprobleme, Langeweile). Gleichzeitig sollte er die drei Kinder beruhigen, mit ihnen über ihre guten Absichten sprechen und weitere Handlungsmöglichkeiten beratschlagen.

Durchführen – was genau macht Christian?

Weil er Lynns Bezugserzieher ist, kann er mit ihr Kontakt aufnehmen, ohne befürchten zu müssen, dass sie sich zusätzlich erschreckt. Er streichelt beruhigend mit dem Finger ihre Wangen und lächelt sie an. Dazu spricht er sanft und ruhig zu ihr. Falls sie weiter weint, nimmt er sie auf den Arm und wiegt sie sanft. Dann prüft er weitere Gründe der Beunruhigung (z. B. Aufstoßen provozieren, gewohntes Kuscheltier oder Spielzeug in ihr Sichtfeld bringen) und wartet dabei stets ihre Reaktion ab. Gleichzeitig spricht er mit den anderen Kindern, macht damit sein Umgehen mit Lynn für sie erlebbar. Wenn sich Lynn wieder beruhigt hat, kann er mit den Kindern beratschlagen, sie über ihre Absichten sprechen lassen, sie in ihrem Engagement bestärken und ihr Erschrecken ernst nehmen. Gemeinsam können sie Vermutungen über den Grund für Lynns Schreien anstellen und Vorschläge für die Zukunft sammeln.

Reflektieren und Bewerten – wie deutet und wertet Christian aus?

Schon während der Handlung wird Christian stets die Angemessenheit seiner Schritte prüfen. Kann Lynn sich beruhigen? Wirkt auch ihre Mimik und Körperhaltung nach einer Weile entspannt? Er beobachtet alle beteiligten Kinder, vor allem im Hinblick auf ihre Zufriedenheit und ihr Engagement. Haben sie ihr Erschrecken auch verbal ausdrücken können? Bleiben sie dabei, zeigen sie im Gespräch ihr Interesse an der Lösung des Problems? Können sie zu Lynn Kontakt aufnehmen, sie anlächeln? Ist an der Mimik und Gestik der Kinder ablesbar, dass sie sich am Ende wieder anderen Dingen zuwenden können?

Dokumentieren und Präsentieren – wie hält Christian die Ergebnisse fest?

Anhand des Redebedürfnisses der Kinder wird Christian einschätzen können, ob diese Episode für sie ein einschneidendes Ereignis war. Er könnte sie dann mit den drei Kindern gemeinsam in deren Portfolio dokumentieren (Geschichte dazu schreiben oder malen).

Um sich mit den Kolleginnen über die sozialen Kompetenzen der Kindergruppe austauschen zu können, verfasst er einen kleinen Bericht für das Gruppentagebuch und als Material für die Teamsitzung.

Weitere Lernsituationen

Lernsituation 1

Drei 5-jährige Jungen sind in der Bauecke damit beschäftigt, die Spielzeuggarage aufzubauen. Dazu legen sie Straßen an; das ist deutlich an den aneinander gelegten flachen Bausteinen zu erkennen. Peter und Max haben dabei je ein kleines Spielzeugauto in der Hand, mit dem sie ab und zu Straßen ausprobieren. Plötzlich ruft Peter: „Das ist aber ungerecht! Gib die her!" Es zeigt sich, dass Tom alle anderen kleinen Autos neben sich aufgereiht hat. Tom schüttelt stumm den Kopf.

Lernsituation 2

Im Morgenkreis erzählen verschiedene Kinder vom Wochenende. Auch Kristin (3 Jahre) erzählt: „... und dann waren wir im Zoo bei den Tigern." Es entsteht eine Pause und die Erzieherin nickt Kristin freundlich zu. Einige Kinder werden unruhig. „ ... Und dann habe ich den ... gestreichelt." Die Erzieherin, die weiß, dass im Zoo am Wochenende Ponyreiten für Kinder angeboten wird, fragt nach: „Und dann hast du ein Pony gestreichelt?" „Ach nee", sagt Kristin und bekommt ganz rote Wangen, „den Tiger!" Einige der älteren Kinder kichern. „Hähö, den Tiger, das ist doch gelogen."

Lernsituation 3

Der 3-jährige Peter nimmt die sozialpädagogische Assistentin an die Hand und geht mit ihr zum großen Fenster mit der niedrigen Bank davor. Nachdem sie ihm aufmunternd zugenickt hat, klettert er hinauf, was ihn offensichtlich etwas Mühe kostet, weil er dabei sein Kuscheltier an sich drückt. Als er endlich oben sitzt, winkt er draußen einer Frau zu, die im Weggehen ebenfalls winkt und dabei einen Kinderwagen schiebt. Er ruft: „Tschüß, Mama, tschüß, kleine Lena", und drückt sich noch lange die Nase an der Scheibe platt. Als er mit der Assistentin zum Frühstückstisch geht, schnieft er laut.

AUFGABE

Analysieren Sie die Lernsituationen nach folgenden Fragestellungen:

1. Welche Bedürfnisse und Gefühle zeigen die Kinder?
2. In welcher Phase ihrer emotionalen Entwicklung stehen sie? Welche Entwicklungsaufgabe haben sie gerade zu bewältigen?
3. Welche Unterstützung brauchen sie, um die Situation gut zu meistern?

Aufgaben zur Selbstreflexion

Die folgenden Aufgaben sollen Ihnen helfen, Ihre Gefühle in Bezug auf sich selbst als Kind und beim Umgang mit Kindern heute bewusst wahrzunehmen.

Das geheime Tagebuch

Führen Sie während eines Praktikums ein geheimes Tagebuch. Notieren Sie darin, was Ihnen zu Ihrer Kindheit und zu Ihren eigenen Gefühlen einfällt. Stellen Sie sich selbst Fragen und beantworten Sie diese. Sie können auch in der Gruppe gegenseitig Fragen stellen und diese beantworten. Fragen könnten z. B. sein: Habe ich mich heute geärgert? Wie habe ich reagiert? Kenne ich dieses Verhalten aus anderen Situationen? Kenne ich jemanden aus meiner Familie, der auch so reagiert?

Gefühls-ABC

Fertigen Sie in einer Gruppe ein Gefühls-ABC zum Thema Kindheit an. Finden Sie möglichst zu jedem Buchstaben mehrere Begriffe. Wenden Sie beim Sammeln die Brainstorming-Regeln an (= in der ersten Phase wird alles notiert, was gesagt wird. Es gibt keine Kommentare, keine Diskussion.). Diese Sammlung kann ein Gespräch über die eigenen Gefühle in der Arbeit mit Kindern einleiten. Sie kann vor und nach Praxisphasen eingesetzt werden.

Komplimente verschenken

Alle Mitglieder haben so viele kleine Zettel, wie Leute in der Gruppe sind. Damit zieht sich jeder zurück und schreibt auf jeden Zettel den Namen eines Gruppenmitglieds und dazu ein Kompliment, eine gute Eigenschaft oder eine gute Tat in der jüngeren Vergangenheit. Die Zettel werden anschließend einmal gefaltet und dem angesprochenen Gruppenmitglied übergeben. Dann werden die Zettel entfaltet und nacheinander gewürdigt.

Blindes Vertrauen

Diese Übung kann in einem Raum, aber auch im Freien stattfinden. Jeweils zwei Gruppenmitglieder gehen gemeinsam spazieren. Die eine schließt die Augen und lässt sich von der Partnerin an der Hand führen. Die beiden sprechen nicht. Die blinde Partnerin horcht in sich hinein: Wie fühle ich mich in dieser Abhängigkeit? Kann ich vertrauen? Habe ich Sorge zu fallen oder mich zu stoßen? Kommen andere Gefühle zum Vorschein? Kommen Erinnerungen an früher in Dunkelheit erlebte Situationen auf?

Nach ca. 15 Minuten setzen sich die beiden an einen Ort, an dem sie sich ungestört fühlen, und die blinde Partnerin erzählt von ihren Gedanken und Gefühlen. Danach wird gewechselt.

Dieser blinde Spaziergang soll dazu dienen, die eigenen Gefühle ohne störende Einflüsse von außen wahrzunehmen. Erwachsene nehmen sich häufig viel zu wenig Zeit für die eigenen Gefühle und schlucken Frust und Ärger hinunter.

Gefühle zeigen

In einem Raum gehen alle frei herum. Eine Spielleiterin nennt einen Begriff, z. B. „wütend“. Nun stellen alle diesen Begriff mit dem eigenen Körper als Statue dar. Jede verändert die Position, bis sie passend ist. Anschließend betrachten sich alle gegenseitig; es gibt die Möglichkeit, Bemerkungen auszutauschen. (Weitere mögliche Begriffe: verliebt, gewalttätig, eingeschüchtert, allein, ausgelaugt, begeistert)

(nach: H. Baum, Kleine Kinder Große Gefühle)

Praxisaufgaben

1. Üben Sie angemessenes Verhalten bei Konflikten zwischen Kindern und beherzigen Sie dabei die folgenden Hinweise.
2. Führen Sie einige Zeit ein Tagebuch (s. auch Ausbildungsbuch, Kap. 1.)über diese Übungen und werten Sie sie unter den folgenden Gesichtspunkten aus: Wie konnten Kinder einen Konflikt selbst lösen? Was haben Sie getan, wenn Sie um Unterstützung gebeten wurden? Was ist dann passiert? Wann waren Sie mit sich zufrieden? Hatten Sie den Eindruck, dass die Kinder am Ende zufrieden waren?

Info: Konflikte zwischen Kindern

Konflikte zwischen Kindern gehören zum Alltag. In Konflikte geraten Kinder, wenn sie ihren eigenen Willen entdecken und dabei feststellen müssen, dass andere Kinder oder Erwachsene andere Vorstellungen und Wünsche haben. Das ist ein notwendiger Prozess der emotionalen und sozialen Entwicklung. An Konflikten können Kinder wachsen und lernen, sich selbst und andere besser einzuschätzen. Damit diese Chancen bestehen, müssen die Erwachsenen zurückhaltend sein. Das heißt nicht gleichgültig, sondern wach und grundsätzlich wohlwollend gegenüber den Beteiligten.

- Halten Sie sich heraus, wenn die Kinder streiten. Sie sollten in ihrem Streit selbst bestimmen, was passiert. Erwachsene sollten nur eingreifen, wenn ein größeres und überlegenes Kind den Kontrahenten überwältigt, wenn Gewalt angewendet wird und eines der Kinder verletzt werden könnte.
- Verschwenden Sie keine Zeit damit, den Schuldigen zu finden, der angefangen hat. Feststellen lässt sich nämlich nur, wer als erster bestimmte Grenzen überschritten hat. Was vorher gelaufen ist, wer wen provoziert hat, wird man kaum herausfinden.
- Brechen Sie den Konflikt nicht ab und verzichten Sie auf den Hinweis, dass Streiten nichts bringe. Häufig stimmt das zwar, aber das müssen die Kinder selbst herausfinden. Deswegen darf man ihnen den Streit nicht ersparen.
- Wenn Kinder um Hilfe bitten, bieten Sie ihnen nicht mehr an als eine Beratung darüber, was zu tun möglich ist. Sie können den Konflikt nicht für sie lösen, denn dabei wird sich immer eines der beteiligten Kinder ungerecht behandelt fühlen.
- Ein im Streit unterlegenes und darüber enttäuschtes Kind darf man trösten, aber keineswegs nachträglich Partei ergreifen und den Kontrahenten schlecht machen.
- Nach einem Streit sollten Sie dafür sorgen, dass die beteiligten Kinder sich später wieder begegnen und miteinander spielen können. In vielen Kitas gibt es Rituale für das Vertragen, z. B. einander die Hand geben. Sie sollten als Erwachsene und Unparteiische auf der Einhaltung des Rituals bestehen. Dann kann die Situation abgeschlossen werden, obwohl die Kinder möglicherweise den Schmerz oder den Zorn noch nicht ganz verarbeitet haben.

Kapitel 5 Motorische und sensorische Entwicklung

1 Lernsituation

Christian hat mit seiner Kollegin Fatma verabredet, in der nächsten Zeit seine Bezugskinder Max (1,8 Jahre) und Sophie (3,10 Jahre) gezielt zu ihren sensorischen und motorischen Aktivitäten zu beobachten. Sie wollen dies gemeinsam tun, denn beide nehmen unterschiedliche Dinge wahr und können anschließend ihre Wahrnehmungen vergleichen und ergänzen. Christian schlägt vor, am Nachmittag ihre Beobachtungsergebnisse der letzten zwei Wochen zu besprechen. Der Plan war, herauszufinden, an welchen Sinneserfahrungen und Bewegungsaktivitäten Sophie und Max Interesse und Spaß haben und welche Anregungen für sie förderlich sind. Danach wollen Christian und Fatma die Auswahl der (Spiel-) Materialien und die Raumgestaltung des Gruppenraums überdenken.

Max ist immer aktiv, bewegt sich auf interessante Dinge seiner Alltagswelt zu, experimentiert gern und beschäftigt sich aufmerksam und ausdauernd mit Spielmaterialien. Er kann diesen auch eine symbolische Bedeutung zuweisen. Manchmal setzt er sich auf die kleinen Schaumstoffteile und tut so, als ob er Auto fährt. Gern wirft er die Schaumstoffteile hoch und weit in den Raum. Der Anderthalbjährige fällt relativ häufig hin, versucht aber sofort und ohne Klagen wieder aufzustehen, um weiterzuspielen.

Heute gibt es Max' Lieblingsnachtisch: Auf dem Tisch stehen eine Schale mit warmem Milchreis und eine mit Zimt und Zucker. Max steht auf und greift nach der großen Glasschale mit Milchreis. Nach kurzem Innehalten zieht er die Schale zu sich heran. Mit einem großen Löffel füllt er Reis in seine Dessertschale. Er nimmt seinen kleinen Löffel, legt ihn dann aber wieder zur Seite und pustet auf den Milchreis.

Sophie trödelt oft beim An- und Ausziehen. Meistens hilft Christian ihr, damit sie schneller nach draußen zu den anderen Kindern gehen kann. Heute schaut er genauer hin: Die knapp Vierjährige scheint Schwierigkeiten beim Zuknöpfen ihrer Jacke zu haben. Es fällt ihr schwer, die Knöpfe zu greifen.

Im Bewegungsraum „bummelt" Sophie nie. Hier ist sie sehr zielstrebig, läuft ausdauernd, klettert auf kleine Kästen und springt herunter. Am liebsten spielt sie mit Martha (4,6 Jahre), die ebenfalls gern im Bewegungsraum ist. Immer wieder balancieren beide auf der Turnbank, was Sophie immer besser gelingt. Manchmal hält Martha sie dabei an der Hand. Oft sind sie so in ihren Übungen versunken, dass sie nicht hören, wenn sie zu einem gemeinsamen Spiel gerufen werden.

Sophie liebt die Schaukel. Sie fragt häufig nach, ob die Schaukel im Bewegungsraum eingehängt werden kann. „Höher!", ruft sie Martha zu, die ihr Anschwung gibt. Sobald sich die Schaukel bewegt, wirft sie ihren Oberkörper zurück. Sie genießt den Fahrtwind und schaut sich die Welt verkehrt herum an.

Der Bewegungsraum ist bei allen Kindern sehr beliebt. Da er aber recht klein ist, dürfen sich nicht mehr als 5 Kinder dort aufhalten. Sophie kann also nicht immer dort spielen. Häufig kommt es zu Konflikten über die Bewegungszeit. Wenn Sophie nicht im Bewegungsraum ist, spielt sie gern in der Puppenecke mit unterschiedlichen Mädchen „Vater-Mutter-Kind".

Christian hat sich ausführliche Notizen zu seinen Beobachtungen gemacht, die er nach der Betreuungszeit mit Fatma bespricht. Ihm ist klar, wo die derzeitigen Interessen von Sophie und Max liegen. Nun will er mit seiner Kollegin besprechen, welche Angebote er entwickeln könnte. Dabei ist sich Christian jedoch unsicher, ob Max eine besondere Förderung seiner Gleichgewichtsfähigkeit braucht oder ob es bei ihm eher um die Vertiefung seines Interessengebiets gehen sollte. Auch bei Sophie hat der Sozialassistent Fragen an Fatma: Müsste das Mädchen nicht bereits ihre Kleidung selbst zuknöpfen können? In der Grobmotorik ist sie gut entwickelt – oder nicht? Seine Beobachtungen und Fragen hat er für die Teambesprechung notiert.

AUFGABE

Bearbeiten Sie die Lernsituation.

1. Analyse
   Nennen und beschreiben Sie,
   - was Sie über die Kinder erfahren,
   - welche Fragen und Schwierigkeiten Christian in der beschriebenen Situation hat.
2. Ziele formulieren
   Was muss Christian
   - herausfinden,
   - sich aneignen,

um auf Max' und Sophies Bedürfnisse und Interessen angemessen reagieren zu können?

2 Zu erlernende Kompetenzen

Um in der Lernsituation kompetent handeln zu können, muss sich ein Pädagoge Fachkenntnisse zu den Themen sensorische und motorische Entwicklung aneignen. Dazu gehört auch die Erkenntnis, dass die Entwicklung der Wahrnehmung und der Bewegung eng miteinander verknüpft sind und diese Entwicklungsbereiche grundlegend für die gesamte Entwicklung des Kindes sind. Um Kinder in diesen Bereichen unterstützen zu können, braucht die Fachkraft Handlungskompetenzen im Bereich Raumgestaltung und Planung von Angeboten zur Anregung von Sinnes- und Bewegungserfahrungen. In diesem Kapitel werden unter Punkt 3 und 4 grundlegende Erkenntnisse zur Entwicklung der Wahrnehmung und Motorik dargestellt.

Im Einzelnen geht es in beiden Abschnitten um den Verlauf der sensorischen (Punkt 3) bzw. motorischen (Punkt 4) Entwicklung und um die Bedeutung von Wahrnehmung bzw. Bewegung für die gesamte Entwicklung des Kindes. Kennzeichen abweichender Entwicklung bzw. Entwicklungsgefährdungen werden nur kurz angesprochen, denn die Fachkraft wird, nachdem sie Auffälligkeiten in der Entwicklung erkannt hat, keine therapeutischen Maßnahmen ergreifen, sondern fachliche Hilfe in Anspruch nehmen.

In Punkt 5 dieses Kapitels wird das Konzept der Psychomotorik als eine Grundlage für die Bewegungserziehung in Kindertageseinrichtungen vorgestellt. Besonders hervorzuheben sind das zugrunde liegende Bild vom Kind und die damit verbundene wertschätzende Haltung der Pädagogin.

Um Kindern ausreichende und vielfältige Sinnes- und Bewegungserfahrungen zu ermöglichen, müssen die Innen- und Außenräume der Kindertageseinrichtung anregend gestaltet werden. Wichtig ist in diesem Zusammenhang auch eine angemessene Auswahl an Materialien und Spielgeräten. Hiermit beschäftigt sich Punkt 6.

3 Die Entwicklung der Wahrnehmung

Die Entwicklung der Sinnessysteme beginnt schon vor der Geburt. Der Hautsinn, der Gleichgewichtssinn (Dreh- und Bewegungssinn) sowie der Muskel- und Stellungssinn nehmen zuerst ihre Arbeit auf. Früh werden dem Fötus Informationen über Temperaturunterschiede, über seine Lage im Mutterleib, über den Druck auf seinen Körper übermittelt. Ab der 16. Woche ist er in der Lage zu hören, zu schmecken, zu riechen und zu sehen. Mit der gleichzeitigen Entwicklung der Sinnesorgane ist damit die Voraussetzung für Wahrnehmung und Erfahrung geschaffen. Bis auf den Sehsinn sind alle Sinnessysteme des Kindes bei der Geburt voll entwickelt und funktionstüchtig. Säuglinge kommen am Ende der 9-monatigen Schwangerschaft also bereits mit einer ganzen Reihe an Sinneserfahrungen auf die Welt.

3.1 Die Funktion und Bedeutung der Sinnessysteme

Die sieben Grundwahrnehmungssysteme sind bei der Geburt bis auf den Sehsinn voll ausgebildet, brauchen aber noch viele Entwicklungsreize, um sich vollständig zu entfalten und zusammenzuarbeiten. Eine gesunde

Weiterentwicklung der Wahrnehmungsleistungen bedarf einer Vielfalt an Sinnesreizen in sozialen Kontakten. Üblicherweise bekommt das Kind diese Entwicklungsreize im Austausch mit seiner Bezugsperson.

Der Säugling muss den Informationen aus seinen Sinnesorganen einen Sinn geben, muss verstehen, dass z. B. seine visuelle Wahrnehmung die Mutter bzw. seine Umwelt abbildet; darüber hinaus muss er diese mit anderen Sinneseindrücken wie dem Klang ihrer Stimme oder seinen Gefühlen beim Kuscheln in Verbindung bringen. Wahrnehmung ist also nicht nur die bloße Aufnahme von Sinnesreizen.

Es ist nicht das Auge, das sieht, und nicht das Ohr, das hört, sondern immer der ganze Mensch.

Das Kind sucht selbst aktiv nach Entwicklungsreizen. Das bedeutet, dass das Kind die Gelegenheit erhalten muss, mit dem Mund, dann mit den Händen zu erkunden, zu betasten und schließlich mit den Gegenständen umzugehen. Um sich auf diese Entdeckungsreise einlassen zu können, braucht das Kind Sicherheit, Vertrauen und Bindung. Entwicklungshemmend wirken hingegen Unsicherheit, Misstrauen, Verwirrung und Angst (s. Kap. 4, Punkt 3.3 Bindung).

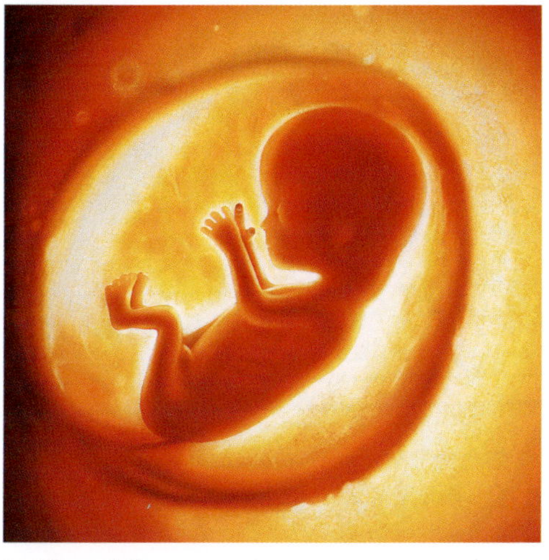

Im Mutterleib

„Wahrnehmen, Wahrnehmung ist eine allgemeine und umfassende Bezeichnung für den Prozess des Informationsgewinns aus Umwelt- und Körperreizen (äußere und innere Wahrnehmung) einschließlich der damit verbundenen emotionalen Prozesse und der durch Erfahrung und Denken erfolgenden Modifikation.“ (R. Zimmer)

3.2 Der Wahrnehmungsprozess

Max aus der Lernsituation sieht die Schale mit Milchreis, riecht den Duft, kann sogar abstrahlende Wärme spüren. Der Zimtgeruch erinnert ihn an zu Hause, die Tischdecke, auf der der Milchreis steht, und die Gläser drum herum sind für ihn uninteressant. Er verspürt den Wunsch, den Nachtisch zu probieren und nimmt einen Löffel, legt ihn dann aber wieder zur Seite und pustet, bis der Milchreis abgekühlt ist.

Max' Verhalten am Mittagstisch verdeutlicht, dass ein Reiz meist über verschiedene Sinnesorgane aufgenommen wird (z. B. Form, Geruch, Temperaturwahrnehmung) und dass hierbei eine Selektion der Reize erfolgt. Für Max ist nicht der ganze Tisch von Interesse, sondern nur die Schale mit Milchreis. Die im Gehirn ankommenden Impulse werden eingeordnet (riecht gut), die einzelnen Sinneseindrücke werden miteinander zu einem sinnvollen Ganzen verknüpft (Reis + heiß + Zucker + Zimt = Milchreis) und mit früheren Erfahrungen verglichen (zu Hause hat er schon oft Milchreis gegessen und weiß, dass er gut schmeckt). Der Wunsch wird geweckt, den Milchreis zu probieren (Befehl vom Gehirn, einen Löffel zu greifen), der Impuls wird unterbrochen aufgrund der Meldung „noch zu heiß“ (Rückgriff auf frühere Erfahrungen – Hitze schmerzt).

Sinnessystem	Sinnesorgan(e)	Gewonnene Information (Erkennung und Unterscheidung)	Beispiel	Bewegungs- und Spielformen zur Anregung des Wahrnehmungsbereichs
Vestibuläres System (Gleichgewichtssinn)	Innenohr (Vestibularsystem) 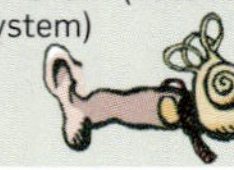	Spürt: Gleichgewichtsempfinden, Lage und Orientierung im Raum, Schwerkraft, Beschleunigung des eigenen Körpers, Stellung des Kopfes zum Körper	Schaukeln, Wippen in jeder Bewegung, auch im Stand auf den Füßen bleiben, Balancieren eines Materials	„Rodeo": Unter einer Weichbodenmatte liegen 15–20 Basketbälle. Die Kinder gruppieren sich kniend um die Matte. Ein Kind ist auf der Matte. Folgende Positionen können von dem Kind auf der Matte eingenommen werden: liegend auf Bauch/Rücken mit einer zusätzlichen kleinen Matte auf dem Kind, liegend auf Bauch/Rücken, im Vierfüßlerstand, sitzend, stehend. Die Matte wird von den anderen Kindern in unterschiedlichen Tempi bewegt.
Kinästhetisches System (Lage- und Bewegungssinn)	Muskeln, Sehnen, Gelenke 	Spürt: Stellung der Körperteile zueinander, Muskelspannung, Kraft und Bewegung des eigenen Körpers, Gewicht von Gegenständen	Selbst wenn es absolut dunkel ist, weiß der Mensch, ob sein Bein gestreckt oder gebeugt ist.	„Hamburger": Die Kinder legen sich auf eine Weichbodenmatte mit dem Bauch nach unten. Über die Matte wird eine zweite Matte gelegt, sodass ein Burger entsteht. Bewegungsmöglichkeiten für ältere Kinder: Einzelne Kinder legen sich auf den Burger; einzelne Kinder rollen über den Burger
Taktiles System (Berührungssinn)	Haut 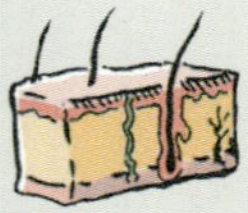	Fühlt: Berührungen, Temperatur	Setzt man sich auf einen Stein, der in der Sonne lag, spürt man die Wärme.	„Wettermassage": Zwei Kinder bilden ein Paar. Das eine Kind liegt auf einer Matte, das andere massiert es. Es wird eine Wettergeschichte erzählt. Die einzelnen Wettersituationen werden mit Massagetechniken auf dem Rücken verbunden: warme Sonne = angewärmte Hände werden fest auf den Rücken gepresst; leichter Regen = Fingerspitzen klopfen leicht auf den Rücken; Sturm = Hände werden schnell hin- und herbewegt; Donner = Hände trommeln auf den Rücken; Blitz = ein Pfeil wird mit einem Finger auf den Rücken gezeichnet; starker Regen = Fingerkuppen trommeln auf den Rücken. Wichtig ist dabei, dass die Wirbelsäule unberücksichtigt bleibt. Zu jeder Zeit sollte sich eine Hand auf dem Rücken des Kindes befinden.
Taktiles System (Tastsinn)	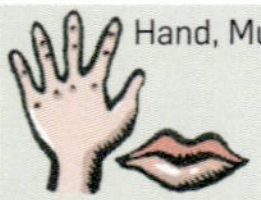 Hand, Mund	Fühlt: Größe, Form, Oberflächenbeschaffenheit, Konsistenz von Objekten	Um etwas über eine unbekannte Frucht zu erfahren, benutzt man Hand und Mund; die Beschaffenheit (glatt, rau) wird erfasst.	„Tastkiste": In kleine Schuhkartons verschiedene Materialien füllen (Tannenzapfen, Kastanien, Haselnüsse, Walnüsse, Steine, Bohnen usw.). Die Kinder ertasten mit den Händen, um welches Material es sich handelt (Kommt es aus dem Wald, ist es im Haushalt zu finden, sind es Spielsachen?) Die Materialien können auch gemischt werden und die Kinder sortieren, was zusammengehört.
Gustatorisches System (Geschmackssinn)	Zunge 	Schmeckt: Geschmack süß, sauer, salzig, bitter; Mischempfindungen (in Verbindung mit Geruch, Beschaffenheit, Konsistenz)	Eine unbekannte Frucht wird gerochen, die Zunge bringt die Geschmacksfärbung, es entsteht der Geschmack.	„Saft-Bar": Säfte von Obst und Gemüse werden von den Kindern selbst hergestellt (Saftpresse). Es wird beobachtet, welche Farbe die Säfte haben, ob sie süß oder sauer schmecken.
Olfaktorisches System (Geruchssinn)	Nase 	Riecht: Geruch ätherisch, faulig, stechend, kampferartig (Eukalyptus), moschusartig, blumig	Wer einen neuen Raum betritt, wird unmittelbar vom Geruch umfangen.	Kräuterbeete können in einer Gartenecke oder in Blumentöpfen drinnen im Gruppenraum angepflanzt werden: Pfefferminze, Thymian, Basilikum, Salbei sind stark duftende Kräuter. Zitronenmelisse riecht man schon von weitem, manche Kräuter erkennt man erst, wenn man die Blätter zwischen den Fingern zerreibt.
Auditives System (Hörsinn)	Ohr 	Hört: Klänge, Geräusche, Tonhöhe, Lautstärke, Sprache, löst akustische Reize aus dem Hintergrund heraus (= unterscheidet wesentliche Reize von unwesentlichen)	Der Klang einer Stimme und ihre Lautstärke erreichen den Menschen, lange bevor der Sinn der Worte erfasst wird.	„Hör-Memory": Jeweils 2 leere Filmdosen werden mit dem gleichen Material gefüllt, wie Sand, Reiskörner, getrocknete Erbsen, Wasser, Mehl. Die Materialien erzeugen durch Schütteln der Dosen unterschiedliche Geräusche. Die Kinder sollen die zueinander gehörenden Paare der Dosen herausfinden. Zur Kontrolle werden die Dosen geöffnet bzw. auf der Unterseite der Paare können Punkte in gleicher Farbe/gleiche Buchstaben angebracht sein. Auch als „Geruchs-Memory" möglich.
Visuelles System (Sehsinn)	Auge 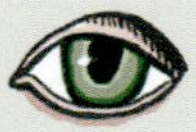	Sieht: Farbe, Helligkeit, Form, löst visuelle Reize aus dem Hintergrund heraus, räumliche Beziehungen (Beurteilung der Lage von Gegenständen und Lebewesen, Wie stehen die Gegenstände zueinander, wie stehen sie zum Betrachter?), Auge-Hand-Koordination	Eine Gestalt wird wahrgenommen, die Form prägt sich ein, sie ist aus jeder Entfernung und in jeder Lage zu erkennen.	„Spiegelbilder": Im Spiegel kann man sich selbst entdecken, sich von verschiedenen Seiten betrachten, mit Mimik und Gestik experimentieren, verschiedene Ausdrucksformen ausprobieren und sich mit anderen vergleichen. Durch den Spiegel erhält man hinten Augen: Man kann den Raum hinter sich sehen, ohne sich umzudrehen, man kann auch um die Ecke gucken. Fest montierte Spiegel: z. B. an beiden Seiten einer Ecke Bewegliche Spiegel: Handspiegel, Klappspiegel, Vergrößerungsspiegel

Sowohl die Wahrnehmung als auch die Verarbeitung des Reizes ist abhängig von verschiedenen Faktoren:

- von der Verfügbarkeit der Sinne (gut/schlecht ausgeprägte Sinne, Krankheiten, z. B. Ohrenentzündung)
- von der eigenen aktuellen Stimmung, eigenen Gefühlen (gute/schlechte Stimmung, genervt, neugierig)
- von den Vorerfahrungen (Schon mal erlebt? Wie damals reagiert?)
- von den eigenen Wertvorstellungen (Wie bewerte ich den Reiz? Wie ordne ich ihn in meine Wertvorstellungen ein?)

Eine solche Kette von Wahrnehmungen, Erinnerungen, Rückmeldungen und Reaktionen zeigt, dass es sich bei dem Verlauf der Wahrnehmung um einen **kreisförmigen Prozess** handelt, bei dem jeder Reiz mithilfe bereits gespeicherter Informationen verglichen und verarbeitet wird, gleichzeitig aber wiederum neue Erfahrungen mit sich bringt.

Die durch den Reiz in Gang gesetzten Reaktionen (motorische Handlungen u. a.) verursachen weitere Wahrnehmungen.

AUFGABE

1. Erläutern Sie den Wahrnehmungsprozess mithilfe eines Beispiels aus dem Kindergartenalltag.
2. Warum hat jedes Kind/jeder Mensch seine ganz eigene Vorstellung von der Welt?
3. Gruppenarbeit
   a) Stellen Sie jeweils ein Sinnessystem pro Gruppe in seiner speziellen Verarbeitung von Reizen anhand eines Informationsplakats dar (Aufbau und Funktion des Sinnesorgans, Bedeutung des Sinnessystems). Erläutern Sie die Bedeutung der jeweiligen Wahrnehmungsform für die Entwicklung des Kindes.
   b) Bauen Sie eine Station zum freien Experimentieren und Ausprobieren auf, an der Ihre Mitschüler selbstständig Erfahrungen mit dem von Ihnen bearbeiteten Sinnessystem sammeln können.

Der Verlauf des Wahrnehmungsprozesses kann folgendermaßen beschrieben werden:

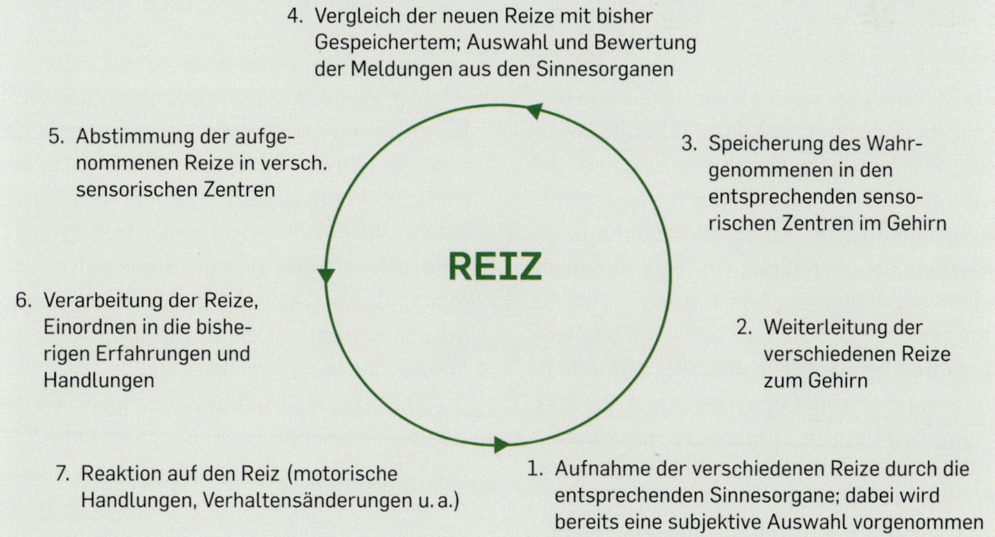

Wahrnehmungsprozess

3.3 Zur Bedeutung sinnlicher Wahrnehmung

Ohne Wahrnehmung wären Erleben, Verhalten und Lernen nicht möglich. Die Sinne sind das Fenster zur Welt. Erst durch sie kann der Mensch sich mit seiner Umwelt auseinandersetzen. Die Wahrnehmung ist also von zentraler Bedeutung für die gesamte Entwicklung. Schon kurz nach der Geburt beginnt das Kind aktiv seine Umwelt zu erkunden. Seine Fähigkeit, Reize wahrzunehmen, wiederzuerkennen, einzuordnen und in ihrer Bedeutung für das eigene Verhalten zu beurteilen, ermöglichen dem Säugling eigene Lernerfahrungen. Z. B. sind unmittelbar nach der Geburt sind die visuelle und die akustische Wahrnehmung bereits koordiniert und das Kind ‚sucht' eine Geräuschquelle mit den Augen.

Das Greifen ist immer auch ein Begreifen, das Fassen ein Erfassen. Das Kind gewinnt, bevor es sich sprachlich mitteilen kann, z. B. bereits ein Wissen über räumliche Beziehungen.

Sophie steht oben auf der Turnbank, Martha steht unten auf dem Boden. Sophie steht vor dem Kasten und Martha dahinter.

Sinnestätigkeit unterstützt die Netzwerkbildung des Gehirns. Bei der Geburt verfügt der Mensch über mehr als 100 Milliarden Nervenzellen, die erst funktionsfähig sind, wenn sie miteinander verknüpft werden. In der frühen Kindheit werden durch Sinneserfahrungen und körperliche Aktivitäten Reize geschaffen, die die Bildung von Verknüpfungen (die Synapsenbildung) unterstützen. Die Verbindungen zwischen den Nervenzellen werden umso komplexer, je mehr Reize durch die Sinnesorgane zum Gehirn gelangen. Die Plastizität des Gehirns ist groß, es muss jedoch in der Kindheit durch möglichst vielseitige Sinnestätigkeiten angeregt werden. Vor allem in den ersten Lebensjahren, wenn das Gehirn besonders beeinflussbar und veränderbar ist, sind vielseitige Wahrnehmungserfahrungen wichtig (s. auch Kap. 6 Kognitive Entwicklung). Je anregender die Umgebung für die Sinne des Kindes ist, umso stärker wird es zur Aktivität herausgefordert. Seine Neugierde, der Motor der Entwicklung, wird geweckt. Eindrücke werden über die Sinne aufgenommen und entwickeln sich zu Erfahrungen und Erkenntnissen, auf die das Kind in späteren Situationen zurückgreifen kann.

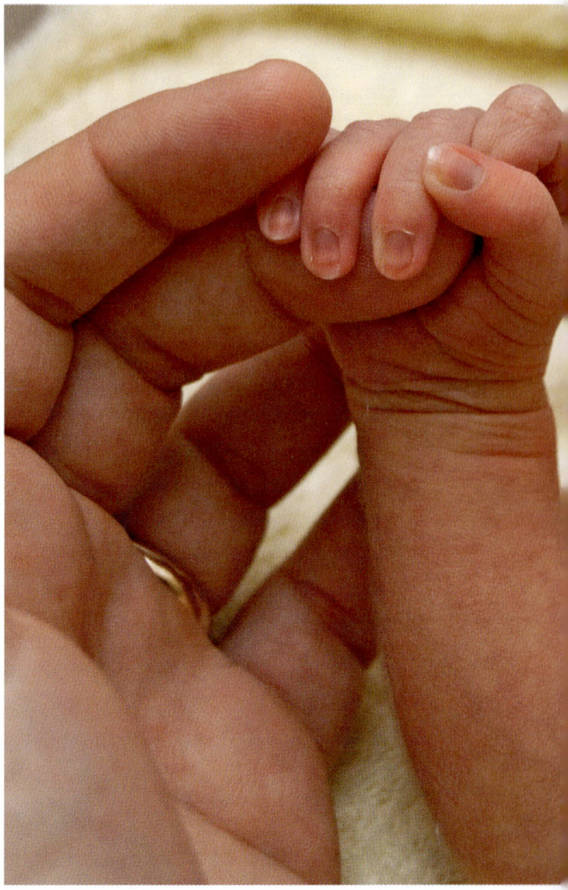

Greifen – ein komplexer Vorgang für die Sinne

Sinnliche Wahrnehmung ist mehr als die Addition einzelner Leistungen der Sinnesorgane. Ein Wahrnehmungsprozess ist immer ein ganzheitlicher Vorgang, bei dem mehrere Sinne zu einer Gesamtsinnesempfindung zusammenwirken.

3.4 Zusammenhang von Wahrnehmung, Bewegen und Lernen

Die Sinnessysteme wurden in Punkt 3.1 getrennt dargestellt. In Wirklichkeit arbeiten sie zusammen und meist erhält der Mensch Informationen aus seiner Umwelt gleichzeitig über mehrere Sinneskanäle. Aus diesen vielfältigen Sinnesreizen wählt das Gehirn aus, vergleicht und verknüpft diese mit vorangegangenen Sinneserfahrungen. Eine angemessene Einsortierung und Deutung der sensorischen Informationen im Gehirn, d. h. die Verarbeitungen der Sinneserfahrungen, führen zu motorischen und/oder emotionalen Reaktionen. Diesen Prozess nennt man **sensorische Integration**. Eine funktionierende sensorische Integration kann mit einem Ameisenhaufen verglichen werden: Alle Sinnessysteme müssen optimal aufeinander abgestimmt zusammenarbeiten, da sonst Chaos herrscht.

„Die Integration der Sinne ist das Ordnen der Empfindungen, um sie gebrauchen zu können. Unsere Sinne geben uns Informationen über den physikalischen Zustand unseres Körpers und über die Umwelt um uns herum. Empfindungen fließen ins Gehirn, wie Ströme in einen See fließen. Zahllose Bits sinnlicher Wahrnehmung erreichen in jedem Augenblick unser Gehirn nicht nur von den Augen und den Ohren her, sondern auch von jedem Teil unseres Körpers.“ (Ayres 1992)

Die fast 4-jährige Sophie ist in der Lage, auf einer Bank zu balancieren oder zu schaukeln, weil sie sich über ihren Gleichgewichtssinn im Raum orientieren kann. Sie spürt die Bank und deren Breite unter ihren Füßen. Vielleicht streckt sie die Arme aus, um das Gleichgewicht besser halten zu können. Ihr kinästhetisches System gibt Auskunft über die Spannung in

„Ohne Wurzeln fällt man um:
Bäume brauchen Wurzeln, das weiß
jedes Kind. Und ein kleiner Baum kann
umso besser wachsen und gedeihen,
je kräftiger seine Wurzeln sind, mit denen
er sich im Erdreich verankert und seine
Nährstoffe aufnimmt. Nur wenn es einem
kleinen Baum gelingt, tief reichende
Wurzeln auszubilden, wird er später
auch Wind und Wetter, ja sogar
Stürme aushalten können.“

(Gebauer u. a., 2001)

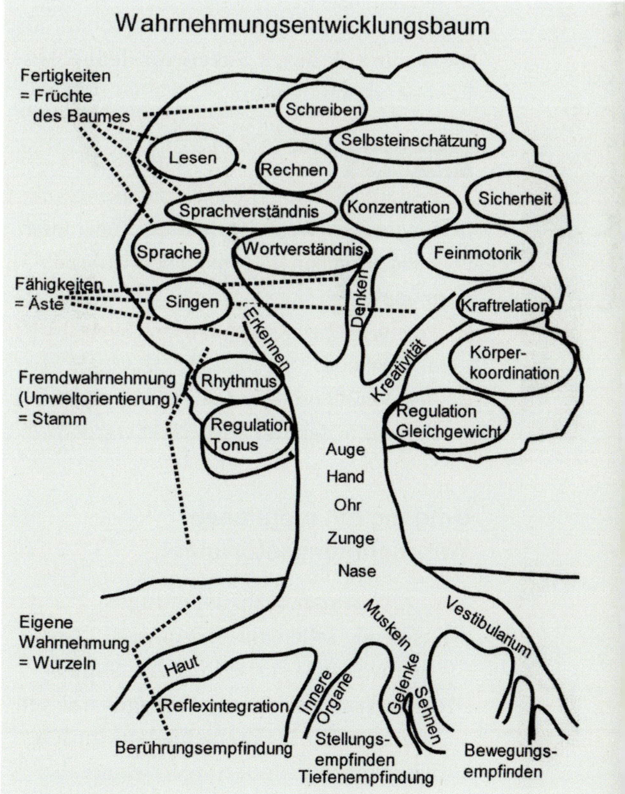

Der Baum gibt einen Überblick über die Sinnessysteme und deren Bedeutung für die Entwicklung wichtiger Kompetenzen

ihren Armen und Beinen, die sie braucht, um sich auf der Bank halten zu können. Über den Sehsinn orientiert sie sich im Raum.

Je besser dieser Prozess funktioniert, umso mehr Fähigkeiten und Fertigkeiten bilden sich aus. Die sensorische Integration umschreibt also die Fähigkeit des Menschen, einzelne Sinnesbotschaften zu erkennen und hieraus eine Reaktion, eine Antwort in Form von Bewegung, zu planen, auszuführen und zu steuern und diese Antwort zu spüren.

Die sensorische Integration bildet die Grundlage für die gesunde Entwicklung des Kindes. Deshalb ist es zum einen wichtig, dass Kinder Sinneserfahrungen aus erster Hand machen können, also nicht über Medien. Zum anderen ist das Erlernen komplexer Bewegungsmuster für eine gute Ausbildung der Wahrnehmungsfähigkeit entscheidend, also nicht nur z. B. durch Sitzen vor dem Fernseher oder dem Computer.

AUFGABE

1. Erklären Sie den Wahrnehmungsentwicklungsbaum. Worin besteht der Zusammenhang zwischen Bewegung und Wahrnehmung?
2. Was brauchen Kinder, um ihre Sinne zu entwickeln?
3. Was heißt Lernen mit allen Sinnen? Wie kann es in der Kita ermöglicht werden?

Umgang mit möglichen Wahrnehmungsstörungen

„Unter Wahrnehmungsstörung fallen alle Störungen in der sinnvollen Verarbeitung von Sinnesreizen. Wahrnehmungsstörungen müssen ganz eindeutig unterschieden werden von Sinnesbehinderungen, wenn also die Sinnesorgane selbst eingeschränkt oder nicht funktionstüchtig sind.“

(Pfluger-Jakob, 2006)

Sozialassistentinnen und pädagogische Zweitkräfte sind keine Fachleute im Erkennen von Wahrnehmungsstörungen, aber sie stehen in engem Kontakt zu den Kindern und erleben sie in all ihren Alltagsaktivitäten. Ihre Beobachtungen können entscheidend dazu beitragen, einen möglichen Verdacht auf eine irgendwie geartete Wahrnehmungsstörung festzustellen: Das ist der erste wichtige Schritt. Die Fachkraft sucht in jedem Fall zuerst ein Gespräch mit der Gruppenleitung, die später mit den Eltern des Kindes spricht. Alles Weitere muss in die Hände von Fachleuten gelegt werden. Viele der Kinder mit Wahrnehmungsstörungen brauchen gezielte therapeutische Maßnahmen, z. B. heilpädagogische Behandlungen, Ergotherapie, sensorische Integrationstherapie, logopädische oder Sprachheilbehandlung oder Psychomotorik. Sie benötigen außerdem immer (auch im Kindergartenalltag) besonderes Verständnis, emotionale Unterstützung und spezielle Hilfestellungen und Ermunterungen.

Mögliche Wahrnehmungsstörungen können u. a. in folgenden Defiziten liegen:

- in der Unfähigkeit, die Aufmerksamkeit auf das im Moment Wesentliche zu richten, z. B. aus einer Vielzahl von Geräuschen den wichtigen akustischen Reiz (die Anweisung der Pädagogin) zu hören
- in der Unbeholfenheit in Grob- und Feinmotorik, auch des Bewegungssehens (Geschwindigkeiten einschätzen beim Ballfangen)
- in der ungeschickten Bewegungsplanung, z. B. bei der Auge-Hand-Koordination
- in auffälligem Sozialverhalten, z. B. Rückzug, Aggressivität, Klammern, erhöhte Ängstlichkeit

AUFGABE

Leiten Sie in der Klasse ein Spiel zur Anregung und Förderung der sinnlichen Wahrnehmung an, das vorrangig ein Sinnessystem anspricht.

4 Die motorische Entwicklung

Bewegung ist für Kinder ...

B
E
W
*Sinn***E**
G
U
N
G

AUFGABE

Assoziieren Sie frei zum Thema Bewegung und ordnen Sie Wörter und Begriffe den untereinander stehenden Buchstaben zu. Die Buchstaben können den Anfang eines Begriffs oder Wortes bilden oder auch an einer anderen Stelle stehen.

4.1 Die Bedeutung der Bewegung für die kindliche Entwicklung

Motorik: Der Begriff kommt aus dem Lateinischen (movere = sich bewegen) und bezeichnet die Gesamtheit aller Bewegungsabläufe des menschlichen Körpers.

Sich zu bewegen ist ein grundlegendes menschliches Bedürfnis. Bewegungen ermöglichen dem Kind, seine dingliche Umwelt zu erkunden, zu begreifen. Mit zunehmendem motorischen Leistungsvermögen kann sich das Kind die Welt über seine Aktivitäten erschließen: Es kann zu einem Gegenstand hin krabbeln, ihn anfassen, hochheben und fallen lassen. Es erfährt auf diese Weise viel über dessen Eigenschaften oder physikalische Gesetzmäßigkeiten – über das Gesetz der Schwerkraft nämlich, dass jeder Gegenstand zu Boden fällt. Die nonverbale Kommunikation ist dem Kind schon früh geläufig, denn Bewegung ermöglicht es den Menschen, durch Gestik und Mimik zu kommunizieren. Sie nehmen Beziehungen zu anderen auf, z. B. durch Winken, Küssen, Umarmen, Wegstoßen. Über Bewegung drückt das Kind seine Stimmungen aus, über Bewegung nimmt es Kontakt auf. Später beginnt es Begriffe zu bilden, indem es den erfassten Gegenständen Wörter zuordnet (s. Kap. 7 Sprachentwicklung).

Bewegung ermöglicht eine differenzierte Wahrnehmung, gibt Anregungen zum Denken und fördert so die Intelligenz. Wahrnehmen und Bewegen, die Verknüpfung von sensorischen Reizen mit Bewegungsabläufen sind Voraussetzungen für die **Denk- und Sprachentwicklung**. Das Toben, Rennen und Sich-Verausgaben ist zudem wichtig für die **biologische Entwicklung**. Es unterstützt Wachstumsreize und regt das Herz-Kreislauf-System an. Kinder lernen durch Bewegung, mit ihrem Körper umzugehen und seine Signale zu beachten. Durch die konkrete Auseinandersetzung des Ich mit den Gegebenheiten der Umwelt entwickelt sich beim Kind ein schematisches Bild von seinem Körper.

Für eine gesunde Entwicklung ist das Zusammenspiel zwischen psychischen und motorischen Abläufen eine Grundvoraussetzung. Vielfältige Bewegungsmöglichkeiten und das Erleben des eigenen Selbst und von Gefühlen wie Lust, Freude, Erschöpfung, Energie dienen dem Aufbau eines gesunden **Selbstbewusstseins** und somit dem Selbstwertgefühl. Ob sich ein Kind für stark oder schwach hält, ob es Vertrauen in seine Fähigkeiten hat, bei Schwierigkeiten schnell aufgibt oder sich durch sie geradezu herausgefordert fühlt – all das ist abhängig von dem Bild, das das Kind von sich selbst hat: *„Ich bin schon groß, ich kann allein schaukeln“. „Traue ich mich, das Klettergerüst* *hochzuklettern – oder bleib ich lieber unten?"* (s. auch Kap. 4, Punkt 3.3 Bindung).

Spiel und Bewegung sind Aktivitäten, die häufig **mit anderen Menschen** ausgeführt werden, man spielt mit oder gegen sie. Kinder müssen sich nicht nur mit Materialien und Objekten, sondern auch miteinander auseinandersetzen. Sie müssen Beziehungen aufnehmen, sich absprechen und auseinandersetzen. Sie erleben Freude, ärgern sich, sind enttäuscht, müssen Misserfolge ertragen. Dies kann zu Konflikten, vor allem aber auch zu beglückenden Gemeinschaftserlebnissen führen. Solche Situationen ermöglichen **soziale Lernprozesse**, indem sie zur Entwicklung von Toleranz, Einfühlungsvermögen und Rücksichtnahme beitragen.

Es wird deutlich, dass die Entwicklung der Motorik erhebliche Auswirkungen auf alle anderen Entwicklungsbereiche hat. Den Zusammenhang zwischen körperlich-motorischen Vorgängen und geistig-seelischem Erleben bezeichnet man mit dem Begriff **Psychomotorik**. Das sind Erfahrungen, die das Kind mit Leib und Seele macht (s. Punkt 6.1). Bei der ganzheitlichen Betrachtungsweise ist es wesentlich, die Zusammenhänge aller Entwicklungsbereiche zu erfassen. So können beispielsweise Störungen im Bereich der Motorik zu Entwicklungsverzögerungen im kognitiven oder emotionalen Bereich führen und umgekehrt.

AUFGABE

Finden Sie Beispiele für den Zusammenhang zwischen der Bewegungsentwicklung des Kindes und den unten abgebildeten sieben Entwicklungsbereichen.

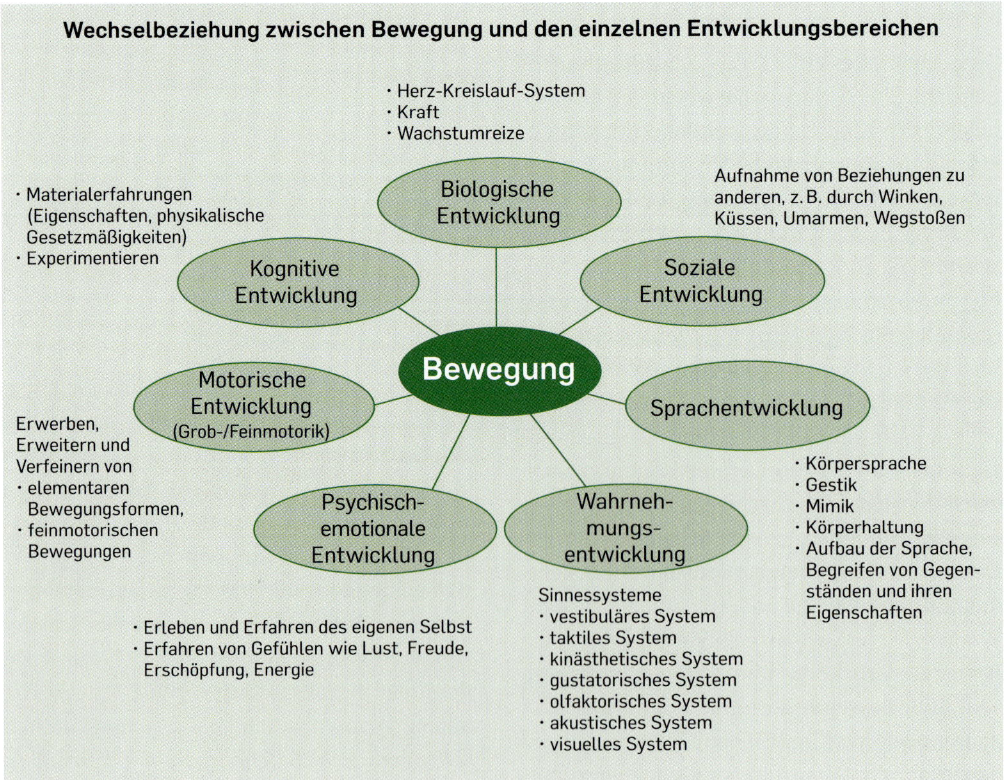

Faktoren, die Bewegung und Spiel des Kindes wesentlich beeinflussen

4.2 Der Verlauf der motorischen Entwicklung

„Im Verlauf von etwa anderthalb Jahren wird aus dem hilflosen, keiner willentlichen Bewegung fähigen Säugling ein aufrechtes Wesen mit einer zielgerichteten motorischen Aktivität."

(R. H. Largo)

Im Vergleich zur Wahrnehmungsfähigkeit entwickelt sich die Motorik in den ersten Lebensmonaten sehr langsam. Zunächst kann das Kind viel mehr Informationen aufnehmen, als es offenbar verwertet und in (erkennbare) motorische Reaktionen umsetzt. Die **Sensorik** eilt also der Motorik zunächst voraus. Schon ab dem 3. Monat der Schwangerschaft bewegt sich der Fötus lebhaft. Ebenso wie die Entwicklung der Sinnesorgane beginnt die motorische Entwicklung schon vor der Geburt.

Wenn hier von der motorischen Entwicklung die Rede ist, dann sind sowohl der **grobmotorische** als auch der **feinmotorische Entwicklungsbereich** gemeint. Die Grobmotorik umfasst die Bewegungen von Kopf, Schultern, Rumpf, Becken, Armen und Beinen. Sie ermöglichen dem Menschen z. B., sich gegen die Schwerkraft aufrecht zu halten und sich fortzubewegen. Die Feinmotorik umfasst Bewegungen von Fingern, Zehen und Gesicht wie Mimik oder die sprachliche Artikulation.

Sophie hat Schwierigkeiten, die Knöpfe ihrer Jacke zuzuknöpfen. Hier ist Fingerfertigkeit gefragt und das Zusammenspiel zwischen beiden Händen, aber auch zwischen dem, was sie sieht und was sie tut.

Die Entwicklung der motorischen Fähigkeiten des Säuglings verläuft vom Kopf zu den Füßen. Die stets zunehmende Körperbeherrschung, die sich z. B. in der Entwicklung vom Sitzen, Krabbeln, Stehen und Laufen zum Klettern vollzieht, ist nicht in erster Linie das Ergebnis von Erfahrung, sondern der **Reifung** (s. auch Kap. 6, Punkt 3.2) Die motorische Entwicklung läuft nach inneren Gesetzmäßigkeiten des Individuums ab. Die Abfolge kann daher nicht von außen beeinflusst werden: Fleißiges Üben vermag motorische Entwicklungsprozesse nicht zu beschleunigen! Dementsprechend ist es sinnlos, ein 3 Monate altes Baby regelmäßig auf die Beine zu stellen, in der Hoffnung, dass es dann eher stehen kann. Es wird in jenem Moment stehen können, in dem sein Nervensystem genügend entwickelt ist. Jedes Kind eignet sich diese Fähigkeiten selbst an. Voraussetzung für diese Selbststeuerung ist allerdings, dass das Kind Möglichkeiten bekommt, sich seinem augenblicklichen Entwicklungsstand entsprechend motorisch zu betätigen.

Demnach kann die Pädagogin das Kind in seiner motorischen Entwicklung unterstützen, indem sie ihm ausreichend Gelegenheit bietet, jene Köperbewegungen in einem sicheren Bewegungsraum zu üben, die es schon etwas beherrscht und für die es „reif" ist. Ein Kind, das kriechen kann, muss vor allem Gelegenheit zum Kriechen, ein Kind, das klettern kann, muss Gelegenheit zum Klettern bekommen. Die Aktivität reizt das Nerven- und Muskelsystem zu weiterer Entwicklung.

Die Entwicklungsprozesse vom Säugling zum Kleinkind können vielfältig und höchst unterschiedlich ablaufen. Die folgende Aufführung der **„Meilensteine der Motorikentwicklung"** berücksichtigt diese Unterschiede innerhalb der Entwicklung der Kinder. Es wird eine weite Entwicklungsabfolge dargestellt, die individuelle Abweichungen in weiten Grenzen respektiert.

Meilensteine der Motorikentwicklung

bis 3 Monate

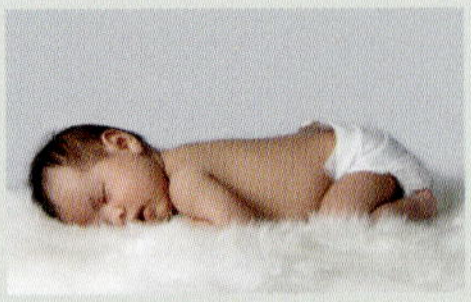

Das Neugeborene zieht in allen Positionen die Glieder zum Körper hin an. Diese Beugehaltung des Körpers wird Fötusposition genannt. Weil der Kopf des Babys im Vergleich zum Körper recht groß und schwer ist, sind die willkürlichen Bewegungen in den ersten Wochen noch stark eingeschränkt. Je mehr das Baby die Kopfhaltung kontrollieren kann, desto weniger rollt es sich zur Fötusposition ein. Schließlich kann es mit dem Hinterkopf auf der Unterlage aufliegen und mit freien Armen und Beinen flach auf dem Rücken liegen. Der Blickwinkel des Babys erweitert sich so und ihm stehen nun seine Gliedmaßen für körperliche Aktivität zur Verfügung. Wenn es wach ist, bewegt es sich daher gern und sein Strampeln und Armfuchteln am Ende dieser Phase unterscheiden sich deutlich von früheren Bewegungen. Mit ca. einem Monat kann es in Bauchlage sein Kinn für einige Sekunden von der Unterlage abheben, z. B. weil es durch ein interessantes Objekt im Blickfeld dazu angeregt wird. Mit ca. 2 Monaten kann der Säugling seinen Kopf kurz selber stabilisieren, wenn er z. B. auf dem Arm gehalten wird. Beim Aufnehmen oder Herumtragen muss sein Kopf aber noch immer gestützt werden.

Im 1. Monat sind viele typische Bewegungsmuster von Reflexen geprägt. Dies sind unkontrollierbare, durch bestimmte Reize ausgelöste Bewegungen. Ein bekannter Reflex bei Babys ist der Greifreflex, der dazu führt, dass sich die Hände des Babys sofort schließen, wenn seine Handinnenflächen von etwas berührt werden. Mit ca. 1 – 2 Monaten ist der Greifreflex fast verschwunden und das Baby hält die Hände die meiste Zeit über geöffnet. Das Kind wird sich erstmals seiner Hände bewusst (s. Exkurs: Auge-Hand-Koordination).

Mit ca. 3 Monaten kann das Baby in Bauchlage seinen Kopf dauerhaft aufrecht halten und sich dabei auf seine Ellenbogen oder Hände aufstützen, da nun auch die Muskeln der Schultern und Arme seiner Kontrolle zu unterliegen beginnen.

4 bis 9 Monate

Im Alter von ca. 5 Monaten hat das Baby die volle Kontrolle über seine Kopfhaltung. Auch bei plötzlichen Bewegungen und beim Hochziehen ohne Stütze kippt sein Kopf nicht mehr weg. Inzwischen kann das Baby in der Rückenlage seine Beine willentlich so weit beugen, dass es mit den Händen seine Füße betasten kann und sogar seine Füße mit dem Mund erkundet. Hände und Füße werden als immer verfügbares Spielzeug entdeckt.

Mit ca. 3 Monaten können sich viele Babys aus der Rückenlage auf die Seite drehen, aber erst mit ca. 6 Monaten gelingt die komplette Drehung vom Bauch auf den Rücken. Kurze Zeit danach ist auch das Drehen vom Rücken auf den Bauch möglich.

Vom 4. Monat an entwickelt sich die Fähigkeit des Greifens mit den Händen. Zuerst kann das Baby Gegenstände nur mit der Handinnenfläche greifen, während die einzelnen Finger noch keine spezialisierte Funktion haben. Auch wird der Vorgang des Greifens zunächst noch mit beiden Händen gleichzeitig ausgeführt, bis das Baby mit etwa einem halben Jahr zum einhändigen Greifen übergeht (allerdings noch mit der Handinnenfläche). Bald danach ist es ihm auch möglich, Dinge von einer Hand in die andere zu geben. Da die beiden Hände aber funktional noch nicht voneinander getrennt sind, passiert es oft, dass es einen Gegenstand aus der Hand verliert, während es die andere Hand für einen weiteren Gegenstand öffnet. Beide Hände öffnen sich noch gleichzeitig.

Mit ca. 7 – 8 Monaten kommt der Scherengriff auf: Es werden nur noch Daumen und Zeigefinger benutzt, wobei Dinge zunächst von der Basis der genannten Finger umschlossen werden; bald verlagert sich der Griff zu den Fingerkuppen. Mit ca. 9 Monaten können Babys endgültig den Pinzettengriff verwenden. Diese neue Fähigkeit üben sie gern an winzigen Dingen wie Teppichflusen und Krümeln. Wenn auch das Greifen nach ca. einem dreiviertel Jahr schon gut klappt, haben die Kleinen noch mindestens das ganze 1. Lebensjahr über Schwierigkeiten mit dem Loslassen. Oft sind heftige Arm- und Hand-(Schleuder-)Bewegungen nötig, um Gegenstände wieder loszuwerden, weil sie ihre Muskeln noch nicht willentlich lockern können. Diese Schwierigkeit wird bald überwunden.

Sich fortbewegen

Die meisten Babys beginnen zwischen dem 7. und 10. Monat mit irgendeiner Art der Fortbewegung. Oft wird auf dem Bauch mithilfe der Arme vorangerobbt, später werden die Beine als Antrieb in dieser Lage benutzt, bis das Kind krabbelt, häufig zunächst nur rückwärts. Manche Babys

überspringen diese Phase völlig, indem sie gar nicht krabbeln, sondern sich aus dem Sitzen direkt zum Stehen hochziehen. Auch das ist normal – genau wie viele andere Methoden der Fortbewegung: Rutschen auf dem Po, Robben, Rollen, Kreis-Rutschen.

Wenn man ein 7-monatiges Baby hinsetzt, kann es meist einige Zeit sitzen bleiben, ohne zusammenzusacken. Trotzdem sollte ein Baby nicht zu oft in eine sitzende Position gebracht werden, die es noch nicht von selbst einnehmen und halten kann. Diese Positionen entsprechen noch nicht seiner momentanen Muskelentwicklung, weshalb das Kind zusammensackt. Sobald das Kind aber durch sein Verhalten deutlich macht, dass es über die entsprechende Körperpartie Kontrolle gewonnen hat, kann diese neue Fähigkeit auch für verändertes Sitzen genutzt werden. In dieser Haltung werden ganz neue Erfahrungen möglich, weil es beide Hände zur Verfügung und gleichzeitig einen guten Überblick über das hat, was um es herum geschieht.

Mit ca. einem halben Jahr haben viele Babys Freude daran, in den Armen auf dem Schoß ihrer Bezugspersonen zu stehen und dabei durch Beugen und Durchstrecken der Beine wie auf einem Trampolin zu hüpfen. Mit ca. 9 Monaten kann das Baby dann erstmals sein ganzes Gewicht auf seinen Beinen tragen und das Gleichgewicht halten (wenn es sich irgendwo festhalten kann). Dies ist der Beginn der Laufentwicklung.

ab 10 Monaten

Mit ca. 10 Monaten ist die Muskelkontrolle des Kindes bis zu den Knien und Füßen fortgeschritten. Deshalb kann es sich jetzt zum Stehen hochziehen. Nach einiger Zeit wagt das Kind vom Stehen mit Festhalten die ersten geschobenen Schritte zur Seite. Schließlich überwindet es schmale Lücken zwischen Halteobjekten.

Mit ca. 14–16 Monaten folgen die ersten Schritte ohne Stütze. Dabei entdeckt es auch, dass es frei stehen kann. Für das Kind ist es in dieser Phase eine nützliche Hilfe, wenn man Möbel im Raum so anordnet, dass es mit Festhalten den ganzen Raum umrunden kann. Auch das „Wer kommt in meine Arme?"-Spiel, bei dem das Kind 2-3 Schritte in die geöffneten Arme der Bezugsperson läuft, wirkt sehr motivierend.

Mit ca. 16–18 Monaten läuft das Kleinkind noch recht unkontrolliert, denn es hat weder Bremse noch Steuerung. Es kann also vor Hindernissen oder Gefahren nicht schnell genug anhalten oder ausweichen, was eine besondere Aufmerksamkeit der Pädagogen erfordert. Mit ca. dem 2. Geburtstag hat das Kind gelernt, auch diese Bewegung zu steuern.

Ist das Kind ca. 18 Monate alt, kann es mit recht gleichmäßigen Schritten gehen, laufen, rückwärtsgehen und fällt nur noch selten hin. Mit Festhalten kann es auch Treppen erklimmen.

Mit ca. 2½ Jahren kann das Kind mit beiden Beinen vom Boden hochspringen, mit 3 Jahren Treppen mit je einem Fuß pro Stufe bewältigen. In den kommenden Monaten und Jahren kommen weitere Bewegungsmuster wie Klettern, Dreirad- und Rollerfahren dazu.

Mit ca. 3 Jahren nimmt das Kind Treppenstufen im Wechselschritt – leichter nach oben als nach unten. Der sich nach und nach weiterentwickelnde Gleichgewichtssinn ermöglicht es Kindern ab 3 Jahren, 3–4 Sekunden auf einem Bein zu stehen oder über einen genügend breiten Balken zu balancieren.

4 bis 5 Jahre, ab 6 Jahren

In dieser Zeit variieren und steigern die Kinder ihre Bewegungsmöglichkeiten. Die Bewegungsabläufe gewinnen deutlich an Sicherheit und Vielfalt. Vor allem in der Grobkoordination zeigt sich eine zunehmende Steuerungsfähigkeit. Die Mitbewegungen werden abgebaut, die Bewegungselastizität nimmt zu, die Bewegungen sind ab dem 5./6. Lebensjahr kraftvoller, schneller und großräumiger. Das Kind kann jetzt nicht nur schnell laufen, es beginnt zu rennen – mit ca. 4–5 Jahren schon gut koordiniert. Die zunehmende Beinmuskulatur ermöglicht richtige Sprünge. Hüpfen und Landen auf einem Bein ist meist erst ab 4 Jahren zu beobachten, da hier höhere Anforderungen an Kraft und Gleichgewicht gestellt werden.

Mit ca. 6–7 Jahren können Kinder einen in Brusthöhe zugeworfenen Ball mit beiden Händen sicher fangen. Das Kind hat in dieser Zeit viele verschiedene Entwicklungsschritte zu bewältigen, z. B. die Sprache und die sozial-emotionale Entwicklung betreffend. Es kann sein, dass jene Entwicklungen gerade seine ganze Aufmerksamkeit beanspruchen und dass es in seiner motorischen Entwicklung eine „Verschnaufpause" einlegt. Das Kind braucht also Zeit, um alle Fähigkeiten auszubilden. Die Aufgabe der Pädagogin ist es, das Kind aufmerksam zu beobachten und ihm Angebote zu machen, die zu seiner momentanen Entwicklungsphase passen.

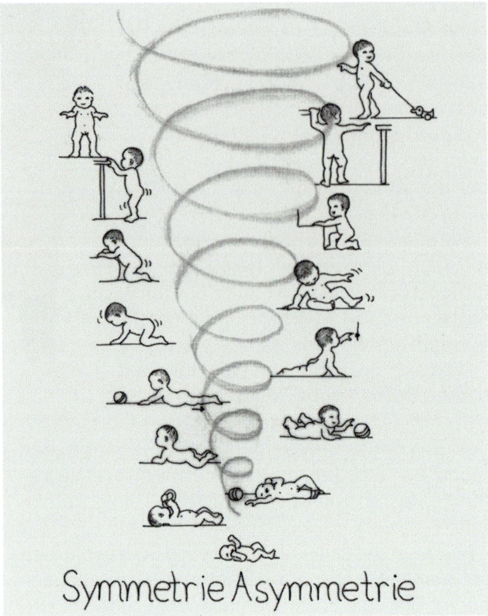

Frühkindliche Bewegungsentwicklung

AUFGABE

1. Erstellen Sie eine tabellarische Übersicht über den Verlauf der grobmotorischen bzw. der feinmotorischen Entwicklung des Kindes im Alter von 0–3 Jahren.
2. Recherchieren Sie Bewegungsanreize oder -angebote, die für Kinder
   a) von ca. 0–2 Jahren,
   b) von ca. 2–4 Jahren,
   c) von ca. 4–6 Jahren,
   d) von ca. 6–10 Jahren
   angemessen sein können.

Exkurs: Auge-Hand-Koordination

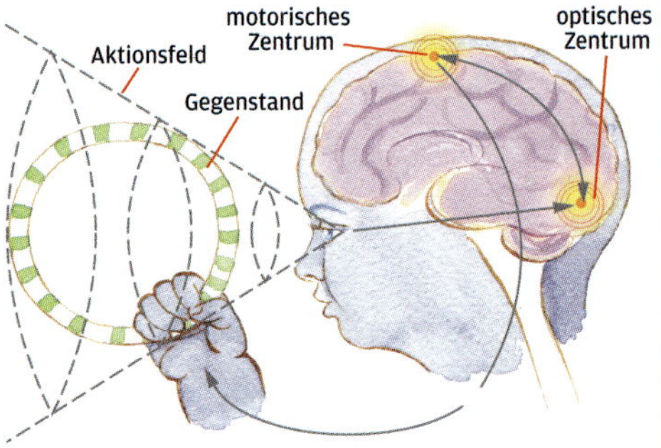

Auge-Hand-Koordination (nach Radigk, 1982)

Die Entwicklung der Feinmotorik und der Auge-Hand-Koordination bedingen sich gegenseitig. Das Baby kann seine Hände erst entdecken, wenn diese nicht mehr die meiste Zeit geschlossen gehalten werden. Mit ca. 6 Wochen findet es daher seine Hände durch Berührung; sie fassen sich gegenseitig an und werden geöffnet und geschlossen. Aber auch noch mit ca. 8 Wochen spielt das Baby mit seinen Händen, als seien sie bloße Gegenstände. In dieser Phase ist es hilfreich, dem Baby Rasseln anzubieten, denn durch das Geräusch, das zunächst zufällig entsteht, wenn es seine Hand bewegt, werden seine Blicke auf die Rassel (und somit auf seine Hände) gelenkt. In den folgenden Wochen stellt das Baby so eine Beziehung her zwischen sich selbst und seinen Händen. Mit ca. 3 Monaten ist es sehr fixiert auf seine Hände, bewegt sie oft in sein Blickfeld, berührt sie viel, steckt sie in den Mund und wirkt dabei sehr konzentriert.

Zunächst gebrauchen Babys also Augen und Hände offenbar getrennt: Sie betasten Spielzeug, ohne es anzusehen, und sehen es an, ohne es anzufassen. Um aktiv auf seine Umwelt einwirken zu können, muss das Baby aber beide Fähigkeiten in einen Zusammenhang bringen, es muss die Auge-Hand-Koordination im ersten halben Jahr erlernen. Im Alter von ca. 4–6 Monaten kann das Kind Gegenstände in fast jeder Entfernung fixieren und ihnen mit den Augen in alle Richtungen folgen. Es weiß nun, wo seine Hand gerade ist, und braucht daher zum zielgerichteten Greifen nicht mehr zwischen Hand und Gegenstand hin- und herzuschauen. Außerdem hat es gelernt, genau dann zuzufassen, wenn der Gegenstand seine Hand berührt. Die Auge-Hand-Koordination entwickelt sich mit zunehmenden Erfahrungen in den nächsten 2 Jahren weiter.

5 Die Wahrnehmungs- und Bewegungswelt von Kindern heute

Kinder heute …

Sind die Bedingungen für Kinder heute noch so, dass sie die notwendigen Erfahrungen machen können? Erst einmal wird man mit „Ja" antworten, denn niemals vorher hatten Kinder so gute Entwicklungsbedingungen wie heute. Für einige Lebensbereiche trifft diese Auffassung zu. Aber die Situation ist auch für viele Kinder schwieriger geworden, denn Gefährdungen durch gesellschaftliche und soziale Veränderungen haben deutlich zugenommen (s. auch Kap. 14, Punkt 3 Lebenswelten von Familien).

Die Wahrnehmungswelt von Kindern hat sich verändert

Vielen Kindern fehlt heute eine ausgewogene Stimulierung und Entwicklung aller Sinnesbereiche. Einerseits wachsen sie in einer reizintensiven Umwelt mit einer Überflutung durch optische und akustische Reize auf, weil beispielsweise Medien wie das Fernsehen und der Computer die Sinnessysteme im Bereich Sehen und Hören stark beanspruchen und den Kindern die Zeit fehlt, die Vielzahl der Reize zu verkraften. Gleichzeitig bleiben die Sinneserlebnisse einseitig, weil sie auf wenige Sinneserfahrungen reduziert sind.

Andererseits wachsen Kinder in einer hinsichtlich ihrer körperlich-sinnlichen Erfahrungen verarmten Lebenswelt auf, die ihnen viele Anregungen und Erfahrungen vorenthält. Beispielsweise stehen (vor allem in Städten) weniger Bewegungsräume zur Verfügung. Das hat zur Folge, dass die körpernahen Wahrnehmungen, der Lage- und Bewegungssinn, Gleichgewichtssinn und Tastsinn, immer weniger geübt werden.

Eine mehr und mehr technisierte und motorisierte Welt lässt den Kindern weniger Raum für Sinneserfahrungen: Klettergerüst statt Baum, Fertiggericht statt Selbstzubereitetem, festgelegtes Spielzeug statt offene Spielmaterialien, die der Fantasie freien Lauf lassen. In der Reizüberflutung und Reizarmut liegt eine Vielzahl von Wahrnehmungsstörungen begründet, denn alle Sinnesorgane brauchen Anregungen, um zu funktionieren. Gerade für kleine Kinder ist eine ganzheitliche und ausgewogene Anregung der Sinne wichtig.

Die Bewegungswelt von Kindern hat sich verändert

Sich zu bewegen ist ein grundlegendes menschliches Bedürfnis. Im heutigen Lebensalltag müssen viele Kinder mit einem Mangel an natürlichen Bewegungs- und Spielerfahrungen aufwachsen. Viele leben in beengten Wohnverhältnissen, die den kindlichen Bewegungsdrang einschränken. Der Straßenverkehr nimmt zu, während es in den Städten weniger Spielplätze gibt. Dazu kommt, dass Erwachsene z. T. für die Spiel- und Bewegungsbedürfnisse der Kinder wenig Verständnis

Das Kind wird geschoben, wenn es nicht mehr kann oder möchte

zeigen. Zwar hatten Kinder noch nie ein so großes Angebot an Freizeitaktivitäten, an Spielmaterial und Anregungen durch die Medien; genauso stark sind auf der anderen Seite jedoch ihre Möglichkeiten beschnitten worden, **Primärerfahrungen** zu sammeln. Doch gerade in den ersten Lebensjahren benötigen Kinder diese für eine gesunde Entwicklung.

Die motorischen Leistungen der Kinder haben sich in den vergangenen Jahren tatsächlich verschlechtert: einen Ball auffangen, eine Treppe schnell hinaufsteigen und hinunterspringen, auf einer schmalen Mauer balancieren, auf unebenem Untergrund das Gleichgewicht halten: dies zu beherrschen ist für einige nicht selbstverständlich. Manche haben bereits Schwierigkeiten, sich im Raum zu orientieren, wenn sie in einer Gruppe durcheinanderlaufen. Ein Grund dafür mag auch sein, dass Lernen in unserer Gesellschaft untrennbar mit Sitzen verbunden ist.

Angesichts der umfassenden Mediatisierung und Motorisierung ist Bewegungsmangel zu einem großen Problem bei Kindern geworden, mit ernsthaften Folgen für die körperliche, aber auch für die geistige, emotionale und soziale Entwicklung. So hat sich die Zahl der übergewichtigen Schulanfänger in den letzten 10 Jahren verdoppelt. Jedes 5. Kind ist heute übergewichtig. Ein Zuviel an Gewicht bedeutet auch ein Zuwenig an Selbstwertgefühl: Die Kinder möchten ihren Körper nicht zeigen, finden Ausreden, um nicht am Schulsport teilzunehmen. Der Angst vor Misserfolg folgt die Vermeidung von Bewegungsaktivitäten, es kommt zu Bewegungsbeeinträchtigungen bis hin zu Leistungsschwächen und natürlich auch zu einer Verstärkung der Adipositas (Fettleibigkeit). Gesundheitliche Risiken, die bis ins Erwachsenenalter hineinreichen, sind die Folge.

Kindern den Umgang mit dem eigenen Körper zu ermöglichen, ihre Bewegungssicherheit zu verbessern und ihre feinmotorischen Fähigkeiten zu fördern, generell ihre „Sinne zu stärken", sind in der heutigen Zeit ganz besonders wichtige Ziele.

Bewegungs- oder Sportkindergärten

Mit sogenannten Bewegungskindergärten soll in einigen Bundesländern der Bewegungsarmut im Kindesalter begegnet werden. Die täglich extra ausgewiesene Bewegungszeit ist ein Markenzeichen dieser zertifizierten Einrichtungen. So kooperieren die Kindergärten mit Sportvereinen und nutzen regelmäßig deren Sport- und Schwimmhallen.

AUFGABE

1. Übertragen Sie die Mindmap rechts in Ihre Unterlagen und füllen Sie den Platz um die Figur mit Lebensumständen und Lebensbedingungen, die Ihnen zu den Bereichen einfallen.
2. Welche Bereiche sind Ihrer Meinung nach in besonderem Maße von Veränderungen betroffen?
3. Wie reagieren Sie bei der Auswahl von Inhalten in Ihren Bewegungsarrangements auf diese veränderte Situation?

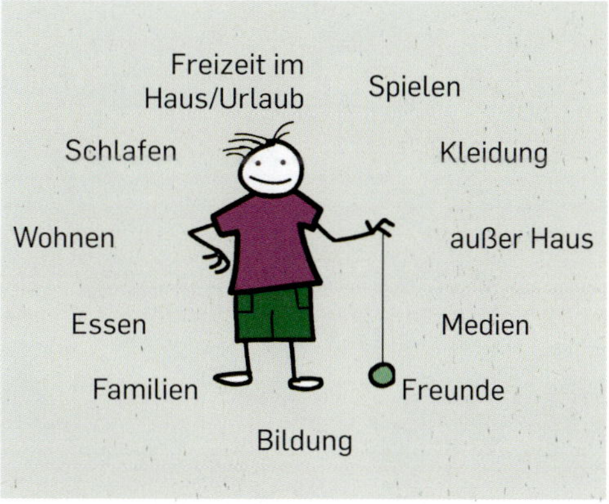

6 Begleitung und Förderung von Wahrnehmung und Bewegung

Kinder wollen ihre Umgebung und die Dinge nicht nur ansehen, sondern sie möglichst genau erforschen. So ist das Kind in der Lage, experimentierend und forschend die Personen, Gegenstände oder Situationen seiner Umwelt, die es mit den Sinnen erfasst, umfassender zu begreifen.

Entsprechend sollte der Innen- und Außenbereich der Kita einen Ausgleich für mögliche Reizarmut oder Reizüberflutung bieten. Im Außengelände und in den Räumen der Einrichtung sollten vielfältige Möglichkeiten geschaffen werden, vor allem die Basissinne herauszufordern:

- (Bewegungs-)Räume und vielfältige Spielmaterialien
- Klein- und Großgeräte
- verschiedene Ebenen im Raum, Bodenbeläge, Schaukeln
- Angebote in der Turnhalle

Wichtig ist, dem Kind Freiraum zu geben und zuzulassen, dass die Kinder auch in Innenräumen bewegungsintensiv spielen. Pädagogische Fachkräfte verbieten Kindern jedoch oft (wegen möglicher Verletzungen) Aktivitäten wie im Gruppenraum mit Stühlen einen Parcours zu bauen. Diese Einstellung ist nachvollziehbar, aber nicht zu unterstützen, denn Kinder lernen durch die Bewegung, sicher zu werden und mit Gefahren umzugehen: Fallen lässt sich nur durch Fallen lernen. Ebenso wichtig sind ruhige Orte und Phasen im Tagesablauf, an denen sich die Kinder zurückziehen, sich nur mit einer Sache beschäftigen können.

Alltagssituationen bieten viele Möglichkeiten für sinnliche Anregungen. Die Erziehungskraft kann den **taktilen Bereich** aufgreifen, indem sie bewusst Körperkontakt zum Kind aufnimmt und Berührungsreize setzt. Sie nimmt das Kind auf den Arm, wenn es weint. Sie spielt mit ihm beim Baden und Wickeln. In allen Pflegesituationen wird der Körper des Kindes an sensiblen Köperstellen berührt. Die Pädagogin lässt sich Zeit, nimmt Blickkontakt auf, spiegelt die Mimik des Kindes, erwidert sie. Sie kommentiert ihr Tun und benennt die Körperteile, die sie berührt. Über diese Kommunikation wird das Kind in

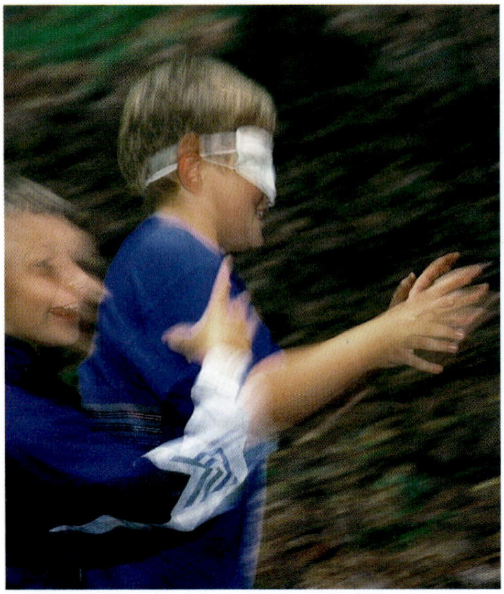

Spiel zur Wahrnehmung

seiner Sprachtätigkeit angeregt. Auch für die körperliche Entwicklung und die Gesundheit der Kinder sind Berührungsreize bedeutsam: Die Heranwachsenden schlafen besser und haben mehr Freude am Essen.

Die **Erkundungswahrnehmung** spielt eine große Rolle für die kognitive Entwicklung. Die Pädagogin stellt den Kindern verschiedene Dinge zur Erkundung zur Verfügung. Das Kind berührt sie, steckt sie in den Mund und gewinnt auf diese Weise Erkenntnisse, z. B. dass ein Gegenstand sich hart oder weich, eckig oder rund anfühlen kann.

Ergänzend zum eigenständigen Erproben können einzelne Sinnesbereiche auch durch **gezielte Angebote** angeregt werden. Wahrnehmungsförderung sollte bei Kindern immer in Spielsituationen eingebunden sein. Die Förderung besteht zum einen aus Spielen, welche die Kinder befähigen, auf Dinge der Umwelt, auf die anderen (Mitspieler) und sich selbst aufmerksam zu werden; zum anderen aus Spielideen, bei denen einzelne Sinne „ausgeschaltet" werden, um deren Dominanz auszuschließen (s. Tabelle Seite 112, „Tastkiste").

AUFGABE

Überlegen Sie, wie Sie Kindern in Alltagssituationen Sinnes- und Bewegungserfahrungen ermöglichen können.

6.1 Psychomotorik

Psycho steht für Wahrnehmen (sich selbst und die Umwelt), für Empfinden (Körper und Gefühle), für Bewegt-Sein (innerlich Anteil nehmen, sich berührt fühlen).

Motorik steht für Bewegung, Kräfteentwickeln, Einschätzen und Beurteilen, konzentriert und ausdauernd Bei-einer-Sache-Bleiben, Sich-Entspannen.

Mit dem Begriff Psychomotorik wird die enge Verbindung des körperlich-motorischen Agierens mit dem geistig-seelischen Erleben gekennzeichnet. Denn sich bewegen bedeutet auch „bewegt sein". Ein Mensch kann innerlich und/oder äußerlich bewegt sein. Einerseits beeinflusst die „innere Bewegtheit", also das Empfinden eines Menschen, die äußerlich sichtbaren Bewegungen seines Körpers – so läuft man in fröhlicher Stimmung anders als wenn man traurig ist.

Andererseits kann Erfolg oder Misserfolg einer Bewegung sich in der Psyche des Menschen niederschlagen. Wenn einem Kind wiederholt bei der gleichen Handlung ein Missgeschick passiert, ist es beim nächsten Mal verunsichert oder wird wütend auf sich selbst oder seine Umgebung. Das kann sich zeigen in Aussagen wie: *„Ich hab mir weh getan", „Ich hab Angst", „Die anderen lachen mich ja doch aus", „Ich bin zu blöd dafür"*. Es ist leicht vorstellbar, dass viel von den Gefühlserlebnissen davon abhängt, ob das Kind sich mit bestimmten Dingen gern oder ungern beschäftigt.

Es wird deutlich, dass Bewegung vom emotionalen Erleben und Wahrnehmen nicht zu trennen ist: Der Mensch denkt, fühlt und handelt ganzheitlich.

6.1.1 Ziele und Inhalte der Psychomotorik

Ziel psychomotorischer Förderung ist es, die Eigentätigkeit des Kindes zu verstärken, es zum selbstständigen Handeln anzuregen und durch Erfahrungen in Gruppen zu einer Erweiterung seiner Handlungskompetenz und Kommunikationsfähigkeit beizutragen, somit die Entwicklung eines positiven Selbstkonzepts zu unterstützen. Die psychomotorische Erziehung erreicht dies, indem sie versucht, den Kindern folgende Kompetenzen zu vermitteln:

- Ichkompetenz: sich selbst und seinen Körper kennenlernen, wahrnehmen, erleben, verstehen, mit ihm umgehen können
- Sachkompetenz: die Umweltgegebenheiten mit ihren Materialien, Geräten und Hindernissen wahrnehmen, sie erleben und verstehen; sich mit der Sachwelt auseinandersetzen und sie gebrauchen können
- Sozialkompetenz: auf andere Personen eingehen, sie erleben und verstehen, mit ihnen angemessen umgehen, eigene Bedürfnisse zurückstellen oder durchsetzen

Diese Ziele können über folgende Inhalte erreicht werden:

Körpererfahrungen (ich bewege mich, werde bewegt)

Beim Kennenlernen und Umgehen mit dem Körper lernt das Kind, wie es diesen einsetzen kann, um bestimmte Dinge zu erreichen. Verschiedene Gefühle wie Glück, Trauer, Angst zeigen sich in verschiedenen Befindlichkeiten des Körpers. Zu den konkreten Inhalten dieses Bereichs gehören daher:

- Körperwahrnehmung fördern
- das Körpererleben über die Ausdifferenzierung des Bildes vom eigenen Körper förderm
- Körperteile kennen
- Funktion der Körperteile kennen
- Bewegungsmuster in unterschiedlichen Handlungssituationen gezielt einsetzen

Materialerfahrungen (ich bewege mich an und mit Geräten)

Die Intelligenz des Menschen entwickelt sich durch die handelnde Auseinandersetzung mit der Umwelt. Im frühen Kindesalter ist dies besonders deutlich zu beobachten. Konkretes Handeln mit realen Objekten ist wichtig und wird erst mit der Zeit durch Vorstellungen und Symbole ersetzt. Über die praktische Bewältigung von Situationen gelangt das Kind also zu deren theoretischen Beherrschung. Deshalb gehören zu den konkreten Inhalten dieses Bereichs:

- unterschiedliche Eigenschaften von Materialien wahrnehmen
- Funktionen und Verwendungsmöglichkeiten spielerisch erkunden
- eigene Materialarrangements erstellen
- vielfältige Wahrnehmungs- und Bewegungsmuster üben

Sozialerfahrungen (ich bewege mich und spiele mit anderen)

In der Auseinandersetzung mit anderen erweitert das Kind seine sozialen Fähigkeiten. So übt es seine Durchsetzungsfähigkeit, lernt aber auch, Rücksicht auf andere zu nehmen, und trainiert seine Frustrationstoleranz. Zu

Äußere und innere Haltung

Sozialerfahrung: sich gegenseitig helfen

den konkreten Aufgaben der Sozialerfahrung gehören:
- Rücksicht nehmen auf andere
- eigene Bedürfnisse und die anderer aufeinander abstimmen
- über Bewegung mit anderen Kindern Kontakt aufnehmen
- sich durch Bewegung ausdrücken und mitteilen

6.1.2 Bedeutung motorischer Fähigkeiten für den Aufbau des Selbstkonzepts

„Nicht die Förderung der Bewegungsentwicklung, das Behandeln bestimmter Schwächen mit zielgerichteten Übungen bringt die persönlichkeits-stabilisierenden Wirkungen hervor, sondern die Möglichkeiten zu einer Veränderung der Selbstwahrnehmung."

(R. Zimmer, 2009)

Die Selbstwahrnehmung, auch **Selbstkonzept** genannt, wird durch das **Selbstbild** und das **Selbstwertgefühl** bestimmt. Während sich das Selbstbild auf die neutral beschreibbaren Merkmale der eigenen Persönlichkeit bezieht, spiegelt das Selbstwertgefühl die Zufriedenheit mit den wahrgenommenen Merkmalen wider.

Motorische Geschicklichkeit und körperliche Leistung besitzen bei Kindern einen hohen Stellenwert. Körperliche Unterlegenheit, Ängstlichkeit und Unsicherheit wirken sich negativ auf das Selbstkonzept des Kindes aus und beeinflussen damit seinen Status in der Gruppe. Kinder mit einem solchen Selbstkonzept meiden häufig Bewegungsangebote. Hierdurch vergrößert sich wiederum der Leis-

Erfahrung und Leistung

tungsabstand zu den Gleichaltrigen und die Unsicherheit nimmt zu. Ein endloser Kreislauf, den die kindzentrierte psychomotorische Entwicklungsförderung nach Zimmer mit der Verbesserung des negativen Selbstkonzepts zu durchbrechen versucht.

Hilfen zum Aufbau eines positiven Selbstkonzepts sind die Bewusstmachung der eigenen Stärken, Erfahrungen der Selbstwirksamkeit und die Wertschätzung der Pädagogen unabhängig von der Leistung. Der Vergleich mit anderen sollte vermieden werden! Stattdessen werden die individuellen Steigerungen betont. Die Pädagogin bestärkt und lobt das Kind, wenn es sich traut, von einem höheren Kasten zu springen: *„Letzte Woche bist du von diesem Kasten gesprungen. Heute hast du dich getraut, von dem größeren Kasten zu hüpfen. Toll!“*

6.1.3 Das Bild vom Kind, die Haltung und Rolle der Pädagogin

„In der Psychomotorik wird das Kind als handelndes Subjekt verstanden, das Verantwortung übernehmen und auch für sich selbst entscheiden kann. Damit wird selbstbestimmtes und eigenverantwortliches Handeln nicht nur **Ziel**, sondern es wird gleichermaßen bereits **Methode** in der Psychomotorikstunde. Im Mittelpunkt steht die Frage, wie der Pädagoge dem Kind helfen kann, damit es seine Handlungskompetenz erweitern und sie richtig einsetzen kann.“

(R. Zimmer, 2006)

Selbstständigkeit, Entscheidungsfähigkeit und Planung des eigenen Verhaltens können von einem Kind nur dann gelernt werden, wenn ihm ein entsprechender Handlungsspielraum zur Verfügung steht. Ein möglichst großer **Handlungsspielraum** innerhalb einsichtiger und sinnvoller Grenzen gibt ihm Freiheit der Entscheidung, aber auch Hilfen für die selbstständige Bewältigung der Situation. Die Grenzen können z. B. vom Material, von strukturierten Angeboten und einer anregenden Pädagogin gesetzt werden.

Die Pädagogin leitet Bewegungsangebote an (z. B. ein Sinnesparcours, der sich auf Sinnes-/Körpererfahrungen bezieht) oder sie legt den Schwerpunkt auf bewegungsintensive Kampf-und Tobespiele, die nach bestimmten Spielregeln laufen. Sehr motivierend sind Bewegungsaufgaben, wenn sie in Geschichten eingekleidet sind. Die Pädagogin sollte allerdings eine zu starke Lenkung vermeiden. Als Bewegungsvorbild sollte sie sich aktiv mitbewegen und Bewegungsimpulse setzen.

Die Fachkraft ist nicht nur während der Bewegungsangebote ein **Bewegungsvorbild** für die Kinder, sondern noch viel mehr während des Alltags. Führt sie ihre Tätigkeiten hauptsächlich im Sitzen durch, nimmt sie selbst den Fahrstuhl statt der Treppe? Zu überdenken ist auch in diesem Bereich die eigene Vorbildrolle.

Neben dem angeleiteten Spiel sind Hinweise für das eigenaktive, freie Erforschen und Ausprobieren von Bewegungsgeräten und Materialien von großer Bedeutung. Denn will man die Selbsttätigkeit der Kinder unterstützen, sind Impulse wichtig: *„Wie kann man auf den Kasten hinaufkommen?“ „Wie kann man von einem Ende zum anderen Ende der Bank kommen?“* So werden die Kinder zum kreativen Handeln angeregt und jedes Kind kann entsprechend seiner Möglichkeiten die Herausforderungen bewältigen. Lösungen einzelner Kinder können aufgegriffen und zum Ausprobieren an die Gesamtgruppe weitergegeben werden

Auch hierbei gestaltet die Pädagogin die Rahmenbedingungen und gibt Impulse. Sie beobachtet aufmerksam, verändert Spielideen, gibt zusätzliche Hilfestellungen, bietet größere Herausforderungen oder weitere Materialien an. Sie enthält sich direkter Intervention und Einflussnahmen, ist jedoch immer als Person präsent und sollte die Kinder bei der Lösung von Konflikten unterstützen. Jedes Kind soll sich nach seinen Fähigkeiten und Interessen in das Spielgeschehen einbringen können. Die kindliche Neugier und die Bewegungsfreude gelten als Motor für alle Bewegungs- und Wahrnehmungsaktivitäten. Die Pädagogin begleitet das Spiel der Kinder ebenfalls mit Neugier, Einfühlungsvermögen und kreativen Ideen.

Wichtig ist vor allem, eine **Atmosphäre der Sicherheit** und Akzeptanz herzustellen. Nur in einer solchen Atmosphäre werden neue Erfahrungen als willkommene Herausforderungen erkannt und das Selbstkonzept kann sich weiterentwickeln.

Exkurs: Psychomotorik unter anderen Umweltbedingungen

Bewegungs- und Wahrnehmungserfahrungen können auch unter anderen Umweltbedingungen stattfinden.

Psychomotorik in der Natur
Der Wald ist ein optimales Übungsfeld für die Orientierungsfähigkeit. Der unebene Naturboden erfordert schnelle Reaktions- und Gleichgewichtsfähigkeit. Besonders beim Balancieren muss der Körper im Gleichgewicht gehalten bzw. wieder ins Gleichgewicht gebracht werden.

Psychomotorik im Wasser
Zur Körperwahrnehmung gehört auch das Spiel mit dem Element Wasser. Seine physikalischen Besonderheiten (Auftrieb, Wasserwiderstand) ermöglichen den Kindern vielfältige Körpererfahrungen und Bewegungserlebnisse, die sie an Land so nicht erleben können, z.B. das Gefühl der Schwerelosigkeit. Wassergewöhnung, Bewegungskunststücke und kleine Spiele im Wasser erweitern den Erfahrungsschatz der Kinder. Der Umgang mit Gegenständen auf und im Wasser, das Umschütten von Gefäßen machen Kindern viel Freude. Für den Besuch eines Schwimmbads gelten gesonderte Bestimmungen zur Aufsichtspflicht und ein Nachweis über die Rettungsfähigkeit vonseiten der Fachkraft ist notwendig.

AUFGABE

Finden Sie zu jeder Tätigkeit ein Beispiel:

- Die Pädagogin verstärkt das Verhalten der Kinder, macht Erfolg bewusst.
- Sie belebt die Aktivitäten.
- Sie bringt sich ein, wenn Initiative in der Gruppe entfaltet werden muss.
- Sie zieht sich zurück, wenn die Gruppe selbst aktiv wird.
- Sie begleitet das Kind auf dem Weg zur Selbstständigkeit.
- Sie gibt Schutz, wenn dies notwendig ist.

(aus: R. Zimmer, 2006)

6.1.4 Psychomotorische Geräte

Psychomotorische Geräte sind für Kinder aufgrund ihrer Farb-/Formgebung sowie ihrer

Psychomotorische Geräte (Beispiel Schwungtuch)

Exkurs: Bewegungsbaustelle – Kinder bauen ihre Bewegungsanlässe selbst

Die Kinder können sich mit einfachen Bauteilen wie Holzklötzen, Brettern, Kanthölzern, Balken, Autoreifen, LKW-Schläuchen ihre eigenen Bewegungsanlässe zum Klettern, Schaukeln, Wippen, Rutschen, Balancieren, Fahren errichten. Auch Rollenspiele können selbst inszeniert werden. Mithilfe technischer Hilfsmittel wie Karabinerhaken, Drehwirbel, Drehscheiben, Endlosschlaufen, Schienenroller können Kinder auch Anlässe zum Rotieren, Schaukeln, Fahren selbst bauen. Die Bewegungsbaustelle stellt somit ein einfach umsetzbares Konzept dar, das vor allem Kindern im Vor- und Grundschulalter attraktive Angebote macht, großräumige Bewegungen zu aktivieren.

AUFGABE

1. Probieren Sie verschiedene Bewegungen und Spiele auf einem großen Trampolin oder auf anderen psychomotorischen Geräten aus.
2. Erstellen Sie gemeinsam mit verschiedenen Bauelementen eine Bewegungsbaustelle.
3. Spielen Sie das Spiel „Bälle-Klau“.

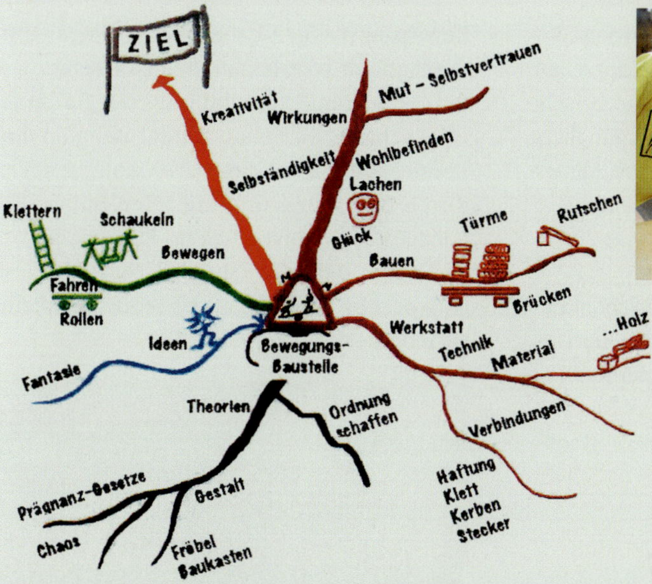

Bewegungsbaustelle

Spiel: Bälle-Klau (psychomotorisches Kampf- und Tobespiel)

- Material: Matten, Bälle
- Spielvorschlag: Auf Matten liegen Bälle (etwa Volleyballgröße). Es gibt weniger Bälle als Mitspieler.

Die Kinder laufen durch den Raum; auf ein Signal der Spielleiterin rennen sie zu den Matten und werfen sich auf einen Ball. Jene Kinder, die keinen Ball erwischt haben, dürfen versuchen, einem anderen Kind den Ball zu klauen und sich selbst darauf zu legen. Wie kann das gelingen, vielleicht mit Rangeln, Kitzeln oder Ziehen?
Nach einer kurzen Rangelphase beginnt eine neue Runde.

Geräte zum Klettern, Hängen und Springen	Sprossenwand, Kletterlandschaft
Gerätekombinationen zum Rutschen und Rollen	Bretter zum Einhängen an der Sprossenwand, Tonnen, Röhren
Fahr- und Rollgeräte	Rollbrett, Skateboard, Pedalo
Geräte zum Spielen mit dem Gleichgewicht	Wackelbrett, Balancierbalken
Materialien zum Bauen und Transportieren	Schaumstoffteile, Seile
Geräte für individuelles Spiel der Kinder	Luftballons, Seile, Sandsäckchen, Bälle
Geräte, die das Zusammenspiel zweier Partner herausfordern	Riesenluftballons, Federballschläger
Geräte zum Zusammenführen der Gruppe	Schwungtuch, Fallschirm

Beispiele für psychomotorische Geräte und Materialien

vielfältigen Möglichkeiten, Gleichgewicht, Koordination oder Wahrnehmung anzusprechen, sehr motivierend. Für die psychomotorische Praxis sind sie allerdings keine unumgängliche Voraussetzung. Häufig kann man auch Alltagsmaterialien und -gegenstände verwenden.

AUFGABE

1. Sammeln Sie Anregungen für psychomotorische Geräte und Materialien aus Sportartikel-Katalogen und aus dem Internet.
2. Überlegen Sie, welche Materialien Sie selbst herstellen können, z. B. aus Alltagsmaterialien.

6.2 Raumgestaltung

Wenn sich die Kindertagesstätte als Einrichtung versteht, die sich die ganzheitliche Förderung und Erziehung von Kindern zur Aufgabe macht, dann dürfen Sinnes- und Bewegungserfahrungen nicht nur auf festgelegte Zeiten beschränkt sein, sondern müssen ein ständiger Bestandteil des Kindergartenalltags werden.

6.2.1 Gestaltung des Innenraums

Räume müssen grundsätzlich so gestaltet sein, dass die Kinder überall ausreichend Bewegungsfreiheit haben. Um Bewegung im Tagesablauf zuzulassen, bedarf es einer gut durchdachten Raumplanung. Der Raum ist ein wichtiger Erzieher. Kinder nehmen den Raum nicht nur mit den Augen wahr, sondern durch Bewegung und mit allen Sinnen (s. auch Kap. 13, Punkt 6 Reggio-Pädagogik)

Sophie sieht die Schaukel, sie fühlt, dass sie wackelig ist, sie lernt das Wort schaukeln, sie möchte schaukeln.

Hochebenen bieten Perspektivwechsel, unterschiedliche Bodenbeläge vielfältige taktile Sinneserfahrungen

Jüngere Kinder krabbeln oder laufen in Ecken und Winkel, betasten und untersuchen Gegenstände und erobern sich so einen neuen Raum. Ältere Kinder schaffen sich mit Möbeln, Tüchern, Gegenständen eigene Räume, denen sie im Spiel eine Bedeutung geben. So bauen sie z. B. aus Tischen, Stühlen und Decken eine Höhle. Zur räumlichen Ausstattung gehört deshalb bewegliches Mobiliar, das die meiste Zeit des Tages verfügbar sein sollte. Indem die Kinder ihre Umgebung verändern dürfen, können sie sich als selbstwirksam erleben.

Eine gute Tageseinrichtung gestaltet die Räume nicht für Kinder, sondern mit den Kindern. Die Pädagogin unterstützt die Kinder bei der Umsetzung ihrer Gestaltungsideen, sie bespricht mit ihnen Vorschläge und regt zu Veränderungen an, die sie gemeinsam mit den Kindern und eventuell auch Eltern umsetzt. Sie ist bereit zuzulassen, dass auch die Krippenkinder ihre Bewegungsmöglichkeiten ohne weitergehende Beschränkungen nutzen und die bereitstehenden Freiräume möglichst eigenständig „erobern".

Freiflächen innerhalb der Kita mit verschiedenen Schaukelmöglichkeiten, schiefe Ebenen mit Rutschgelegenheiten und verschiedene Fußbodenbeläge regen die Basissinne an. Unterschiedliche Höhen im Raum, z. B. durch Podeste oder das Einziehen einer zweiten Ebene, bieten einen Perspektivwechsel. Treppen, Stufen und Leitern laden zum Steigen und Klettern ein. So kann die sensorische Integration, hier besonders eine bessere Verknüpfung und Stärkung der Basissinne, gefördert werden.

Die Pädagogin beobachtet, wie sich der Aktionsradius von Kleinstkindern und jüngeren Kindern erweitert, und sorgt für Sicherungsmaßnahmen, damit sich auch die Jüngsten in den Räumen frei bewegen können (Treppenschutzgitter, Fallschutz unter der Schaukel) und damit sie Zugriff auf die Materialien haben (Schubladenstopper verhindern das Einklemmen der Finger).

Außengelände mit viel Fläche

6.2.2 Gestaltung des Außengeländes

Wünschenswert ist es, wenn die Einrichtung über ein eigenes Außengelände in ausreichender Größe verfügt, das von allen Kindern täglich genutzt werden kann. Für Kleinstkinder und jüngere Kinder gibt es einen ruhigen, abgetrennten und ausreichend großen Spielbereich, in dem sie ungestört verschiedenen Spielen (mit Sand, Wasser, Geräten) nachgehen können. Wichtig ist, dass sich auch die jüngsten Kinder frei bewegen können.

Für den Außenbereich der größeren Kinder bieten sich ebene Flächen an, auf denen z. B. Bewegungsspiele oder Sportspiele (Fußball) gespielt werden können. Zudem fordert ein unebenes Areal mit Hügeln, Bepflanzungen, die Versteckmöglichkeiten bieten (Weiden-Tipi), und Bäumen zum Klettern, Springen, Kugeln heraus. Fest installierte Geräte (Schaukeln, Klettergerüste, Rutschen, Röhren, Matschanlagen) bieten den Kindern weitere Sinnes- und Bewegungserfahrungen. Fahrzeuge, Werk-, Bau- und Spielmaterialien erweitern die Tätigkeitsmöglichkeiten.

AUFGABE

1. Erstellen Sie in Gruppen schriftliche Raumkonzepte für einen Bewegungsraum, einen Raum zur Sinneswahrnehmung und für das Außengelände einer Kita.
2. Stellen Sie Ihren Bereich in Form eines Modells dar und präsentieren Sie dies in der Klasse.

6.3 Materialauswahl und Beurteilung von Spielgeräten

Die Pädagogin beobachtet immerwährend, in welchen Bereichen und mit welchen Materialien einzelne Kinder oder Gruppen bevorzugt spielen und wie sie die Funktionsbereiche nutzen. Sie orientiert sich bei der Auswahl und dem Arrangement der Materialien an der Entwicklung der Kinder, sodass jedes Kind seinen Fähigkeiten entsprechend tätig werden kann. Es sollte für jedes Kind der Gruppe immer wieder etwas zu entdecken, auszuprobieren und kennenzulernen geben. Schon bei der Auswahl der Materialien achtet die Fachkraft darauf, dass die Kinder selbstständig damit umgehen können. Sie bespricht ihre Beobachtungen mit den älteren Kindern und berücksichtigt deren Ideen für Veränderungen in der Raumgestaltung, Materialauswahl und -anschaffung.

AUFGABE

Erstellen Sie eine tabellarische Materialübersicht nach folgendem Beispiel:

Spielmaterial	Beschreibung des Materials	Pädagogische Zielsetzung	Nutzungsmöglichkeiten durch die Kinder
Schwungtuch	· quadratisches oder rundes Tuch aus sehr leichter Kunstfaser · verschiedene Größen	Gerät zum Zusammenführen der Gruppe	· kann von vielen Kindern gleichzeitig genutzt werden · Schwingen, Spüren der Bewegungen des Tuches auf der Haut · Bewegen von Bällen auf dem Tuch · Verstecken und Ertasten
Großer Gymnastikball	· dicke Kunststoffbälle in verschiedenen Größen · stabil und sehr belastbar	· Gerät zum Spielen mit dem Gleichgewicht · Gerät zum individuellen Spiel	· Kinder können sich auf den Ball: setzen, legen, auf ihm hopsen, über ihn rollen · Prellen, Werfen, Fangen
...			

7 Durchspielen einer vollständigen Handlung

Analysieren – was findet Christian vor?

In der Situation zeigt sich für Christian, dass sich Max (1,8 Jahre) gern und viel bewegt. Dabei verwendet er unterschiedliche Spielmaterialien. Zurzeit haben es ihm die Schaumstoffteile angetan, die er als Auto vor sich her schiebt oder als Mauer hintereinander legt. Max baut aus der Handlung mit konkreten Dingen innere Bilder auf. Es wird auch deutlich, dass Max die Schaumstoffteile mit seinem ganzen Körper bespielen möchte.

Christian ist aufgefallen, dass Max relativ häufig hinfällt. Er hat seine Beobachtungen mit dem Verlauf der motorischen Entwicklung verglichen und festgestellt, dass das für ein Kind in Max' Alter nicht ungewöhnlich ist. Gerade auch vor dem Hintergrund, dass sich das Kind davon nicht beirren lässt, sondern gleich wieder aufsteht und in seiner Tätigkeit fortfährt.

Fatmas Beobachtungen gehen in eine ähnliche Richtung. Ihr ist auch aufgefallen, dass Max viel mit den Schaumstoffteilen spielt und sie gern hoch oder weit in den Raum hinein wirft. Er will Zusammenhänge entdecken, Erfahrungen sammeln, experimentieren. Auch wenn er noch etwas unsicher in seiner Balance ist, übt und wiederholt er seine Tätigkeiten.

Auch bei Sophie (3,10 Jahre) stellt Christian eine große Bewegungsfreude fest. Im Moment fordert sie ihren Gleichgewichtssinn heraus, indem sie viel balanciert und schaukelt. Dabei ist sie unerschrocken und äußert ihre Freude an Höhe und Geschwindigkeit. Sophie hat sich die ältere Martha als Spielpartnerin gesucht. Beide haben ein ähnlich starkes Interesse daran, ihr vestibuläres System zu trainieren. Die Frage, ob Sophie im Bereich der Feinmotorik altersgemäß entwickelt ist, lässt sich nach dem Gespräch mit Fatma beantworten: Fatma hat beobachtet, dass Sophie noch Schwierigkeiten hat, den Pinzettengriff anzuwenden. Dies ist besonders beim Brettspiel „Obstsalat" aufgefallen - das Greifen der Spielfiguren und des Würfels fielen dem Mädchen schwer und es hat das Spiel sogar abgebrochen. Sophie vermeidet also solche Situationen, in denen sie ihre Feinmotorik üben könnte. Beide Pädagogen haben Sophie häufiger in der Puppenecke beim Rollenspiel Vater-Mutter-Kind gesehen.

Planen – wie will Christian vorgehen?

Durch die Analyse ihrer Beobachtungen haben Christian und Fatma einige Erkenntnisse darüber gewonnen, welche Interessen Max und Sophie gerade verfolgen und in welchen Bereichen sie Anregungen und Hilfestellung brauchen. Beide Erwachsene sind sich einig, dass Max weitere Schaumstoffteile in verschiedenen Größen braucht, um Experimente und Symbolspiele erweitern zu können. Das bedeutet auch, dass er mehr Platz für seine Wurfexperimente und für das Bauen/Transportieren von größeren Elementen benötigt. Sophie braucht aus der Sicht von Fatma und Christian Möglichkeiten, ihre Feinmotorik öfter anzuwenden, damit sie sich bald selbstständig an- und ausziehen und an Brettspielen beteiligen kann. Fatma will dazu Sophies Interesse für Vater-Mutter-Kind-Spiele aufgreifen. Sie soll weiterhin ihr Gleichgewicht trainieren können und dazu mehr Herausforderungen vorfinden.

Christian und Fatma sehen beide die Notwendigkeit, mehr Raum für Bewegung zu erschließen, da die aktuelle Bewegungszeit der Kinder (abgesehen von der täglichen Draußen-Zeit) ihrem Bewegungsdrang nicht angemessen ist. Der Flur wird als zusätzlicher Bewegungsraum ins Auge gefasst. Hier gilt es, unter Berücksichtigung der Sicherheitsmaßnahmen (Notausgang, Verhalten bei Feuer, Aufsichtspflicht usw.) mit den Kindern zusammen Bewegungsmöglichkeiten zu erschließen. Im Flur könnte z. B. dauerhaft eine „Bewegungsstation" aufgebaut werden.

Ein Spielplatz (zwei U-Bahn-Stationen entfernt) bietet eine große Bandbreite an Geräten zum Schwingen, Schaukeln, Wippen und Balancieren. Dort wollen sie nun öfter mit der Gruppe hingehen.

Sophies Interesse für das Vater-Mutter-Kind-Spiel kann Anlass zur Übung ihrer Feinmotorik geben, denn das Baby muss mehrmals am Tag an- und umgezogen werden, wenn es gewickelt wird. Die Pädagogen sind sich einig, dass sie mit Sophie keine isolierten Übungen zur Feinmotorik machen werden.

Durchführen – was macht Christian?

Fatma und Christian teilen sich die Aufgaben auf folgende Weise:

Zunächst legen sie fest, dass sich Christian mit der Erschließung des Flurs für Bewegungsaktivitäten befasst. Fatma widmet sich dem Rollenspiel zur Förderung von Sophies Feinmotorik. Mit den Kindern besprechen sie im Morgenkreis ihre Beobachtungen und teilen ihnen mit, dass sie die Absicht haben, weitere Bewegungsmöglichkeiten in der Kita zu schaffen. Sie fragen die Kinder, welche Wünsche und Ideen sie haben und notieren diese. Jene Kinder, die sich näher mit der Raumgestaltung befassen wollen, können sich am Ende des Morgenkreises mit Christian zusammensetzen. Dann wollen sie anhand eines Flur-Grundrisses überlegen, wie dieser gestaltet oder aufgeteilt werden könnte, damit sich die Kinder dort mehr bewegen können. Dazu verwendet Christian Pappstreifen, die die Möbel symbolisieren. Diese können so lange verschoben werden, bis alle mit der Position zufrieden sind. Innerhalb der nächsten drei Wochen setzt sich eine kleine Gruppe, bestehend aus vier Kindern, intensiv mit dem Thema auseinander. Die Planung mündet in einer Umräum-Aktion, an der alle Kinder zusammen mit den Pädagogen teilnehmen.

Fatma entwickelt zusammen mit Sophie und zwei anderen Mädchen im Rollenspiel verschiedene Szenen aus dem Alltag der Familie weiter. Dabei kommen immer wieder Situationen ins Spiel, die Sophie in ihrer Feinmotorik herausfordern. In der Rolle als Mutter versorgt sie das Baby. Zu ihren Aufgaben gehört es, das Baby anzukleiden und zu füttern. Ein Mädchen hat spontan die Idee, eine Modenschau zu machen, weil sie etwas Ähnliches im Fernsehen gesehen hat. Die anderen Mädchen sind Feuer und Flamme: Fatma greift die Idee auf, die Verkleidungskiste wird hervorgeholt und das Kleider-Anprobieren und Vorführen beginnt. Die Kinder helfen sich gegenseitig beim An- und Umkleiden.

Reflektieren und Bewerten – wie bewertet Christian sein eigenes Verhalten und die Situationen?

Nach einigen Wochen setzen sich Christian und Fatma zusammen, um über ihre Arbeit zu sprechen. Insgesamt kommen sie zu dem Schluss, dass die neue Bewegungsmöglichkeit im Flur sowohl für Max als auch für Sophie mehr Möglichkeiten zum Ausprobieren ihrer motorischen Fähigkeiten und Fertigkeiten bereitstellt. Besonders zufrieden ist Fatma mit Sophies Beteiligung am Rollenspiel und der nachfolgenden Modenschau, denn sie nutzt jetzt noch öfter die Verkleidungskiste und schließt dort in ihrem Tempo Druckknöpfe und andere Knöpfe. Sie wollen Sophies Lernfortschritte im Bereich der Feinmotorik weiter beobachten und immer wieder Impulse geben.

Dokumentieren und Präsentieren – was hält Christian schriftlich fest?

Es ist in der Gruppe üblich, dass die Arbeit der Kinder von den Pädagogen fotografisch festgehalten wird. Deshalb hatte Christian während der letzten drei Wochen immer einen Fotoapparat dabei, um den Arbeitsprozess der Kinder von den ersten gemeinsamen Überlegungen bis hin zur Umräum-Aktion dokumentieren zu können. Fotos und Planungsskizzen sowie -modelle der Kinder klebt er zusammen mit den beteiligten Kindern auf ein großes Plakat. Dann überlegen sie, wie die einzelnen Fotos und Skizzen kommentiert werden sollen und wo das Plakat aufgehängt werden soll. Die Kinder entscheiden sich für den Eingangsbereich, weil es dort für alle Besucher der Kita sichtbar ist.

Wie für jedes Kind seiner Gruppe hat Christian auch für Sophie ein Entwicklungsberichtsheft angelegt. In dieses Heft notiert er seine Beobachtungen. Seine Notizen helfen ihm, mit Sophies Eltern über die Entwicklung ihrer Tochter zu sprechen. Ins Heft schreibt er auch eine Lerngeschichte über Sophies Fortschritte in der Feinmotorik.

Weitere Lernsituationen

Lernsituation 1

Bei einem Waldspaziergang ist Lina (3,6 Jahre) kaum zu bremsen: Sie hat einen dicken umgestürzten Baumstamm entdeckt. Sie erklimmt ihn und springt mutig in den weichen Laubhaufen vor dem Stamm. Sie lacht, schüttelt sich das Laub von der Jacke und erklimmt erneut den Baumstamm. Die anderen Kinder haben sie zunächst beobachtet, nun kommt Bewegung in die Gruppe. Einige wollen es ihr nachtun. Das eine oder andere Kind wünscht sich die Nähe der Pädagogin und möchte ihr in die Arme springen.

Auch Clara (2,9 Jahre) möchte mitmachen. Zunächst ist es wie eine kleine Mutprobe für sie. Nachdem sie sicher die Stufen des Baumstamms erklommen hat, steht sie nun dort oben und schaut stolz nach rechts und links. Dann wirkt sie jedoch etwas verunsichert: Irgendwie sieht von hier oben alles auf einmal ganz anders aus. Sie setzt sich hin, holt tief Luft, schaut noch einmal zur Sozialassistentin und lässt sich mutig den Baumstamm hinuntergleiten. Unten angekommen lacht und juchzt sie vor Freude. Dann steht sie auf und wiederholt das Erklettern und Hinunterrutschen noch viele Male an diesem Vormittag.

Lernsituation 2

Es ist Montagmorgen. Wie jeden Montag herrscht ein Höllenlärm in der „Kindergruppe Himmelblau“. Tamara, die Sozialassistentin, und Nadine, die Gruppenleiterin, kennen dieses Phänomen. Einige Jungen laufen wild durch die Gruppe, über den Flur bis zu den Toiletten und zurück. Sie spielen eine Comicserie nach. Auf Tamaras Aufforderung, sich bitte ruhig zu verhalten, reagieren sie nicht. „Puch, puch“, Lasse (4,10 Jahre) hat einen Bauklotz zu einer Pistole umfunktioniert und schießt. Lennart (5,3 Jahre) greift ihn von hinten an, die beiden fallen raufend zu Boden. Dabei schlägt Lasse Lennart aus Versehen den Ellenbogen gegen die Nase, sodass diese anfängt zu bluten. Lennart brüllt auf. Tamara kommt hinzu, um Lennarts blutende Nase zu versorgen.

Die beiden Pädagoginnen setzen sich am Ende des Tages zusammen und stellen sich unter anderem die Fragen: Wie lassen sich Toben und Laut-Sein in sinnvolle Bahnen lenken? Wie können wir den Kindern Möglichkeiten zur Bewegung geben, ohne dass sie sich in wildem Toben verlieren und die blutige Nase das Ergebnis ist?

AUFGABE

Bearbeiten Sie die Lernsituationen nach folgenden Schritten:

1. Analysieren – welche Situation finden die Pädagoginnen vor?
2. Planen - welche weiteren Schritte müssen die Pädagoginnen gehen?
3. Durchführen – was genau machen die Pädagoginnen?
4. Reflektieren und Bewerten – wie deuten und werten die Pädagoginnen aus?
5. Dokumentieren und Präsentieren – wie halten die Pädagoginnen die Ergebnisse fest?

Aufgaben zur Selbstreflexion

Ziel der Aufgaben ist es, sich die eigenen Bewegungserfahrungen zu vergegenwärtigen und die Bewegungswelt in ihrer Sozialisationsbedeutung zu reflektieren.

Gedankenreise

Nach einer kurzen Entspannungsphase (z. B. Fantasiereise) wird Ihnen die Aufgabe gestellt: „Versuche, dich als Kind beim Spielen zu sehen. Lass verschiedene Bilder entstehen und schau dich in den Bildern um. Halte einige fest und schaue sie dir genauer an."

Eine Moderatorin gibt Ihnen ca. 5 Minuten Zeit und stellt dann im Abstand von 2 Minuten nachfolgende Hilfsfragen. Machen Sie sich dazu Notizen und pendeln Sie zwischen Vorstellungsbildern und Aufschreiben:

- Wo hast du gespielt? Draußen, drinnen, auf der Straße, im Park, wo am liebsten?
- Mit wem hast du gespielt? Waren es Nachbarn, Verwandte, Schulkameraden? Wie war das in deiner Kindergartenzeit und wie in der Schulzeit?
- Welches waren deine Lieblingsspielzeuge und -geräte?
- Was waren deine Lieblingsspiele? Welches Spiel mochtest du überhaupt nicht?

Nach ca. 15 Minuten schauen Sie sich Ihre Notizen unter folgenden Fragestellungen in Bezug auf folgende Fragen noch einmal an:

- Was fällt Ihnen auf? Welche Rolle spielte die Bewegung in Ihren Spielen?
- Sehen Sie irgendeinen Zusammenhang zu Ihrem heutigen Leben? Gerade, wenn Sie an Ihre heutige Bewegungswelt denken?
- Wann hat es Ihnen Spaß gemacht, sich zu bewegen? Was muss gegeben sein, damit Sie sich gern bewegen?

Leiten Sie aus Ihren Überlegungen Wünsche für mögliche Bewegungsangebote ab.

„Fass das nicht an!"

Die Gruppe teilt sich in Paare auf. Die Paare verständigen sich darüber, wer das „Kind" und wer die „Autoritätsperson" spielen will. Die „Kinder" bewegen sich durch den Raum (eventuell auch krabbelnd) und versuchen, ihn zu erkunden, indem sie Gegenstände berühren. Dazu kann man ggf. vorher Gegenstände oder einen Parcours aufstellen. Sobald sie etwas anfassen bzw. etwas anfassen wollen, ertönt von der Bezugsperson der Ruf: „Fass das nicht an!". Gegebenenfalls nimmt die „Bezugsperson" dem „Kind" die Gegenstände weg.

Auch wenn die Übung sehr lustig ist, sollen die „Kinder" versuchen, bei ihrem Gefühl zu bleiben. Nach ca. 5 Minuten tauschen „Kind" und „Bezugsperson" die Rollen.

(angelehnt an: Gudjons, 2008)

Praxisaufgaben

Praxisaufgabe – Beobachtungen

1. Ziehen Sie sich in den nächsten 2 Wochen einmal in der Woche 10–15 Minuten aus dem Alltagsgeschäft heraus und beobachten Sie das Bewegungsverhalten eines Kindes in einer „bewegten Situation".
   a) Beschreiben Sie genau und anschaulich, welche Bewegungsbedürfnisse und Interessen das Kind zum Beobachtungszeitpunkt zeigt, wie es diese äußert und in welche Handlungen es diese umsetzt.
   b) Deuten Sie Ihre Beobachtungen mithilfe des erworbenen Fachwissens über den Verlauf der motorischen Entwicklung.
2. Notieren Sie sich an Ihren anderen Praxistagen zum Tagesabschluss, was Sie „nebenbei" zu diesem Entwicklungsbereich beobachtet haben.
3. Stellen Sie Ihrer Anleiterin Ihre Beobachtungen vor und besprechen Sie diese.
   a) Was hat Ihre Anleiterin genauso oder so ähnlich beobachtet? Welche gegensätzlichen Beobachtungen hat sie gemacht?

Praxisaufgabe – Räume

1. Beobachten Sie die Kinder während des freien Spiels in „bewegten Bereichen" in Ihrer Kita (z. B. Bewegungsraum, Außengelände, Flur). Was tun die Kinder? Welche Bewegungsformen sehen Sie? Wie tun die Kinder es? Welche Geräte und Materialien benutzen die Kinder? Welche Groß- und Kleingeräte, welche psychomotorischen Geräte, welche Alltagsmaterialien nutzen sie? Was fällt Ihnen noch auf?
2. Um Ideen und Anregungen zur sinnvollen Umgestaltung der Räume zu entwickeln, hilft es, die Tagesstätte einmal aus der Perspektive der Kinder zu betrachten. Folgende Fragen können als Anhaltspunkte dienen:
   - Ist der Innen- und Außenbereich so eingerichtet, dass alle Sinne angeregt werden?
   - Ist die Raumausstattung vielseitig nutzbar oder für unterschiedliche Aktivitäten verwandelbar?
   - Ist genügend Platz für großräumige Bewegungen vorhanden?
   - Dürfen Flure und Eingangshallen zum Spielen, Rennen, Toben genutzt werden?
   - Gibt es Rückzugs- und Ruheecken?
   - Ist auf dem Spielplatz des Außengeländes variables Material und Gerät vorhanden?
3. Welche Möglichkeiten sehen Sie, die Räume innerhalb Ihrer Kita und im Außengelände für vielfältige Bewegungs- und Sinneserfahrungen zu erweitern?
   a) Notieren Sie Ihre Überlegungen und besprechen Sie diese mit Ihrer Anleiterin.

Praxisaufgabe – Spielmaterial

1. Beobachten Sie die Kinder während des freien Spiels in Ihrer Kita. Mithilfe der unten stehenden Tabelle erhalten Sie u. a Anhaltspunkte über Spielgewohnheiten, Spielerkonstellationen und räumliche Spielbedingungen. Dies ist hilfreich, um zu einer Entscheidung bei Auswahl und Anschaffung von Spielmaterial und Spielangeboten zu kommen.
2. Führen Sie bei den Kindern eine Befragung durch: „Mein Lieblingsspielzeug". Fassen Sie Umfrageergebnisse in einem Überblick zusammen. Welche Schlussfolgerungen ziehen Sie?

Wann?	Wer spielt mit?	Was?	Mit welchen Spielmaterialien?	Wo?
...				

Kapitel 6 Kognitive Entwicklung

1 Lernsituation

Heute kann Tanja die knapp 2-jährige **Lea** beobachten. Die Sozialassistentin sieht, wie das Kind eher zufällig die ineinander gesteckten Spielbecher umwirft und dabei der kleinste Becher herausfällt. Lea ergreift ihn mit der rechten Hand und schiebt ihn auf die anderen Becher zu, die noch ineinandergesteckt auf der Seite liegen. Sie drückt mit der linken Hand dagegen. Dabei kippen die Becher insgesamt um, sodass jetzt nur der größte von ihnen zu sehen ist. Lea hebt ihn hoch und sieht auf den nächsten, der eine andere Farbe hat. Nun hebt sie einen Becher nach dem anderen hoch und versammelt sie um sich herum.

Dann beginnt sie, sie wieder ineinanderzustecken. Dabei ergreift sie nacheinander drei Becher, die gut passen, weil sie immer nur ein Stückchen kleiner als die vorherigen sind. Auch der vierte Becher passt hinein, dann aber erwischt sie einen etwas größeren Becher, der nicht hineinpasst.

Sie nimmt alle Becher auseinander und beginnt von vorn. Auch dieses Mal überspringt sie eine Bechergröße und stößt so wieder auf einen, der nicht passt. Wieder nimmt sie alles auseinander und beginnt von neuem. Dabei ergreift sie als erstes einen Becher mittlerer Größe und steckt die anderen hinein. Auch dabei stößt sie auf Becher, die nicht passen. Sie schaut sich um und zieht drei weitere Becher zu sich heran, die sie noch gar nicht verwendet hatte. Auch die wollen nicht so recht passen.

Beim nächsten Auseinandernehmen stellt sie den größten Becher mit der offenen Seite auf den Boden und stapelt den nächstgrößeren darauf. Er passt genau und bleibt als Turm stehen. Sie setzt einen weiteren Becher darauf und noch einen. Die fassen allerdings nicht richtig und fallen herunter. Sie ergreift einen anderen, sehr viel kleineren Becher und stapelt weiter. Dann kommt ein größerer, der den kleineren beim Stapeln „verschluckt". Sie schubst mit einer Handbewegung alles um und beginnt von neuem mit dem Ineinander-Stecken.

Die gleichaltrige **Evi** setzt sich dazu und ergreift ebenfalls zwei Becher, die sie ineinandersteckt. Dann nimmt sie den nächsten, der nicht passt. Lea nimmt ihn heraus und steckt ihn in die Becher in ihrer Hand, wo er auch passt. Nun versucht es Evi mit dem nächsten bei Leas Stapel. Sie hat den kleinsten Becher hineingesteckt, den Lea wieder herauszieht und durch einen anderen ersetzen will – der andere passt aber nicht. Evi zeigt auf einen weiteren am Boden liegenden Becher. Jetzt probieren die beiden Mädchen gleichzeitig und abwechselnd, die Becher in die passende Reihenfolge zu bekommen. Dabei zeigen sie sich gegenseitig Becher, stecken hinein und nehmen wieder heraus. Immer bleibt ein Becher übrig.

Die Praktikantin der Einrichtung setzt sich dazu und Sozialassistentin Tanja befürchtet schon, dass sie den Kleinen die Sache aus der Hand nehmen wird. Aber nein, sie hat das aufmerksame Abwarten schon gelernt. Sie zeigt nur ab und zu auf einen jetzt passenden Becher und nimmt nur einmal einen wieder heraus. Nach einer Weile steht die kleine Evi auf und geht weg.

Lea sieht nun bei jedem Griff die Praktikantin an, die abwechselnd nickt oder den Kopf schüttelt. Am Ende setzt die junge Frau den kleinsten Becher ein, schiebt den Stapel zusammen und legt die Spielbecher in die Spielzeugkiste. Es ist Mittagszeit. Tanja schaut auf die Uhr. Eine halbe Stunde ist vergangen.

AUFGABE

Bearbeiten Sie die Lernsituation.

1. Beschreiben Sie, was Lea und Evi tun, um den Spielbecherstapel ganz zusammenzustecken.
2. Was können sie schon gut allein tun?
3. Beurteilen Sie das Verhalten der Praktikantin unter dem Gesichtspunkt der optimalen Unterstützung der kindlichen Entwicklung.

2 Zu erlernende Kompetenzen

Kinder machen an jedem Tag Fortschritte in ihrer kognitiven Entwicklung, die häufig nicht beachtet werden. Erst in anderen Situationen bemerken die Erwachsenen, was ein Kind plötzlich neu oder allein tun oder verstehen kann. Kindertagesstätten sind aufgrund ihres Bildungsauftrags dazu verpflichtet, die Entwicklung der Kinder, die sie betreuen, sorgfältig im Blick zu behalten und sich darüber mit den Eltern auszutauschen. Die Betreuer beobachten die Kinder deshalb regelmäßig und systematisch (s. Kap. 10 Wahrnehmen und Beobachten). Darüber hinaus ist es wichtig, auch im Alltagsgeschehen Kinder individuell und sorgfältig zu beobachten, um dann zeitnah in passender Weise auf ihre Bedürfnisse eingehen zu können. Weil wir aber nur das wahrnehmen können, was wir wissen, brauchen fachliche Beobachter passende theoretische Modelle, in die sie das Wahrgenommene einordnen können.

Deshalb braucht eine Sozialassistentin Fachkompetenzen im Bereich der kognitiven Entwicklung. Sie muss wissen, wie Kinder in welchem Alter denken, und sie muss deren Wissenshorizont einschätzen können. Im Punkt 3 dieses Kapitels werden Forschungsergebnisse und theoretische Modelle zu verschiedenen Aspekten der kognitiven Entwicklung vorgestellt.

Im Einzelnen geht es im Punkt 3.1 um die Entwicklung, die das Gehirn eines Menschen schon vor der Geburt durchläuft. Aufgrund medizinischer Forschung weiß man immer besser, was in welcher Weise auf ein Ungeborenes einwirkt und wie es auch auf seine Mutter Einfluss nimmt. Ein kleiner Ausschnitt dessen wird hier dargestellt.

Es werden Modelle von kognitiver Entwicklung vorgestellt, die sich als hilfreich dabei erwiesen haben, das Denken und Tun von Kindern unterschiedlichen Alters einzuschätzen. Es gibt die Theorie der Entwicklungsaufgaben, die jeder Mensch bewältigen muss (Punkt 3.2). Es wird dargestellt, wie sich JEAN PIAGET die stufenweise Entwicklung des Denkens vorgestellt hat (Punkt 3.3). Andere Modelle beziehen die sichere Bindung eines Kindes an seine Eltern ein (Punkt 3.4). Dazu kommen wichtige Ergebnisse von Hirnforschern, die mit Kindern gearbeitet haben, die so jung sind, dass sie noch nicht sprechen können (Punkt 3.5). Auch wird erklärt, wie nach neuen Forschungsergebnissen das Gedächtnis und das Vorstellungsvermögen entstehen (Punkt 3.6).

Kognitive Entwicklung – was ist das?

Der Begriff ist aus der Beobachtung entstanden, dass kleine Kinder anders denken als etwas größere und diese wieder anders als Jugendliche und Erwachsene. Dabei ist nicht allein gemeint, dass der Wissensumfang von Kindern geringer als der von Erwachsenen ist, sondern auch, dass sie eine andere Art zu denken haben und oft Fragen stellen, die den „Großen“ seltsam vorkommen.

Kognition (bzw. kognitiv) ist ein etwas ungenaues Sammelwort für alles, was mit dem Erkennen zusammenhängt, wie Vorstellungen und Beurteilungen, Gedächtnis als Ganzes, die augenblickliche Erinnerung an etwas Bestimmtes sowie das Lernen und Denken. Dabei sind sowohl alle **Prozesse** gemeint, die sich dabei abspielen, als auch die Voraussetzungen **(Strukturen)** im individuellen Menschen und seiner Umgebung ebenso wie die **Ergebnisse** des Erkenntnisprozesses. Kognitive Entwicklung ist also ein Oberbegriff für die Wahrnehmungs-, die Gedächtnis- und die Denkentwicklung.

3 Wie sich das Denken entwickelt

Menschen sind Körperwesen und Kinder sind dies in besonderem Maße. Ältere Kinder und Jugendliche, aber insbesondere Erwachsene vergessen das und glauben, dass ihr Denken allein im Kopf stattfindet. Aber spätestens bei heftigem Hunger oder Durst gewinnen die körperlichen Bedürfnisse die Oberhand und der unbezwingbare Gedanke ans Essen vermindert die Konzentration auf andere Inhalte. Unterernährte Kinder beispielsweise können ihr Denkvermögen nicht ausreichend entwickeln und haben im späteren Leben deshalb keine guten Chancen. Menschliches Denken hängt außerdem sehr von Erfahrungen ab und die müssen erst gesammelt werden. Die ersten Lebenserfahrungen sind sinnlich und körperlich: ein Baby wird aufgenommen, getragen, zärtlich berührt, angesprochen, genährt und gesäubert. Von Anfang an bewegen sich Kinder viel und oft heftig. Aus den zunächst sehr unkoordiniert und zufällig wirkenden Strampelbewegungen werden mit der Zeit willkürliche und gezielte Bewegungsabläufe wie das Drehen des Kopfes hin zu einer Geräuschquelle oder der Versuch, einen interessanten Gegenstand zu ergreifen. Das Kind hat noch wenig Erfahrungen gemacht, kann nicht sprechen und hat deshalb auch noch keine Wörter für das, was es erlebt.

Deshalb gilt: Zuallererst ist kindliches Denken Wahrnehmen und Handeln. Dabei sind die reifsten Sinnessysteme, die sofort verarbeitbare Informationen liefern. Die anderen Sinne sind noch nicht völlig ausgereift; zum Beispiel muss sich für die akustische Wahrnehmung (das Hören) das Zusammenspiel zwischen Ohr, Hörnerv und Gehirn noch einspielen. Auch die Augenmuskeln sind noch nicht genau gesteuert, der Sehnerv noch nicht perfekt mit dem Sehzentrum im Gehirn verbunden. Entscheidend sind die körperliche Bewegung und das aktive Tun eines Säuglings: Sie liefern wichtige Impulse für die Entwicklung des Gleichgewichtssinns und des Gehirns im Ganzen (s. dazu Kap. 5 Motorische und sensorische Entwicklung).

Erste gezielte Bewegungen

3.1 Biologische Grundlagen – vorgeburtliche Einflüsse und die Entwicklung des Gehirns

Ab dem 3. Schwangerschaftsmonat sind alle Organe eines Ungeborenen angelegt; es ist jetzt ca. 3 Zentimeter groß und schon als kleiner Mensch erkennbar. Die Sinne liefern Erfahrungen, die Einfluss auf sein Denken und Fühlen nehmen (bzw. nehmen werden). Am lautesten hört das Kind die Stimme seiner Mutter, die über die Knochen verstärkt wird. Dazu kommen ihr Herzschlag, das Rauschen ihres Blutes und die Atem- und Verdauungsgeräusche – zusammen genommen ist es im Mutterleib so laut wie in einer Gruppe durcheinanderredender Menschen. Alle anderen Geräusche der Umgebung sind durch die mütterliche Bauchdecke gedämpft, aber noch hörbar.

Das Ungeborene übt seinen Gleichgewichtssinn, es berührt, fühlt, schmeckt – es sammelt Erfahrungen, die im Gehirn Spuren hinterlassen. Auch Gefühle hat das ungeborene Kind schon mit der Mutter geteilt. Wenn sie sich freut, aufregt, ärgert oder unter Stress steht, werden Hormone in unterschiedlicher Zusammensetzung in ihr Blut geschüttet und über die Nabelschnur an das Ungeborene weitergeleitet. So bekommt es beispielsweise Herzklopfen wie die Mutter oder kann sich wie sie entspannen. Darüber hinaus führt es auch ein Eigenleben, das die Mutter beeinflusst.

Mit der Geburt wird im jungen Gehirn ein umfassender Entwicklungsschub in Gang gesetzt. Alles ist nun viel greller und direkter: Licht, Wärme und Kälte, die Schwerkraft. Das Kind muss ab jetzt selbst atmen. Das alles muss im Eiltempo verarbeitet werden. Dazu sind 100 Milliarden Nervenzellen bereit und auch schon miteinander vernetzt. Nun bildet das Gehirn eine Vielzahl von neuen Verbindungen, mehr als es jemals gebrauchen kann. Es entstehen neue Netzwerke und funktionstüchtige Einheiten, die zur Benutzung bereit stehen. Es gilt aber: Alle nicht genutzten Verbindungen zwischen den Nervenzellen werden bald wieder gelöscht.

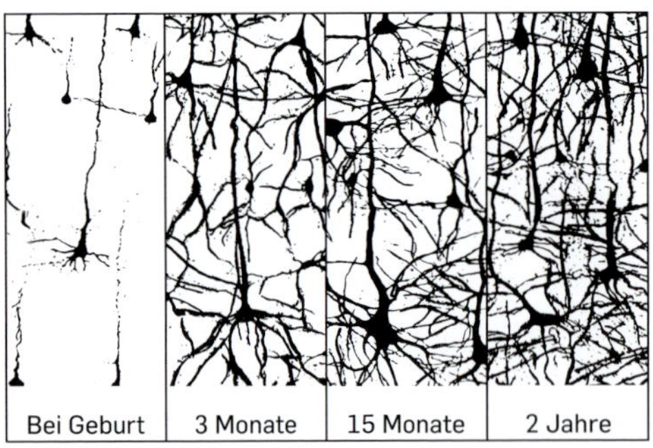

Wachstum der neuronalen Netzwerke in den ersten beiden Lebensjahren

Das Kind bewegt sich von Anfang an auf seine Umwelt zu und eignet sich diese aktiv an. Nie wieder in seinem ganzen Leben wird es so viel in so großer Geschwindigkeit lernen wie im 1. Lebensjahr! Im Alter von 2 Jahren entspricht die Anzahl der Synapsen im Gehirn derjenigen von Erwachsenen und es hat rasant an Gewicht zugenommen. Das Gehirn von 3-jährigen Kindern hat eine doppelt so große Anzahl an Verknüpfungen und einen mehr als doppelt so großen Energieverbrauch wie das eines Erwachsenen. Individuell ist dabei das, was ein Kind erlebt. Dies wird sein Denken und Fühlen sein Leben lang bestimmen.

3.2 Die Entwicklungsaufgaben

Forscher in der Tradition der Psychoanalyse gehen davon aus, dass bei der Entwicklung **Reifung** eine große Rolle spielt. Reifung in diesem Sinne bedeutet Folgendes: Im Erbgut, also in den Genen, stecken Vorgaben dafür, wie das Individuum werden soll, die nach und nach wirksam werden. Ganz offensichtlich ist das, wenn man an das Wachstum des Körpers mit Skelett, Organen, Muskeln und Haut denkt. Ebenso werden die Beschaffenheit und Farbe der Haut, der Haare und der Iris der Augen vererbt. Auch das Gehirn und das Zentralnervensystem reifen nach einem genetischen Programm heran.

Aber in Bezug auf Lernen und Entwicklung räumen heute auch psychoanalytisch orientierte Forscher ein, dass man bei vielen Verhaltenserweiterungen von kleinen Kindern den Einfluss der **Umwelt** erkennen kann. Nun nimmt man umgekehrt an, dass nur jene Veränderungen auf Reifung beruhen, bei denen keine Umwelteinflüsse erkennbar sind.

So spricht man von **Entwicklungsfenstern**, die sich öffnen und eine besondere Chance dafür bieten, dass ein Kind etwas

Ein neugieriger, wacher Geist auf der Suche nach Bedeutung

Spezielles lernt. Wenn sie sich wieder schließen, ohne dass die Chance genutzt wurde, ist der Erwerb dieser Kompetenz im späteren Leben sehr viel mühsamer und manchmal unmöglich. Beispielsweise können Kinder, die in einem Elternhaus mit guten Sprachvorbildern aus zwei Sprachen aufwachsen, beide Sprachen kompetent sprechen (s. dazu Kap. 7 Sprachentwicklung). Wer nur mit einer Muttersprache aufwächst, muss im späteren Leben große Mühe auf das Erlernen einer zweiten Sprache verwenden. Das Zeitfenster der besonderen Sensibilität für Sprachen, so die Annahme, hat sich wieder geschlossen.

Die menschliche Entwicklung ist also ein Reifungs- und Lernprozess, der sich über die gesamte Lebensspanne erstreckt. Das Leben stellt Entwicklungsaufgaben, die im Grunde Lernaufgaben sind.

Psychosoziale Stadien nach ERIKSON

Der deutsch-amerikanische Psychoanalytiker ERIK H. ERIKSON (1902–1994) ging von acht psychosozialen Stadien aus, die jeder Mensch in seinem Leben durchlaufen muss und die ihn immer wieder vor phasentypische, wichtige „Krisen" stellen. Die ersten vier Stadien beschreiben die Kindheit bis zum Erreichen der Pubertät.

1. Die erste Krise entsteht mit der Geburt und die Lernleistung ist die Entwicklung von Vertrauen – darauf, dass die Welt ein freundlicher Ort ist, dass die Erfüllung der Grundbedürfnisse nach Nahrung, Hygiene und körperlicher Fürsorge gesichert ist. Gelernt wird dabei das Vertrauen darauf, dass die primären Bezugspersonen verlässlich sind, also wiederkommen, wenn sie zunächst das Blickfeld und dann die Umgebung des hilflosen Säuglings verlassen (s. Kap. 4, Punkt 3.3 Bindung).
2. Daneben und danach liegt die reifungsbedingte Lernleistung in der Kontrolle, zunächst über den eigenen Körper, dann über beeinflussbare Dinge und Personen in der näheren Umgebung. Das Kind entdeckt seinen eigenen Willen und dass es etwas bewirken kann. Damit entstehen in der Regel Konflikte zwischen dem Willen des Kindes und dem der Bezugspersonen. Das Kind muss lernen, diese zu bewältigen.
3. Daran beginnt das Selbstvertrauen zu wachsen. Das Kind ist jetzt reif dafür, bewusst Initiative zu ergreifen, mit anderen zu konkurrieren und sich zu erproben. Gleichzeitig lernt es, mit Schuldgefühlen und der Angst vor Zurückweisung umzugehen.
4. In der Grundschulzeit verstärkt sich das Leistungsbewusstsein. Das Kind will seine sozialen und intellektuellen Fertigkeiten weiter entfalten. Es entwickelt daraus Selbstbewusstsein oder Gefühle des Versagens.

Wenn also ein Kind in eine Krise gerät, dann muss es neue Entwicklungsaufgaben bewältigen. Daran kann man auch erkennen, dass es dabei ist, einen weiteren Reifungsprozess zu durchlaufen.

Man kann Leas Versuche mit den Spielbechern auch als Entwicklungsaufgabe sehen. Die „Krise" äußert sich darin, dass sie noch nicht über eine erfolgreiche Strategie verfügt, die Becher in Gänze richtig zusammenzustecken. Sie ist alt genug, die Dinge nicht mehr einfach zu bestaunen oder auseinanderzunehmen. Sie hat eine Vorstellung davon, wie der Stapel am Ende aussehen soll, aber ihr fehlen noch die Zwischenschritte. Und sie arbeitet geduldig daran, sich die Methode des Zusammensetzens anzueignen. Trotz vieler Misserfolge lässt ihre Energie nicht nach. Der unfertige Stapel macht auch Evi neugierig, eine Weile probiert sie mit, scheint dann das Interesse zu verlieren. Und es ist auch nicht sicher, ob die Praktikantin Leas Motivation rettet oder ob auch diese für heute resigniert hat. Denn nach Leas bisheriger Lebenserfahrung wissen und können „die Großen“ einfach alles.

Die Bewältigung von Entwicklungsaufgaben erhöht das Wohlbefinden und das Vertrauen auf die eigene Kraft. Gelingt die Bewältigung nicht gut, verschlechtert sich die Integration in die Umgebung und auch der Erfolg bei nachfolgenden Entwicklungsaufgaben ist gefährdet.

Entwicklungsaufgaben kommen aus drei Quellen:

- **Körperliche Reifungsprozesse.** Beispielsweise ist für Kleinstkinder das Erheben auf den Vierfüßlerstand eine neue Errungenschaft. Die Knochen und Muskeln in den Armen und Oberschenkeln sind stark genug, um den Körper zu tragen. Außerdem können die Kleinen nun krabbeln lernen. Dabei erleben viele Kinder dramatische Krisen: Sie können zunächst nur rückwärts krabbeln. Statt, dass sie einem interessanten Gegenstand auf diese Weise näherkommen, entfernt sich dieser sogar, und das bei gesteigerter Anstrengung schneller als vorher. Andere Kinder können zunächst nicht wenden. Sie krabbeln voller Optimismus und Tatendrang los und stecken irgendwann in einer Ecke fest und müssen befreit werden.
- **Gesellschaftliche Erwartungen.** Dass man in der Schule Lesen und Schreiben lernt, ist eine grundsätzliche gesellschaftliche Anforderung, seit es Schulen gibt. Kindern ist das schon lange vor Schuleintritt bekannt und in der Regel freuen sie sich sehr darauf. Wenn das erwartete Selbst-Lesen aber nicht so einfach kommt, kann dies ein Kind zum Verzweifeln bringen. Es spürt die Erwartung von allen Seiten, erlebt, dass andere Kinder plötzlich lesen können, und weiß nicht, warum ihm selbst die Buchstaben rätselhaft bleiben.
- **Individuelle Ziele.** Auch kleine Kinder haben Ziele. Lea weiß, wie der Becherstapel aussehen soll, und sie will ihn wieder so aussehen lassen wie vor dem Umkippen. Das ist nicht ihr einziges Ziel für diesen Tag. Sie ist in dem Alter, in dem sie möglichst alles selbst machen will. Je nach Temperament können Kinder heftige Wutanfälle bekommen, wenn ihnen nicht gelingt, was sie sich in diesem Moment vorgenommen haben.

Die angemessene Bewältigung der grundsätzlichen Entwicklungsaufgaben und Lebenskrisen ist die Voraussetzung für ein glückliches und stabiles Leben. Dazu gehört die Annahme, dass Menschen in jedem Lebensalter lernen können und müssen. Denn alles gehört dazu: Kindheit, Pubertät, erwachsen werden, eine Partnerschaft führen, Kinder groß ziehen, berufstätig sein, Kinder ins Leben entlassen, in Rente gehen, nicht mehr nützlich sein, krank und gebrechlich werden. Krisen gehören dazu und müssen durchlebt werden.

AUFGABE

1. Nennen Sie Beispiele für Entwicklungsaufgaben in den ersten vier Entwicklungsstadien eines Kindes.
2. Beschreiben Sie eine Situation/ein Ereignis genauer (z. B. aus Ihrer Kita). Erklären und begründen Sie, welche Art von Entwicklungsaufgabe/Krise Sie erkannt haben.

Psychosoziale Stadien nach ERIKSON

Ungefähres Alter (in Jahren)	Krise	Angemessene Lösung	Unangemessene Lösung
0–1,5	Vertrauen vs. Misstrauen	Grundlegendes Gefühl der Sicherheit	Unsicherheit, Angst
1,5–3	Autonomie vs. Selbstzweifel	Wahrnehmung des eigenen Selbst als Person, die ihren Körper kontrolliert und Ereignisse verursacht	Gefühl der Unfähigkeit, Ereignisse zu kontrollieren
3–6	Initiative vs. Schuldbewusstsein	Vertrauen auf eigene Initiative und Kreativität	Mangelndes Selbstwertgefühl
6–Pubertät	Kompetenz vs. Minderwertigkeit	Kompetenz in grundlegenden sozialen und intellektuellen Fertigkeiten	Mangelndes Selbstwertgefühl, Gefühl des Versagens
Adoleszenz	Identität vs. Rollendiffusion	Entspanntes Erleben des eigenen Selbst	Das eigene Selbst wird als bruchstückhaft, schwankend und diffus wahrgenommen
Frühes Erwachsenenalter	Intimität vs. Isolation	Fähigkeit zur Nähe und zur Bindung an andere	Gefühl der Einsamkeit, Trennung; Leugnung des Bedürfnisses nach Nähe
Mittleres Erwachsenenalter	Generativität vs. Stagnation	Über die eigene Person hinaus Sorge um Familie, Gesellschaft, künftige Generationen	Hedonistische (= an materiellen Dingen ausgerichtete) Interessen; fehlende Zukunftsperspektive
Seniorenalter	Ich-Integrität vs. Verzweiflung	Gefühl der Ganzheit, grundlegende Zufriedenheit mit dem Leben	Gefühl der Sinnlosigkeit, Enttäuschung

3.3 Entwicklungsstufen des Denkens nach PIAGET

Der Schweizer Entwicklungspsychologe JEAN PIAGET (1896–1980) ging von einer aktiven Aneignung von Wissen durch den sogenannten „aktiven und kompetenten Säugling“ aus, der in Interaktion mit der Umwelt steht. Er konstruiert sich sein Bild von der Welt und seine Kompetenzen selbst. Die Entwicklung vollzieht sich in Stufen oder Stadien, die von jedem Menschen in der gleichen Reihenfolge, aber in individuellem Tempo durchlebt werden. Jedes Stadium bildet ein Ganzes und bereitet auf die folgende Stufe vor.

Es werden vier Stadien der kognitiven Entwicklung bis zum Erwachsenenalter angenommen: das sensomotorische, das präoperatorische, das konkret-operatorische und das formal-operatorische Stadium.

Das sensomotorische Stadium ist nach PIAGET eine Vorstufe zum Denken. Das Kind entwickelt sich in **sechs Schritten** vom Neugeborenen, das die Bewegungen seines Körpers kaum unter Kontrolle hat, zu einem 2-Jährigen, das sich zielgerichtet verhalten kann.

Versuch, Bewegungen zu koordinieren

Zielgerichtetes Verhalten

1. Am Anfang gibt es die angeborenen Reflexe wie den Greifreflex. Damit sammelt das Kind die Erfahrung, dass sich jeder Gegenstand anders anfühlt.
2. Im 2. bis 4. Lebensmonat entwickelt das Kind einfache Gewohnheiten: Der Greifreflex verwandelt sich ins zielgerichtete Greifen. Erst danach lernt das Kind das Loslassen. Diese neue interessante Bewegung wird immer wieder geübt.
3. Ab dem 5. Lebensmonat will das Kind aktiv interessante Entdeckungen wiederholen und wendet sich seiner Umgebung mehr als dem eigenen Körper zu. Bewegliche und Geräusch produzierende Gegenstände werden wiederholt bewegt, um den Effekt noch einmal zu erleben.
4. Im letzten Drittel des 1. Lebensjahres kann das Kind Bewegungen miteinander verknüpfen und koordinieren, die es unabhängig voneinander erlernt hat. Es krabbelt auf einen interessanten Gegenstand zu, schiebt Hindernisse weg oder nimmt Umwege in Kauf, um ihn dann zu ergreifen.

Ein großer kognitiver Schritt innerhalb der sensomotorischen Phase ist das Erreichen der sogenannten **Objektpermanenz**. Bis zum 6. Lebensmonat existieren für das Kind nur jene Dinge, die es in diesem Moment wahrnehmen kann. Gegen Ende des 1. Lebensjahres fangen die Kinder an, aktiv nach Dingen zu suchen, die sie gesehen haben und die nun verdeckt sind. Versteck- und Aufdeckspiele *(Mumm, mumm, kiek)* sind für Kinder dieses Alters besonders spannend und lustvoll. Die Objektpermanenz ist eine wichtige Voraussetzung dafür, dass in den folgenden Lebensjahren Vorstellungen von Raum und Zeit sowie Ursache und Wirkung entwickelt werden können.

5. Im 2. Lebensjahr treten gezielte Aktivitäten auf. Das Kind beginnt, mit Gegenständen zu experimentieren, um ihnen noch unbekannte Eigenschaften zu entlocken. Es erforscht alle Alltagsdinge, die es erreichen kann. Mit einem Löffel kann man beispielsweise nicht nur essen, sondern auch ihn scheppernd fallen lassen, auf den Tisch klopfen und unendlich viele andere interessante Dinge tun. Es ist auch der Beginn der intensiven Einfüll- und Umgießexperimente in der Badewanne.
6. Der Abschluss des sensomotorischen Stadiums wird durch den Übergang zum Denken als rein abstrakte Tätigkeit gebildet. Das Kind muss nun nicht mehr alles gegenständlich erproben, sondern kann dies innerlich in seiner Vorstellung tun und dann

in einem Schritt zielgerichtet sein Verhalten verändern, um einen gewünschten Effekt zu erzielen.

Leas Anstrengungen mit dem Becherstapel mögen das Mitgefühl der Praktikantin erregt haben. So viel Mühe: Immer und immer wieder steckt sie zusammen und nimmt auseinander. Und noch einmal beginnt sie von vorn. Wieder passt es nicht und sie beginnt wieder von vorn. Doch dies sind notwendige Schritte zum Erwerb von Vorstellungen und zum abstrakten Denken. Lea selbst empfindet ihre Tätigkeit möglicherweise nicht als anstrengend und langwierig; sie bleibt, durch Zwischenerfolge angespornt, am Ball. Wenn man an dieser Stelle der Theorie von PIAGET folgt, wird sie dies solange tun, bis sie den Becherstapel auch in ihren Gedanken richtig zusammensetzen kann und nicht mehr probieren muss. Wenn sie eines Tages also dem einzelnen Becher „ansehen" kann, an welche Stelle er gehört, hat sie einen weiteren Schritt in ihrer kognitiven Entwicklung gemacht. Dann wird sie den Spielbecherstapel nicht mehr interessant finden. Wenn sie die Becher dann in die Hand nimmt, wird sie sie zu anderen Spielzwecken einsetzen.

Das präoperative Stadium hat PIAGET der Zeit etwa bis zum 7. Lebensjahr zugeordnet. Jetzt lernt das Kind allmählich, zwischen den Gegenständen selbst und den Symbolen dafür zu unterscheiden. Es erkennt mühelos Darstellungen und unterscheidet ganz sicher zwischen Apfel und dem Bild vom Apfel. Es versteht, dass das Wort die für einen Gegenstand gewählte Bezeichnung oder der Name ist. Das symbolische Denken erlaubt auch Abstraktionen: Das Kind erkennt beispielsweise, dass es eine Gruppe von Dingen gibt, die rund sind und davon rollen können. Diese Erkenntnis ist ein Teil der Fähigkeit, Kategorien zu bilden. Ein Kind kann nun auch bewusst erkennen, dass man mit einem Gegenstand ganz unterschiedliche Dinge tun kann. Die immer präzisere Entwicklung von Vorstellungsinhalten erlaubt das „Darüber-Sprechen" und das „So-Tun-als-ob", das Spiel mit Symbolen.

Ein Kind hat die nächste Stufe, das **konkret-operatorische Denken,** dann erreicht, wenn es das Invarianzprinzip versteht. Das bedeutet, dass das Kind nun sicher weiß, dass sich eine Menge von Dingen oder eine Flüssigkeitsmenge nicht ändert, wenn sie anders angeordnet oder die Flüssigkeit in ein anderes Gefäß umgeschüttet wird. Untersucht wird dies mit einem berühmten Versuch, der **Limonadeversuch** genannt wird:

Vor dem Kind stehen zwei Glasbecher gleicher Größe, in denen die gleiche Menge Limonade zu sehen ist. Nun wird vor den Augen des Kindes die Flüssigkeit aus dem einen Glas in ein schmales, hohes Glas umgeschüttet. Dann wird es gefragt, ob in den beiden unterschiedlichen Gefäßen die gleichen oder

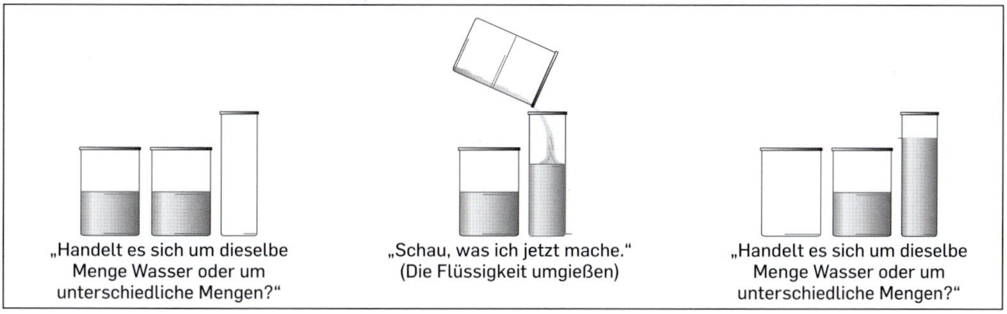

Limonadeversuch – Invarianz flüssiger Mengen

Die Entwicklungsstadien nach PIAGET im Überblick

	Stadium	Typische Merkmale und wesentliche Errungenschaften
1.	sensomotorisch (0–2 Jahre)	Das Kind verfügt zu Beginn seines Lebens über eine kleine Zahl an sensomotorischen Sequenzen, das sind Handlungsmöglichkeiten wie der Greifreflex. Es erwirbt Objektpermanenz und die Anfänge symbolischen Denkens.
2.	präoperatorisch (2–7 Jahre)	Das Denken des Kindes ist von Egozentrismus und Zentrierung geprägt. Das Kind besitzt verbesserte Fähigkeiten zum Einsatz symbolischen Denkens.
3.	konkret-operatorisch (7–11 Jahre)	Das Kind versteht das Invarianzprinzip. Es kann in Bezug auf konkrete, physikalische Objekte schlussfolgernd denken.
4.	formal-operatorisch (ab 11 Jahren)	Das Kind entwickelt die Fähigkeit zu abstrakten Schlussfolgerungen und hypothetischem Denken.

unterschiedliche Mengen sind. Obwohl sie das Umschütten mit angesehen haben, sind kleinere Kinder in der Regel davon überzeugt, dass in dem schmalen, hohen Gefäß mehr Limonade ist als in dem flacheren, breiten Glas. PIAGET war der Meinung, dass Kinder das Invarianzprinzip, also das Prinzip der Erhaltung der Menge beim Umfüllen, erst im 8. Lebensjahr verstehen können.

AUFGABE

Erklären Sie die folgende Situation mit der Theorie der Entwicklungsstadien von PIAGET: Der 3-jährige Tom sitzt mit seiner 5-jährigen Schwester Anna und seiner Mutter beim Abendessen. Die Mutter kennt die Menge an Brot, die ihre Kinder aufessen können, und so gibt sie Anna drei Streifen Käsebrot und Tom zwei Streifen. Der schaut heute ganz genau hin und protestiert. Will genauso viele Brote wie Anna haben. Vergeblich versucht die Mutter ihm zu erklären, dass er meist nach zwei Brotstreifen satt ist. Sie verspricht ihm Nachschub, sollte das heute anders sein. Es nützt alles nichts: Tom will sich nicht beruhigen lassen. In einer plötzlichen Eingebung schneidet die Mutter den einen Brotstreifen auf Toms Brettchen in zwei Stücke. Tom guckt zwischen seinem und Annas Brett hin und her und strahlt.

3.4 Andere Entwicklungsmodelle

Das Modell von PIAGET ist bis heute für das Verständnis der kognitiven Entwicklung von Kindern wichtig. Aber es gibt auch **Kritik**, die durch neue Forschungsergebnisse belegt werden kann.

Vor allem erscheint die Zuordnung der Entwicklungsschritte zu Altersangaben heute zu starr festgelegt: Kinder machen die Entwicklungsschritte in unterschiedlichem Tempo. Zudem hat PIAGET die Rolle der Sprache und der Erwachsenen unterschätzt. Er hatte angenommen, dass das Tun zum Denken und dann zur Sprache führt. Doch sobald ein Kind anfängt zu sprechen, kann man mit ihm über den Zusammenhang der Wörter und der Be-

Erzieherin mit zwei Kindern im Gespräch

deutungen sprechen, und es beginnt, zwischen Gegenständen und Symbolen zu unterscheiden. Also kann der Weg der kognitiven Entwicklung – eben des Lernens und Verstehens – auch bei kleinen Kindern umgekehrt sein: über das Sprechen zum Tun und Denken.

AUFGABE

1. Sprechen Sie in Ihrer Praxisstelle mit Kindern über Dinge, die sie interessieren. Machen Sie einem Kind dabei einen Vorschlag für eine neue Tätigkeit und beobachten Sie, wie das Kind die Idee umsetzt.
2. Beobachten Sie auch in Alltagssituationen, wie kleine Kinder Sprache einsetzen, um Einfluss zu nehmen oder Wünsche zu äußern.

Hinzu kommt, dass andere Menschen für Kinder eine überragende Bedeutung haben und Kinder sich nur innerhalb einer liebevollen und sicheren Bindung mit ihren Bezugspersonen kognitiv gut entwickeln können. Dann können sie mutig die Welt erkunden. Unsicher gebundene Kinder müssen viel Aufmerksamkeit darauf verwenden, sich ihrer Bezugsperson zu versichern (sie klammern), oder aber sie verharren passiv. So können sie weniger Erfahrungen mit den Dingen ihrer Umwelt machen und sich kognitiv weniger weit entwickeln (s. dazu Kap. 4, Punkt 3.3 Bindung).

Die Annahme von PIAGET, dass Kinder bis zum Erreichen des 7. Lebensjahres sich die Welt nicht anders als um die eigene Person zentriert vorstellen können, ist nicht haltbar. Auch jüngere Kinder fühlen spontan mit anderen mit und wissen dabei, dass beispielsweise nicht sie selbst sich gestoßen und weh getan haben, sondern ein anderes Kind. Im Gespräch zunächst mit Erwachsenen können sich Kinder in die Perspektive anderer hineinversetzen. Gerade in Kindergruppen wird das abwechselnde Spielen geübt, weil attraktive Spielgeräte wie Schaukeln oft in geringerer Anzahl vorhanden sind als Kinder, die schaukeln möchten. Die verantwortlichen Erwachsenen achten zwar darauf, dass es ein Klima gibt, in dem sich nicht stets das Recht des Stärkeren durchsetzt, – die Kinder sind aber häufig selbst in der Lage, miteinander auszuhandeln, dass es nach ihren Vorstellungen gerecht zugeht.

Der russische Psychologe LEW WYGOTSKI (1896–1934) hat schon am Anfang des 20. Jahrhunderts systematisch erforscht, wie sich kleine Kinder entwickeln, und erkannte, dass es sehr darauf ankommt, dass Erwachsene ihnen kundige und liebevolle Begleiter sind. In seiner Nachfolge geht man davon aus, dass die kognitive Entwicklung im Aufbau funktioneller Hirnsysteme besteht. Das bedeutet, dass das Wissen und Können eines Kindes sich an für es sinnvollen und interessanten Dingen wie in einem „Netz" weiterentwickelt. Ende des 20. Jahrhunderts haben amerikanische Pädagogen die Konsequenzen aus Wygotskis Erkenntnissen formuliert:

„Erzieherische und bildende Einwirkungen sind vor allem dann Erfolg versprechend, wenn sie in die Zone der nächsten Entwicklung des Kindes fallen – liegen sie auf dem aktuellen Entwicklungsniveau, lernt es nichts dazu, liegen sie oberhalb der Zone der nächsten Entwicklung, ist das Kind überfordert und reagiert frustriert."

(zitiert nach M. Textor, 1999)

Nur eine Stufe auf einmal

Wenn man Leas Anstrengungen unter dem Gesichtspunkt betrachtet, dass sie ihr Können gut weiterentwickeln kann, wenn die Anforderungen an sie in der Zone ihrer nächsten Entwicklung liegen, dann stellt sich die Frage: Liegt das Zusammenstecken der Becher zu einem vollständigen Stapel genau in dieser Zone? Oder ist diese schwierige Tätigkeit noch zu weit oberhalb von Leas aktuellem Entwicklungsniveau, sodass die Gefahr von Überforderung und Frustration droht? Die Sozialassistentin Tanja hat sich dafür entschieden, noch ein wenig abzuwarten und auf Leas Durchhaltewillen zu setzen. Das hat die Praktikantin anders eingeschätzt: sie befürchtete, dass Lea bald frustriert die Becher liegen lassen würde, und will ihr zu einem Erfolg verhelfen.

3.5 Ergebnisse der modernen Hirnforschung

Schon seit langem haben Pädagogen und Psychologen Kinder Experimente ausführen lassen und mit ihnen darüber gesprochen, um systematisch herauszufinden, wie sie denken und lernen. So kann man zunächst nur herausfinden, was Kinder über ihre Gedanken mitteilen können und wollen. Kleinere Kinder und Säuglinge hat man ebenfalls systematisch beobachtet, um aus ihrem Verhalten und ihren Reaktionen auf ihre Gedanken schließen zu können.

Aber schon lange war klar, dass sich noch viel mehr in den Kinderköpfen abspielt, wenn sie die Welt erkunden. Man kann beobachten, dass ein Baby zuerst zufällig mit der Hand an ein Mobile kommt und dann immer wieder, besser und gezielter dagegen schlägt. Es versteht also den Zusammenhang zwischen dem eigenen Handeln, der Handbewegung und der Bewegung der bunten Figur. Das ist eine Wenn-dann-Theorie, die niemand dem Baby erklärt hat. Dies ist auch nicht möglich, weil sein Sprachverständnis noch nicht weit genug entwickelt ist.

Es sind in den letzten Jahren ganz neue Ergebnisse darüber veröffentlicht worden, dass sehr junge Kinder logische Schlüsse ziehen, Dinge zählen und ähnliche Abläufe unterscheiden und beurteilen können. Um das zu belegen, wird mit Videoaufzeichnungen dokumentiert, wie lange die Kinder etwas anschauen, wann es sie langweilt und sie ihre Aufmerksamkeit auf etwas anderes richten. Man kann Aufregung und Interesse messen, wenn in einem Schnuller ein Sensor eingebaut ist, der die Heftigkeit der Saugbewegung registriert. Man kann im Labor Hirnströme ableiten. All diese Daten lassen ablesen, was gleichzeitig beim Denken passiert.

Ein gemeinsames Ergebnis der Versuche ist, dass Kinder schon im 1. Lebensjahr komplexe kognitive Leistungen vollbringen. Sie können Kategorien sicher unterscheiden. Sie wissen bei Spielzeugfiguren, ob es etwas Lebendiges oder eine Maschine darstellt (Hund oder Auto). Sie haben Erwartungen über künftige Ereignisse und beobachten daraufhin, was sie sehen und beurteilen. Kleinstkinder, die kaum sitzen können, reagieren entweder mit Freude, wenn ein Gegenstand zu Boden fällt und damit ein physikalisches Gesetz eingehalten wird, oder verwirrt, wenn dies nicht eintritt, weil er beispielsweise im Versuchslabor auf einer für das Kind nicht sichtbaren Halterung ruht. Sie können auch soziale Zusammenhänge erkennen und beurteilen. Wenn man ihnen vorführt, wie ein roter Ball einem gelben Ball dabei hilft, eine schiefe Ebene hinauf zu kommen, und ein blauer Ball immer wieder dagegen schubst, wollen alle Kinder danach lieber den roten Ball sehen. Beobachtbar ist eine Theoriebildung, die dem Weltverständnis von Erwachsenen sehr ähnlich ist.

Hirnforscher haben außerdem Beweise dafür gefunden, dass das Gehirn nichts besser

Das menschliche Gehirn belohnt sich chemisch selbst

kann und nichts lieber tut als ständig zu lernen. Wichtig ist dabei, dass Kinder möglichst viele und möglichst unterschiedliche Erfahrungen machen können. Ein weiteres Ergebnis der Gehirnforschung ist, **dass sich das Gehirn chemisch selbst belohnt**. Jede neue Erkenntnis, jedes Erfolgserlebnis bewirkt die Ausschüttung eines Hormons, das Glücksgefühle vermittelt: Dopamin. Erkenntnis macht Spaß, ist an sich schon eine Freude und allein deshalb bemühen sich Lernende – Kinder wie Erwachsene – darum, etwas Neues herauszufinden.

3.6 Gedächtnis und Vorstellungsvermögen

Kinder bauen ihr Gedächtnis erst mit zunehmender Lebenserfahrung auf. Doch lange bevor sie sprechen können, haben sie schon Lebenserfahrungen und Erinnerungen gesammelt. Denn auch Säuglinge vergleichen das, was sie aktuell erleben, mit dem, was sie im Gedächtnis haben. Dabei ist das Gehirn auch immer auf der Suche nach Bedeutung. Es ist für Menschen vom Kindesalter an überlebenswichtig zu wissen, was das ist, was wir hören, sehen und fühlen. Allerdings können die meisten Menschen kaum über Ereignisse berichten, die sie erlebt haben, als sie jünger als 3 Jahre waren. Man führt es darauf zurück, dass erst ab dem 3. Lebensjahr das Sprachvermögen so weit ausgebildet ist, dass die Kinder zusammenhängende Geschichten erzählen können. Also können **Erinnerungen** auch erst mit der Zeit verbal, als erzählbares Erlebnis, gespeichert werden. Das bedeutet nicht, dass keine Erinnerungen aus jüngeren Jahren vorhanden sind. Auch Kinder, die noch nicht sprechen können, zeigen ihrer Umwelt durch ihr Tun oder mit einzelnen Wörtern, dass sie sich erinnern.

Das Sprechen über sich selbst, das Erzählen davon, wie es vorhin, gestern oder auch früher war, ist nur Menschen eigen. Dies ist aber nicht der einzige (und vermutlich sogar der kleinere) Teil des Erinnerungsvermögens. Im Gedächtnis werden auch alle **körperlichen Erfahrungen** gesammelt. Erinnerungen an Bilder, Farben, Töne, Gerüche und an taktile Wahrnehmungen gehören zu den sogenannten vorsprachlichen Erinnerungen, wenn sie vor dem Beherrschen der Sprache erworben wurden. Das sind immerhin 3 Lebensjahre. Erst allmählich kommen die Wörter dazu und mit den dann gespeicherten Erinnerungen kann man sich gedanklich beschäftigen und davon erzählen.

Die knapp 2-jährige Lea wird ihrer Mutter sicherlich nicht erzählen können, was sie tagsüber erlebt und getan hat. Sie wird nicht sagen können, dass sie eine halbe Stunde an der Reihenfolge von acht Bechern „herumgeknobelt“ hat. Sie hat auch noch keine Vorstellung davon, was eine halbe Stunde ist. Aber sie hat Erinnerungen gespeichert: Sie hat die Becher gefühlt und gesehen, sie hat die Koordination von Hand und Auge geschult, sie hat das Geräusch aufgenommen, das die Becher beim Zusammenstecken und beim Umfallen verursachen. All dies hat sie in ihrem Gedächtnis gespeichert und es wird ihr beim nächsten Mal von Nutzen sein.

Wenn man von Erinnerungen und vom Gedächtnis spricht, ist zumeist das Langzeitgedächtnis gemeint. Doch nicht alles, was auf Menschen einwirkt, wird ins Langzeitgedächtnis aufgenommen. Viele Einzelheiten eines Augenblicks oder eines Tages werden schnell wieder vergessen, das Bewusstsein hat sie als nicht wichtig aussortiert. Auf der anderen Seite wird nicht jede Erinnerung bewusst aufgenommen: Im Langzeitgedächtnis gibt es viele Inhalte, von denen wir uns nicht vorgenommen haben, sie zu speichern, häufig haben wir nicht einmal bemerkt, dass wir eine Erinnerung mitgenommen haben.

Im Langzeitgedächtnis werden Erinnerungen auf unterschiedliche Art gespeichert. Sie werden für verschiedene Leistungen benötigt.

Es gibt einen Teil im Gedächtnis, in dem das Können in körperlicher Hinsicht gespeichert ist. Darin ist alles enthalten, was ein Mensch zur Beherrschung seines Körpers gelernt hat: Das aufrechte Sitzen, das Halten von Dingen, das Krabbeln und das Laufen sind nur die auffälligsten Inhalte. Es sind hochkomplexe Tätigkeiten, die zu erlernen und im Einzelnen zu erinnern die ersten Lebensjahre in Anspruch nehmen. Später kommen spezielle Techniken dazu wie Roller- und Fahrradfahren oder ein Instrument spielen. Dazu gehört auch, dass man Entfernungen, Gewichte und Geschwindigkeiten einschätzen kann. All das wird zwar zur motorischen Entwicklung, zur Körperbeherrschung, gezählt, aber es sind auch Gedächtnisinhalte. Man kann beobachten, dass Kinder dies sehr lange üben: Sie wippen, schaukeln und rennen stundenlang (s. Kap. 5 Motorische und sensorische Entwicklung). Irgendwann können sie dies alles ganz einfach tun, aber nur schwer erklären und darüber nachdenken.

Das (Körper-)Gedächtnis speichert körperliches Können

Hier zeigt sich ein weiterer Grund dafür, dass Lea eines Tages bei ihrer Tätigkeit erfolgreich sein wird und später (wenn sie älter ist) nicht davon erzählen kann. Sie kann das Zusammenstecken flüssig vormachen, die Bewegungen ihrer Hände werden dabei ganz sicher sein. Sie wird die Becher mit genau dem richtigen Kraftaufwand halten. All dies gehört bereits zu ihrem Können. Was ihr noch fehlt, ist die Einschätzung der Größe der Becher. Wenn sie diese erkannt hat (sowohl taktil als auch visuell), braucht sie dafür keine Wörter. Es ist zweckmäßiger, dies im Körpergedächtnis zu speichern.

Davon unabhängig haben Menschen ein Wissensgedächtnis, das zu großen Teilen von der Sprache abhängig ist. Dieser Teil des Gedächtnisses funktioniert auf zwei unterschiedliche Weisen: Zum einen gibt es reine Wissensinhalte, Fakten wie die Bedeutung von Wörtern oder Sachwissen über alle möglichen Gebiete und Zusammenhänge. Bei dieser Art von Faktenwissen geht häufig die Erinnerung daran verloren, wie und wann das Wissen erworben wurde. Man weiß es einfach.

Und schließlich gibt es ein Gedächtnis für Geschichten. Dort finden sich Erlebnisse und Ereignisse, aber auch Geschichten, die gehört, gelesen, geträumt oder erfunden sind. Diese Erinnerungen sind etwas speziell Menschliches. Das Erinnern an eine persönliche Vergangenheit erlaubt eine Vorstellung von sich selbst früher, heute und morgen. Damit beginnt ein Kind, sich selbst als Person wahrzunehmen. Die Kinder tun das kund, indem sie beginnen, „ich“ zu sagen, wenn sie sich selbst meinen. Sie wissen dann, dass sie von außen gesehen, mit ihrem Namen angesprochen werden können und dass sie selbst im Unterschied dazu eine Sicht von innen auf die Welt, ein „Ich“ haben. Sie können sich sicher auf Fotos und im Spiegel erkennen.

Ebenfalls in sehr jungen Jahren beginnt sich im Gedächtnis eine Wissensstruktur zu entwickeln, die die Forscher die „Theory of Mind“ nennen. Das ist die Fähigkeit wahrzunehmen, dass andere Menschen sich in ihrem Denken und in ihren Absichten von der eigenen Person unterscheiden. Es ist die kognitive Seite der Empathiefähigkeit (s. Kap. 4, Punkt 3.2), die schon 2-jährige Kinder entwickeln. Aber erst Kinder zwischen dem 4. und 5. Lebensjahr können die Absichten anderer in ihre Handlungen einbeziehen und sicher zwischen ihrer eigenen Meinung und der von anderen Menschen unterscheiden.

4 Durchspielen einer vollständigen Handlung

Analysieren – welche Situation findet Tanja vor?

Lea interessiert sich für die Spielbecher. Sie ist über eine halbe Stunde hoch konzentriert und engagiert mit ihnen beschäftigt. Sie kann sie teilweise richtig zusammenstecken, lässt sich von Fehlschlägen nicht entmutigen – kann also bei Hindernissen und Schwierigkeiten standhalten. Sie muss alle Teilschritte konkret erproben.

Planen – welche weiteren Schritte muss Tanja gehen?

Sie wird in Leas Umgebung Spielmaterial zum Auseinandernehmen und Zusammenstecken bereitlegen (größere Steckspiele, Puzzles mit wenigen Teilen, Bau- und Konstruktionsmaterial). Ebenso könnte sich Lea für Knetmasse und andere weiche Materialien sowie für Gerätschaften zum Hantieren mit Sand und Wasser interessieren. Sie könnte auch Spaß am Umgehen mit mathematischen Materialien haben: große Perlen und viele gleichartige Dinge wie Spielzeugautos, Tierfiguren aus Holz. Auch Recycling-Material in großen Mengen kommt infrage: leere Rollen, Korken, Joghurtbecher.

Durchführen – was genau macht Tanja?

Tanja wird die Materialien für Lea und die anderen Kinder gut erreichbar so aufstellen, dass ihre Anordnung sinnvoll ist und zum Ausprobieren einlädt. Ab und zu wird sie Lea ein Problem vorstellen oder sie mit einem Material bekanntmachen, das sie noch nicht selbst entdeckt hat. Sie wird von Zeit zu Zeit mit Lea ins Atelier gehen und ihr große Flächen sowie Farben zum Gestalten anbieten.

Reflektieren und Bewerten – wie deutet und wertet Tanja aus?

Tanja wird beobachten, welche Materialien Lea fesseln, d. h. ihr Interesse, Engagement und ihren Durchhaltewillen provozieren. Dabei muss sie die angemessene Anforderung im Auge behalten. Das heißt, sie wird immer wieder Leas Spiel beobachten, vor allem im Hinblick auf Zufriedenheit und Engagement.

Dokumentieren – wie hält Tanja die Ergebnisse fest?

Tanja wird dabei regelmäßig Leas Beschäftigung mit konstruktivem Material dokumentieren und ihre Interessen und ihre Ressourcen in der Entwicklung festhalten.

Weitere Lernsituationen

Lernsituation 1

Der 3-jährige Ben holt sich aus dem Schuppen der Kita einen der Roller. Er stellt sich mit beiden Füßen darauf und kippt bald zur Seite. Er rappelt sich wieder auf und steigt von der anderen Seite wieder mit beiden Füßen auf. Beinahe sofort verliert er wieder das Gleichgewicht. Eine Zornesfalte zeigt sich auf seiner Stirn. Da fällt sein Blick auf zwei andere Kinder, die sich ebenfalls Roller ausgesucht haben und an ihm vorbeifahren. Nun steigt er nur noch mit einem Fuß auf den Roller. So steht er einen Augenblick, dann setzt sich der Roller in Bewegung. Ben lächelt.

Lernsituation 2

Der 4-jährige Thomas sitzt am Tisch und malt. In seiner Reichweite stehen Schalen mit Buntstiften, Filzstiften und Wachsmalstiften. Mehrere Male nimmt er Stifte zur Hand, malt aber nicht, sondern legt sie in eine andere Schale – solange, bis es eine Schale mit Buntstiften, eine mit Wachsmalstiften und eine mit Filzstiften gibt.

AUFGABE

Analysieren Sie die Lernsituationen nach folgenden Fragestellungen:

1. Welche Bedürfnisse und Gefühle zeigen die Kinder?
2. Wie kann das, was sie tun, in Bezug auf die Entwicklung ihres Denkens eingeordnet werden?
3. Welche anregenden Dinge oder Unternehmungen könnten sie für ihre weitere Entwicklung gut gebrauchen?

Aufgaben zur Selbstreflexion

Beobachten Sie sich selbst, während Sie etwas mit Kindern tun oder mit Alltagsdingen beschäftigt sind:

- Wie lange warten Sie ab und wann bieten Sie Unterstützung an? Auf welche Signale des Kindes reagieren Sie dabei?
- Wann bieten Sie tatkräftige und wann verbale Unterstützung an?
- Was muss ein Kind tun, das Ihre Unterstützung haben möchte?
- Welche Unterschiede machen Sie je nach Alter des Kindes?

Praxisaufgaben

Partner- bzw. Gruppenauftrag: Besorgen Sie sich Informationen über die Versuche, auf denen PIAGET seine Theorie der Entwicklungsstadien begründet hat. Führen Sie einige davon mit Kindern in Ihrer Praxisstelle durch. Sprechen Sie mit den Kindern über deren Ideen und Annahmen. Führen Sie auch passende Variationen der Versuche durch. Protokollieren Sie sorgfältig (auch das Alter der Kinder).

Sprechen Sie in der Gruppe über die Ereignisse und vergleichen Sie die Erklärungsansätze auch von anderen im Kapitel behandelten Theorien.

Kapitel 7 Sprachentwicklung

1 Lernsituation

Sema arbeitet seit einem Jahr als Zweitkraft im evangelischen Kindergarten Christuskirche. Die Einrichtung betreut zwei Gruppen, die jeweils 24 Kinder im Alter zwischen 3 und 6 Jahren umfassen, und eine Krippengruppe mit 12 Kindern im Alter von 6 Monaten bis 3 Jahren. Sema ist vormittags in der Krippengruppe tätig und wechselt nachmittags zu den „Großen".

Der Anteil der Kinder, deren Erstsprache nicht Deutsch ist, ist in der Einrichtung relativ hoch. Bei den Großen haben z. B. 14 Kinder eine andere Familiensprache als Deutsch: Sie sprechen als Erstsprache Türkisch, Russisch und Persisch. In der Krippengruppe sind 4 Kinder mit einer anderen Muttersprache. Die Verständigung ist nicht immer einfach, da einige Kinder und auch deren Eltern wenig Deutsch sprechen.

Die junge Pädagogin Sema spricht fließend Türkisch und kann deshalb mit den türkisch sprechenden Kindern und Eltern leichter in Kontakt kommen. Ihre Sprachkenntnisse waren auch ein wesentlicher Grund für ihre Anstellung in diesem Kindergarten. Die anderen pädagogischen Fachkräfte sprechen keine der Erstsprachen der Kinder.

In der Krippe sitzt Sema mit dem Mädchen **Betül** (1,6 Jahre) auf dem Boden. Betül fragt: „Ball?" „Ja, das ist ein roter Ball. Wollen wir damit spielen?" Sema rollt den Ball zu Betül. Betül befühlt den Ball und haut mehrmals mit beiden Händen auf die Seiten. Der Ball bewegt sich. Sema beobachtet aus den Augenwinkeln, wie **Marie** (2,7 Jahre) ihre Mutter wie jeden Morgen zur Tür begleitet. Sobald die Mutter den Gruppenraum verlassen hat, klettert Marie auf die Bank vor dem Fenster und winkt ihrer Mutter zum Abschied noch einmal zu. Als sie sich zu Sema und Betül gesellt, sagt sie: „Mama gegeht." Sema antwortet: „Ja, deine Mama ist gegangen. Nach dem Mittagsschlaf holt dich deine Mutter wieder ab." Marie setzt sich zu Sema und Betül. Da kommt **Luise** (1,1 Jahre) angekrabbelt und ruft: „Ba". Sema fragt sie: „Luise, möchtest du mit uns mit dem Ball spielen?" Dabei zeigt sie auf Marie, Betül und sich. Luise zeigt auf den Ball und sagt: „Ba". „Du möchtest den Ball haben?" Luise nickt. Sema wendet sich Luise ganz zu und blickt sie freundlich an: „Das geht im Moment nicht. Betül, Marie und ich spielen mit dem Ball. Du kannst gern mitspielen." Dabei zeigt sie noch einmal auf die beiden Mädchen und macht eine einladende Geste. Luise schaut Sema einen Augenblick lang an und krabbelt dann zum Sofa, auf dem die Erzieherin Frau Schulz sitzt und mit zwei Kindern rechts und links an sie gekuschelt ein Bilderbuch zum Bauernhof ansieht. **Galina** (1,9 Jahre) sagt: „Traktor, Kuh." Darauf fragt die Erzieherin: „Wo fährt der Traktor hin?" Das Kind deutet auf die Wiese im Hintergrund. Frau Schulz antwortet: „Der Traktor fährt zu der Wiese." Galina nickt.

Am Nachmittag geht Sema in die „Blaue Gruppe" zu den 3- bis 6-Jährigen. **Tatjana** (3,10 Jahre) ist erst seit wenigen Wochen im Kindergarten. Ihre Eltern sind vor einem Jahr aus Kasachstan nach Deutschland gekommen, und möchten, dass ihre Tochter im Kindergarten Deutsch lernt. Tatjana ist ein munteres Mädchen, das in den wenigen Wochen bereits viele deutsche Wörter gelernt hat. Jedoch spricht sie immer nur einzelne Wörter. Wenn sie ein Spiel möchte, sagt sie: „Spiel." Beim Frühstück sagt sie nur: „Essen." Am liebsten mag sie das Wort „das": Wenn sie etwas will oder nicht weiß, sagt sie fragend: „Das?" und zeigt auf das Gemeinte. Häufig wird sie wütend, wenn die Pädagoginnen oder andere Kinder nicht sofort verstehen, was sie möchte. Dann zieht sie sich für einige Zeit zurück.

Tatjana hält sich gern im Atelier auf. Hier ist sie sehr zielstrebig und nimmt sich das, was sie für ihre Arbeit braucht, aus den Regalen. Am liebsten sitzt sie mit der gleichaltrigen **Johanna** zusammen, die ebenfalls gern im Kreativraum ist. Beide malen und kleben. Zwar sprechen sie wenig miteinander, scheinen sich aber auch ohne viele Worte zu verstehen.

Murat (5,2 Jahre) aus der Nachmittagsgruppe ist bereits seit seinem 3. Lebensjahr im Kindergarten. Er ist ein sehr zurückhaltender Junge, der sich wenig zutraut. Obwohl er schon lange die Kita besucht, spricht er wenig. Nur wenn Sema ihn auf Türkisch anspricht, kommt er aus sich heraus und unterhält sich mit ihr. Sema beobachtet Murat zumeist in Gesellschaft der anderen türkischen Jungen. Wenn diese miteinander spielen, sprechen sie ausschließlich türkisch. Ähnliches gilt für die russischen Mädchen. Diese Gruppen mischen sich wenig. Sema spricht während des Tages häufig türkisch mit jenen Kindern, deren Erstsprache türkisch ist. Oft ist dies die einzige Möglichkeit, Kontakt zu ihnen aufzubauen. Sie wechselt dabei allerdings auch ins Deutsche, um den Kindern die Sprache näher zu bringen. Von einer ehemaligen Mitschülerin aus der Ausbildungszeit hat sie gehört, dass es in deren Kita verboten sei, andere Sprachen außer Deutsch zu sprechen. Sie findet diese Vorgehensweise befremdlich.

In der Krippengruppe fühlt sich Sema bei der Begleitung der Sprachentwicklung der Kinder sicher. Dazu hat die Berufsanfängerin in ihrer Ausbildung viel gelernt. Wie aber soll sie mit den vielen Sprachen in der Elementargruppe umgehen? Die Kinder sollen hier auf den Schulbesuch vorbereitet werden; dazu gehört in jedem Fall, dass sie die deutsche Sprache sprechen.

AUFGABE

Bearbeiten Sie die Lernsituation.

1. Analyse
   Nennen und beschreiben Sie,
   - was der Leser über die Kinder erfährt,
   - welches Verhalten Sema gegenüber Kindern unterschiedlichen Sprachentwicklungsstandes zeigt.
2. Ziele formulieren
   Was muss Sema sich aneignen, um Tatjana und Murat in ihrem Spracherwerb zu unterstützen?

2 Zu erlernende Kompetenzen

Der Spracherwerb findet in den ersten Lebensjahren ganzheitlich statt. Die Entwicklung von Sprache ist eine Veranlagung jedes Kleinkindes, sie muss jedoch durch Erwachsene angestoßen und sprachlich begleitet werden. Um Kinder in ihrer Sprachentwicklung unterstützen zu können, muss die Pädagogin sich die Bedeutung von Sprache für die Entwicklung des Kindes allgemein und für dessen Teilnahme am gesellschaftlichen Leben bewusst machen. Dazu erfährt man Näheres in Punkt 3.

Welche grundlegenden Bedingungen für wachsende Sprach- und Kommunikationskompetenz vorliegen müssen (vonseiten des Kindes und der Pädagogin), führt der Punkt 4 aus.

In kurzer Zeit gelingt es Kindern, eine komplizierte Sprache zu erlernen. Um Spracherwerb angemessen begleiten zu können und Verständnis für die Ausdrucksmöglichkeiten von Kindern zu entwickeln, braucht die Sozialassistentin Kenntnisse über den Verlauf der Sprachentwicklung. Darunter fällt auch die vorsprachliche Entwicklung. Darüber gibt der Punkt 5 genaue Auskunft.

Eine besondere Bedeutung kommt der Pädagogin und ihrem eigenen Sprach- und Kommunikationsverhalten zu. Wesentlich ist, dass die Sozialassistentin den Spracherwerb von Babys und jungen Kindern als aktive Entwicklung von Kompetenz erkennt. Punkt 6 stellt dar, wie die Fachkraft den Spracherwerb und die Kommunikationsfähigkeit sowohl im Alltag als auch durch gezielte Angebote begleiten kann.

Mehrsprachigkeit ist eine große Chance. Kinder können mühelos zwei oder mehr Sprachen lernen, wenn ihre Entwicklungsumgebung die dafür passenden Bedingungen bietet. Kinder mit Migrationshintergrund brauchen eine positive und fachlich fundierte Einstellung der Pädagoginnen zum Aufwachsen in zwei Sprachen. Damit beschäftigt sich der Punkt 7.

3 Die Bedeutung der Sprache

Durch Sprache können wir …

Die Sprache ist ein System von Zeichen und Lauten sowie Regeln über die Verbindung dieser Zeichen. Hierzu zählen auch Mimik, Gestik und Körpersprache. Verbale und nonverbale Sprache sind wichtige Kommunikationsmittel zwischen Menschen.

Sprache hat eine soziale Funktion. Menschen können ihre Bedürfnisse, Wünsche und Gefühle körpersprachlich und sprachlich äußern und so für ihre Befriedigung sorgen. Beispiele: Ein Kind hört u. U. auf zu weinen, wenn die Sozialassistentin es streichelt. Ein Baby zeigt seinen Hunger, indem es schreit; die Bezugsperson geht feinfühlig auf seine Signale ein. So erlebt es sich in seiner Kommunikation als wirksam und wird angeregt, weiter zu interagieren.

Über die Kompetenzen, Sprachen zu verstehen und sprechen zu können, nehmen Menschen Kontakt miteinander auf, gehen Beziehungen ein und pflegen diese. Sie teilen sich mithilfe von Sprache mit, handeln aus, erklären, trösten und lösen Konflikte ohne handgreifliche Auseinandersetzung.

Regt man das Kind in seinem Sprachgebrauch an, so fördert man gleichzeitig seine Persönlichkeitsentwicklung. Denn Sprache wird begleitet und belebt durch nonverbale Ausdrucksmittel: Körperhaltung, Tonfall oder Klangfarbe helfen den Mitmenschen, ihr Gegenüber einzuschätzen.

Die Art, wie die junge Pädagogin Sema auf Luises Anfrage „Ba“ reagiert, vermittelt dem Kind Signale – unabhängig vom Inhalt der Worte – durch Tonfall, Lautstärke, Sprechmelodie und Rhythmus, begleitet von Gestik und Mimik. Luise spürt, dass sie in ihrem Wunsch nach dem Ball ernst genommen wird. Auch wenn sie ihn nicht bekommt, erfährt sie Wertschätzung über Semas zugewandte Art und ihre Einladung zum gemeinsamen Spiel.

Mit wachsendem Sprachvermögen wird das Kind selbstsicherer und kann seinem Umfeld seine Gefühle und Bedürfnisse besser deutlich machen. Kann ein Mensch sich eloquent ausdrücken, wird er anerkannt. Schwierigkeiten im sprachlichen Ausdruck werden

Sprache ist mehr als grammatikalisch korrekt zu sprechen

oft mit sozialer Ausgrenzung bestraft, was zu Minderwertigkeitsgefühlen führen kann.

Sprache ermöglicht, dass Menschen andere informieren und sich selbst Informationen beschaffen können. Sprache entscheidet über den Anteil eines Menschen am gesellschaftlichen Leben, denn mittels Sprache kann er teilnehmen und mitgestalten. „Sprache ist der Schlüssel zur Welt".

Sprache als Werkzeug zum Denken und Fühlen

Im Sprachverständnis und Sprachvermögen zeigt sich auch geistige Regsamkeit. Sprache unterstützt das Denken und ist aktiv an Überlegungen und an der Lösung von Problemen beteiligt (inneres Sprechen). Denn mithilfe von Sprache kann der Mensch abstrakte Dinge wie sensorische Wahrnehmungen, Gefühle, Gedanken, Vorhaben und Hypothesen in Worte fassen. Nach PIAGET denkt der Mensch in sprachlichen Begriffen (s. Kap. 6 Kognitive Entwicklung). Indem man seine Gedanken und Ideen in Worte fasst, strukturiert man diese und stellt Zusammenhänge her.

Ein wichtiger Schritt in der Sprachentwicklung ist, dass Kinder allmählich lernen, sich von der unmittelbaren, situationsgebundenen Sprachform zu lösen. Beim Erzählen und Vorlesen tritt die Welt, von der erzählt wird, unmittelbar vor Augen, ohne konkret gegenwärtig zu sein. Auf diese Weise lernen Kinder, die „erzählte" Welt zu verstehen,

Abbild geistiger Regsamkeit

und sie lernen, selbst von Fernem zu erzählen (z. B. dem Zoobesuch am Sonntag) und sprachlich zu abstrahieren. Erzählen und Vorlesen fördern das intensive Zuhören, die Fantasie und die Konzentration auf eine rein sprachlich vermittelte Botschaft.

Für den Erfolg in der Schule ist die Beherrschung der Sprache eine unabdingbare Voraussetzung. Mit der Einschulung kommen die Kinder in eine Umgebung, in der fast alles durch Sprechen vermittelt wird. Werden z. B. Anweisungen und Regelungen im Schulablauf nicht auf Anhieb verstanden, können sich Verunsicherungen und Missverständnisse aufseiten von Kindern oder Lehrern ergeben. Dies setzt sich im Unterricht fort: Ohne ausreichende Sprachkenntnisse können die Kinder den Inhalten nicht folgen.

Wir benutzen Worte, um Erfahrungen darin zu speichern

AUFGABE

1. Welche Bedeutung hat Sprache für Sie? Diskutieren Sie diese Frage in einer Kleingruppe.
2. Kennen Sie Situationen, in denen Sie selbst oder andere für Mängel im sprachlichen Ausdruck gehänselt wurden? Beschreiben Sie diese Situation und die Gefühle, die bei Ihnen dadurch ausgelöst wurden.

4 Voraussetzungen für den Spracherwerb

Unter Spracherwerb wird der Prozess verstanden, in dem Kleinkinder im Austausch mit anderen Sprachen sprechen lernen. Eine wichtige Voraussetzung für das Erlernen des Sprechens ist die Ausbildung feinmotorischer Fähigkeiten. Dafür sind intakte Artikulationsorgane grundlegend. Das Zusammenspiel von Lippen, Zunge, Zähnen und Gaumen stellt eine große feinmotorische Leistung dar. Es sind charakteristische Laute und Lautkombinationen für die jeweilige Sprache notwendig. Diese übt das Kind ebenso wie andere motorische Bewegungsfolgen.

Die Entwicklung der Sprache ist abhängig von einer wertschätzenden Haltung der Bezugspersonen dem Kind gegenüber und einem positiven Klima ohne Zeit- und Leistungsdruck. Diese Haltung zeigt sich u. a. dadurch, dass die Bezugspersonen dem Kind zuhören, es aussprechen lassen und dabei Blickkontakt halten. Sie sind ein gutes sprachliches Vorbild, denn Kinder lernen am Modell, d. h. sie ahmen ihrem Vorbild in der Artikulation, aber auch in ihrer Haltung zur Sprache nach. Deshalb sollte die Pädagogin selbst Freude an Sprache haben und dies zeigen.

Das Gespräch, das die Erzieherin Frau Schulz mit Galina über den Traktor führt, klingt banal, doch hier lernt das Kind nicht nur das richtige Formulieren, sondern auch die Struktur des Dialogs. Galina denkt darüber nach und stellt sich vor, wie der Traktor zu der Wiese fährt. Dabei könnte sie auch versuchen, die Geräusche nachzuahmen. Ihre Vorstellungskraft und Erinnerung werden angeregt.

Sinneswahrnehmung ist die Grundlage des Spracherwerbs. Wenn ein Kind sprechen lernt, speichert das Gehirn nicht nur ein neues Wort, sondern auch die damit verbundenen Erfahrungen und Emotionen. Kinder „ergreifen“ das Wort. Neue Begriffe gewinnt das Kind durch das konkrete Handeln, und zwar in Situationen, die für das Kind bedeutsam sind. Erst wenn ein Kind ausreichend sinnliche und handelnde Erfahrungen mit existierenden Dingen gemacht hat und damit eine Grundlage für das Erfassen von Begriffen entstanden ist, kann die geistige Leistung entstehen, sich etwas vorzustellen. Beispiel: Ein Löffel, der vom Tisch fällt, ist für das Kind immer noch vorhanden, auch wenn es ihn nicht mehr sieht. Der Gegenstand ist nun als Abbild der Wirklichkeit im Kopf und später auch als Begriff vorhanden. Erst wenn dieses Abbild existiert, kann das Kind nach dem Löffel fragen (s. auch Kap. 6, Punkt 3.3).

Die Erfahrungen, die es durch Wahrnehmungen, Bewegungen und konkretes Tun erhält, helfen ihm auch, eine Vorstellung über räumliche Beziehungen zu erhalten: auf dem Tisch, unter dem Tisch, neben dem Tisch. Im Prozess der Begriffsbildung lernt das Kind über die gedankliche Tätigkeit die Struktur, die Merkmale und Eigenschaften von Gegenständen oder Personen kennen.

Subjektive Bedeutsamkeit eines Wortes
↓
Herstellung von Beziehungen, Verallgemeinerung
↓
Abstrakter Denkprozess mit Begriffsbildung

Prozess der Begriffsbildung

Der Mensch kann lebenslang lernen, allerdings ist die **sensible Phase** des Spracherwerbs spätestens mit 12 Jahren abgeschlossen: Die Muttersprache kann nur in den ersten 5 oder höchstens 10 Lebensjahren perfekt gelernt werden. Während der sensiblen Phase kann in diesen Bereichen besonders leicht gelernt werden – später bedeutet der gleiche Lernschritt sehr viel mehr Aufwand.

5 Sprachentwicklung im Kontext der Gesamtentwicklung

<table>
<tr><td rowspan="6">Sprache entwickelt sich durch tägliche Kommunikation mit Bezugspersonen. Eltern sollten sich sprachfördernd verhalten, indem sie: Blickkontakt herstellen, nicht nachsprechen lassen, zuhören, aussprechen lassen, Sprachanregungen geben</td><td colspan="3">Umwelt, Gesellschaft, Kultur</td><td rowspan="6">Liebe und Zuneigung, Akzeptanz und Wohlwollen

keine Überfürsorge

(Nach: Wendlandt, 2006)</td></tr>
<tr><td>Sensomotorische Entwicklung

(Hören, Sehen, Stimme, Lallen, Tastsinn, Motorik)</td><td>Sozialemotionale Entwicklung</td><td>Geistige Entwicklung

Hirnreifung</td></tr>
<tr><td colspan="3">Sensomotorische Integration</td></tr>
<tr><td>Sprechfreude</td><td colspan="2">Sprachverständnis</td></tr>
<tr><td>Artikulation</td><td>Wortschatz</td><td>Grammatik</td></tr>
<tr><td colspan="3">Schriftsprache</td></tr>
</table>

Innerhalb der Gesellschaft entwickelt sich das Kind sensorisch, emotional und geistig und beginnt, Sprache zu erwerben. Voraussetzungen für das aktive Sprechen in Artikulation, Wortschatz und Grammatik sind Sprachverständnis und Freude an Sprache. Auf einen gelungenen Spracherwerb erfolgt das Erlernen der Schriftsprache.

Auffälligkeiten und Störungen in der Sprachentwicklung

In den ersten 6 Jahren, der sensiblen Zeit für die Sprachentwicklung, begleitet die Pädagogin in der Kindertageseinrichtung also eine wichtige Zeit. Sollten ihr mögliche Sprachstörungen auffallen, muss sie mit der Gruppenerzieherin darüber sprechen, damit diese weitere Schritte, d. h. gezielte Sprachförderung in der Kita und ein Gespräch mit den Eltern, einleiten kann.

Die Ursachen, die zu einer Sprachstörung führen und ihre Aufrechterhaltung bedingen können, lassen sich grob in zwei Bereiche einteilen:

Organische Gründe: Hierzu gehören Missbildungen bzw. Schäden der Sprechwerkzeuge (z. B. Kiefer-Lippen-Gaumenspalte), Hörstörungen und Behinderungen, ausgelöst z. B. durch vorgeburtliche Röteln, Sauerstoffmangel während der Geburt oder Unfälle. Häufig sind Sprachentwicklungsstörungen mit anderen Entwicklungsstörungen gekoppelt. Die Sprachentwicklung ist ein Teil der Gesamtmotorik und so gehen sprachliche Verzögerungen oftmals mit einer verzögerten Bewegungsentwicklung einher.

Psychosoziale Gründe: Das soziale Umfeld des Kindes hat erhebliche Auswirkungen auf die Sprachentwicklung des Kindes. Eine schwierige Lebenslage der Familie (z. B. belastende Wohnsituation, wirtschaftliche Probleme oder ungünstige Bedingungen bei der mehrsprachigen Erziehung) können Sprach-, Sprech- und Stimmstörungen mit verursachen. Wird in der Familie wenig gesprochen, weil dafür im Alltag kaum Zeit ist oder der Fernseher läuft, erhalten die Kinder wenig Sprachanregungen.

Auch seelische Belastungen können Kinder in ihrer Entwicklung stark beeinträchtigen, wie die Trennung der Eltern, Geschwisterrivalitäten oder ein längerer Aufenthalt im Krankenhaus. Hänseleien oder mangelnde Feinfühligkeit können negative Auswirkungen auf das Selbstwertgefühl der Kinder und somit auf die Sprechfreude haben, weil beim Sprechen immer auch die Beziehung zum Gesprächspartner eine Rolle spielt. Das Kind spürt sehr genau, ob es verstanden oder abgelehnt wird oder vertrauen kann.

Meilensteine der Sprachentwicklung

Die Sprachentwicklung beginnt schon vor der Geburt. Ab der 30. Woche der Schwangerschaft beginnt die vorsprachliche Kommunikation. Das Kind hört die Stimme der Mutter, tritt mit ihr über Bewegungen in Kontakt. Der Säugling kommt also nicht als unbeschriebenes Blatt auf die Welt, sondern mit vielfältigen Erfahrungen und einer besonderen Lernfähigkeit für Sprache.

Mit dem **Geburtsschrei** kommt es zur ersten Lautäußerung. In den folgenden Wochen und Monaten schreit das Kind, um sich mit seinen Bedürfnissen und Wünschen bemerkbar zu machen. Schnell wird die Mutter am Schreien ihres Babys erkennen, was es ausdrücken möchte. Es findet eine Kommunikation zwischen Kind und Mutter statt.

Ab ca. 2 Monaten lautieren Kinder. Sie spielen gern mit ihren Sprechorganen und genießen es, unterschiedliche Laute und Geräusche wie „aaaahhhh" und „ooohhh" sowie Gurr-/Schnalzlaute wie „gr-gr" oder „ech-ech" zu bilden. Dabei erleben sie nicht nur die Höreindrücke als lustvoll, sondern auch die taktilen Reize, z. B. das Kitzeln im Rachen bei „ch".

Zwischen dem 3. und 6. Lebensmonat reift der Stimmapparat des Säuglings weiter. Das Lautieren ist eine komplexe motorische Aufgabe und verlangt die Koordination vieler Muskeln, die Lippen, Zunge, Gaumen und Kehlkopf steuern. Es kommt zur Bildung neuer sprachlicher Laute wie b, d, m, n und Lautkombinationen wie „ba-ba", „da-da".

Mit ca. 6 Monaten beginnen die Kinder **Lallmonologe** zu halten. Sie bilden Ketten aus einfachen Silben wie „ba-ba", „da-da". Dabei macht es den Kindern offensichtlich Spaß, immer wieder die gleichen Silben aneinanderzureihen. Sie tun dies oft minutenlang in singendem Ton. Die Lallmonologe entstehen und verfestigen sich durch Selbstnachahmung, d. h., das Kind hört sich selbst und wiederholt das Gehörte. Hier wird die Bedeutung des *Gehörs* deutlich. Kinder brauchen zur Entfaltung ihrer Sprache nach dem 6. Lebensmonat die Wahrnehmung ihrer eigenen Lautproduktion. Auch taube Kinder lallen normalerweise, hören aber bald wieder auf, weil sie sich selbst nicht hören. Hinzu kommt die Fremdnachahmung. Mit den Lallmonologen erregen Kinder die Aufmerksamkeit der Erwachsenen. Bezugspersonen reagieren auf das Lallen, imitieren es, bieten neue Silben an oder sprechen mit dem Kind. Dadurch wird das Kind verstärkt, weiter zu „plaudern".
Der Säugling hat eine besondere Aufmerksamkeit für Gesichter. Die Mimik der Bezugsperson vermittelt ihm Gefühle, die mit den Sprachlauten verbunden sind. Hier wird die Bedeutung der Sehfähigkeit für die Sprachentwicklung deutlich. Ein Medium wie der Fernseher bereitet das Kind nicht auf den Spracherwerb vor, weil es den Säugling nicht interessiert. Erst die gemeinsame Beziehung veranlasst den Säugling, auf den Sprechenden zu achten.

Mit ca. 10 Monaten lallen Babys verstärkt Laute und Lautverbindungen ihrer Muttersprache. Dabei ahmen sie die Laute nicht nur nach, sondern imitieren Intonation und Melodie.

Mit ca. einem Jahr spricht das Kind einzelne Silben und Wörter nach. Am Ende dieser sogenannten vorsprachlichen Phase verfügen Kinder über wesentliche Bausteine der Sprache. Außerdem wissen sie um die Bedeutung von Sprache als Kommunikationsmittel. Eine wesentliche Grundlage für die weitere Sprachentwicklung ist gelegt.
Mit dem Übergang vom 1. zum 2. Lebensjahr beginnt das Kind in Einwortsätzen zu sprechen: D. h., dass ein einzelnes Wort für einen komplexen Sinnzusammenhang steht. Wünsche, Gefühle, Bedürfnisse, Ereignisse und Aufforderungen werden in einem einzigen Wort, meist einem Substantiv, zusammengefasst.
Das Wort „Ba" kann in der Eingangssituation mehreres bedeuten: „Wo ist der Ball?" oder „Ich will Ball spielen", „Sieh, ein Ball!" oder auch „Gib mir den Ball!". Sema schließt aus der Situation, dass Luise entweder sagen will, dass sie den Ball möchte, oder damit spielen will. Um Genaueres zu erfahren, fragt sie noch einmal nach und unterstreicht ihre Worte mit entsprechender Körpersprache.
Kinder entdecken, dass jedes Ding einen Namen besitzt, und nehmen Begriffe begierig auf. Da sie bei neuen Wörtern nicht wissen können, auf welchen Teil des Objekts oder auf welche Eigenschaft (Farbe, Größe) sie sich beziehen, vermutet man, dass sie einer angeborenen Lernstrategie folgen, nach der die ersten Worte erst einmal für das Ganze stehen, bis neue Informationen dazu kommen. Die Kinder lernen also keine isolierten Informationen, sondern erfassen die generelle Bedeutung eines Begriffs.
Galina deutet auf den Traktor. Sie nimmt den Traktor und nicht Räder, Anhängerkupplung wahr.

Mit ca. 18 Monaten sprechen Kinder in **Zweiwortsätzen** oder im Telegrammstil. Sie verwenden

Substantive und Verben (nur in Infinitivform), aber kaum Eigenschaftswörter: „Ba ham" (Ball haben – ich will den Ball haben). Sie nutzen ca. 50 Wörter aktiv, verstehen aber schon ca. 200–300 Wörter. Ab jetzt lernen sie sehr schnell neue Wörter (s. auch Kap. 6, Punkt 3.2). Gleichzeitig beginnt das **erste Fragealter**. Das Kind erfragt die Namen von allem, was es interessiert, und erfährt so, dass alles einen Namen hat. Dies ist eine wichtige Grundlage für die kindliche Begriffsbildung. Diese Zeit wird auch das Benennungsalter mit den sogenannten Was-Fragen („Is das?") genannt.

Mitte des 3. Lebensjahres beherrscht das Kind Sätze mit 3 oder mehr Wörtern („Mama tom nell"). Es spricht in Mehrwortsätzen. Dabei zeigt sich schon eine Subjekt-Prädikat-Objekt-Struktur und es kommen vereinzelt Nebensätze dazu. Natürlich unterlaufen Kindern dabei oft Fehler, aber sie versuchen es und, was noch wichtiger ist, sie durchschauen Strukturen und wenden sie auf andere Wörter und in anderen Satzkonstruktionen an.
Wenn Marie sagt „Mama gegeht", zeigt sie damit, dass sie das Prinzip der Vergangenheitsbildung eines Verbs auf andere Verben übertragen kann. So ist die Vergangenheitsform des Verbs „spielen" = „gespielt", also wird es folgerichtig auf das Verb „gehen" = „gegeht" übertragen.
Dies gilt nicht nur für die Bildung von Verben, sondern auch für die Bildung des Plurals von Substantiven („Löffels", „Eimers") oder die Steigerung von Adjektiven („noch runterer" statt „noch weiter runter)". Die Kinder erschließen sich die Satzstruktur aus der Umgebungssprache. Sobald sie die Regeln erkannt haben, können sie auch abstrakte Inhalte ausdrücken.
Bereits 2-Jährige verstehen die Präposition „auf": Mütze auf dem Kopf. Außerdem verstehen sie Einzahl und Mehrzahl und beginnen Kategorien zu bilden, indem sie Zuordnungen aufgrund bestimmter Eigenschaften vornehmen (sie und ihre Geschwister sind Kinder, Eltern und Großeltern sind Erwachsene). Mit ca. 2,6 Jahren sind Kinder vom Sprachverständnis her in der Lage, Doppelaufträge auszuführen wie „Leg bitte das Auto in die Kiste und komm dann zum Essen". Sie beginnen sich untereinander zu unterhalten, indem sie einfache Sätze sprechen, sich beim Sprechen abwechseln, sich aber nicht immer inhaltlich direkt aufeinander beziehen.

Zum Ende des 3. Lebensjahres sprechen viele Kinder in zusammenhängenden Sätzen. 3-Jährige können Unterhaltungen über vergangene Ereignisse führen und haben Freude am Reimen und Geschichtenerzählen. Die Geschwindigkeit in diesem Prozess ist sehr individuell. Einige Kinder sprechen gegen Ende des 3. Lebensjahres bereits gut, andere bilden noch keine Zweiwortsätze.

Etwa im 4. Lebensjahr werden den Kindern Zeitvorstellungen deutlicher. Sie verstehen, was „gestern" und „morgen" bedeuten. Den Unterschied zwischen einer oder drei Stunden bis zur Rückkehr der Mutter können sie noch nicht erfassen. Sie gehen mit Mengen um und benutzen Begriffe wie viele, wenige, mehr, ein bisschen mehr. Konjugation von Verben und die verschiedenen Zeitformen beginnen die Kinder zwischen dem 3. und 5. Lebensjahr anzuwenden. Unregelmäßige Verben gehören noch nicht dazu: „Ich habe das Kaninchen gefangt." Das **zweite Fragealter** beginnt. Kinder suchen für alles eine sinnvolle und gültige Antwort. Sie wollen wissen, woher die Dinge kommen und warum sie da sind. Dabei geht es auch um die Erfahrung, dass jemand bereit ist, Auskunft zu geben. Hier wird der Zusammenhang von Sprechen und Denken deutlich. Die Fragen der Kinder geben Hinweise auf ihr Lernen, auf das, was sie gerade bewegt. Kinder versuchen, die Welt um sich herum zu ordnen und zu verstehen, indem sie Fragen stellen. Mit den Warum-Fragen nimmt der Sprachschatz der Kinder erheblich zu.

Zwischen dem 5. und 6. Lebensjahr können die meisten Kinder ihre Muttersprache ziemlich perfekt sprechen. Die Sprache ist bereits strukturiert und differenziert. Die fundamentale Sprachentwicklung ist nun abgeschlossen.

Ab dem 6. Lebensjahr bildet das Kind lange und komplizierte Sätze. Es verfeinert seine Ausdrucksweise. Im Schulkindalter wird das magische Denken überwunden (s. Kap. 4, Punkt 3.2 Die magische Phase). Das Kind sieht die Sprache abstrakter. Es kann Wörter in Buchstaben zerlegen und Silben trennen, was für den Erwerb der Schriftsprache bedeutsam ist. Es versteht zunehmend die Regelhaftigkeit der Sprache und erfasst grammatikalische Gesetzmäßigkeiten.

Das Kind lernt
1. Wie bildet (macht) man Wörter?
   → Aussprache, Lautbildung
2. Was bedeuten Wörter?
   → Wortschatz, Sprachverständnis
3. Wie werden die Wörter zusammengefügt?
   → Grammatik
4. Wie tritt man in Kontakt mit anderen?
   → Sprechhandeln, Kommunikation

AUFGABE

Skizzieren Sie die Sprachentwicklung von Kindern auf einem Zeitstrahl. Was sind Meilensteine der sprachlichen Entwicklung des Kindes?

Jahre → 0 1 2 3 4 5 6 7

6 Anregung von Sprachentwicklung und Kommunikation

Literaturtipp:
In den Hamburger Bildungsempfehlungen für Kinder in Tageseinrichtungen bis zu ihrem Schuleintritt werden im Bildungsbereich „Kommunikation: Sprache, Schriftkultur und Medien" sogenannte Erkundungsfragen formuliert, die mit Eltern, Kindern und im Team beantwortet werden sollen, um die individuelle Sprachsituation eines Kindes zu erfassen. Dort werden im Weiteren ausführliche Kompetenzen beschrieben, die das Kind erwerben soll.

Sprachentwicklung findet immer ganzheitlich statt, das bedeutet, dass Kinder in jedem Moment des Alltags, in jedem Bildungsangebot in ihrer Sprachentwicklung angeregt werden. Deshalb müssen die Pädagogen ihre verbale und nonverbale Sprache in Alltagshandlungen und gezielten Aktivitäten stets bewusst einsetzen.

Neben der Bedeutung der direkten Interaktion zwischen dem Pädagogen und dem individuellen Kind ist es die Gesamtatmosphäre in einer Kita, die eine lebendige Gesprächskultur zwischen Kindern und Erwachsenen und Kindern untereinander entstehen lässt.

6.1 Sprachkompetenz entsteht in Alltagssituationen

Die sozialpädagogischen Fachkräfte verstehen und beantworten nonverbale Signale ebenso wie sprachliche Kommunikation. Sie ermuntern Kinder durch offene Fragen, im Dialog ihre Meinung, ihre Ideen, ihre Fragen zu äußern, ohne ihnen die Autorität Erwachsener überzustülpen. Sie sind sich darüber im Klaren, dass sie als Vorbilder – auch als Sprachvorbilder – wirken.

Wer Spaß an der Sprache und am Fabulieren, an Sprachspielen, Liedern, Gedichten und Reimen hat, wird Kinder mehr zum Sprechen anregen als ein Sprachmuffel. Verwendet das Kind z. B. falsche Ausdrücke oder ist es unsicher in der Satzbildung, korrigiert die Pädagogin indirekt, indem sie die Aussage des Kindes korrekt wiederholt.

Als Marie zu Sema meint: „Mama gegeht", korrigiert Sema sie indirekt, indem sie sagt: „Ja, deine Mama ist gegangen. Nach dem Mittagsschlaf holt dich deine Mutter wieder ab."

Die Pädagogin begleitet ihre eigenen Handlungen sprachlich und verknüpft so Sprache mit Verhalten. Sie denkt laut, d. h., sie verbalisiert ihre eigenen Denkprozesse. So können Kinder verfolgen, wie eine Erwachsene an einer Problemlösung arbeitet, welche Strategie sie verwendet. Zum Beispiel

Kinder genießen es, schreiben zu spielen

erläutert die Sozialassistentin beim Wickeln, Anziehen oder Spielen, was sie gerade tut, oder beschreibt, wie sie die Glühbirne auswechselt. Das bedeutet nicht, dass sie das Kind ununterbrochen „beschwatzt".

Die Fachkraft schafft im Alltag immer wieder Situationen mit einzelnen Kindern (z. B. beim Anziehen, Begrüßen), in denen sie Gegenstände zusammen mit dem Artikel sowie deren Eigenschaften und Funktionen benennt, sagt, was das Kind mit den Gegenständen tun kann, zeigt, wohin es den Gegenstand bringen, legen kann. Auf diesem Weg erweitert das Kind seinen Wortschatz, übernimmt Artikulation, Sprachmelodie und Satzbau vom Sprachvorbild, erlebt sich aber vor allem als akzeptierter Kommunikationspartner, auf dessen verbale und nonverbale Äußerungen reagiert wird.

Literacy: Darunter versteht man die vielfältigen Erfahrungen rund um die Buch-, Erzähl-, Reim- und Schriftkultur. Bezogen auf die Entwicklung von Sprachkompetenz meint der Begriff, dass (Bilder-)Bücher, Geschichten, Reime, Fingerspiele von frühester Kindheit an wesentlicher Bestandteil des Alltags sein müssen. Die spätere Freude am Lesen und Schreiben hat hier ihren Anfang.

Die Schriftsprache hat ihren Platz im Alltag der Kinder. Bereits 3-jährige Kinder wollen einen „Brief" schreiben, einen Einkaufszettel oder einen Wunschzettel verfassen. Kinder spüren schnell, dass Schrift etwas Geheimnisvolles ist, dass sich etwas hinter diesen Zeichen verbirgt. Sie sind stolz, wenn sie ihren Namen schreiben können. Auch wenn der Name noch nicht ganz korrekt geschrieben wird, sollten die Kinder ihre Arbeiten (Bilder) selbst mit Namen kennzeichnen. Beim Schreibenlernen geht es in diesem Alter nicht um richtig oder falsch, sondern darum, das Interesse der Kinder zu unterstützen.

Gesprächsanlässe schaffen

Eigentlich eignet sich jedes Material, um darüber ins Gespräch zu kommen. Auch wenn ein Kind am Mikroskop allein tätig ist, gibt es wichtige Entdeckungen mitzuteilen. Im Bewegungsraum zeigt ein Kind einem anderen, wie es ohne den Boden zu berühren von einer Seite auf die andere gelangt.

Miteinander reden

Räume mit eindeutiger Funktion und entsprechender Ausstattung animieren zu Interaktion und Kommunikation. Mit einem Kaufladen, einem Telefon, mit Tischspielen und Puppen oder Alltagsgegenständen (auch aus verschiedenen Herkunftsländern) kann man nur spielen, wenn man miteinander spricht. Deshalb sollte die Raumaufteilung und Materialausstattung Möglichkeiten zur Kleingruppenbildung geben. Für Rollenspiele und Bilderbuchbetrachtungen sowie Vorlesen und Gespräche ist ein ungestörter Raum, in dem man zuhören kann, Voraussetzung. Eine Kinderbibliothek mit (Bilder-)Büchern nicht nur in deutscher Sprache, sondern auch

Kinderbibliothek

in den Herkunftssprachen aller Kinder, mit Bereichen, die zu Betrachtung und zum Vorlesen einladen, wirkt einladend. All dies signalisiert, dass Buch- und Schriftkultur nicht nur in den Alltag jedes Kindes gehören, es hat zudem einen starken Aufforderungscharakter, das Angebot zu nutzen. Auch Materialien zum Spuren- und Zeichen-Machen gehören dazu (Pinsel, Stift, Stempel).

Der Tagesablauf sollte so organisiert sein, dass die Kinder vielfältige Gesprächsmöglichkeiten in unterschiedlichen Sozialformen haben (allein, zu zweit, in der Kleingruppe, in der altersgleichen Gruppe, in der Großgruppe). Spracherwerb braucht zuallererst Zeit für gemeinsames Spiel. Wenn Kinder ihre Bildungsprozesse z. B. in Bildungsangeboten aktiv mitgestalten, entsteht eine dialogische Gesprächskultur fast von selbst. Es ist wichtig, dass in Klein- wie Großgruppen Kommunikationsregeln eingeführt und eingehalten werden: wenn einer spricht, hören die anderen zu, man darf sich nicht ins Wort fallen u. a. Dies gilt natürlich auch für die Pädagogin. Sie leitet zwar das Gespräch, muss sich aber genauso an die Gesprächsregeln halten. Das ist dann möglich, wenn Erwachsene Kinder als Gesprächspartner ernst nehmen. Das zeigen sie durch aktives Zuhören, durch echtes Interesse an den Mitteilungen der Kinder und durch offene Fragen, die das Gespräch in Gang halten und bereichern.

6.2 Möglichkeiten der Sprachanregung in gezielten Aktivitäten

Ideen zu Körpersprache, Hören, Sprachmelodie und Sprachrhythmus

Das Kleinkind entwickelt schon vor dem Sprachverständnis ein **rhythmisches Gefühl** für Sprache. Es nimmt seinen Namen durch den ihm eigenen rhythmischen Klang wahr. Sprachliche und musikalische Entwicklung beruhen auf ähnlichen rhythmisch-musikalischen Elementen. Rhythmus und Musik aktivieren Sprachlichkeit. Lieder, die Musik und Text verbinden, sind deshalb zur Sprachanregung sehr geeignet. Das Kind bewegt sich zur Musik, indem es tanzt, springt, geht, sich dreht, klatscht, trampelt oder selbst musiziert. Es kann das Singen und Bewegen oder Schwerpunkte im Takt mit einem Instrument (wie Topfdeckel, Klanghölzer, Tamburin, Rassel) begleiten.

Bewegungsangebote mit Sprachelementen wie Kniereiterverse, Pantomime, Ballspiele, Klatschspiele, Gummitwist oder Seilspringen sind sprachanregend. Die Texte werden rhythmisch gesprochen, dieser Sprachrhythmus wird durch Bewegung begleitet. Dabei geht es darum, den Rhythmus zu hören und (sprachlich) einzuhalten: Gehen zum Trommelschlag: schneller und langsamer werdend; Wanderverse wie „Ein Hut, ein Stock, ein Regenschirm".

Auch **Spiele** zur akustischen Wahrnehmungsdifferenzierung (z. B. „Hänschen sag mal piep") Richtungshören, Tonhöhe hören, Instrumente raten bieten sich in diesem Zusammenhang an.

Horchen

Es tanzt ein Bi-Ba-Butzemann

Spielverlauf: Der Text des Liedes kann gesungen oder rhythmisch gesprochen werden. Er wird mit entsprechenden Bewegungen begleitet.

Es tanzt ein Bi-Ba-Butzemann
in unserm Haus herum.
Er rüttelt sich,
er schüttelt sich.
Er wirft sein Säckchen hinter sich.
Es tanzt ein Bi-Ba-Butzemann
in unserm Haus herum.

Ideen zu Artikulation und Wortschatzerweiterung

Für eine deutliche Sprache braucht das Kind geschickte Sprechorgane. Zielgerichtete Zungenbewegungen, Lippen- und Pustespiele aktivieren die für das Sprechen notwendige Muskulatur.

Der Wortschatz der Kinder kann z. B.mit Themenschwerpunkten wie „Freunde gewinnen", „Was ich alles kann" oder „Herbst" gezielt erweitert werden. Lieder, Reime und (Bilder-) Bücher wiederholen und festigen die neu gelernten Begriffe. Auch bieten sich Fingerspiele oder verschiedene Ratespiele an wie Rätsel, Begriffe-Raten, Kimspiele.

Himpelchen und Pimpelchen

Himpelchen und Pimpelchen steigen auf einen Berg. *(Hände zur Faust ballen, nach vorn strecken und die Daumen nach oben recken)*
Himpelchen war ein Wichtelmann, Pimpelchen war ein Zwerg. *(Daumen klettern hoch in die Luft)*
Sie blieben lang dort oben sitzen und wackelten mit den Zipfelmützen. *(Fäuste aneinander und mit beiden Daumen wackeln)*
Doch nach fünfundsiebzig Wochen sind sie in den Berg gekrochen. *(Daumen in den Fäusten verstecken)*
Dort schlafen sie in großer Ruh. Seid ganz leise und hört gut zu: chrr, chrr, chrr. *(Ruhe, an den Fäusten horchen und leise schnarchen)*

Ideen zu Grammatik und Kommunikation

Mitmachgeschichten und Kettenspiele wie „Kofferpacken" eignen sich, um die Kommunikation mit der Bezugsperson und der Kinder untereinander anzuregen und dabei spielerisch die Grammatik einzuüben. Gleiches gilt für die dialogische Bilderbuchbetrachtung: eine gemeinsame Betrachtung der Bilder mit kommunikationsanregenden Fragen der Pädagogin.Hilfreich ist es auch, Kinder ihre

Zunge	Lippen	Pusten
Zunge herausstrecken: Das Kind zeigt Ihnen die Zunge. Auf Kommando wird die Zunge raus- und reingestreckt. Wer kann es schneller? Variation: dem Spiegelbild die Zunge herausstrecken. **Pferd:** Sie spielen Reiter und Pferd. Der Reiter (das Kind) schnalzt als Reiter kräftig, um seinen lahmen Gaul (Sie) auf Trab zu bringen. Versuchen Sie mit den Zungenrändern, dem Zungenrücken und der Zungenspitze zu schnalzen.	**Küsschen-Küsschen:** Sie geben sich gegenseitig schmatzende Luft-Küsschen. Jede Menge und immer leidenschaftlicher! **Grimassen:** Schneiden Sie furchterregende Grimassen. Man kann auch Tiere nachahmen oder Gefühle wie Geiz, Ärger, Freude, Anspannung mit dem Mund ausdrücken. Versuchen Sie es, es macht Spaß! **Pfeifen:** Pfeifen Sie um die Wette.	**Tischfußball:** Wattefußball oder Tischtennisbällchen-Pusten sind beliebte Gruppenspiele. An zwei gegenüberliegenden Seiten des Tisches werden Tore markiert. Eine Wattekugel muss ins gegnerische Tor gepustet werden, entweder mit dem Mund oder mit Strohhalmen. **Blasen ohne Instrumente:** Sie blasen Laute wie Sch (Dampflokomotive), F (Wind), Pu (erschöpfte Oma) oder Ooooo (erstaunter Opa). Dies eignet sich besonders beim Vorlesen von Geschichten.

(Brüggebors, 1998)

Eine Geschichte erfinden

Spielverlauf: Verschiedene Bilder (z. B. Postkarten) werden verdeckt ausgelegt. Die Spieler drehen nacheinander jeweils eine Postkarte um und erfinden dazu eine Geschichte. Jeder sagt dabei 1 – 3 Sätze.
Variation: Gegenstände auf dem Boden ausbreiten oder aus einer Kiste/einem Beutel nehmen und aus diesen Gegenständen eine Geschichte entwickeln. Wenn der Einstieg schwer ist, kann die Sozialassistentin beginnen, oder sie erzählt die ganze Geschichte. Es kann auch gemeinsam mit den Kindern fotografiert werden. Später werden diese Fotos für die Erfindung von Geschichten oder für gemalte Bilder der Kinder verwendet.

Reime zu Wörtern finden

Spielverlauf: Finden Sie gemeinsam Reime zu vorgegebenen Wörtern.

Kinder – Rinder – Finder;
Kühe – Mühe;
dackeln – wackeln – schnackeln.

Fordern Sie die Kinder auf, Sätze reimend zu vervollständigen (Quatschreime sind erwünscht):
„Das Tier ist bunt, es ist ein ...“ „Aus meiner Hand, da rieselt ...“ „Eigentlich mag ich keinen Reis, ich hätte lieber Erdbeer ...“ „Das kleine rosarote Bein gehört dem kleinen dicken ...“
Eine Sammlung von Kinderreimen ist hilfreich, diese kann auch mit den Kindern erweitert werden.

Bauwerke erklären und beim Experimentieren und Beobachten Abläufe beschreiben zu lassen. Das Planen von Experimenten oder Angeboten genauso wie das Präsentieren der Ergebnisse vor der Gruppe oder den Eltern regt Kinder zum Sprechen an. Die Anregung und Begleitung von Rollenspielen bzw. darstellenden Spielen bieten viele Möglichkeiten, Grammatik und Kommunikation anzuregen.

Ideen zur Bildung des Sprachbewusstseins

Kinder lieben unsinnige Reime (Nonsensesätze), überraschende sprachliche Vergleiche und Verbindungen. Vielen Kindern macht es Spaß, sich eigene Sprachspiele auszudenken: Namen, Wörter, Geheimsprachen erfinden oder zusammengesetzte Wörter umkehren (Türschloss/Schlosstür). Wenn die Sozialassistentin mit reimt und mit den Kindern zusammen immer neue kleine Spiele mit der Sprache erfindet, erleben Kinder lustvollen Umgang mit der Sprache und erfahren dass Sprache Spaß bringen kann, Quatschreime sind erlaubt und erwünscht: „die Maus ist im Haus“, „Die Maus ist im Schaus“. Sie erkennen, dass ein veränderter Laut im Reim die Bedeutung des Wortes verändert.

AUFGABE

Gruppenarbeit: Recherchieren Sie verschiedene Spiele zu den in der Tabelle genannten Spieltypen. Probieren Sie ein ausgewähltes Spiel in der Klasse aus. Halten Sie Ihre Erfahrungen mit diesen Spielen fest.

Spieltyp	Durchgeführtes Spiel	Erfahrungen mit diesem Spieltyp
Sprech-Gymnastik 		
Fingerspiele 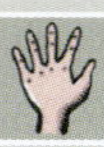		
Rhythmus und Musik 		
Wahrnehmungs-anregung 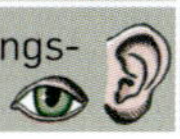		

6.3 Die Pädagogin als feinfühliger Kommunikationspartner

Feinfühlige Kommunikation

Kinder sind sehr motiviert sich auszudrücken, sodass man sie in der Regel nicht animieren, sondern sich die Zeit nehmen muss, um auf ihre Kommunikationsweisen (z. B. von Säuglingen) feinfühlig einzugehen. Die wichtigste Aufgabe der Pädagogin ist die Stützung und **Bewahrung der Eigendynamik** des Kindes. Das Kind lernt am meisten, wenn es ausprobiert und selbst tut. Erlebt sich das Kind als erfolgreich, entsteht daraus eine Dynamik, die für den Lernprozess förderlich ist – mehr als durch Lob. Die Sozialassistentin bietet sich als Kommunikationspartnerin an, drängt sich aber nicht auf.

Das Mädchen Betül spricht Sema an: „Ball?“ Sema antwortet auf ihre Frage und lädt sie zum Spiel mit dem Ball ein. Sie lässt dem Kind Zeit, sich mit dem Gegenstand zu befassen. Betül erkundet den Ball auf vielfältige Weise und erlebt, dass sie ihn in Bewegung setzen kann.

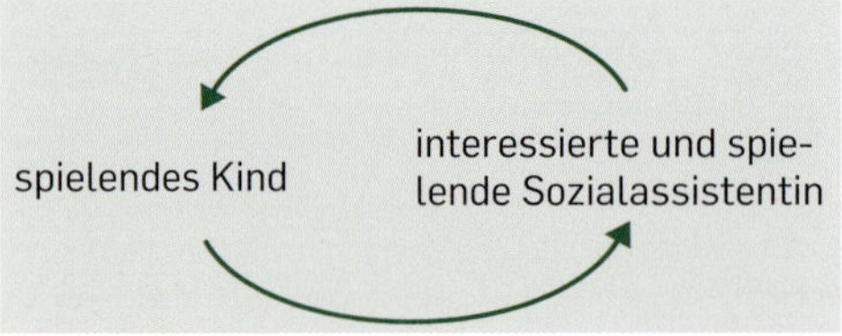

Interaktion mit dem interessierten Erwachsenen

Sollten Sprachschwierigkeiten vorliegen, schafft die Pädagogin anregende Situationen, die dem Kind Möglichkeiten bieten zu sprechen, zu spielen und zu handeln. Dabei variiert sie die Situation und die Umwelt so, dass diese von sich aus anregend auf das Kind wirken.

Der Beziehungsaspekt spielt in der Sprachentwicklung eine wichtige Rolle. Verstanden zu werden und zu verstehen geben emotionale Sicherheit. Um Sicherheit und Orientierung zu finden, bilden Kinder einer Herkunftssprache gern Untergruppen bzw. halten sich neue Kinder zunächst in der Nähe der Erzieherin auf.

Murat spielt mit einer Jungengruppe, die untereinander ausschließlich türkischsprechen. Als zurückhaltender Junge sucht er nur das Gespräch mit der türkisch sprachigen Sema. Diese wechselt häufig ins Deutsche, um Murat anzuregen, die Sprache seiner Umgebung aufzugreifen.

Wichtig ist, dass die Kinder in der Kindertagesstätte auf gute Vorbilder treffen, die deutlich und richtig Deutsch sprechen können. Die pädagogischen Fachkräfte müssen sich bewusst sein, dass sie in mehrfacher Hinsicht Sprachvorbilder sind, in ihrer eigenen Haltung gegenüber sprachlicher Kommunikation und Sprache, in ihrem Sprachgebrauch und im Verhalten gegenüber anderen Sprachen und Dialekten.

AUFGABE

1. Stellen Sie zusammen, was Erwachsene tun können, um Kinder sprachlich gut zu begleiten.
2. Was können Sie selbst schon gut? Was wollen Sie in Bezug auf Ihren sprachlichen Umgang mit den Kindern noch lernen?
3. Überprüfen Sie Ihre Gewohnheiten bei der Gestaltung der alltäglichen Arbeit: Was lässt sich im Sinne der Sprachanregung verändern, abstellen, variieren oder neu einführen?

7 Wertschätzung und Förderung von Zwei- und Mehrsprachigkeit

Vielfalt gehört zu unserem Alltag

Das Ziel muss immer sein, das Kind mehrsprachig aufwachsen zu lassen, falls sich die Muttersprache von der Landessprache unterscheidet. Durch diese Mehrsprachigkeit erwirbt das Kind wichtige soziale, kommunikative, kognitive und emotionale Fähigkeiten.

Botschaften, die mit Aussagen über Geschlecht, ethnische Zugehörigkeit, individuelle Fähigkeiten oder Sprache verbunden sind, beeinflussen das Selbstwertgefühl junger Kinder positiv oder negativ. Junge Kinder müssen sich daher sicher sein, dass ihre Familiensprachen respektiert werden. Ablehnung und Unterdrückung der Muttersprache, z. B. ein Verbot, die Muttersprache in der Kita zu sprechen, erweisen sich in diesem Sinne als überaus problematisch, denn es könnte dazu führen, dass das Kind sich nicht angenommen fühlt und insgesamt weniger spricht. Die Haltung der Pädagogen ist hier entscheidend. Sie beeinflussen Einstellungen und Bewertungen in der Gruppe enorm und prägen das soziale Klima. Deshalb müssen die pädagogischen Fachkräfte ihre eigenen Haltungen und Wertmaßstäbe reflektieren und sich mit ihnen auseinandersetzen, damit sie ihre Offenheit allen Kindern und Eltern gegenüber bewahren und die Andersartigkeit anderer als Chance begreifen können.

Kinder orientieren sich beim Erwerb der Zweitsprache an ihrer Erstsprache. Deshalb ist es wichtig, dass das Kind seine Muttersprache gut beherrscht. Auf dieser sprachlichen Grundlage aufbauend kann es dann weitere Sprachen lernen. Kinder verändern beim Erwerb der Zweitsprache ihre Hörgewohnheiten, erweitern die Sprachkultur und berücksichtigen neue Satzbauprinzipien, Sprachmelodien und Betonungen. Der Prozess des **Zweitsprachenerwerbs** verläuft individuell und wird von den Kindern unterschiedlich bewältigt. Manche Kinder brauchen gezielte Unterstützung, andere erlernen die Zweitsprache fast nebenbei. Gezielte Beobachtungen geben Aufschluss über den unterschiedlichen Unterstützungsbedarf (s. Kap. 10 Wahrnehmen und Beobachten).

Bei Kindergruppen mit hohem Anteil sprachlich und sozial benachteiligter Kinder sowie bei Kindern, die kein Deutsch sprechen, ist eine individuelle, intensivere sprachliche

Das Kind soll in seiner Erstsprache sicher werden

Begleitung nötig. Zuhören und antworten will geübt werden. Kinder brauchen dazu vielfältige Gelegenheiten und die unterstützende Begleitung der Erwachsenen. Hier ist es wichtig, nicht nur an Einzelarbeit zu denken, sondern auch an Angebote von Literacy für Kleingruppen sowie intensive Kontakte mit den Eltern.

Die Zusammenarbeit mit den Eltern, der regelmäßige Kontakt und Austausch sind wichtige Voraussetzungen, um das Vertrauen der Sorgeberechtigten zu gewinnen und die Sprachentwicklung des Kindes anzuregen (s. dazu auch Kap. 14, Punkt 7 Interkulturelle Zusammenarbeit). Eltern sind in der Regel daran interessiert, dass ihre Kinder Deutsch lernen. Dazu ist es wichtig, dass sie weiterhin in der Muttersprache mit ihrem Kind sprechen und dabei vielfältige Sprachanregungen geben, damit das Kind in seiner Erstsprache sicher wird. Daneben ist darauf zu achten, dass die Kinder die Umgebungssprache früh durch Menschen lernen, die diese vollkommen beherrschen. Diese Kontakte können über die Kindertagesstätte und sich dort ergebene Freundschaften hergestellt werden.

Die anderen Kinder übernehmen eine Sprachvermittlerrolle, denn die Sprache verbindet und füllt das Spiel mit Sinn.

Eine zentrale Aufgabe der Tagesstätte ist die Vermittlung der deutschen Sprache, um Kinder auf die Schule vorzubereiten und ihnen die Möglichkeit zu geben, am gesellschaftlichen Leben teilhaben zu können. Für fremdsprachige Kinder sind die gleichen sprachfördernden Anregungen wichtig wie für Kinder mit Deutsch als Erstsprache (s. Punkt 6 Anregung von Sprachentwicklung).

Die Arbeit in einem Team, in dem **zwei gängige Gruppensprachen** beherrscht werden, kann wichtige Impulse setzen. Neue Kinder können in der Eingewöhnungsphase in ihrer Muttersprache begleitet werden. Die Pädagogin gibt emotionale Sicherheit, kann übersetzen und hilft, die Erstsprache zu differenzieren. Obwohl sie ja nur eine Kulturgruppe „bedienen“ kann, ist sie doch auch positives Vorbild für Kinder anderer kultureller Herkunft. Sie zeigt das Umschalten von einer Sprache zur anderen, die Suche nach Worten und lebt Interesse an anderen Sprachen und Kulturen vor.

Die Leitung des Kindergartens Christuskirche hat sich bewusst für eine türkischsprachige Sozialassistentin entschieden, weil viele Kinder mit Türkisch als Erstsprache die Einrichtung besuchen. Sema spricht im Umgang mit den Kindern beide Sprachen und verdeutlicht damit deren Gleichwertigkeit.

AUFGABE

1. Wie werden die unterschiedlichen Sprachkompetenzen der Kinder und Eltern in Ihrer Praxisstelle wertgeschätzt? Woran können Sie das erkennen?
2. Erlernen Sie Kinderlieder in den Sprachen, die in Ihrer Praxiseinrichtung häufig vorkommen.
3. Gestalten Sie ein Plakat mit ca. 25 Wörtern in den Sprachen, die Sie aus Ihrer Kita kennen (Mutter, Vater, feste Wendungen für Guten Morgen o. a.), indem Sie erst die Kinder nach diesen Wörtern fragen und dann die Schreibweise dazu recherchieren. Lernen Sie diese Wörter und Redewendungen auswendig.

Sprechanlass: Handpuppe

8 Durchspielen einer vollständigen Handlung

Analysieren – welche Situation findet Sema vor?

Sema stellt fest, dass die Kinder einer gemeinsamen Erstsprache im Kindergarten häufig unter sich bleiben und in ihrer Muttersprache sprechen. Der Kontakt zwischen unterschiedlichen Muttersprachlern ist rar.

Der Junge Murat ist sehr zurückhaltend in der deutschen Sprache. Allerdings muss er in einem Jahr in die Schule gehen, deshalb möchte die junge Pädagogin in erster Linie sein Selbstbewusstsein stärken, damit er sich insgesamt mehr zutraut. Gleichzeitig soll er angeregt werden, mehr auf Deutsch zu sprechen.

Die 3-jährige Tatjana ist erst seit kurzem im Kindergarten und macht große Fortschritte in ihren Deutschkenntnissen. Allerdings wird deutlich, dass sie oft wütend wird, wenn die anderen sie nicht gleich verstehen. Dies führt dazu, dass sie sich akut zurückzieht. Dabei ist sie sonst ein sehr kontaktfreudiges Kind und hat in Johanna ein deutsches Mädchen mit ähnlichen Interessen gefunden, mit der sie nach und nach auf Deutsch in Kontakt tritt.

Planen – welche Schritte gehen die Pädagoginnen?

Zweitkraft Sema und Erzieherin Frau Schulz beschließen, eine Reihe von gezielten Aktivitäten zur Anregung der Sprache sowie vor allem zur Stärkung der Ich-Identität und des Selbstbewusstseins der Kinder anzubieten. Dabei sollen die verschiedenen „Sprachgruppen" stärker miteinander in Kontakt kommen. Das erste Thema soll sein: „Woher kommt mein Name?" Dabei ist ihnen wichtig, den Kindern zu ermöglichen, viel zu sprechen und Gesprächsregeln in der Runde einzuhalten. Denn gerade für Kinder mit einer anderen Muttersprache ist es wichtig, dass sie ausreichend Zeit bekommen, Wörter zu finden und Sätze zu formulieren.

Dazu wollen die beiden Erziehungskräfte eine Handpuppe mit dem Namen Elif „einladen", die die Kinder kennenlernen und die etwas über deren Namen erfahren möchte. Handpuppen wecken Interesse, Neugier und oft auch das Vertrauen von Kindern. Über die Puppe Elif können Kinder zum Sprechen angeregt werden, denn es fällt ihnen oft leichter, mit einer Puppe zu sprechen als mit einem Erwachsenen. Auf spielerische Art und Weise gehen ruhigere Kinder mehr aus sich heraus und trauen sich mehr zu, ihr Selbstbewusstsein wird gestärkt.

Damit Handpuppe Elif die Themen ansprechen kann, die für die Kinder interessant und wichtig sind, soll sie eine ähnliche Biografie wie die Kinder haben. Deshalb wollen Frau Schulz und Sema die Kinder mehrere Wochen beobachten: Womit beschäftigen sie sich gerade? Außerdem wollen sie mehr über die Familienhintergründe der Kinder herausfinden: Welche Berufe haben die Eltern, wie ist die ethnische Herkunft und welche Sprachen werden zu Hause gesprochen? Dann werden sie überlegen, welche Aspekte sie in Elifs Biografie einarbeiten – es sollte viele Gemeinsamkeiten geben, damit sich die Kinder in die Puppe einfühlen können. In einigen Punkten sollte es auch Unterschiede geben, um die Kinder herauszufordern.

Wichtig ist ihnen die Stärkung des Selbstvertrauens, das Vor-der-Gruppe-Reden und die Wertschätzung einer anderen Muttersprache. Vielleicht ergibt sich aus Elifs Besuch ein Gesprächsanlass für zu Hause, wenn die Kinder nachfragen, wie es zu ihrer Namensgebung gekommen ist. Sema und Frau Schulz

wollen abwarten, ob sich aus Elifs Besuch weitere Themen der Kinder ergeben.
Sema will Tatjanas Antrieb, sich zu verständigen, bestätigen. Deshalb nimmt sie sich vor, Tatjanas Interesse für das Malen und Kleben aufzugreifen. Sie möchte das Mädchen in dieser Situation zum Sprechen anregen und Johanna und Tatjana miteinander ins Gespräch bringen. Tatjana malt oft aus reiner Hingabe. Manchmal kann sie auch erzählen, was sie darstellen will. Sema wird das aufgreifen, indem sie mit Tatjana und Johanna gemeinsam malt und dabei eine Geschichte erzählt. Umgekehrt können die Kinder selbst beim Malen erzählen. Ihr ist dabei wichtig, die Kinder nicht zum Sprechen zu drängen, wenn sie malen. Wenn sie lieber Geschichten hören, als sie zu erzählen, ist dies auch wichtig. Durch das Zuhören lernen sie viel über Sprache.

Durchführen – was machen die Pädagoginnen?

Frau Schulz holt die Kinder ihrer Nachmittagsgruppe in einem Raum zusammen. Sie hat den Besuch von Elif schon angekündigt, die Kinder sind ganz gespannt auf den Gast. Frau Schulz setzt sich Elif auf den Schoß. Die Puppe spricht nur mit ihr, weil sie bei so vielen neuen Gesichtern ganz schüchtern ist. Frau Schulz berichtet, was Elif ihr ins Ohr geflüstert hat: „Als Elif gestern Abend im Bett lag, hat ihr Opa ihr erzählt, dass sie ihren Namen von ihrer Oma hat. Das heißt, ihre Oma heißt auch Elif. Hat jemand von euch den Namen von einer Oma oder einer Tante? Weißt du, wer dir deinen Namen gegeben hat? Deine Mutter oder vielleicht dein Großvater?“

Murat antwortet, dass er seinen Namen auch von seinem Opa habe. Andere Kinder melden sich zu Wort. Frau Schulz und Sema wiederholen die Aussagen sinngemäß, um sich einerseits zu vergewissern, ob sie alles richtig verstanden haben, zum anderen bringen sie so neue Wörter an und stellen die Aussagen der Kinder in die richtige Grammatik, ohne sie bloßzustellen. Das Gespräch nimmt einen regen Verlauf.

Da flüstert die Puppe Frau Schulz wieder etwas zu. „Der Opa hat ihr erzählt, dass ihr Name eine Bedeutung hat. Elif heißt ‚die Liebliche und Schöne‘. Wisst ihr, welche Bedeutung eure Namen haben?“ Die Kinder schütteln den Kopf. Frau Schulz erläutert einigen Kindern die Bedeutung ihrer Namen. Sema spricht mit den Kindern türkisch und erklärt die Bedeutung von einigen Namen auf Türkisch. Henry fragt, wie die Puppe mit Nachnamen heißt. Frau Schulz antwortet und bittet die Kinder, nun ihrerseits ihre Nachnamen zu nennen.

Nun spricht Elif mit Sema. Sie gibt weiter: „Elif möchte mir noch was sagen: Sie sagt, ihr habt alle ganz tolle Namen und findet das sehr interessant, zu erfahren, was die Namen bedeuten. Elif hat ganz viele Buchstaben mitgebracht, damit ihr aus den Buchstaben eure Namen legen könnt.“

Die Puppe gibt die Buchstaben an Sema und verabschiedet sich. Nun werden alle Buchstaben auf dem Tisch ausgebreitet und die Kinder legen ihre Namen. Dabei kommen sie miteinander ins Gespräch: „Gibst du mir mal ein A?“ „Ist das ein M?“ Es wird in allen Sprachen gesprochen, meist auf Deutsch. Die verschiedenen „Sprachgruppen“ haben sich im Eifer des Spiels gemischt.

Sema kann ihr Vorhaben, Tatjana und Johanna während einer gezielten Aktivität, die Tatjanas Interesse am Malen und Kleben aufgreift, ins Gespräch zu bringen, teilweise umsetzen. Tatjanas Deutschkenntnisse sind noch nicht so weit, dass ein längeres Gespräch zustande kommt. Allerdings genießt Tatjana Semas Aufmerksamkeit und traut sich, in dieser kleinen Runde ungewöhnliche Satzkonstruktionen zu bilden, um sich verständlich zu machen. Deshalb arrangiert Sema häufiger Gelegenheiten, in denen die beiden oder eine kleine Gruppe im Atelier arbeiten.

Reflektieren und Bewerten – wie deuten und werten die Pädagoginnen aus?

Nach der ersten Aktivität mit der Handpuppe Elif zum Thema „Woher kommt mein Name?“ setzen sich Frau Schulz und Sema zusammen, um die Reaktionen der Kinder zu besprechen. Insgesamt kommen sie zu dem Schluss, dass die Handpuppe als Vermittlungsperson zwischen den Kindern eine gute Wahl war. Sie konnte unbedarft nachfragen, ähnliche Schwierigkeiten haben wie die Kinder und regte die Kinder tatsächlich zum Sprechen an.

Für Murat erwies sich die Mischung aus deutschen und türkischen Sprachanteilen während des Angebots als hilfreich. Er hat sich deutlich mehr am Gespräch beteiligt und sich teilweise auch auf Deutsch vor der Gruppe geäußert. Das nachfolgende Angebot mit den Buchstaben konnte die Kinder unterschiedlicher Erstsprache zusammenführen. Die Anbahnung des Kontakts scheint in ersten Schritten gelungen.

Sema überlegt, ob sie Elif auch in der Krippengruppe einführen könnte, und beschließt, ihre Idee in der nächsten Dienstbesprechung vorzustellen.

Dokumentieren und Präsentieren – wie halten die Pädagoginnen die Ergebnisse fest?

Sema und Frau Schulz notieren ihre Beobachtungen zu Murat und Tatjana in deren Entwicklungsberichtsheften. In den weiteren Aktivitäten werden sie auch die anderen Kinder genauer beobachten und Ergebnisse in deren Entwicklungsdokumentationen ablegen. In regelmäßigen Abständen kann dann geprüft werden, welche Veränderungen sich bei den Kindern in Hinblick auf Ich-Stärke, Kommunikationsfähigkeit und Spracherwerb ergeben haben.

Auf dem Elternabend präsentieren Frau Schulz und Sema ihre Puppe Elif und stellen den Eltern an einem Beispiel vor, wie sie mit den Kindern über die Puppe ins Gespräch gekommen sind und welche Ideen die Kinder entwickelt haben.

Gemeinsam über Zeichen und Symbole nachdenken

Weitere Lernsituationen

Lernsituation 1

Das türkische Mädchen Basak (3,11 Jahre) ist mit 3 Jahren in den Kindergarten gekommen. Seitdem lernt sie dort die deutsche Sprache. Sie fühlt sich in der Kindergruppe wohl und macht gute Fortschritte in ihrem Spracherwerb. Beim Abholen erklärt Basaks Mutter der Sozialassistentin Anne stolz, dass sie jetzt zu Hause auch versuche, mit ihrer Tochter deutsch zu reden. Es fiele ihr zwar schwer, aber sie hoffe so, Basak zu unterstützen. Schließlich müsse sie für die Schule gute Deutschkenntnisse haben. Außerdem würde sie so selbst endlich ihre Sprachkenntnisse erweitern. Anne ist unsicher, ob dies der richtige Weg ist, denn Basaks Mutter spricht selbst nur gebrochen Deutsch. Sie spricht ihre Gruppenleitung darauf an. Beide sind sich einig, dass ein Elterngespräch geführt werden müsse, in dem auch auf die Bedürfnisse von Basaks Mutter eingegangen werden soll.

Lernsituation 2

Der Sozialassistentin Sarah ist an Lisas Sprachverhalten (schon häufiger) aufgefallen, dass sie immer viel erzählt und in Bandwurmsätzen spricht. Außerdem benutzt Lisa zwischendurch eigenwillige, unbekannte Wörter, über die sie selbst lacht. Sarah findet Lisas Verhalten albern und weist das Kind darauf hin, verständlich zu sprechen. Schließlich sei sie schon 5 Jahre alt.

AUFGABE

Bearbeiten Sie die Lernsituationen nach folgenden Schritten:

1. Analysieren – welche Situation finden die Pädagoginnen vor?
2. Planen – welche Schritte gehen sie?
3. Durchführen – was machen die Pädagoginnen?
4. Reflektieren und Bewerten – wie deuten und werten die Pädagoginnen aus?
5. Dokumentieren und Präsentieren – wie halten die Pädagoginnen die Ergebnisse fest?

Aufgaben zur Selbstreflexion

1. Finden Sie zu jedem der Grundsätze des Modellverhaltens aus der Tabelle ein konkretes Beispiel, wie Sie im Kindergarten sprachlich handeln könnten.
2. Beantworten Sie für jeden Grundsatz zum Modellverhalten folgende Fragen: Welche dieser Verhaltensweisen beherrschen Sie schon? Was fällt Ihnen noch schwer? Worauf möchten Sie im nächsten Praktikum achten?
Halten Sie Ihre Antworten stichwortartig in der dritten Spalte fest.

Wann?	Beispiel	Eigene Einschätzung
Selbst Kommunikationsfreude zeigen und Sprechanlässe schaffen		
In Gesprächen angemessene Pausen lassen, um die Reaktion der Kinder wahrnehmen zu können		
Kindern mit Aufmerksamkeit und echtem Interesse zuhören		
Neugierig sein auf das, was Kinder denken und zu sagen haben		
Kindern Zeit geben, Worte zu finden und auszusprechen		
Stärken, Interessen und Bedürfnisse der Kinder wahrnehmen		
Selbst in vollständigen, grammatikalisch richtigen Sätzen sprechen		
Angemessen langsam und deutlich sprechen und dabei in Blickkontakt sein		
Das eigene Handeln sprachlich begleiten		
Über Wünsche, Gefühle und Erlebnisse der Kinder sprechen		
Das jeweilige Sprachniveau der Kinder beachten und dabei sprachlich immer leicht über diesem Niveau liegen		
Auf die Lautstärke achten und Kinder nicht übertönen		
Auf den Stimmklang und die Betonung beim Sprechen achten		

Quelle: Kindergarten heute Spezial. Sprachentwicklung und Sprachförderung

Praxisaufgaben

1. Analysieren Sie das Sprachverhalten eines Kindes, indem Sie
   a) zwei Verhaltensbeobachtungen (ca. 10 Minuten) in verschiedenen Sprechsituationen durchführen und
   b) das Sprachverhalten begründet einer der Sprachentwicklungsphasen zuordnen.
2. Beschreiben Sie, welche Angebote zur Unterstützung der Sprachentwicklung in Ihrer Einrichtung bestehen (Raum, Materialien, Erzieherverhalten, gezielte Angebote). Führen Sie ein Gespräch mit Ihrer Anleiterin über Ihre Ergebnisse.
3. Bitten Sie Ihre Anleiterin, Sie selbst als sprachliches Vorbild und als Kommunikationspartnerin zu beobachten. Besprechen Sie, ob Ihr Kommunikationsverhalten geeignet ist, Kinder in ihrer sprachlichen Entwicklung zu unterstützen.
4. Recherchieren Sie Lieder, Reime, Fingerspiele, Nonsense-Gedichte und probieren Sie diese mit den Kindern aus. Halten Sie Ihre Erfahrungen im Ausbildungsbuch fest.

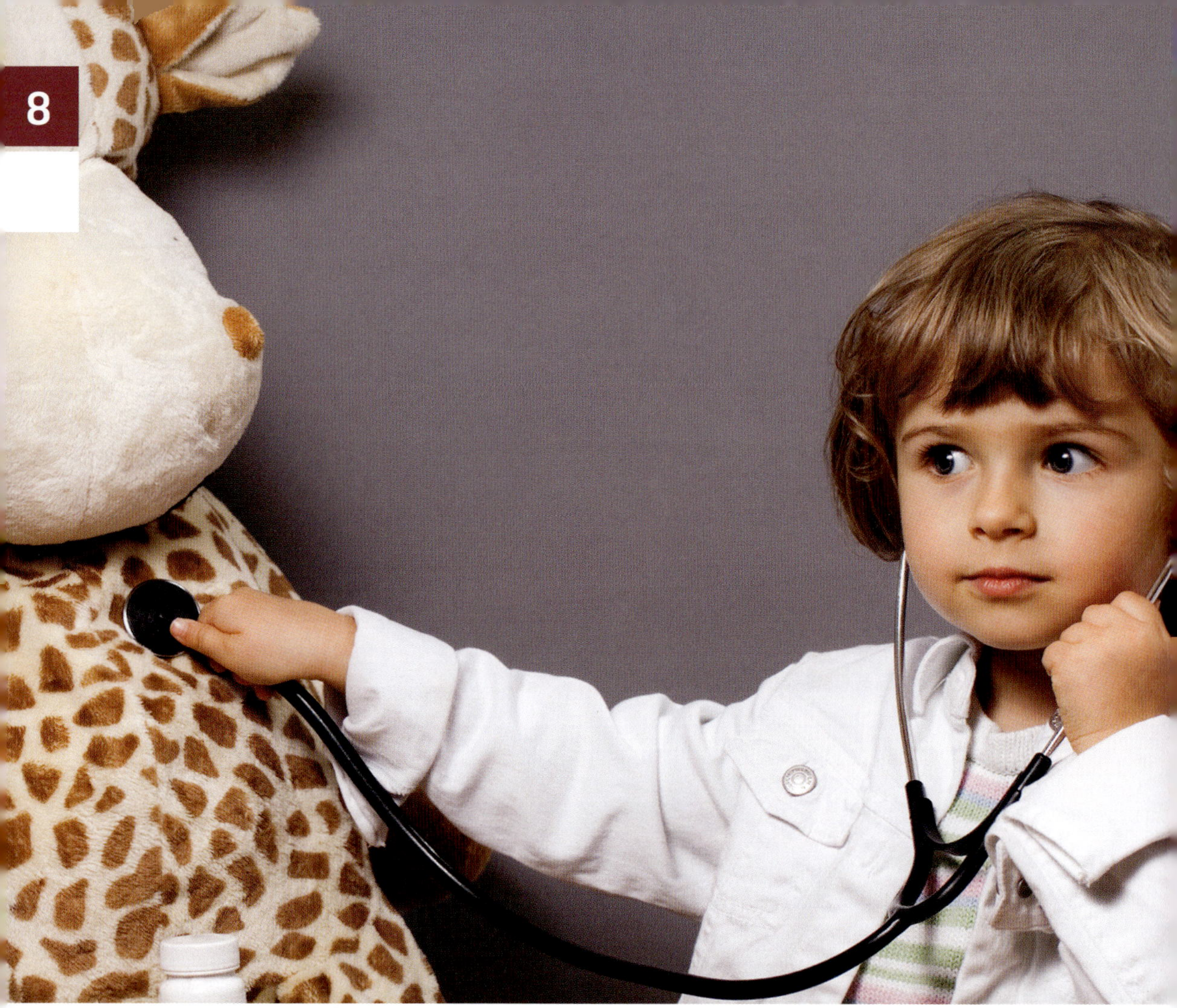

Kapitel 8 Sexuelle Entwicklung und Sexualpädagogik

1 Lernsituation

Eva, Moritz und Jana spielen zurzeit häufig Doktorspiele. Der ganze Körper wird untersucht, immer ist ein anderes Körperteil krank: mal der Fuß, mal der Zahn, mal der Arm. Die drei Kinder sind fast 5 Jahre alt.

Als sie sich heute in die Kuschelecke der Kindertagesstätte zurückziehen, sagt Eva: „Mein Po tut weh. Ich habe sooo einen großen blauen Fleck, weil ich die Treppe heruntergefallen bin.“ Eva zieht die Hose herunter und zeigt den anderen beiden ihren Po. Auf einer Pobacke leuchtet tatsächlich ein großer blauer Fleck. Moritz rennt sofort zum Arztkoffer und sagt: „Ich bin Doktor Moritz. Da muss ein großes

Pflaster drauf." Er holt ein imaginäres Pflaster und klebt es auf den blauen Fleck. Als seine Hand den Po berührt, sagt er: „Oh, das fühlt sich weich an. Jana, wie fühlt sich dein Po an?"

Alle drei Kinder sind nun in ein neues Spiel vertieft. Sie ziehen ihre Hosen herunter und befühlen und betasten ihre Pobacken.

Auf einmal öffnet sich leise die Tür und Elena, die Praktikantin, tritt ein. Sie schaut verdutzt auf die Kinder, sagt aber nichts. Als Eva sie sieht, ruft sie: „Elena, fühl mal meinen Po! Er fühlt sich ganz weich an. Wie fühlt sich denn deiner an? Lass mich mal fühlen."

AUFGABE

Bearbeiten Sie die Lernsituation.

1. Analyse
   - Analysieren Sie, womit die Kinder beschäftigt sind.
   - Stellen Sie begründete Vermutungen darüber an, weshalb die Kinder von diesem Spiel so fasziniert sind.
2. Ziele formulieren
   Beschreiben Sie, wie sich Elena in dieser Situation pädagogisch angemessen verhalten sollte.

2 Zu erlernende Kompetenzen

Während der ersten Lebensjahre eines Kindes vollzieht sich auch seine psychosexuelle Entwicklung. Einen großen Teil dieser aufregenden Zeit verbringen Kinder in der Kindertagesstätte. Weil es sich um einen sehr sensiblen Bereich der Persönlichkeitsentwicklung handelt, müssen sozialpädagogische Kräfte die Kinder kompetent und freundlich begleiten und persönliche Sicherheit ausstrahlen.

Dazu gehören selbstverständlich fachliche Kompetenzen, die noch im Einzelnen benannt werden. In erster Linie sind auf dem Gebiet einer sexualfreundlichen Erziehung personale und soziale Kompetenzen gefragt. Eine sozialpädagogische Kraft sollte weitgehend mit sich im Reinen sein und von sich selbst wissen, wie wohl sie sich in ihrem Körper fühlt. Dazu gehören auch das Wissen um die eigenen Toleranz- und Schamgrenzen und die Fähigkeit, sie freundlich und selbstbewusst zeigen zu können. Darauf wird vor allem im hinteren Teil dieses Kapitels eingegangen. Dort finden sich Hilfen zur Reflexion über die persönliche sexuelle Identität und zum Sprechen in vertrauten und öffentlicheren Zusammenhängen.

Die fachlichen Kompetenzen beziehen sich auf das Wissen um die sexuelle Entwicklung von Kindern und deren Forschungsaktivitäten auf diesem Gebiet. Diese gehen zum Teil mit sehr heftigen Gefühlen einher. Dies wird in Punkt 3 dieses Kapitels behandelt. Im Alltag einer Kita spielt das allgemeine Klima eine große Rolle. Es wird über das Verhalten der pädagogischen Kräfte und nicht unwesentlich über die Ausstrahlung der Räume hergestellt. Die Aufgaben von sozialpädagogischen Kräften im Rahmen einer sexualfreundlichen Erziehung werden im Punkt 4.1 dargestellt, einige Aspekte der Raumgestaltung folgen im Punkt 4.2. Auch für die Zusammenarbeit mit Eltern sind einige Grundsätze zu beachten: Sie werden im Punkt 4.3 behandelt.

3 Die sexuelle Entwicklung

Was ist Sexualität?
Sexualität ist ein menschliches Bedürfnis. Sie äußert sich in dem Wunsch nach körperlicher und seelischer Lust, Wohlbefinden und Zärtlichkeit und zielt auf Erregung und Befriedigung ab. Sexualität ist auf kein bestimmtes Lebensalter begrenzt, sondern eine Lebensenergie, die den Menschen von der Geburt bis zum Tod begleitet.

Kindliche Sexualität ist nicht mit der von Erwachsenen gleichzusetzen. Kinder suchen Geborgenheit, Zärtlichkeit, Nähe, sinnliche Freude und Lust am eigenen Körper. Dabei ist für sie Herummatschen im Sand, das Genießen von leckerem Essen und das liebevolle Streicheln etwas gleichwertig Schönes, dem sie sich gern hingeben und das sie auch bewusst suchen. Dabei entdeckt jedes Kind individuell bevorzugte Regionen an seinem eigenen Körper, deren zärtliche Berührung besonders schöne oder aufregende Gefühle hervorbringt. Es wird versuchen, solch schöne Gefühle so oft wie möglich zu erleben.

Die Entdeckung, dass sich Evas Haut besonders an ihrem Po sehr zart und weich anfühlt, ist zunächst etwas Zufälliges in der Eingangssituation. Nun versuchen die Kinder, dieses schöne Gefühl zu verlängern und zu wiederholen. Sie sind dabei freundlich und fürsorglich miteinander und wollen auch Praktikantin Elena, die in die Situation „hineinschneit", gern mit einbeziehen.

AUFGABE

Finden Sie Beispiele für Situationen, in denen Sie einen besonderen Genuss erlebt haben. Tauschen Sie sich darüber mit einem Partner aus. Beschreiben Sie genau, wodurch die angenehmen Gefühle entstanden sind.

3.1 Die Entdeckung des Körpers im Säuglings- und Kleinkindalter

Erste sinnliche Erfahrungen macht das Kind schon im Mutterleib. Es nuckelt an seinen Fingern und sein ganzer Körper wird ständig vom Fruchtwasser und dem mütterlichen Körper gestreichelt. Diese positiven und lustvollen Erfahrungen sind eine wichtige Basis für die Entwicklung einer gesunden Sexualität.

Nach der Geburt macht das Baby sinnliche Erfahrungen durch das Saugen und Nuckeln an der Brust oder an der Flasche. Von Geburt an ist die Haut ein einziges großes Fühlorgan. Die Haut ist die Grenze zur Welt, sie vermittelt zwischen innen und außen und gibt die ersten Hinweise auf die eigene Person. Die zärtliche Berührung verschafft dem Baby Lust, Wohlbehagen und beruhigt, wenn es sich unbehaglich gefühlt hat. Körperpflege ist auch Zärtlichkeit, Lust und Zwischenmenschlichkeit:

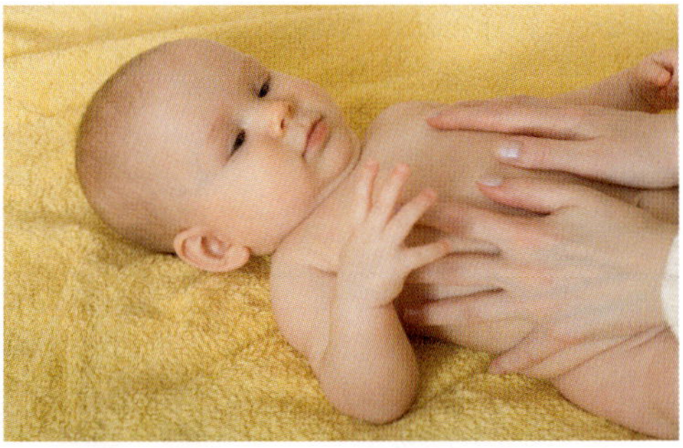

Körperpflege ist auch Zwischenmenschlichkeit

Schmusen, Waschen, Baden und Eincremen, mit allen Sinnen gibt sich das Kind dem hin und strebt einen maximalen Lustgewinn an. Dabei haben die pflegenden Personen eine ganz entscheidende Rolle: Sie vermitteln dem Kind über verbale und nonverbale Botschaften, ob alles, was zu seinem Körper gehört, liebevoll benannt, mit Freude anerkannt oder eher mit Wortlosigkeit, Widerwillen, Ablehnung oder Ekel belegt ist. Auch wenn das Baby die Wörter noch nicht versteht, werden die Informationen (vor allem die Gefühle) im Körpergedächtnis abgelegt und bestimmen, wie es später seinen Körper und seine Sexualität akzeptieren und ausdrücken kann.

Gleichzeitig entdecken Säuglinge den eigenen Körper, sie lutschen an Daumen und Zehen. Sie erlernen das Greifen und beginnen die Umwelt und den eigenen Körper zu erforschen. Dabei entdecken sie auch, dass sie durch das Berühren ihrer Genitalien angenehme und lustvolle Gefühle auslösen können. Männliche Säuglinge haben dabei sichtbare Erektionen. Diese sehr frühe Form von Sexualität ist aber völlig selbstbestimmt auf den Genuss des eigenen Körpers bezogen und deutlich von erwachsener Sexualität zu unterscheiden.

3.2 Sprechen über und Bewusstwerden von Sexualität

Über diese ersten Erfahrungen können Kinder ab dem 2. Lebensjahr immer besser sprechen, wenn sie die Wörter für die Geschlechtsorgane, deren Untersuchung und Stimulation hören und benennen können. Dadurch können sie ein Bewusstsein für ihre Sexualität entwickeln und sie zu einem Teil ihrer Identität machen. Jungen und Mädchen entdecken bewusst die Masturbation als eine neue Lustquelle und kosten sie zunächst häufiger aus.

So ein Spaß!

Kinder unter 3 Jahren gehen auf andere Kinder nach Sympathie zu. Unabhängig vom Geschlecht entwickeln sich erste Freundschaften. Beim Nacktbaden interessieren sie sich sehr füreinander und entdecken auch körperliche Unterschiede. In diesem Alter können sie ihre Entdeckungen auch erstmals benennen, sie fragen nach den geschlechtlichen Unterschieden.

In dieser Zeit entdecken sie auch, dass es erlaubte und von Erwachsenen akzeptierte Wörter gibt und dass daneben eine Fäkal- und Vulgärsprache existiert. Dabei bemerken sie, dass sie Erwachsene allein durch ein Wort schockieren können. Für diesen Moment ist die Überlegenheit der „Großen" verschwunden. Das ist eine grandiose Entdeckung, die die Kinder zur Wiederholung reizt.

AUFGABE

Sammeln Sie alle Begriffe, die Sie im Bereich von Sexualität kennen. Besprechen Sie mit Mitschülern, welche Wörter welche Gefühle bei Ihnen auslösen. Haben Sie Vorlieben und Abneigungen?

3.3 Einüben der Geschlechtsrolle

Im Elementaralter entwickeln die Kinder ein immer klareres Bewusstsein von sich als Junge oder Mädchen. Das Bedürfnis nach **Rollenspielen** wächst, die Rollen werden nach Geschlecht zugewiesen. Die Vorbilder sind Erwachsene, Mutter und Vater, ebenso andere wichtige Personen, seien sie real oder aus den Medien. Die Phase der Rollenspiele kann lang und intensiv sein. Wichtig ist das Umsetzen der Beobachtungen, die die Kinder machen. Über das Nachspielen fühlen sie sich in das ein, was das Rollenvorbild tun muss. Sie probieren die Rolle aus und machen sich das Erwachsen-Sein für die Zeit des Spiels zu eigen.

Diese Spiele können auch körperbetont sein. Mädchen wie Jungen erproben ihre Kräfte miteinander und haben viel Freude am **Austoben**. Dabei erfahren die Kinder ihre Stärke und ihren Stolz, aber auch ihre Verletzlichkeit. Sie lernen mithilfe ihrer verbesserten sprachlichen Ausdrucksfähigkeit ihre Gefühle genauer auszudrücken.

Die eigene Geschlechtsrolle wird jetzt bewusst übernommen und eingeübt. Zunächst an äußerlichen Kennzeichen (z. B. Kleidung) orientiert, erproben die Kinder, wie eine richtige Frau und ein richtiger Mann zu sein haben. Dabei spielt eine große Rolle, welche Geschlechtsrollenvorbilder sie in ihrer Umgebung erleben und wie die häusliche Arbeitsteilung funktioniert. Wenn tatsächlich die Mutter eher für das Kochen zuständig ist

Die eigenen Kräfte ausprobieren

und der Vater für kleinere Reparaturen, wird das Kind dies für typisch weiblich und typisch männlich halten.

Das Kind kann jetzt seine Liebe auch verbal mitteilen. Häufig gilt die besondere Zuneigung dem gegengeschlechtlichen Elternteil, was sich in dem Wunsch ausdrückt, Mama oder Papa heiraten zu wollen. Der gleichgeschlechtliche Elternteil ist plötzlich für das Kind ein mächtiger Rivale.

AUFGABE

Beobachten Sie die Kinder in Ihrer Praxisstelle: Welche Rollenspiele werden gespielt? Welche davon sind besonders beliebt? Welche Requisiten stehen dafür zur Verfügung? Können Sie Rollenverteilungen nach Geschlecht erkennen?

In diesem Alter stellen Kinder auch Fragen wie „Woher komme ich?“ oder „Wie bin ich auf die Welt gekommen?“. Sie sehen, dass es Babys gibt, und wissen, dass sie selbst einmal ein Baby waren. Sie kennen in der Regel auch Fotos von sich aus früheren Lebensphasen. Nun bekommt ihr Interesse an sich selbst einen neuen, anders gearteten Auftrieb. Schwangerschaft und Geburt sind ebenso interessant wie die Frage, wie ein Kind im Leib einer Mutter entsteht.

In die Rolle einer Prinzessin schlüpfen

Alles sehr interessant!

Gleichzeitig ist dies die Zeit der **Doktorspiele**, die Zeit des Forschens. Diese Spielphase kann sich auch aus den Rollenspielen entwickeln. Die Kinder möchten herausfinden, wie andere des gleichen und des anderen Geschlechts aussehen.

Eva, Moritz und Jana finden Doktorspiele immer wieder interessant. Dabei ist es für sie wichtig, sich zu dritt zurückzuziehen. Das verrät der Praktikantin Elena, dass die Kinder schon eine Vorstellung davon haben, dass der aufregende Zauber dieses Spiels nur in der Intimität der Kuschelecke in ihrer kleinen Gruppe erhalten bleibt. Gleichzeitig ist Eva ganz bei sich, entspannt und offen, sodass sie Elena zum Mitmachen einlädt.

Auch die gemeinsamen Besuche der Toilette, wo etwa mehrere Kinder ein anderes beim Urinieren beobachten, dienen der Klärung von Fragen, befriedigen die Neugier. Die körperlichen Gemeinsamkeiten und die Unterschiede sind immer wieder interessant und eine Quelle von Spaß und Lust.

Ab dem Vorschulalter gibt es auch Phasen, in denen Mädchen und Jungen unter sich bleiben, sich gegenseitig geradezu ablehnen und mit dem anderen Geschlecht nichts zu tun haben wollen. Dieses „zickige“ oder „mackerige“ Verhalten ist für Erwachsene häufig lästig und unverständlich. Kinder beiderlei Geschlechts, die vor einiger Zeit noch friedlich zusammen gespielt haben, scheinen plötzlich Streit um nichts zu haben. Dahinter verbirgt sich eine wichtige Phase auf dem Weg, sich mit der eigenen Geschlechtsrolle zu identifizieren. Sowohl Mädchen als auch Jungen haben das Bedürfnis, sich sicher in ihrer Haut zu fühlen. Dazu brauchen sie vorübergehend die anderen „Gleichen". So bestätigen sich die Kinder des gleichen Geschlechts, dass sie richtig sind, das Richtige gern tun und zusammen Spaß haben können.

Überblick psychosexuelle Entwicklung aus psychoanalytischer Sicht

	Ausdrucksformen von Sexualität	Kindliches Sexualwissen
1. Lebensjahr	· Saugen an Brust / Flasche · Berührung bewirkt Körpererfahrung, Nähe, Vertrauen, Wohlgefühl, besonders beim Nacktsein · ausgeprägter Tast-Fühl-Sinn der Haut · lustvolles Erleben durch Berührung der Geschlechts- und Sinnesorgane	· Kind nimmt Berührungen, Körperkontakt, Nähe, Wärme, Geborgenheit, Zärtlichkeit wahr
2. Lebensjahr	· Genitalien erforschen · Afterzone wird als Quelle der Lust entdeckt · Selbstbefriedigung · Erlernen der Prinzipien Männlich/Weiblich · Interesse an den Genitalien anderer, auch Erwachsener	· Kind stellt Fragen zu Geschlechtsunterschieden · Geschlechtszuordnungen werden richtig vorgenommen, ohne dass diese begründet werden können · Kind kennt Begriffe für Geschlechtsorgane
3. Lebensjahr	· Schau- und Zeigelust · „bewusste" Selbstbefriedigung · Warum-Fragen · Neugierverhalten und Probieren · Interesse an Sprache und Büchern · Verfestigung der Geschlechterrolle (Vater-Mutter-Kind-Spiele)	· Geschlechtszuordnungen werden mit äußerlichen Merkmalen begründet
4. Lebensjahr	· Schau- und Zeigelust · sexuelle Neugier im Forschen (Doktorspiele), im Ausprobieren (Geschlechtsverkehr spielen), im Wissen (Warum-Fragen) · Wunsch, den gegengeschlechtlichen Elternteil zu heiraten	· Kind stellt Fragen zu Schwangerschaft und Geburt · Kind hat vages Wissen über intrauterines Wachstum und den Geburtsweg
5. Lebensjahr	· Ausprobieren · natürliches Neugierverhalten: z. B. Doktorspiele, Rollen ausprobieren, den eigenen Körper und den der anderen erforschen · Entstehung inniger Freundschaften, die mit Liebesgefühlen und dem Bedürfnis nach Wärme/Geborgenheit verbunden sein können	· Geschlechtszuordnungen werden mit genitalen Unterschieden begründet · Kind hat Kenntnis über den Geburtsweg via Vagina oder via Sectio (Kaiserschnitt)
6. Lebensjahr	· Provokation, besonders durch sexualisierte Sprache · Ausprobieren von Rollen und Extremen (z. B. durch Kleidung und Verkleiden)	· weiterführende Fragen zur Geburt, zu Empfängnis und Zeugung und zu sexuellen Verhaltensweisen der Erwachsenen

(BzGA, 2004)

AUFGABE
Sammeln Sie „typische" Mädchenspiele und „typische" Jungenspiele. Wie sehen diese Spiele aus? Welche Funktion haben sie? Was ist für die Kinder das Spannende daran?

3.4 Die Phasen der psychosexuellen Entwicklung

SIGMUND FREUD (1856–1939) ist der Begründer der Psychoanalyse. Er formulierte seine Theorien am Anfang des 20. Jahrhunderts. Er hat als Erster behauptet, dass auch Kinder sexuelle Gefühle und Bedürfnisse haben. Das hat ihm in der prüden und sinnesfeindlichen bürgerlichen Gesellschaft vor dem Ersten Weltkrieg viel Widerspruch und Ärger eingetragen.

Heute besteht weitgehend Einigkeit darüber, dass die Sexualität zu den grundlegenden Erscheinungsweisen des Lebens gehört. Sie betrifft die gesamte Persönlichkeit des Menschen und spielt für sein Körperbewusstsein und für seine sozialen und emotionalen Äußerungen eine große Rolle. Wie ein Mensch seine Sexualität entwickelt, hängt sowohl von angeborenen als auch von erfahrenen Gegebenheiten ab. Wie sich seine Sexualität im späteren Leben ausprägt, wird davon beeinflusst, welche sexuellen Erfahrungen ihm die Eltern und die Erziehungskräfte in der Kita ermöglicht und vermittelt haben.

4 Sexualfreundliche Erziehung in der Kindertagesstätte

Tobespiele

In der Kindertagesstätte sollen Kinder vielfältige Sinneseindrücke haben. Die pädagogischen Kräfte betrachten es als ihre ständige Aufgabe, den Kindern Gelegenheiten für Sinneserfahrungen zu bieten. Dabei sollten alle Sinnesorgane einbezogen werden. Je häufiger die Kinder die Gelegenheit bekommen zu erfahren, wie genau und fein sie sinnlich ansprechbar sind, desto wahrscheinlicher sind seelische Ausgeglichenheit und Wohlbefinden. Das Hören, Sehen, Schmecken, Riechen, Tasten und Fühlen in Ruhe und bewusst genießen zu können, tut ihnen wohl – dies gilt gerade für Jungen. Sie brauchen den Ausgleich von wilden Tobespielen mit körperlichem Krafteinsatz, die ebenso wichtig für die Persönlichkeitsbildung sind.

Ziele einer sexualfreundlichen Erziehung

- An oberster Stelle steht, dass alle Kinder ein positives Selbstbild entwickeln können. Jedes Kind soll sich in seinem Körper wohl fühlen. Es soll seine sexuellen Bedürfnisse und Gefühle kennen und auch leben dürfen. Jedes Kind soll sich seiner geschlechtlichen Identität bewusst sein und sein Geschlecht annehmen können.
- Eine freundliche, akzeptierende Umgebung soll einer gesunden Persönlichkeitsentwick-

lung dienen: Die Sexualität ist dann weder unterdrückt noch überbetont. Wichtig ist dabei, dass Kinder gerade auf diesem Gebiet ganz sicher wissen, dass sie auch „nein" sagen können und dies respektiert wird.

- In der Kita müssen der Raum und die Zeit sein, über die Informationen und Bilder zu sprechen, die heutzutage aufgrund der sexualisierten Umwelt auch an Kinder herangetragen werden. Kinder sehen in der Öffentlichkeit z. B. Produktwerbung, die ganz offen erotisch daherkommt und dazu noch scheinbar typische Männer- und Frauenbilder zeigt.
- Die Kita kann Informationen und moralische Bewertungen von sexuellen Bedürfnissen, Äußerungsformen und Rollenvorstellungen, die Kinder im Elternhaus erhalten, ergänzen und korrigieren.
- Schließlich ist für viele Einzelkinder das Lernen in der Gleichaltrigengruppe und in teilweise unbeaufsichtigten Erfahrungsräumen von unschätzbarem Wert. Gerade dies ist eine wichtige Freiheit, weil immer mehr Einzelkinder aufwachsen, auf die sich die gesamte elterliche Aufmerksamkeit und Sorge richtet. In Familien mit vielen Geschwisterkindern steht das einzelne Kind nicht ständig im Mittelpunkt und hat dadurch Freiräume, in denen es Eigenverantwortlichkeit nach und nach erlernen kann.

4.1 Die Aufgaben der sozialpädagogischen Kräfte

Jedes Kind hat ein Recht darauf, so angenommen zu werden, wie es ist, und dies auch körperlich zu fühlen. Deshalb ist es wichtig, dass sich die sozialpädagogischen Kräfte für einen liebevollen, zärtlichen und Geborgenheit spendenden Körperkontakt anbieten, wenn ein Kind sein Bedürfnis danach signalisiert. Die erwachsene Person achtet feinfühlig da-

Das Kind bestimmt die Art und Dauer des Körperkontaks

rauf, dass der Kontakt solange anhält, wie das Kind ihn braucht. Mädchen und Jungen sind in dieser Hinsicht gleichermaßen bedürftig, sie zeigen dies in unterschiedlicher Weise, mal anschmiegsam, mal ruppig.

Die angehende Pädagogin Elena wird in der Situation ganz spontan zum Mitmachen aufgefordert. Das zeigt das Vertrauen der Kinder in sie als Person und eine freundliche Großzügigkeit.

Die kindliche Wissbegierde, die sich in vielen Fragen und im Ausprobieren zeigt, soll auch auf sexuellem Gebiet akzeptiert und unterstützt werden. Die grundsätzliche Erlaubnis, körperlich forschend und neugierig zu sein, gilt immer dann, wenn alle beteiligten Kinder freiwillig und gern mitmachen. Kein Kind wird gezwungen oder darf lächerlich gemacht werden. Die sozialpädagogischen Kräfte haben ein Auge darauf, zurückhaltende Kinder zu schützen und vor kränkenden Übergriffen zu bewahren.

Die knapp 5-Jährigen Eva, Jana und Moritz sind gleichaltrig und sich ebenbürtig. Sie ziehen sich seit einiger Zeit für ihre Doktorspiele immer wieder zurück. Neben der offensichtlich freundlichen Stimmung, die die angehende Pädagogin unter den dreien wahrnimmt, ist dies auch Anzeichen dafür, dass kein Kind zu etwas überredet wird, was ihm ungute Gefhle bereitet.

Die Erziehungskräfte verhalten sich zunächst zurückhaltend und geben Anregungen und Antworten je nach Bedarf der Kinder. Darüber hinaus sorgt eine anregungsreiche Umgebung in der Kita, bei der alle Sinne berücksichtigt werden, für Wohlbefinden. Ein durchdachtes Angebot im Bereich der Verfeinerung der **Sinneswahrnehmung** verhilft den Kindern auch dazu, ihren Körper und dessen genauer wahrzunehmen. Dazu können Erziehungskräfte vielfältige Angebote machen (s. dazu Kap. 5 Motorische und sensorische Entwicklung).

Sehr sensibel müssen die Erziehungskräfte sich ihrer **Sprache** bewusst sein: Neben den Eltern sind sie Modell für die Kinder und deren Sprachfähigkeit auf dem Gebiet von Körperlichkeit und Sexualität. Auch deshalb ist es wichtig, dass die Erziehungskräfte ihr Verhältnis zum eigenen Körper und dem Geschlecht sowie zur Sexualität allgemein reflektiert und geklärt haben.

Was ist das eigentlich: körperliche Integrität?
Das Wort **Integrität** hat einen lateinischen Stamm und bedeutet in diesem Zusammenhang Vollständigkeit oder Unversehrtheit. Nach dem **Grundgesetz** hat jeder Mensch das Recht auf körperliche und seelische Unversehrtheit. So darf zum Beispiel ein ärztlicher Eingriff nur mit der Zustimmung des Behandelten stattfinden, ansonsten macht sich der Arzt strafbar. Nach der **Kinderrechtskonvention** der Vereinten Nationen, die auch Deutschland 1990 unterzeichnet hat, hat jedes Kind ein Recht auf besonderen Schutz für seine Entwicklung. Dazu zählen das Recht auf Gesundheitsvorsorge und Bildung sowie der Schutz vor seelischer, körperlicher und sexueller Ausbeutung.

Die Praktikantin Elena muss spontan entscheiden, ob sie Evas Einladung folgt oder lieber nicht und was sie dazu sagen kann. Sie muss sich selbst und ihre Schamgrenzen kennen, um als verantwortliche Erwachsene angemessen auf kindliche Wünsche nach Zärtlichkeit reagieren zu können. Sie muss bei ihrer Reaktion auch die körperliche und seelische Integrität der Kinder beachten.

4.2 Raumgestaltung

Die Anforderungen an die Raumgestaltung in einer sexualfreundlichen Kita sind im Grunde identisch mit dem, was eine Kita Kindern für eine positive motorische und sensorische Entwicklung bieten muss (s. dazu Kap. 5, Punkt 6.2 Raumgestaltung). Die Kita soll vielfältige Gelegenheiten für sinnliche Erfahrungen drinnen und draußen bereitstellen:

Das sind Bewegungsräume und die Freiheit zum Toben, ohne andere zu stören; die Gelegenheit zur großräumigen Bewegung nach Musik, zum Tanzen und zu anderen körperbetonten Aktivitäten, ein interessantes Außengelände für unterschiedlichste Aktivitäten. Besonders genussreich sind auch

Im Matsch wühlen macht Spaß und schärft die Sinne

Gelegenheiten zum Matschen und der Umgang mit weichen Materialien. Wasserspiele machen zu jeder Jahreszeit Spaß und können drinnen und draußen angeboten werden.

Ebenso wichtig sind Erfahrungen mit Schaum, Creme, Kleister und Farben in unterschiedlicher Qualität (pastos oder flüssig, mit den Fingern verarbeitet oder mit anderen Hilfsmitteln). Zum Riechen, Fühlen, Schmecken gibt es viele denkbare Aktivitäten und Spiele bis hin zur bewussten Herstellung von Mahlzeiten, bei der jede Zutat einzeln in ihren Qualitäten probiert und erfahren werden soll.

Um auf das Interesse der Kinder an ihrem Körper eingehen zu können, sind Rollenspielutensilien wie ein Doktorkoffer oder Erste-Hilfe-Material eine wichtige Ausrüstung. Ergänzend sollte es Anschauungsmaterial in Form von Bilderbüchern, geschlechtlich erkennbaren Puppen und Plakaten geben. Das ist auch deshalb wichtig, weil solche Materialien gegenüber sexualisierten Alltagsdarstellungen ein sachliches Gegenbild sein können. Nicht zuletzt sind Rückzugsräume und Kuschelecken wichtig, in denen Kinder für Momente ohne die direkte Einsichtnahme und Überwachung durch Erwachsene spielen können.

4.3 Zusammenarbeit mit den Eltern

Schon bei der Aufnahme eines Kindes in die Kita müssen die Eltern über das Konzept der sexualfreundlichen Erziehung und dessen Ziele informiert werden. Das ist der Beginn einer vertrauensvollen Zusammenarbeit zugunsten des Kindes. Dabei setzen sich die Erziehungskräfte mit den Erwartungen von Eltern an die Erziehung, Bildung und Betreuung ihrer Kinder auseinander und antworten im Sinne ihres Konzepts. Sie berücksichtigen dabei die kulturspezifischen Hintergründe von Eltern; deren Einstellungen können von religiösen und moralischen Vorstellungen geprägt sein, die die Erziehungskräfte nicht immer teilen.

Aber auch, wenn man feststellt, dass die allgemeinen Ziele von Sorgeberechtigten und Kita übereinstimmen, sind regelmäßige Gespräche über die Entwicklung des Kindes selbstverständlich. Für Vertrauen sorgt eine transparente Arbeit, die Eltern einen Einblick in das Alltagsgeschehen in der Kita ermöglicht. Eltern sollen Vorschläge, Kritik und Wünsche einbringen können. Im Gespräch mit Eltern zu bleiben ist ein wichtiger Bestandteil guter Kooperation und gegenseitiger Ernstnahme.

Vertrauensvolle Zusammenarbeit als wichtige Basis

5 Durchspielen einer vollständigen Handlung

Analysieren – welche Situation findet Elena vor?

Die drei Kinder stehen mit heruntergelassenen Hosen beieinander und sind offenbar in ein zärtliches und aufregendes Spiel vertieft. Sie haben sich schon häufiger mit dem Doktorkoffer zurückgezogen. Diese Situation sieht Elena allerdings zum ersten Mal.

Planen – welche weiteren Schritte muss Elena gehen?

Nachdem sie die Tür wortlos und leise wieder geschlossen hat, will die angehende Pädagogin für sich klären, wie sie in dieser oder einer ähnlichen Situation pädagogisch angemessen reagieren kann.

- Sie informiert sich allgemein über die sexuelle Entwicklung von Kindern.
- Sie informiert sich genauer über das Konzept der Kita zum Punkt sexualfreundliche Pädagogik.
- Sie klärt ihren eigenen Standpunkt, ihre Toleranz und ihre Schamgrenzen.
- Sie sucht das Gespräch mit ihrer Praxisanleitung und informiert sich über die Umsetzung des Konzepts in der Gruppe sowie über die Kinder.

Durchführen – was genau macht Elena?

Elena sucht sich die passende Fachliteratur. Sie spricht über ihre eigene Sexualität mit Mitschülern oder vertrauten Menschen und tauscht sich aus. Sie spricht mit ihrer Praxisanleitung über die Situation, die sie mit den Kindern erlebt hat, und holt deren Meinung dazu ein. Sie achtet in der Folgezeit bewusst auf Signale von Kindern, die Ausdruck ihres sexuellen Interesses sein können, und erprobt sich darin, angemessen zu reagieren.

Reflektieren und Bewerten – wie deutet und wertet Elena aus?

Elena bleibt mit der Praxisanleitung im Gespräch und reflektiert ihre Erfahrungen weiter.

Dokumentieren und Präsentieren – wie hält Elena die Ergebnisse fest?

Elena hält die Schritte in ihrem Ausbildungstagebuch fest, protokolliert laufend ihre weiteren Erfahrungen und Gespräche. So verfolgt sie systematisch, ob es ihr gelingt, sicherer zu werden, sodass sie nicht mehr sprachlos aus einer Situation fliehen muss, sondern beispielsweise den Kindern vermitteln kann, dass sie bei ihrem schönen Spiel nicht mitmachen und nicht stören möchte.

Weitere Lernsituationen

Lernsituation 1
Beim Morgenkreis geraten zwei Kinder in Streit und beschimpfen sich gegenseitig mit „du schwule Sau“ und „Nutte“ und hören nicht auf.

Lernsituation 2
In letzter Zeit lassen zwei 5-jährige Jungen ein 4-jähriges Mädchen in der Einrichtung nie allein auf die Toilette gehen, sie folgen ihm grundsätzlich, schauen beim Urinieren zu und machen dabei abwertende Bemerkungen. Schluchzend wendet sich das Mädchen an eine Erzieherin.

Lernsituation 3
Beim Toben im Planschbecken spritzen sich die Kinder schreiend und lachend mit einem Wasserschlauch nass. Nur drei Kinder stehen abseits. Sie wollen trotz mehrfacher Einladung nicht mitspielen. Stattdessen lachen die drei über die anderen und wollen ihnen offensichtlich den Spaß verderben.

Lernsituation 4
Ein 6-jähriger Junge kommt aufgeregt auf eine erzieherische Fachkraft zu und erzählt, dass in der Puppenecke zwei Kinder miteinander „ficken“. Fast alle anderen Kinder stehen vor der Puppenecke und schauen zu.

AUFGABE

Analysieren Sie diese Situationen nach folgenden Fragestellungen:

1. Welche Bedürfnisse und Gefühle zeigen die Kinder?
2. In welcher Phase ihrer psychosexuellen Entwicklung stehen sie? Wie beeinflusst das ihr Verhalten in der aktuellen Situation?
3. Welche Unterstützung brauchen sie, um die Situation gut zu bewältigen?

Aufgaben zur Selbstreflexion

Benutzen Sie die folgenden Fragen zur Klärung Ihrer persönlichen sexuellen Entwicklung. Sie können die Reflexion vertiefen, wenn Sie sich einen Gesprächspartner oder eine Partnerin suchen, zu der Sie Vertrauen haben und mit der Sie offen sprechen können.

1. Wie sind Sie aufgeklärt worden und wer hat mit Ihnen als Kind über Sexualität gesprochen?
2. Woher haben Sie Ihr Sexualwissen erhalten?
3. Welche Vorbilder hatten Sie, welche Menschen waren in Ihrer Kindheit besonders wichtig?
4. An welche lustvollen Situationen aus Ihrer Kindheit können Sie sich erinnern? (Doktorspiele, Vater-Mutter-Kind-Spiele)
5. Konnten Sie sich zu Hause zurückziehen? Was hätten Sie sich dazu gewünscht?
6. Haben Sie z. B. Ihre Eltern oder Geschwister nackt gesehen? Wie wurde bei Ihnen mit Körperkontakt umgegangen? Haben Sie die Sexualität Ihrer Eltern wahrgenommen?
7. Erinnern Sie sich in diesem Zusammenhang an schöne und unbeschwerte Situationen?
8. Erinnern Sie sich an unangenehme Situationen, in denen Sie Scham, Angst oder Schuld empfunden haben?
9. Erinnern Sie sich an bedeutsame Erlebnisse Ihrer sexuellen Entwicklung: die erste Regelblutung, der erste Samenerguss? Der erste Kuss, das erste Verliebtsein, das erste Mal?
10. Erinnern Sie sich an sexuelle Ge- oder Verbote, die Sie nachhaltig beeinflusst haben?
11. Was aus Ihrer Kindheit beeinflusst Ihre Gefühle und Ihr Denken über Sexualität auch heute noch?

Praxisaufgaben

1. Untersuchen Sie das Konzept in Ihrer Praxisstelle: Welche Ausführungen sind dort zu den Themenbereichen Sinneswahrnehmung, Körperlichkeit und Sexualität zu finden? Vergleichen Sie unterschiedliche Konzepte.
2. Finden Sie heraus, welche Materialien zur Sexualaufklärung (z. B. Schwangerschaft und Geburt, geschlechtliche Unterschiede) in Ihrer Praxiseinrichtung vorhanden sind. Wie werden sie eingesetzt?
3. Sammeln Sie Kinderäußerungen und Fragen zur Sexualität.

Kapitel 9 Kindliche Lernformen

1 Lernsituation

An einem Vormittag macht der Sozialassistent Christian folgende Beobachtung:

Die zweieinhalbjährige Lara sitzt auf der Turnbank in der Tobe- und Bauecke und schaut zwei anderen Kindern zu, die gerade jeweils einen großen Schaumstoffwürfel zur Bank schieben. Als sie die Großwürfel ganz an die Bank heran geschoben haben, steigen sie darauf und hüpfen herunter. Lara steht auf, geht zu einem noch unbenutzt in der Ecke liegenden Schaumstoffwürfel, umfasst diesen mit beiden Händen und trägt ihn zu den beiden anderen Kindern, die weiter von ihren Würfeln herunterhüpfen. Auf dem Weg dahin bleibt Lara dreimal stehen und setzt den Würfel ab. Als sie bei den anderen Kindern angekommen ist, schiebt sie „ihren“ Würfel ganz nah neben die beiden anderen. Nun setzt sie erst den einen, dann den anderen Fuß auf den Würfel und richtet sich auf. Sie geht in die Knie und wippt ein wenig auf und ab.

Als die anderen Kinder davon laufen, steigt sie von „ihrem“ auf den nächsten Würfel um, dann auf den dritten und schließlich auf die Bank. Auf der geht sie langsam bis zum Ende und springt dann mit beiden Füßen zugleich auf den Boden. Sie läuft um die Bank herum, klettert wieder auf den Schaumstoffwürfel, steigt über die beiden nächsten auf die Bank und geht wieder vorsichtig bis zu deren Ende, um erneut abzuspringen. Das macht sie noch ungefähr zehnmal.

Dann bleibt sie stehen und dreht sich zur Bücherecke um, in der gerade Christians Kollegin beginnt, mit einem Kind ein Bilderbuch anzuschauen. Lara geht hin und setzt sich dazu.

AUFGABE

Bearbeiten Sie die Lernsituation.

1. Analyse
   - Nennen und beschreiben Sie, was der Leser über Laras Tun erfährt.
   - Beschreiben Sie, was Lara in dieser Viertelstunde gelernt hat.
2. Ziele formulieren
   - Was muss Christian über kindliche Lernformen wissen, um auf Laras Interessen und Stärken schließen zu können?
   - Welche Ziele kann er sich setzen, um Lara Angebote zu machen, die ihr Spaß machen und ihre Lernbegeisterung unterstützen?

2 Zu erlernende Kompetenzen

So wie Lara tun Kinder beinahe an jedem Tag etwas, das sie noch nie zuvor getan haben. Je kleiner ein Kind ist, desto größer ist die Wahrscheinlichkeit dafür. Obwohl jedes Kind seinen individuellen Lernweg nimmt und aktiver Gestalter seiner Entwicklung ist, gibt es allgemeine Erkenntnisse über kindliches Lernen und Lernprozesse überhaupt.

Um also das Lernen von Kindern unterstützen zu können, brauchen sozialpädagogische Fachkräfte neben einer gut geschulten Beobachtungsfähigkeit theoretische Grundkenntnisse über das Lernen. Menschen sind zuallererst Körperwesen; das erste Lernen findet ganzkörperlich statt und ist gekoppelt an die Bewegung und das Tun. Darüber informiert der Punkt 3.

Menschen lernen immer, ihr Leben lang. Entgegen früherer Annahmen weiß man heute, dass bis ins hohe Alter Lernprozesse nachweisbar sind. Ein Motor dafür ist die Neugier und der Erkundungswille. Über den Ablauf von Lernprozessen im Einzelnen gibt es verschiedene Lerntheorien. Unter Punkt 4 werden diejenigen vorgestellt, die für die Arbeit in der Kita wichtig sind.

Damit Kinder ihr Lernpotenzial entfalten können, brauchen sie eine anregende Umgebung, die ihnen Lernanlässe und Herausforderungen bietet. Ebenso wichtig sind erwachsene Personen, die als Begleiter und verständnisvolle Gesprächspartner zur Verfügung stehen. Welche Rolle eine anregende Umwelt für das kindliche Lernen spielt, wird in Punkt 5 behandelt.

3 Die Rolle von Bewegung, Tätigsein und Spielen

Hier hindurchschlüpfen – für kleine Kinder kein Problem

Kinder bewegen sich gern und entwickeln sich dabei. Die Kinder lernen

- ihren Körper kennen. In der Bewegung erfahren schon Säuglinge, dass ihre Arme und Beine, ihre Hände und Füße, der Rumpf mit Bauch und Po und auch der Kopf zu ihnen gehören. Kinder werden älter und wachsen, dabei probieren sie immer wieder aus, wie groß sie schon sind und was sie schon erreichen können. Sie wissen immer aktuell, durch welche Lücke (z. B. zwischen zwei Möbelstücken) sie noch passen. Man nennt es das Wissen über das Körperschema, wozu auch die Lage der Körperteile im Raum gehört.
- ihre körperlichen Kräfte und die Beweglichkeit der Glieder immer geschickter einzusetzen. Kinder üben sich in ihrer

Beweglichkeit. Grobmotorisch erobern sie über das Rollen, Krabbeln, Laufen und Springen den Raum und erfahren seine Tiefe. Dadurch lernen sie etwas über die Schwerkraft und über die Orientierung in den drei Dimensionen Breite, Länge und Höhe. Deshalb müssen sie auf Möbel klettern, dann auf Schaukeln, Wippen, Rollbretter, Fahrzeuge aller Art. Sie balancieren gern auf Gehsteigkanten und Mauern.

So macht es auch Lara (2,5 Jahre) aus der Lernsituation. Sie übt ihre Beweglichkeit und ihren Mut beim Springen. Als sie bemerkt, dass sie sich mit dem Springen von dem weichen Schaumstoffwürfel überfordern würde, findet sie einen Ausweg. Das Springen von der Turnbank ist genau das Richtige. Das Balancieren bis zum äußersten Ende ist auch eine Herausforderung; dementsprechend geht sie langsam bis an das Ende der Bank.

- beim Tätigsein und beim Spielen. Lernen geschieht hier durch praktisches Handeln. Wichtig ist das Schätzen von Entfernungen: Wie viel sind z. B. 2 Meter? Weitere interessante Probleme kommen hinzu. Wie weit ein Ball rollen kann, scheint eine einfache Frage zu sein. Aber es kommt sehr darauf an, ob es zum Beispiel ein kleiner Kinderball aus Plastik, aus Stoff oder ein Fußball oder Tennisball ist. Ebenso wichtig ist der Untergrund, auf dem der Ball rollt: ist es ein glatter Fußboden oder ein Teppich … Mit wie viel Kraft welcher Ball geworfen oder angeschubst werden muss, ist nur eine der vielen Fragen, die sich ein Kind handelnd beantwortet und immer wieder bestätigt sehen möchte.

Das Gleiche gilt für die Feinmotorik, auch die Geschicklichkeit von Händen und Fingern wird geübt und gelernt. Dabei erwerben die Kinder auch Kenntnisse darüber, welche Eigenschaften die Dinge in ihrer Umwelt haben, was leicht oder schwer, dick oder dünn, rau oder glatt, warm oder kalt, biegsam oder steif ist.

AUFGABE

1. Geben Sie sich ungewöhnliche feinmotorische Aufgaben, z.B.:
   - Schreiben Sie als Rechtshänderin mit der linken Hand.
   - Setzen Sie einen Gegenstand mit verbundenen Augen zusammen (z.B. einen Kugelschreiber).
   - Zeichnen Sie einen Stern oder eine Blume, aber setzen Sie sich dabei so vor einen Spiegel, dass Sie Ihre Hände nicht direkt sehen können, sondern deren Spiegelbild.
2. Reflektieren Sie Ihre Erfahrungen im Hinblick auf Ihr feinmotorisches Geschick. Welche Schlüsse ziehen Sie nun in Bezug auf das kindliche Lernen von feinmotorischem Geschick?

All diese Erfahrungen sind Lernvorgänge für ein Kind und eine entscheidende Voraussetzung dafür, dass es über die Dinge nachdenken und über sie sprechen kann. Selbst so kleine Wörter wie „vor", „hinter", „neben", „über", „unten" haben nur dann eine Bedeutung, wenn eine körperliche Erfahrung dahinter steckt.

Alles, was Lara tut (das Schieben des Würfels, das Hochklettern, das Wippen, das Weitergehen, das Abspringen und schließlich das Laufen neben der Bank), hilft ihr beim Denken in den drei Dimensionen des Raumes. Sie erwirbt die Erfahrung, die sie braucht, um über „oben" und „unten" sprechen zu können. Weiterhin erläuft, erklettert und erspringt sie sich die Grundlagen der Geometrie.

Auch beim Spielen allein oder mit anderen Kindern werden Tätigkeiten und sinnvolle Zusammenhänge gelernt und geübt. Dabei bilden sich Gedanken und logische Schlussfolgerungen. Es müssen Probleme und unvorhersehbare Situation gelöst werden. Beim

Bauen beispielsweise, dem Konstruktionsspiel, kommt es darauf an, dass das Werk nicht sofort in sich zusammenfällt oder dass es eine besondere Form haben soll. Um einen Turm, ein Haus oder eine Brücke aus Bausteinen zu errichten, muss ein Kind Ideen haben und kreative Absichten entwickeln. Dies geschieht beim Tätigsein und dem Sammeln von Erfahrungen.

AUFGABE

1. Besorgen Sie sich Holzbausteine (keine LEGO-Steine) und stellen Sie sich Konstruktionsaufgaben: Bauen Sie eine Mauer, einen Turm, eine Brücke.
2. Beschreiben Sie, was Sie berücksichtigen mussten, damit Ihr Bauwerk stabil wird. Welche Probleme traten auf und wie haben Sie sie gelöst?

4 Lernen – ein lebenslanger Prozess

„Lernen ist die
Vorfreude der Kinder
auf sich selbst."
(R. Kahl)

Unter **Lernen** versteht man, dass sich ein Mensch Verhaltensweisen neu aneignet oder sie dauerhaft verändert. Dieses geschieht durch Erfahrungen, Üben und Wiederholen. Menschen können bis ins hohe Alter neue Verhaltensweisen ausbilden, also etwas lernen.

Kinder und Jugendliche entwickeln sich auch über körperliche Prozesse, die man **Reifung** nennt. Sie werden größer und schwerer und durchleben typische Lebensphasen: Dazu gehören mehrere Autonomiephasen, verschiedene Stadien der Kindheit, die Pubertät und das Jugendalter. Zu diesen Reifungsstadien gehören typische Verhaltensweisen, die immer individuell ausfallen. Die Autonomiephasen (s. Kap. 4, Punkt 3.4 Autonomie und Kompetenz) und die Pubertät sind beispielsweise nicht bei allen Kindern gleich dramatisch.

Dabei lernen Kinder neue Verhaltensweisen, die sie dauerhaft beibehalten oder später über neue Lernvorgänge verändern. Über das beim Lernen erworbene Wissen der Kinder kann man erst mit Sicherheit urteilen, wenn sie es durch ein verändertes Verhalten zeigen. Verändertes Verhalten ist es auch, wenn ein Kind neue Dinge sagen oder neue Zusammenhänge aussprechen kann. Vor allem wollen Kinder stets etwas Neues können. Dafür tun, üben und wiederholen sie unermüdlich jeden Tag aufs Neue.

So läuft Lara zehnmal um die Turnbank herum, damit sie für ihr Gefühl häufig genug abspringen kann. Erst dann scheint sie

Oha, so viele Teile …

sich ihrer Sache sicher zu sein: „Das kann ich schon.“ Nun kann sie sich anderen Dingen und damit wieder Neuem und Interessanterem zuwenden.

4.1 Neugier und Erkundungswillen

Der Hauptantrieb für das Lernen ist die Neugier. Das gilt nicht nur für Menschen – Neugierverhalten zeigen auch Tiere. Wenn für alle körperlichen Bedürfnisse gesorgt ist und nichts angsterregendes die Situation beherrscht, dann zeigt sich die angeborene Lust am Neuen.

Man kann sogar erkennen, dass ganz junge Säuglinge lernen und immer neugierig auf Neues sind. Wenn sie einen Gegenstand lang genug angeschaut haben, schauen sie weg. Jeder aufmerksame Erwachsene weiß, dass das Kind sich nun langweilt. Sobald aber eine Veränderung eintritt, der Erwachsene etwas Neues macht oder ein neuer Gegenstand in das Blickfeld des Kindes kommt, ist es wieder hellwach und schaut intensiv hin – bis es wieder genug gelernt hat und wegschaut oder die Lider schwer werden.

Bei älteren Kindern treten stärker sichtbare Erkundungsformen auf. Sie laufen auf Neues zu, fassen an, probieren aus, fragen nach. Dabei kann man relativ früh unterschiedliche Lernwege erkennen, die die Kinder bevorzugen.

Es gibt Kinder, die am liebsten allein ausprobieren und die Dinge auf diese Art entdecken. Man kann sie dabei beobachten, dass sie Dinge auseinanderbauen und interessiert betrachten, was drinnen ist. Dabei ist beinahe nichts vor den kindlichen Forschern sicher. Viele Kitas haben heute auf den kindlichen Forscherdrang eine Antwort mit der Einrichtung von Forschungsprojekten oder fest im Raumplan vorgesehenen Forscherwerkstätten gefunden. Andere Kinder sind unermüdliche Rollenspieler und probieren dabei viele neue Dinge aus. Wieder andere Kinder sprechen gern mit anderen und vor allem mit Erwachsenen, erklären Dinge, die ihnen durch den Kopf gehen, oder fragen ihnen buchstäblich „Löcher in den Bauch“.

AUFGABE

1. Beobachten Sie die Lernwege von Kindern in Ihrer Praxisstelle. Welche unterschiedlichen Strategien können Sie feststellen?
2. Erinnern Sie sich: Was haben Sie getan, um Ihre Neugier zu stillen, wenn Sie etwas herausfinden wollten? Kennen Sie sich als jemand, der andere mit Fragen „löchert“ – oder was tun Sie stattdessen?
3. Bringen Sie einfache mechanische Gegenstände in die Kita, die die Kinder untersuchen können (Flaschenzug, mechanische Kaffeemühle, Wecker, Sahnequirl etc.).

4.2 Lerntheorien

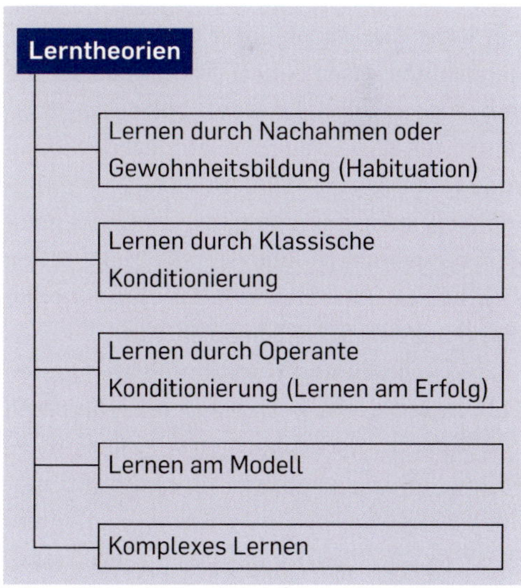

Lernen durch Nachahmen oder Gewohnheitsbildung (Habituation)

Neugeborene sind perfekte Nachahmer. Bereits wenige Minuten nach der Geburt kann

Lernen durch Nachahmung

ein Kind die Mimik einer anderen Person nachahmen. Dazu bedarf es allein dieser angeborenen Fähigkeit. Neurobiologen gehen davon aus, dass dafür sogenannte Spiegelneurone verantwortlich sind. Das sind Nervenzellen im Gehirn, die helfen, die Aktivitäten anderer Personen zu analysieren. Diese Zellen sind beim Beobachten von Handlungsweisen ebenso aktiv wie beim eigenen Tun.

Nachahmen und Üben sind in den ersten Lebensjahren die bevorzugten Lernformen von Kindern. Sie beobachten vor allem ältere Kinder und Erwachsene intensiv und machen nach, was sie wahrnehmen, so genau wie möglich. Manchmal sind es ganze Handlungsfolgen, die ein Kind einem bestimmten Erwachsenen nachmacht. Das ist insbesondere dann auffällig, wenn der beobachtete Erwachsene einen Fehler macht und das Kind die Handlung genauso ausführt. Auch beim Sprechenlernen ist Nachahmen eine gut erkennbare Methode. Manche Redensarten und typischen Redewendungen übernehmen Kinder von nahen Bezugspersonen, vor allem von Eltern. Weil ein Kind dabei auch die ganze Situation „mitlernt“, kann es eine Redewendung zur Verblüffung der „Großen“ ganz passend anbringen.

Eine nachgeahmte Verhaltensweise wird nicht nur unverändert kopiert. Das Kind übt und führt aus, gewinnt dabei an Erfahrungen und verändert das Verhalten. So entsteht nach und nach eine eigene Kompetenz. Die Verhaltensweise kann dem Vorbild unähnlicher werden, ohne dass sie ihren Sinn verliert. Das finden Kinder experimentell heraus, indem sie erproben und verändern und neu erproben.

Lara hat am Anfang zwei andere Kinder ganz genau beobachtet. Genau wie diese schiebt sie einen Schaumstoffwürfel heran. Das ist anstrengend, sie muss zwischendurch absetzen. Genau wie die anderen klettert sie hinauf und geht in die Knie zum Absprung. Bis dahin hat sie nachgeahmt. Dann hat sie das Problem, dass sie der Mut verlässt. Sie variiert den Ablauf der Übung und kreiert für sich eine neue Form: das Schreiten von Würfel zu Würfel, das Balancieren über die Bank, dann erst der Absprung. Das ist neu, niemand hat es ihr gezeigt.

Lernen durch klassische Konditionierung

Die klassische Konditionierung wurde zunächst in einem Versuch mit Hunden entdeckt. Ausgangspunkt ist die Tatsache, dass ein Hund schon beim Anblick eines gefüllten Futternapfs Speichel produziert. Wenn man gleichzeitig einen Gong ertönen lässt und dies oft genug wiederholt, reicht später der Ton des Gongs allein aus, um den Speichelfluss beim Hund zu provozieren. Für den Hund ist beides untrennbar verbunden.

AUFGABE

1. Klassische Konditionierung wird in der Tierdressur häufig verwendet. Informieren Sie sich beispielhaft über einzelne Methoden und beschreiben Sie sie.
2. Diskutieren Sie die Frage, ob und bei welcher Gelegenheit die klassische Konditionierung in der Erziehung kleiner Kinder ethisch vertretbar ist.

Dies funktioniert auch bei Menschen. Wenn zwei oder mehrere Ereignisse häufiger gleichzeitig eintreten, erwartet man, dass dies immer der Fall ist. Eltern und pädagogische Kräfte machen sich diese Lernform zunutze und führen Rituale oder Regeln ein, die die Kinder lernen. So kann ein Gongschlag gegen Ende der Freispielzeit bedeuten, dass es Zeit zum Aufräumen ist. Ein Morgenkreis läuft nach dem immer gleichen Muster ab. Beim Essen gelten immer die gleichen Handlungsabfolgen. Nach dem Toilettengang waschen sich alle stets die Hände. Erreicht werden soll durch die klassische Konditionierung, dass ein Reiz (z. B. der Gong) beinahe automatisch alle anderen Verhaltensweisen auslöst. Solche regelmäßigen Abläufe und Rituale haben den Vorteil, dass sie im Alltag einen sicheren Rahmen schaffen können, weil alle genau wissen, was nun zu tun ist. Man muss es nicht an jedem Tag neu überlegen und verabreden. Auch Kinder suchen diese Sicherheit und achten darauf, dass die Dinge immer gleich ablaufen und dass alle es „richtig“ machen.

Es kann auch vorkommen, dass Kinder zwei Ereignisse miteinander verbinden, die manchmal oder zufällig gleichzeitig eintreten. Wenn beispielsweise die Großmutter ein- oder zweimal bei einem Besuch Schokolade aus ihrer Handtasche gezogen hat, hat das Enkelkind gelernt, dass dies immer so sein muss.

Was, wenn Oma keine Schokolade dabei hat?

Lernen durch operante Konditionierung (Lernen am Erfolg)

Diese Lernform billigt dem Lernenden eine aktivere Rolle zu. Ein Verhalten, das belohnt wird (= auf das ein positiver Verstärker folgt), zeigt sich häufiger. Dann gilt dieses Verhalten als gelernt. Wenn ein Kind beispielsweise immer gelobt wird, wenn es etwas gebaut hat, wird es gern bauen und vermutlich tatsächlich immer mehr können. Operante Konditionierung setzen Eltern und Erziehungskräfte in vielen Situationen bewusst ein, um ein erwünschtes Verhalten zu erreichen. Dabei müssen sie genau wissen, was ein positiver **Verstärker** für das einzelne Kind ist, damit das Kind das Verhalten gern zeigt und somit effektiv lernt. Das kann in einer Gruppe ein Privileg sein: etwas als Erster tun dürfen. Häufig ist positive Verstärkung auch besondere Zuwendung oder ein Geschenk. Lernen am Erfolg gibt es häufig ganz ungeplant: Wenn ein Kind mit einer eigenen Strategie immer wieder erfolgreich ist und erreicht, was es möchte. Lernen durch operante Konditionierung findet ebenso statt, wenn ein Kind eine negative Konsequenz vermeiden kann.

Lernen am Modell

Verwandt mit dem Lernen am Erfolg ist das Lernen am Modell. Ein Kind beobachtet eine Person, die ein Verhalten zeigt, das angenehme Folgen hat oder wofür sie gelobt wird. Dieses Verhalten wird gern übernommen. Weil es sich dabei um komplette Verhaltensmuster handeln kann, wie das Abwischen der Tische nach einer Mahlzeit, ist dies mehr als Nachahmung. Als Modell fungiert oft ein Erwachsener und das Kind möchte gern bei den Handlungen der „Großen" mitmachen. Modell kann auch ein anderes Kind sein: Was es gerade macht, erscheint dem beobachtenden Kind attraktiv oder es wird dafür gelobt. Bedingung für das erfolgreiche Lernen ist, dass das Modell eine sozial akzeptierte oder beliebte Person ist.

Komplexes Lernen

Komplexes Lernen hat dann stattgefunden, wenn ein Kind eine neue Verhaltensweise zeigt, die ihm niemand vorgemacht hat. Das Krabbeln als erste Form der Fortbewegung ist ein Beispiel dafür, denn die umgebenden Erwachsenen machen es dem Kind nicht vor. Das Kind sieht zwar, wie sie gehen, aber es kann

Krabbeln ist komplexes Lernen

dies aufgrund seiner körperlichen Unentwickeltheit nicht nachahmen. Also muss es eine eigene Form der Fortbewegung finden.

Komplexes Lernen findet beim Erwerb von **Kompetenzen** statt. Es ist mehr als das Lernen von Begriffen. Allgemein entwickelt die lernende Person dabei eine Strategie für die Lösung eines Problems oder wendet in einem anderen Zusammenhang entstandenes Wissen für eine neue Anwendung an. Es ist für kleine Kinder eine reizvolle Aufgabe, beim Tischdecken dafür zu sorgen, dass alle Esser einen Teller und Besteck bekommen. Das Kind muss dafür noch nicht perfekt zählen können, aber es kann in einer vielseitigen Anwendung nebenbei lernen. Auch Orientierungswissen zu erwerben ist ein komplexer Lernprozess. Dabei entsteht die geistige Landkarte einer Umgebung, die dann hilft, sich in einem Raum, einem Haus oder draußen in der Umgebung zurechtzufinden. Mit zunehmender sprachlicher Kompetenz wird ein Kind auch auskunftsfähig und kann den Weg zu einem Ort beschreiben.

Laras Verhalten zeigt, dass sie schon eine Menge Orientierungswissen erworben hat und es nun gekonnt anwenden kann. Sie kennt sich im Raum aus und weiß, wo sie die Gegenstände für ihr Vorhaben findet und was sie tun kann, um ihre Absicht in die Tat umzusetzen. Ihr Gedächtnis sowie ihr räumliches und logisches Vorstellungsvermögen sind soweit entwickelt, dass sie ihren Plan „ich will springen!“ so lange im Kopf behält, bis sie ihn verwirklichen kann. Dabei muss sie vor dem Absprung noch ganz andere Dinge tun: umbauen, klettern, mit ihrer Angst umgehen, eine neue Übung erfinden und ausführen. Es ist ein Ergebnis komplexen Lernens, dass sie dies alles tun kann, um schließlich ihre ursprüngliche Absicht auszuführen. Dies alles ist längst viel mehr als bloße Nachahmung.

Komplexes Lernen bei Kindern kann bei vielen Spielformen beobachtet werden. Es findet immer dann statt, wenn für ein Kind eine Situation neu ist und es für ein Problem eine eigene Lösung finden muss. Häufig kann man Kinder dabei beobachten, dass sie ganze Serien von Versuchen durchführen und dabei systematisch eine Einzelheit nach der anderen verändern oder auch einen Effekt mehrfach herbeiführen und Ursache und Wirkung so lange beobachten, bis sie sicher sind, dass ein Zusammenhang besteht. Dabei bilden sie durchaus Theorien oder erwerben Handlungswissen und -strategien.

5 Anregende Umwelt

Auch wenn Kinder gern lernen und sich persönliche Kompetenzen und Kenntnisse über ihre Umwelt selbst aneignen: Sie sind dabei auf förderliche Bedingungen angewiesen.

5.1 Raum und Architektur

Alles Leben findet in Räumen statt, deren Aussehen und Atmosphäre jeden Lernprozess beeinflussen. Deshalb ist es von Bedeutung, wie die Räume einer Kita aussehen, denn sie können Orientierung und Hilfen geben oder eben auch nicht.

Die Einrichtung der Räume soll die Selbsttätigkeit von Kindern fördern. Sie sollen nach Wahl allein, zu zweit oder in Gruppen spielen können, ohne sich gegenseitig zu stören. Es muss genügend Platz zur Verfügung stehen, sodass laute, bewegte Spielformen und solche, die Ruhe und Konzentration erfordern, weit genug voneinander entfernt stattfinden können. Räume müssen zum Lernen einladen, also klar erkennbare Funktionen haben: Atelier und Kuschelraum, Forscherwerkstatt und Bewegungsraum. In solch eindeutigen Räumen können Kinder lernen, weil es eine sichere Orientierung gibt und sie ohne Hilfe durch Erwachsene benutzbar sind. Hier können die Kinder die vorhandenen Materialien kennenlernen und experimentieren.

AUFGABE

Informieren Sie sich über Kriterien der Raumgestaltung in Kitas. Beispielsweise können Sie den „Nationalen Kriterienkatalog“ für pädagogische Qualität in Kindertageseinrichtungen (Tietze/Viernickel u. a.) zu Rate ziehen.

Ein gestaltetes Außengelände muss den gleichen Prinzipien genügen. Es muss zum eigenständigen Entdecken und selbstbestimmten Tun einladen.

In diesem Sinne ist der Wald ein idealer Lernraum, in dem Kinder entdecken und sich ausprobieren können. „Wald ist etwas für jedes Lebensalter“, sagt der Neurologe Manfred Spitzer, „er ist ganz einfach und einladend und als Ökosystem hochkomplex. Man kann sich beliebig lang im Wald aufhalten, ohne sich zu langweilen.“

5.2 Anregung und Beziehung

Besonders für kleine Kinder gilt, dass sie verlässliche Bezugspersonen brauchen, um sich von einem sicheren Hafen aus zur Entdeckung der Welt aufzumachen. Sie brauchen für ihr Lernen Ansprechpartner. Es geht los mit dem ausgestreckten Zeigefinger. Bevor es sprechen kann, will ein Kind auf dem Arm eines Erwachsenen seine Entdeckungen mitteilen oder die Bedeutung des Beobachteten wissen. Dabei ist es wichtig, dass sich der Erwachsene für das Denken und den Lernvorgang des Kindes interessiert. Was zunächst seltsam oder noch nicht richtig erscheint, kann sich beim Nachfragen als logische Schlussfolgerung herausstellen. Deshalb spricht man heute respektvoll von „kindlicher Theoriebildung“.

Vor allem ältere Kinder lernen in der Kommunikation mit anderen Kindern und Erwachsenen. Auffällig ist der Lernwille durch die verschiedenen Fragephasen, in denen Kinder Orientierung suchen. Aus „Was ist das?“ wird „Warum ist das so?“ und „Und dann? Wie geht es weiter?“

AUFGABE

1. Sammeln Sie mindestens 20 Fragen aus Kindermund. Sie werden viele Fragen überraschend oder witzig finden. Allerdings sind sie von Seiten des Kindes nicht als Witz gemeint.
2. Erläutern Sie für einige Fragen, welche Überlegung, welche kindliche Theoriebildung dahinter stehen könnte.

Lernen im Dialog bedeutet auch, dass Kinder ihren Stolz auf eine Leistung oder ihre Begeisterung über eine Entdeckung mitteilen wollen. Sie brauchen dabei einfühlsame Erwachsene, die ihnen Antworten geben. Mit ihren Gedanken geben die Kinder Auskunft über ihren Entwicklungsprozess, zeigen, was sie emotional und kognitiv bewegt. Im Gespräch mit den anderen wächst die Fähigkeit, Gedanken auszudrücken, sich angemessen und immer differenzierter mitzuteilen.

6 Durchspielen einer vollständigen Handlung

Analysieren – welche Situation findet Christian vor?

Lara hat andere Kinder beim Springen beobachtet und möchte dies offenbar auch gern tun. Also holt sie sich einen Schaumstoffwürfel und schiebt ihn zur gleichen Stelle. Sie ahmt nach. Sie probiert auch die Bewegung im Stehen aus, scheint sich dann doch nicht zu trauen, von einem weichen Podest abzuspringen. Nun hat sie ein Problem und löst es kreativ: Sie wandert zum festen Ende der verlässlichen, hölzernen Turnbank und kann abspringen. Diese neue „Erfindung“ scheint ihr gut zu gefallen. Sie probiert sie so oft aus, bis sie genug Sicherheit gewonnen hat. Dann sind ihre Energie und Konzentration erschöpft. Sie wendet sich neuen, interessanter erscheinenden Reizen zu.

Planen – welche weiteren Schritte muss Christian gehen?

Lara zeigt ihr Bewegungsbedürfnis und den Stand ihrer Bewegungsgeschicklichkeit. Insbesondere Springen von weichen, also eher schwer berechenbaren Oberflächen ist eine Herausforderung. Christian plant einen Bewegungsparcours, der unterschiedliche Anforderungen enthält. Mit dabei sind einfache Hindernisse, die Lara keine Probleme bereiten und bei deren Überwindung sie sich sicher fühlen kann, und unsichere Untergründe verschiedener Schwierigkeitsstufen, die auf interessante Weise ungewohnt sind.

Durchführen – was genau macht Christian?

Beim Aufbau und dem Bespielen des Parcours beteiligt Christian Lara und auch andere Kinder. Die Kinder sollen sich mit seiner Unterstützung passende Anforderungen aussuchen und realisieren – vom Balancieren auf einem lose am Boden liegenden Tau bis zu Aufbauten, die zum Absprung einladen. Lara soll beteiligt sein und auch über das Vorbild der anderen Kinder lernen können.

Reflektieren und Bewerten – wie deutet und wertet Christian aus?

Christian beobachtet Laras Aktivitäten dabei und wertet aus, was sie sich selbst zutraut und welchen neuen Schwierigkeiten sie sich stellt.

Dokumentieren und Präsentieren – wie hält Christian die Ergebnisse fest?

Christian fotografiert und notiert. Die entstandenen Bilder werden Bestandteil von Laras Portfolio. Er wird sie mit ihr zusammen anschauen, mit ihr sprechen und sie die Bilder nach Wunsch einkleben lassen. Vielleicht mag sie dazu eine Geschichte erzählen, die Christian dann verschriftlichen wird. Gleichzeitig werden alle Ergebnisse aufgenommen und dienen somit als weitere Grundlage für das nächste Entwicklungsgespräch mit Laras Eltern.

Weitere Lernsituationen

Lernsituation 1

Die 5-jährige Jasmin gräbt in der Sandkiste ein Loch, tiefer und tiefer. Ein anderes Kind schüttet aus einem Eimer Wasser hinein. „Au ja, ein Matschteich", ruft Jasmin. Beide Kinder rennen zum Außenwasserhahn, füllen den Eimer erneut und schütten das Wasser ins Loch. Das wollen sie gleich noch einmal machen. Als sie zurückkommen, ist das Wasser verschwunden. Die Kinder scheinen sich zu wundern, leeren aber den Eimer in das Loch, laufen erneut los und kommen mit dem nächsten Eimer voller Wasser zurück. Wieder ist das Wasser im Loch in der Zwischenzeit versickert. Jasmin stochert mit der Schaufel in dem Loch herum und schippt ein bisschen weiter. Nun schaufelt sie keinen Sand mehr heraus, sondern zunehmend schwarze Erde. Sie zerreibt die dunklen Brocken in ihrer Hand und schaut nachdenklich zum Gemüsebeet. Dort hat sie in der letzten Woche geholfen, die Erde umzugraben und Blumensamen einzusäen.

Lernsituation 2

Leons Mutter schenkt dem Kindergarten eine Sammlung alter Stempel. Die Kinder probieren und stempeln:

Eingang am: Postwurfsendung

Eilt! Erledigt

Viele Kinder interessieren sich, manchmal mehr, als Stempel verfügbar sind. Marie (4 Jahre) kommt mit dem Finger versehentlich auf das Stempelkissen und fasst dann ein Blatt Papier an. Sie staunt über ihren Fingerabdruck. Jetzt tippt sie absichtlich auf das Stempelkissen und auf das Blatt. Sie gibt den benutzten Stempel ab und tippt weiter mit dem Finger aufs Papier, auf den Tisch, auf ihren Unterarm.

Lernsituation 3

Die Erzieherin in der Krippengruppe geht kurz vor der Essenszeit zum Regal und nimmt den Lätzchenstapel herunter. Das sieht der eineinhalbjährige Mario. Er kommt angerannt, setzt sich an den Tisch und strahlt die Erzieherin an. „Ham!", ruft er begeistert.

AUFGABE

Bearbeiten Sie die Lernsituationen nach folgenden Schritten:

1. Analysieren – welche Situation finden die Pädagogen vor?
2. Planen – welche Schritte müssen die Pädagogen gehen?
3. Durchführen – was genau machen die Pädagogen?
4. Reflektieren und Bewerten – wie deuten und werten die Pädagogen aus?
5. Dokumentieren und Präsentieren – wie halten die Pädagogen die Ergebnisse fest?

Aufgaben zur Selbstreflexion

1. Sammeln Sie Situationen aus Ihrer Kindergarten- oder Grundschulzeit, die Sie jetzt als Lernerlebnisse einordnen können. Beschreiben Sie eine Situation davon so genau wie möglich. Berücksichtigen Sie alle Einzelheiten, an die Sie sich erinnern können. Befragen Sie Verwandte dazu, wenn möglich auch andere Personen, die diesen Moment miterlebt haben könnten.
2. Informieren Sie sich über die Theorie der Lerntypen. Probieren Sie die Tests aus. Können Sie herausfinden, welcher Lerntyp zu Ihnen passt?

Praxisaufgaben

1. Untersuchen Sie das Konzept in Ihrer Praxisstelle: Welche Ausführungen sind dort zu den Themenbereichen Lernen und Bildung in der Kita zu finden? Vergleichen Sie unterschiedliche Konzepte.
2. Betrachten Sie die räumliche Ausstattung in Ihrer Praxisstelle. Sammeln Sie, in welcher Weise kindliches Lernen unterstützt wird. Achten Sie dabei darauf, was die Kinder ohne die Hilfe von Erwachsenen erreichen können. Welche Signale (Zeichen, Farbmarkierungen, Piktogramme) sind wo zur Orientierung angebracht?
3. Gibt es in Ihrer Praxisstelle eine Forscherwerkstatt? Untersuchen Sie die Einrichtung unter der Fragestellung, welche Erfahrungsmöglichkeiten mit welchem Material zur Verfügung gestellt werden.
4. Analysieren Sie Spielmaterial, das bei den Kindern sehr beliebt ist, unter der Fragestellung, was es ihnen bieten kann. Was macht es so interessant oder zum Lernen/Üben so geeignet, dass es immer neue Reize verspricht?

Kapitel 10 Wahrnehmen und Beobachten

1 Lernsituation

Elena besucht seit einigen Wochen die Berufsfachschule Sozialpädagogik bzw. Kinderpflege und macht nun ein Praktikum. Als sie morgens in die Kindertagesstätte kommt, geht sie fröhlich in ihre Gruppe. Sie grüßt ihre Kollegen und Kolleginnen und öffnet die Tür zum Gruppenraum. Es sind noch nicht viele Kinder da: **Lea und Sophie** spielen hinten in der Ecke mit der Kinderküche; **Miko, Sven und Lennart** sind um etwas gruppiert, dass Elena nicht erkennen kann. Als sie genauer hinschauen will, hebt Lennart den Arm und will offensichtlich mit voller Wucht auf Svens Arm schlagen. Elena schreit „Stopp“ und rennt hin – da erkennt sie erst, dass vor den dreien eine große Trommel steht. Sie wendet sich ab und schaut zu den übrigen Kindern – **Ayse** sitzt am Tisch und beschäftigt sich mit einer Fahrradklingel. Sie wendet sie in ihren Händen hin und her. Neben ihr steht **Jonas** und sagt etwas zu ihr, worauf sie aber nicht reagiert. Elena wendet sich an ihre Anleiterin Silke, die gerade auf sie zukommt, um sie zu begrüßen, und meint: „Was ist mit Ayse los, die ist heute ja ganz unfreundlich zu Jonas?“ Silke lächelt und meint: „Sieh mal genau hin.“

AUFGABE

Bearbeiten Sie die Lernsituation.

1. Analyse
   Nennen und beschreiben Sie,
   - was der Leser über die Kinder erfährt,
   - welches Verhalten Elena zeigt,
   - welche Ansicht ihre Kollegin in der beschriebenen Situation vermutlich hat.
2. Ziele formulieren
   Was muss Elena
   - herausfinden,
   - sich aneignen,
   - sich fragen,

um in der beschriebenen Situation pädagogisch angemessen handeln zu können?

2 Zu erlernende Kompetenzen

Die vorgestellte Lernsituation verdeutlicht, dass man in kürzester Zeit vieles wahrnimmt, was einem begegnet. Punkt 3 dieses Kapitels bietet das Basiswissen, um die fachlichen Kompetenzen bzgl. Wahrnehmung, der individuellen Wahrnehmungsprozesse und der Einflüsse auf Wahrnehmung zu erweitern.

Die Lernsituation fordert geradezu zu einer gezielten Beobachtung auf. Was darunter genau zu verstehen ist, findet sich unter Punkt 4, wo auf die grundlegende Bedeutung der Beobachtung für die pädagogische Arbeit sowie auf elementare Methoden, aber auch auf Beobachtungsfehler näher eingegangen wird. Jede Beobachtung wird gedeutet und ausgewertet. Bei der Auswertung können die Bedingungen der Situation, das Wissen um das Kind und die eigene Verfassung einbezogen werden.

Da die Beobachtung die Basis der pädagogischen Arbeit ist, muss eine Beobachtung festgehalten, also dokumentiert werden. Hierzu gibt es verschiedene Dokumentationsmethoden, die in 5 erklärt werden.

Unter Punkt 6 wird die Beobachtung in den Zusammenhang mit der Entwicklung eines Kindes gestellt: Erst mithilfe von Beobachtung kann genau erkannt werden, wie ein Kind sich entwickelt und was die Pädagogin dem Kind ermöglichen bzw. anbieten sollte, damit diese Entwicklung positiv verläuft. Unter diesem Punkt werden zwei konzeptionelle Ansätze vorgestellt: die Arbeit mit Bildungsbereichen und das INFANS-Modell.

3 Die Subjektivität der Wahrnehmung

3.1 Der Wahrnehmungsvorgang

Vom ersten Moment, in dem der Mensch auf der Welt ist, nimmt er wahr – mit all seinen Sinnen nimmt er die Eindrücke dieser Welt auf. Sehen, Riechen, Hören, Schmecken und Fühlen helfen, die Welt zu verstehen und die Eindrücke, die man in seinem Leben erfährt, zu verarbeiten (s. Kap. 5 Motorische und sensorische Entwicklung). Alle diese Sinnesempfindungen werden zur Wahrnehmung organisiert und konstruieren das Gehirn ebenso wie die Beobachtungen und Erfahrungen, die man macht. Da auf den Menschen aber eine Vielzahl von Eindrücken einwirkt, die er im Einzelnen gar nicht alle bewusst registrieren kann, trifft das Gehirn eine **subjektive**

M. C. Escher: Wasserfall

Auswahl, die für den wahrnehmenden Menschen sinnvoll erscheint. Diese Auswahl knüpft an den Erfahrungen an, die dieser Mensch bisher gemacht hat. Das bedeutet, dass das Ergebnis der Wahrnehmung nur zum Teil der tatsächlich existierenden Wirklichkeit entspricht. Wie kompliziert und störanfällig dieser Wahrnehmungsvorgang ist, zeigt das bekannte Bild „Wasserfall" des Künstlers M. C. Escher. Hieran kann man gut nachvollziehen, dass man seinen Augen nicht unbedingt trauen kann.

Täuschungen der Wahrnehmung

Die Sinne des Menschen sind unterschiedlich leistungsfähig. Daher wird nur ein Teil dessen, was den Menschen umgibt, aufgenommen. Diese Auswahl erfolgt aber nicht zufällig, sondern danach, was interessant oder für den Betrachter wichtig ist oder seine Aufmerksamkeit erregt.

In der Lernsituation ist es der erhobene Arm des Jungen Lennart, den die Praktikantin Elena wahrnimmt.

Es gibt eine Reihe von Gesetzmäßigkeiten, die dazu führen, dass das Auge Täuschungen unterliegt:

- Steht man auf einem Hochhaus und schaut nach unten, erscheinen die Menschen sehr klein. Das liegt nicht an der tatsächlichen Größe der Menschen, sondern an der Entfernung, aus der diese Menschen betrachtet werden. Das lernt man mit der Zeit.
- Die Ponzo-Täuschung funktioniert ähnlich: Die Figur erinnert an Eisenbahnschienen und zwingt das Gehirn, die Zeichnung als etwas Dreidimensionales zu sehen.

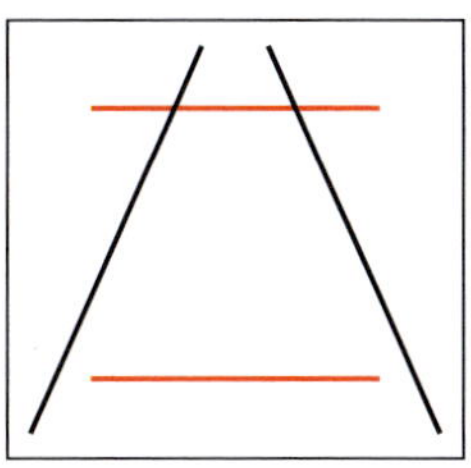

Ponzo-Täuschung

Eisenbahnschienen laufen parallel, also wird diese Figur auch so gesehen. Die darüber gelegten Linien wirken unterschiedlich lang – sind sie es aber wirklich?
- In dem Bild, dass eine junge/alte Frau zeigt, wird die Täuschung des Auges ebenfalls deutlich. Hier ist der Reiz für das Auge mehrdeutig und daher nicht so einfach zu entschlüsseln.

Kippbild

AUFGABE

Gehen Sie durch den Raum und schauen aus einer anderen Perspektive auf das Bild der Frau. Sehen Sie nun etwas anderes? Was sagt Ihnen das für den Umgang bzw. die Wahrnehmung von Kindern: die Perspektive wechseln, etwas aus einer anderen Perspektive wahrnehmen?

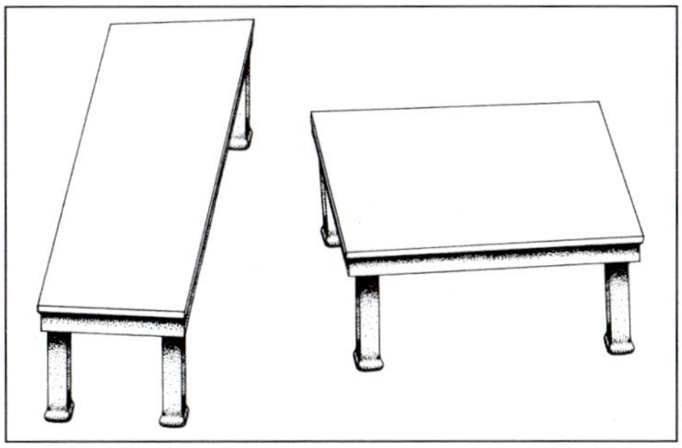

Wurden diese Tische mit dem gleichen Parallelogramm gezeichnet?

Mehrdeutigkeiten kennt man auch in anderen Bereichen, z. B. in der Sprache. Das Spiel „Teekesselchen" ist vielen bekannt: Ein Wort hat mehrere Deutungsmöglichkeiten, z. B. das Wort „Bank" meint die Bank zum Sitzen und die Bank, die das Geld verwaltet. Wird dieses Wort isoliert in einer Gesprächssituation vernommen, ist eine dem Gespräch angemessene Deutung nicht möglich. Das Wort wird dann aus der eigenen Wahrnehmungsperspektive subjektiv Interpretiert.

Die sprachliche Mehrdeutigkeit lässt sich auch an folgender Frage sehen: *„Wie hast du den Hafen von Hamburg gefunden?“*

AUFGABE

Die Antwort, die Sie auf die obige Frage erwarten, notieren Sie auf einem Zettel. Anschließend tauschen Sie sich in der Klasse darüber aus. Haben alle die gleiche Antwort erwartet? Welche Möglichkeiten gibt es noch? Hat jemand zwei unterschiedliche Antworten gefunden? Haben Sie eine Erklärung dafür, dass die Antworten unterschiedlich ausgefallen sind?

Optische Täuschungen kennt man aus der Geometrie oder dem Alltag:

- Fünf große Kreise umzingeln einen mittleren Kreis. Viele kleinere Kreise umzingeln denselben mittleren Kreis. Wirkt dieser größer oder kleiner?

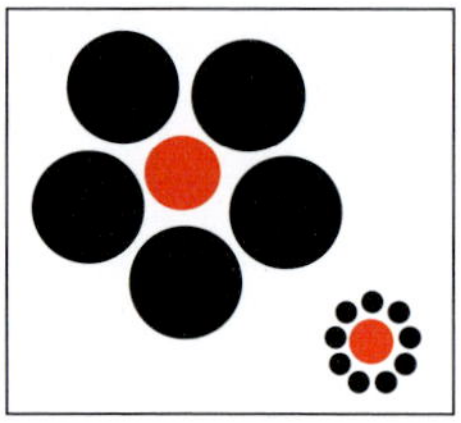

- Die Sterne über einer Großstadt wirken entfernter und ungenauer als die Sterne von einem einsamen, lichtlosen Strand aus betrachtet. Welchen Unterschied gibt es?

3.2 Die Organisation der Wahrnehmung

Diese offensichtlichen Täuschungen erlebt man im Alltag ähnlich. Dennoch ist man überzeugt, dieses oder jenes genauso gesehen zu haben. Wieso ist das so? Der Mensch sieht die Notwendigkeit, sich schnell zu orientieren, und organisiert die Vielzahl an Wahrnehmungen nach einer gewissen Ordnung. Dabei verhelfen die sogenannten **Gestaltgesetze**, von denen hier einzelne vorgestellt werden:

Prägnanz: etwas kurz, aber sehr genau und gehaltvoll ausdrücken

- Das Prägnanzgesetz verhilft, Dinge so einfach wie möglich zu sehen sowie klare Muster zu erkennen. Winkel, Kreise und Linien werden vom Auge als erstes gesucht.
- Das Gesetz der Ähnlichkeit sieht Dinge als Gruppe, wenn die Elemente sich ähnlich sind: Dunkle Haare oder dunkle Haut wird als Gruppe der Ausländer angesehen, unabhängig davon, ob dies richtig ist. Zunächst erfolgen keine weiteren Differenzierungen.
- Das Gesetz der guten Fortsetzung geht davon aus, dass Reize, die eine Fortsetzung vorausgehender Reize zu sein scheinen, als zusammengehörig wahrgenommen werden. Beispiel: 1, 2, 3, 4, 6, 7, 8. Es wird eine 5 erwartet und als wahrgenommen angenommen, obgleich keine 5 dort steht.
- Das eigene Vorwissen und Erfahrung spielen eine weitere Rolle in der Organisation von Bildelementen.

Die angehende Pädagogin Elena sieht den Arm von Lennart herunterfallen – eine Linie, die beim Schlagen entsteht. Sie hat bereits erfahren, dass Lennart manchmal zuschlägt. Das Gesetz der Fortsetzung sagt ihr, dass diese herunterfallende Linie wieder einmal dem Zuschlagen dient. Daher schreit sie: „Stopp!“

3.3 Einflüsse auf die Wahrnehmung

Auf welche Weise die Wahrnehmung bewusst gemacht und als Wahrgenommenes im Gehirn abgelegt wird, hängt auch von individuellen Einflüssen ab. Dies ist zunächst einmal die **Rolle**, aus der heraus man etwas wahrnimmt (s. dazu Kap. 12 Die Gruppe in der Kindertagesstätte).

AUFGABE

Stellen Sie sich vor, Sie kommen als Schülerin in einen Klassenraum wie jeden Morgen. Was nehmen Sie wahr? Wenn Sie nun die Rolle der Reinigungskraft einnehmen, die auch jeden Tag den Klassenraum betritt, was würden Sie nun wahrnehmen? Dann versuchen Sie sich einmal in der Rolle des Innenarchitekten – was nehmen Sie nun in diesem Klassenraum wahr?

Sicherlich ist klar geworden, dass der Blick sich jedes Mal ändert und sich auf das konzentriert, was aus der Rolle heraus wichtig ist. Auch das, was man **erwartet**, fließt in die Wahrnehmungsorganisation mit ein. Dies wird in der Morgensituation bei Elena deutlich. Die Einstellungen und Vorurteile, die man hat, beeinflussen die Erwartung. Diese Erwartung lenkt wiederum die Wahrnehmung. Das, was man wahrgenommen hat, führt dann zu einer Reaktion, also zu einer Handlung oder Aussage.

Wie ungünstig das im Fall der drei Jungen aus der Lernsituation hätte ausgehen können, wird deutlich: Das gemeinsame Spiel wäre gestört, Lennart wäre (wieder?) mit dem Vorwurf des Unruhestifters konfrontiert worden.

Ebenso beeinflussen die Erziehungsvorstellungen und die grundsätzliche **Einstellung zum Kind** die eigene Wahrnehmung. Wenn es einem wichtig ist, das Kind zu einem selbstständigen Menschen zu erziehen und es daher viel selbst ausprobieren können soll, dann nimmt man es gelassen hin, wenn das Kind zum Beispiel Wasser verschüttet. Wenn man jedoch denkt, Kinder sollen gehorchen und nur tun, was man sagt, dann nimmt man nicht das Wasserexperiment des Kindes wahr, sondern die Planscherei, das Überschwappen des Wassers und die Arbeit, die es macht, um alles wieder aufzuwischen. Entsprechend sind die eigenen Reaktionen: entweder ruhig beobachtend oder das Kind ausschimpfend (nach Viernickel/Völkel).

Auch **Einstellungen von anderen** (z. B. der Gruppe, der man angehört) beeinflussen die eigene Wahrnehmung. Situation: Ein Junge nimmt einen Ball weg, dieser Ball wird später gesucht. Alle Gruppenmitglieder behaupten, ein Mädchen habe den Ball weggenommen. Wenn alle behaupten, das Mädchen als Dieb gesehen zu haben, schließt man sich dem auch dann an, wenn man selbst unsicher ist, ob man es wirklich so wahrgenommen hat (nach dem Konformitätsexperiment von S. Asch, 1951). Es zeigt, wie einfach sich eine Person von anderen dazu beeinflussen lässt, eine falsche Antwort zu geben.

So lässt sich zur Wahrnehmung festhalten:

„Wahrnehmung ist das Ergebnis des Prozesses, bei dem das Individuum aus der Vielzahl aufgenommener Sinnesreize aus der Umwelt und dem eigenen Inneren eine Auswahl trifft, die es ihm erlaubt, sich in seiner Umwelt zurechtzufinden und zielgerichtet zu handeln. Die Anzahl der von den Sinnesorganen aufgenommenen Informationen wird dabei in ‚sinnvoller' Weise auf die relevanten, bedeutsamen Informationen reduziert. Der größte Teil dieser Auswahl- und Bewertungsprozesse ist unbewusst. Wahrnehmung wird gelernt. Wahrnehmung ist subjektiv. Sie wird vom Zustand des Organismus (Hunger, Wachheit/Müdigkeit, ‚Stimmung', Handlungsbereitschaft) und seinen Erfahrungen beeinflusst."

(K.-U. Focke)

3.4 Selbstbild und Fremdbild der Wahrnehmung

Weil Wahrnehmung subjektiv ist, abhängig von verschiedenen Faktoren, ist es sinnvoll, einen Blick auf sich selbst zu richten. Dies ist umso notwendiger, da aus der Wahrnehmung die eigenen Handlungen und Aussagen folgen. Diese haben wiederum Einfluss und Wirkung auf die Kinder, mit denen man zu tun hat.

CARL R. ROGERS, ein amerikanischer Psychologe (1902–1987), sah den Menschen als ein bewusst handelndes Wesen, das von seinen Erfahrungen geleitet wird. Der Mensch sieht sich so, wie seine Erfahrungen mit sich selbst es ihm gezeigt haben: Ein Mensch hat zum Beispiel die Erfahrung gemacht, gut auf andere Menschen zugehen zu können, Mathematik aber weniger zu beherrschen. Daraus entsteht nach ROGERS das **Selbstkonzept**. Entsprechend dem eigenen Selbstkonzept verhält sich der Mensch: Er geht eher auf andere zu, meidet aber mathematische Aufgaben. Das Selbstkonzept enthält das Selbstbild, so wie man sich wirklich sieht, und das Idealbild, so wie man gerne wäre. Nun könnte man annehmen, dieser Mensch würde sich mehr mit Mathematik befassen, um diese besser zu beherrschen. Dies ist aber nicht so: Der Mensch neigt dazu, die Differenz zwischen Selbstbild und Idealbild möglichst gering zu halten. Das bedeutet: Aufgrund seiner schlechten Mathematikerfahrungen sucht der Mensch keine weiteren Erfahrungen im Zahlenbereich. Sein Selbstkonzept wird weiterhin davon bestimmt, dass er nicht mit Zahlen umgehen kann. Dieses Selbstkonzept hat wiederum Einfluss auf seine Wahrnehmung bzw. die Wahrnehmung von anderen Menschen.

Besser wäre es, dieses Selbstbild durch Erfahrungen immer weiter zu entwickeln und zu überprüfen. Daher ist es sinnvoll, sich selbst zu beobachten und sich durch andere beobachten zu lassen.

AUFGABE

Übertragen Sie diese Skala mit menschlichen Verhaltensweisen und schätzen Sie sich und einen Mitschüler entsprechend den Aufgaben a) bis e) ein. Tragen Sie in der Mittelspalte Kreuze unter den Zahlen ein, je nachdem, ob Sie die Verhaltensformen als stark, mittel oder gar nicht vorhanden erkennen. 3 = viel, 1 = mittel, 0 = gar nicht

Beispiel: Halten Sie jemanden für sehr freundlich, kommt das Kreuz unter die linke 3, finden Sie ihn etwas humorlos, kommt das Kreuz unter die rechte 1.

Verhaltensform	Bewertungspunkteskala 3 1 0 1 3	Verhaltensform
freundlich		unfreundlich
humorvoll		humorlos
ehrlich		unehrlich
passiv		aktiv
langsam		schnell
verschwommen		klar
stark		schwach
großzügig		sparsam
verspielt		ernst
kontaktfreudig		distanziert
offen		verschlossen
geduldig		ungeduldig
dominant		unterwürfig
einfühlend		kühl
leise		laut
angespannt		gelöst
zurückgezogen		gesellig
zerfahren		geordnet
redselig		verschwiegen
schüchtern		forsch
ordentlich		unordentlich
fleißig		faul
ängstlich		mutig
sympathisch		unsympathisch
zuverlässig		unzuverlässig

a) Schätzen Sie sich anhand dieser Liste selbst ein (Selbstbild).

b) Schätzen Sie anhand dieser Liste Ihr Gegenüber ein (Fremdbild).
c) Schätzen Sie ein, wie der andere Sie vermutlich gesehen hat (Metabild).
d) Nun vergleichen Sie die Einschätzungen miteinander: Wie ist Ihr Selbstbild, wie das Fremdbild über den anderen? Gibt es Übereinstimmungen, Unterschiede?
e) Das Gleiche machen Sie mit dem Vergleich Fremdbild – Metabild. Unterschiede in der Einschätzung sollten Sie besprechen.

Durch diese Übung können interessante Hinweise auf verschiedene Wahrnehmungen verdeutlicht werden und es gibt die Chance, sein Verhaltensrepertoire zu überdenken und zu vergrößern. (nach K. W. Vopel)

Werfen wir einen Blick auf die Morgensituation in der Kita: Elena kommt fröhlich in die Einrichtung. Möglicherweise ist sie ein fröhlicher Mensch und kann sich keinen anderen Umgang mit Menschen vorstellen. Oder es gehört zu ihrem Selbstbild, fröhlich zu sein. Aus dieser „Erfahrungsbrille" werden ihre Wahrnehmungen gelenkt: Ihr fällt sofort auf, dass das Mädchen Ayse unfreundlich ist. Ein anderes Erklärungsmuster hat sie für den ersten Wahrnehmungsmoment nicht. Da ist allerdings noch der Hinweis der Erzieherin.

4 Beobachtung als gezielter Wahrnehmungsprozess

Nachdem deutlich wurde, wie anfällig die tägliche Wahrnehmung für Störungen oder Fehlinterpretationen ist, soll der Unterschied zwischen Wahrnehmung und Beobachtung verdeutlicht werden.

> **Beobachtung:** die aufmerksame und planvolle Wahrnehmung und Registrierung von Vorgängen und Gegenständen, Ereignissen oder Mitmenschen in Abhängigkeit von bestimmten Situationen

Beobachtung und Dokumentation der Entwicklung des Lernens und des Verhaltens von Kindern bilden eine wesentliche Grundlage für die Arbeit von pädagogischen Fachkräften in Kindertageseinrichtungen. Sie geben Einblick in Lern- und Entwicklungsprozesse und sind hilfreich, um die Qualität von pädagogischen Angeboten festzustellen und weiterzuentwickeln. Der Beobachtungsvorgang steht aber auch in Wechselbeziehung zum Bild vom Kind: Wie sehe ich das Kind, was traue ich ihm zu?

Hinter die Fassade gucken

„Kinder sind aktive Gestalter ihrer Entwicklungs- und Bildungsprozesse. […] Bildung geschieht also von Anfang an. Mit der Geburt sind Kinder mit einem Aneignungsbedürfnis und entsprechenden Fähigkeiten ausgestattet, die ihnen dazu verhelfen, sich selbst im Rahmen ihrer von der Umwelt angebotenen Möglichkeiten zu entwickeln und zu bilden."

(Viernickel u. a.)

In diesem Zusammenhang wird auch vom „konstruierenden" Kind bzw. Menschen gesprochen. Damit ist gemeint, dass das Kind selbst die auf ihn einwirkenden Eindrücke der Welt verarbeitet und sich eine eigene Struktur der Welt macht. Dabei werden die Kinder von Erwachsenen begleitet und angeregt. Sie brauchen ein soziales Gegenüber: Erwachsene, die sie anerkennen und unterstützen oder auch korrigieren. Die Voraussetzung für den Erwachsenen, das Kind hierbei angemessen zu begleiten, ist die Beobachtung (s. auch Andres/Laewen).

Beobachtung erfordert einen wertschätzenden, positiven Blick auf das Kind, mit dem es in seinen Kompetenzen, Fähigkeiten und Stärken wahrgenommen wird. Natürlich schließt das die Beobachtung individueller Schwächen nicht aus.

ressourcenorientiert: der Blick richtet sich darauf, was das Kind kann (bzw. nicht kann)

4.1 Bedeutung von Beobachtung für spontanes und geplantes pädagogisches Handeln

Durch die in Deutschland seit einiger Zeit stattfindende Bildungsdiskussion hat Beobachtung als zentrales Instrument für den pädagogischen Alltag einen starken Auftrieb bekommen. Manches Mal scheinen noch die (vor allem zeitlichen und personellen) Voraussetzungen für intensives Beobachten zu fehlen. Macht man sich jedoch klar, dass durch die gewonnenen Erkenntnisse Zeit eingespart werden kann, sollte der Beobachtung der Raum zukommen, der ihr gebührt.

Vom Blickwinkel, von der Haltung zum Kind hängt es ab, ob eine Beobachtung fruchtbar werden kann oder nicht. Die unvoreingenommene Beobachtung eines Kindes hat verschiedene Vorteile und **Gründe**:

- Beobachten, um befriedigend arbeiten zu können:
  Dies bedeutet, dass man das Kind wirklich kennenlernt, dass man seine Entwicklungsprozesse erkennt, dass man Daten für ein Elterngespräch zur Verfügung hat, dass man das Kind aktiv in seiner Entwicklung begleitet, da durch das genaue Kennenlernen eine intime Beziehung zu dem Kind gewachsen ist. Die Sammlung der Beobachtungen in Dokumenten und Portfolios spart Zeit bei der Vorbereitung von Elterngesprächen, bei Themenabenden oder der Arbeit mit dem Kind.
- Beobachten, um individuell wertzuschätzen:
  Dies bedeutet, dass das Kind eine besondere Hinwendung erfährt und darauf langfristig positiv reagiert. Ein Einbeziehen der Kinder in die Beobachtung, also ihnen mitteilen, dass man sie beobachtet und warum, kann zu einer positiven Beziehung führen und in ein Gespräch mit dem Kind über sich und sein Handeln münden.
- Beobachten, um individuelle Entwicklungsverläufe zu erkennen:
  Dies bedeutet, dass genaueres Hinsehen die Entwicklungsleistung des einzelnen Kindes wertschätzen lässt, dass das Kind entsprechend unterstützt/ermutigt/gestärkt und mit neuen Anforderungen konfrontiert werden kann. Besonders wichtig ist dabei die Wahrnehmung von Übergängen, die ein Kind ständig erlebt und in denen es begleitet werden will, z.B. seinen Platz in der Gruppe finden, Übergang in die Schule, Verlust von Freunden.
- Beobachten, um die Fähigkeiten von Kindern zu entdecken:
  Meist wird ein Kind nicht dann beobachtet, wenn es ruhig, gesammelt und kompetent

In eine Aufgabe vertieft

eine Situation meistert, sondern der Auftrag zur Beobachtung erfolgt oft von außen – es ist auffällig oder ein Elterngespräch steht an. Dies verzerrt das Bild: Die Fehlersuche beginnt. Natürlich sollen Auffälligkeiten und Entwicklungsverzögerungen nicht ignoriert, sondern als ein Hinweis verstanden werden, dass ein spezieller Unterstützungs- und Förderbedarf notwendig ist. Deutlich werden sollte jedoch, dass eine Schieflage entsteht, wenn man nur Schwächen beobachtet. Stärken stärken, um Schwächen zu schwächen, ist der positivere Ansatz. Nicht das Augenmerk nur auf die Risikofaktoren setzen, sondern die Widerstandsfähigkeit (Resilienz) der Kinder entdecken, um sie darin zu bestärken.

- Beobachten, um Fehlentwicklungen vorzubeugen:
  Dies bedeutet, dass Kinder, die im Alltag nur Aufmerksamkeit erhalten, wenn sie sich unangemessen verhalten, durch die Beobachtung anders und differenzierter wahrgenommen und nicht mehr ohne Weiteres abgestempelt werden. Ihr auffälliges Verhalten kann als Notruf wahrgenommen werden.
- Beobachten, um individuelle Bildungsprozesse zu verstehen:
  Um Bildungsprozesse bei Kindern fördern zu können, muss man etwas über die individuellen Prozesse verstehen, die Kinder zur Wissensaneignung entwickeln. Jedes Kind hat seine eigenen Bilder der Welt und entwickelt eigene Wahrnehmungs- und Handlungsmuster – es eignet sich in eigener Initiative die Welt an. Dies geschieht jedoch nicht im sozialen Alleingang, sondern im sozialen Miteinander beim Handeln, Spielen, Sprechen, Produzieren und Denken. Kinder sind dauernd auf der Suche nach eigenen, selbst gefundenen Antworten, die zumeist gleich die nächste Frage aufwerfen. (Bensel/Haug-Schnabel, 2005)

4.2 Methoden der Beobachtung

Beobachtungen kann man auf unterschiedliche Weise durchführen. Sie sollten möglichst dokumentiert werden, um sie auswerten und daraus pädagogische Handlungen abzuleiten zu können.

4.2.1 Systematische Beobachtung oder Gelegenheitsbeobachtung

Man beobachtet tagtäglich Gegebenheiten, die die Aufmerksamkeit für kurze Zeit fesseln – die Mutter an der Kasse, die gleichzeitig die Einkäufe auf das Band legt und ihr Kind vom Süßigkeitenregal fernhält, oder das Auto, das in der Schlange an der Waschanlage vorgereinigt wird. Manchmal fragt man sich, welche Rückschlüsse auf die ausführende Person sich aus dem beobachteten Verhalten ziehen lassen. Ist die Situation vorbei, hat man die Überlegungen in der Regel wieder vergessen. Diese Gelegenheitsbeobachtungen unterscheiden sich grundlegend von systematischer Beobachtung.

Bei einer systematischen Beobachtung hat man einen Plan: Man überlegt, wann beobachtet werden soll (z. B. frühmorgens), welche Situation ausgewählt wird (z. B. die Verabschiedung von der Mutter, die das Kind in die Einrichtung bringt) und welches Verhalten des Kindes genau beobachtet werden soll (z. B. die Verabschiedung der Mutter oder der Übergang vom Abschied in die Spielsituation). Es geht also um die gezielte und geplante Wahrnehmung bestimmter Ereignisse und Verhaltensweisen. Das Ziel ist, das Kind in einer bestimmten Situation möglichst genau kennenzulernen oder ein bestimmtes Verhalten von ihm genau zu erfassen. Dabei hilft es, in Abhängigkeit von den Zielen des pädagogischen Konzepts der Einrichtung, eine **Frage zu formulieren**, die den Blick auf das lenkt, was genauer erkundet werden soll: *Wie verabschiedet das Kind die Mutter? Wie verhält sich das Kind kurz nach der Verabschiedung von der Mutter? Wie lang braucht das Kind nach der Verabschiedung, um Kontakt zu den anderen Kindern/zur Spielsituation aufzunehmen?*

Dies lässt sich anhand der Lernsituation verdeutlichen: Nachdem Elena ihren Irrtum hinsichtlich Lennarts erhobener Hand bemerkt hat, wendet sie sich ab und schaut weiter im Raum umher. Sie könnte diesen kleinen Irrtum nun zum Anlass nehmen, um genauer zu beobachten, was die drei Jungen veranstalten. Mögliche Beobachtungsfragen wären: *Wie verhalten sich die Jungen im gemeinsamen Spiel miteinander?* Hier wäre der Blick auf den Bildungs- bzw. Entwicklungsbereich soziale Kompetenz gerichtet. Sie könnte auch beobachten, welches Interesse die drei Jungen an Musikinstrumenten entwickeln. Bei dieser Frage ginge es um den Bildungsbereich Musik und musische Wahrnehmung.

Den Beobachtungsfragen ist gemein, dass sie systematisch ein Verhalten eines Kindes erkunden wollen, um das Kind über seine Interessen und Stärken in seiner Entwicklung zu unterstützen. Beide Beobachtungsschwerpunkte lassen sich über einen längeren Zeitraum beobachten und sind nicht nur auf diesen Moment ausgerichtet.

4.2.2 Teilnehmende oder nicht teilnehmende Beobachtung

Eine nicht teilnehmende Beobachtung bedeutet, dass sich die Beobachterin aus dem Gruppengeschehen herauszieht und abseits sitzend ihre Beobachtungen dokumentiert. Dies ist in der Regel das günstigere Verfahren, lässt sich aber nicht in jeder Gruppensituation realisieren.

Da Elena nicht allein im Raum ist, ihre Anleiterin sie auch ermuntert, genau hinzugucken, lässt sich eine nicht teilnehmende Beobachtung gut realisieren.

Eine nicht teilnehmende Beobachterin zieht sich für die Zeit der Beobachtung aus dem pädagogischen Geschehen heraus, greift nicht ein und ist in der Zeit auch nicht für pädagogische Belange zuständig. Dadurch kann sie sich besser auf die Beobachtung konzentrieren und eine etwas neutralere Perspektive einnehmen. Diese Haltung lässt sich vor allem dann gut umsetzen, wenn die Notwendigkeit der Beobachtung im Team geklärt ist. Auch den Kindern kann verständlich gemacht werden, dass die Pädagogin für kurze Zeit nicht zuständige Ansprechpartnerin ist.

Eine teilnehmende Beobachtung erschwert den Beobachtungsprozess: Man beobachtet und soll gleichzeitig auf die Kinder eingehen. Die Beobachtungen können nur als Gedächtnisprotokoll angefertigt werden. Die Gefahr besteht, dass wertvolle Beobachtungen verloren gehen. Dennoch findet diese

Form der Beobachtung täglich statt und kann als Anlassspeicher für gezielte Beobachtungen genutzt werden.

4.2.3 Offene oder verdeckte Beobachtung

Eine nicht teilnehmende Beobachterin kann offen oder verdeckt beobachten. **Offen** heißt in diesem Fall, sie ist für die Kinder sichtbar und hat das Kind auch über ihr Vorhaben informiert. Erleben Kinder dieses Verhalten ihrer Pädagogen jedoch als etwas normales, immer wieder im Alltag Auftretendes, kann die Beobachterin in Ruhe und dicht am Geschehen ihre Beobachtungen machen. Daher ist eine offene Beobachtung einer verdeckten vorzuziehen. **Verdeckt** heißt, hinter einer Einwegscheibe oder aus weiter Entfernung das Geschehen zu beobachten. Aus zu weiter Entfernung zu beobachten birgt die Gefahr, nur grobe Handlungsabläufe verfolgen zu können, ohne die begleitenden Worte mitzuhören.

Die offene Beobachtung ist weniger geheimnisvoll, ermöglicht mehr Detailbeobachtung und wird als Alltagsverhalten, das den Kindern erklärt wurde *(„Ich möchte einmal genau hingucken, wie du mit der Trommel spielst.“)*, auch als wertschätzend von den Kinder wahrgenommen. Diese Haltung lässt sich noch weiter entwickeln zu partizipativem Beobachten, wie es im Lerngeschichtenkonzept verankert ist.

4.2.4 Nicht strukturierte oder strukturierte Beobachtung

Die nicht strukturierte Beobachtung arbeitet mit einer offenen Fragestellung und beschreibt in eigenen Worten das Beobachtete. Dabei werden die Worte wertneutral formuliert, Gefühle und Interpretationen der Situation (falls sie zum Verständnis notwendig sind) werden gesondert notiert.

Die strukturierte Beobachtung wird mit vorgefertigten Beobachtungsbögen verfasst, die eine Vielzahl von detaillierten Fragestellungen oder vorformulierten Punkten enthalten, die bei der Beobachtung nur noch angekreuzt werden müssen. Beim Ankreuzen wird eine Einschätzskala zugrunde gelegt. Diese Vorgehensweise ist dann sinnvoll, wenn man ein bestimmtes Verhalten genau beobachten will, z. B. das Sprachverständnis eines Kindes. Gerade Sprachentwicklung lässt sich mit dem vorstrukturierten Bogen von SISMIK gut erfassen und auswerten.

AUFGABE

1. Verfassen Sie eine systematische, nicht teilnehmende, offene Beobachtung eines Kindes Ihrer Einrichtung.
2. Besprechen Sie anschließend Ihr Vorgehen mit der Anleitung in der Praxis: Entsprach Ihre Beobachtungsweise den vorgegebenen Kriterien? Mit welchen Methoden arbeitet Ihre Kindertagestätte noch?

Eine strukturierte Beobachtung

4.3 Beschreibung von Beobachtung

Beobachtetes muss zunächst festgehalten werden, damit es weiterbearbeitet und verwendet werden kann. Neben einer Reihe von Dokumentationsmöglichkeiten gehört auf jeden Fall die **Beschreibung** dazu: Die Pädagogin schreibt ihre Beobachtungen auf, um später anhand dieses Materials Gespräche mit Kolleginnen und Eltern führen zu können. Das schriftliche Festhalten ist zunächst die einfachste Form, die jederzeit stattfinden kann.

Bei der Beschreibung ist auf folgende Punkte zu achten:

- Eine Darstellung der Ausgangssituation muss enthalten sein.
- Die Beschreibung erfolgt in wertneutraler Sprache: „Ayse sitzt am Tisch und sieht sich eine Fahrradklingel an. Sie reagiert nicht, als Jonas sie anspricht."
- Die Formulierung „Ayse ist total unfreundlich, da sie überhaupt nicht auf Jonas reagiert", wäre nicht neutral, sondern wertend. Es bleibt unklar, was eigentlich passiert ist.
- Bei der Beschreibung bleibt die Fachkraft sachlich. Oft löst eine beobachtete Situation beim Beobachter selbst Erinnerungen oder Gefühle aus. Diese fließen nicht in die Verhaltensbeschreibung ein, sondern werden gesondert notiert (s. Punkt 5 Dokumentieren von Beobachtung).
- Bei der Beschreibung erfasst die Pädagogin möglichst die kleinste Verhaltensänderung, die zum Beobachtungsinteresse passt: Wenn Elena das soziale Verhalten von Ayse erfassen möchte, genauer: ihr kommunikatives Verhalten, konzentriert sie sich in der Beobachtung darauf. Sie kann beobachten, ob Ayse auf Jonas reagiert – vielleicht mit einem kleinen Augenzucken oder Verziehen des Mundes – oder ob sie keine Miene verzieht.

Fehlerquellen in der Beobachtung

Bei einer Beobachtung können auch Fehler auftreten. Um den Einfluss von Fehlern zu begrenzen, muss die Beobachtungssituation geklärt sein:

1. Die Beobachterin ist während der Zeit der Beobachtung frei von anderen Aufgaben; diese werden von jemand anderem übernommen.
2. Die Beobachterin hat dem Kind erklärt, dass sie in einer anderen Rolle ist und die Verantwortung für „ihre" Kinder einen Moment an andere abgibt.

Die Vermischung von Beobachtung und Interpretation, wenn eigene Gefühle deutlich in die Beschreibung einfließen, ist *im Alltag* oft hilfreich, um schnell handeln zu können. Man beobachtet, wie ein Auto sich dem Zebrastreifen nähert und reißt spontan das Kind zur Seite, das gerade den Zebrastreifen betreten will. Man hat Angst, dass dem Kind das passiert, was einem selbst einmal geschah: auf dem Zebrastreifen angefahren zu werden. Für eine *neutrale Beobachtung* ist das Vermischen von eigenem Erleben und von Beobachtetem problematisch: Es gab keine Anzeichen, dass das Auto nicht hält, das Kind nicht vorschriftsmäßig am Zebrastreifen guckt, um erst dann auf die Straße zu gehen. Daher muss bei der Beschreibung und Dokumentation Folgendes voneinander getrennt werden:

- Wie stellt sich die Situation dar? Das Auto kommt und ein Kind steht am Zebrastreifen.
- Was macht die Situation mit mir? Ich bekomme Angst und erinnere mich an früher.
- Welche Schlüsse ziehe ich daraus? Ich sehe genau hin und bin bereit, sofort zu handeln, kann aber zwischen früher und jetzt trennen. (Viernickel u. a., 2005)

Weitere typische Fehlerquellen

- Ist die Erwartung an eine Person groß oder im Vorfeld festgelegt, neigt man dazu, dies in einer weiteren Beobachtungssituation bestätigt zu sehen. Der Mensch möchte sich und seine Einschätzungen widerspruchsfrei sehen, sich eher bestätigen als widerlegen. Diesen Fehler nennt man auch Pygmalion-Effekt.
  Hier bietet die Lernsituation ein gutes Beispiel: Offensichtlich hat Elena die Erwartung, dass Lennart zuschlägt, weil sie dies schon einmal erlebt hat oder sich bereits ein diesbezügliches Vor-Urteil gebildet hat. Daher rennt sie los und schreit „Stopp!“ Gut, wenn sie nun die Andersartigkeit der Situation zur Kenntnis nimmt und dies in ihr Wissen über Lennart einbindet.
- Die Tendenz, nur das wahrzunehmen, was man kennt oder was im Kontrast dazu steht, ist ein weiterer Beobachtungsfehler. Geht man mit einem bestimmten Beobachtungsinteresse in eine Situation, ist diese Gefahr groß.
  Dies sehen wir bei Elena, die selbst ein fröhlicher Mensch oder zumindest an diesem Tag fröhlich ist, als sie das Mädchen Ayse als unfreundlich wahrnimmt.
  Gerd Schäfer, Professor für Frühpädagogik, plädiert dafür, sich auch in „ungerichteter Aufmerksamkeit“ (= Beobachten ohne ein gezieltes Beobachtungsinteresse) zu üben und sich mit allen Sinnen seiner Wahrnehmungsmöglichkeit auf ein Kind einzulassen, denn es ist manchmal gerade das Unerwartete und Überraschende im Verhalten eines Kindes, was uns veranlasst, genauer über ein Kind nachzudenken.
- Der Halo-Effekt besagt, dass man aus einem zunächst wahrgenommenen vordergründigen Detail auf die ganze Person schließt: Nimmt man ein Kind als ungepflegt wahr, unterstellt man leicht, es sei nicht intelligent.
- Sind Beobachtungssituationen komplex und reicht eventuell das eigene Wissen noch nicht aus, die ganze Situation zu erfassen, neigt man dazu, vereinfachend das zu beschreiben, was man erkennt:
  „Ayse reagiert nicht auf Jonas.“ Die Beschreibung der komplexen Situation würde so aussehen: „Ayse beschäftigt sich konzentriert mit der Fahrradklingel. Als Jonas sie anspricht, reagiert sie nicht. Ihr Blick bleibt weiter konzentriert auf die Klingel geheftet.“
- Fehler durch Überreizung oder Ermüdung: Beobachtungen sollten nicht länger als 15–20 Minuten durchgeführt werden, da die Beobachterin danach müde wird und weniger aufmerksam Verhaltensänderungen erfasst. Konzentrierte Beobachtungen in kürzeren Zeitintervallen sind dann ergiebiger.

AUFGABE

Oft gibt es in der Kindertagesstätte ein Kind, zu dem man einen nicht so guten Kontakt hat. Nehmen Sie sich vor, dieses Kind genau zu beobachten. Machen Sie sich vor der ersten Beobachtung klar, was Sie über das Kind wissen. Nun beobachten Sie das Kind in nächster Zeit in unterschiedlichen Situationen. Versuchen Sie, sich ganz auf diese Beobachtung einzulassen und so weit es geht alle oben genannten Beobachtungsfehler zu vermeiden. Nach einiger Zeit vergleichen Sie Ihre neuen Erkenntnisse mit Ihrem vorherigen Wissen.

Werte: das, was als erstrebenswert gilt, z. B. Meinungsfreiheit, Selbstständigkeit
Normen: die Verhaltensregeln, die helfen, einen Wert zu erreichen, z. B. das Kind räumt selbst den Tisch ab

4.4 Deutung und Bewertung von Beobachtung

Wahrgenommenes und Beobachtetes wird tagtäglich gedeutet, um angemessen zu reagieren. Ein Kind sollte möglichst von mehreren Pädagogen beobachtet werden. Anschließend muss eine geplante Bobachtung nach nachvollziehbaren Kriterien gedeutet werden. Haben mehrere Pädagogen das Kind beobachtet, kann die Deutung untereinander besprochen werden und eine gemeinsame Bewertung erfolgen. Damit werden Fehleinschätzungen verringert. Dies dient dazu, weitere pädagogisch angemessene Schritte gehen zu können. Hierbei können einige Grundüberlegungen helfen.

Jeder Mensch hat eigene Wert- und Normvorstellungen, die für den einen ein beobachtetes Verhalten akzeptabel machen, dem anderen aber die Einschätzung „verhaltensauffällig“ nahelegen. Daher sollten Beobachtungen immer im Austausch mit den Kollegen und Kolleginnen bewertet werden. Für die Kinder hat eine von verschiedenen Seiten vorgenommene Bewertung eines beobachteten Verhaltens eine wichtige Bedeutung, da unter Umständen weitreichende Konsequenzen damit verbunden sind.

Die Deutung und Bewertung einer Beobachtung arbeitet vor allem die Kompetenzen, Stärken und Interessen eines Kindes heraus – der eingangs genannte positive Blick auf das Kind wird bei der Interpretation ganz besonders wichtig. Über die wertschätzende Wahrnehmung dessen, was das Kind schon kann, lässt sich sein Selbstvertrauen stärken. Mit einem positiven Selbstbild ist es eher bereit, sich auch mit individuellen Schwächen auseinanderzusetzen.

Deutung von Beobachtung nach der Leuwener Engagiertheitsskala

Die Leuwener Engagiertheitsskala für Kinder (LES-K) wurde an einer belgischen Universität von Ferre Laevers entwickelt. Sie geht davon aus, dass Kinder besonders dann gut lernen, wenn sie sich wohlfühlen und wenn sie sehr engagiert sind. Anhand einzelner Stufen, die das Ausmaß an Engagiertheit und Wohlbefinden des aktiven Kindes verdeutlichen, lässt sich interpretieren, wie stark das Kind durch die Aktivität zur Auseinandersetzung und zum Lernen angeregt wird. Diese Skala soll helfen, die Themen der Kinder herauszufinden. Unter Themen der Kinder ist zu verstehen, womit sich die Kinder beschäftigen und was (seit längerer Zeit oder aktuell) im Mittelpunkt ihres Interesses steht. Laevers geht davon aus, dass ein Entwicklungsprozess beim Kind vor allem dann stattfindet, wenn es ein Gefühl des Einsseins mit sich und seiner Welt erlebt: völlige Hingabe an seine Aktivität, von innen gesteuerte (= intrinsische) Motivation, Freude und Begeisterung. Dies wird Flow-Effekt genannt.

LES-K

Anhand einer Skala kann beschrieben werden, wie ausgeprägt die Engagiertheit ist:

- anhaltend intensive Aktivität
- Aktivität mit intensiven Momenten
- mehr oder weniger andauernde Aktivität
- häufig unterbrochene Aktivität
- keine Aktivität

Die folgenden Merkmale können alle erfüllt werden. Oft ist es jedoch so, dass einige Merkmale deutlich hervorstechen, andere eher wenig oder kaum erkennbar sind.

Konzentriertes Arbeiten

Merkmale der Engagiertheit
Um zu erkennen, welche der Stufen erreicht wurde, können das Verhalten und die Handlung des Kindes anhand der folgenden Merkmale genauer gedeutet werden.

Konzentration: Der Blick des Kindes ist auf seine Aktivität gerichtet. Es lässt sich nicht ablenken.
Energie: Diese lässt sich an roten Wangen, hohem körperlichen Engagement, großem Redefluss ablesen.
Komplexität und Kreativität: Das Handeln geht über Routineverhalten hinaus. Soziale und kognitive Fähigkeiten werden gut genutzt.
Gesichtsausdruck, Körperhaltung: Der Blick ist konzentriert, der Körper zeigt eine gewisse Spannung.
Ausdauer: Das Kind vergisst die Zeit und lässt sich nicht ablenken.
Genauigkeit: Das Kind handelt detailgenau.
Reaktion: Das Kind ist aufnahmebereit für neue Impulse und kann sie schnell umsetzen.
Verbale Äußerungen: Das Kind drückt seine Gefühle, sein Erleben aus.
Zufriedenheit: Das Kind verdeutlicht seine Zufriedenheit mit dem, was es erreicht hat.

Merkmale des Wohlbefindens
Um engagiert zu sein, muss sich ein Kind auch wohlfühlen. Es gibt verschiedene Möglichkeiten, Wohlbefinden auszudrücken. Nicht alle müssen gleichzeitig erfüllt sein.

Offenheit/Aufgeschlossenheit: Das Kind kann nonverbale und verbale Zeichen seines Gegenübers wahrnehmen. Es zeigt ein Bedürfnis, zu erkunden und zu erfahren.
Flexibilität: Das Kind reagiert auf seine Umwelt. Es lässt sich durch Unvorhergesehenes kaum aus der Fassung bringen.
Selbstwertgefühl und Selbstbewusstsein: Das Kind kann seine Gedanken und Gefühle ausdrücken und lässt sich durch Fehler nicht aus der Ruhe bringen.
Fähigkeit, sich selbst zu behaupten und zu verteidigen: Das Kind steht für seine Rechte ein und verteidigt sich selbst.
Vitalität: Das Kind macht einen wachen und energischen Eindruck.
Entspannung und innere Ruhe: Das Kind ist entspannt, wirkt in sich ruhend. Es hat keine angespannten, hastigen Bewegungen.
Freude: Das Kind zeigt echte Freude und äußert sie ganz für sich.
Kontakt zu sich selbst: Das Kind ist mit sich im Reinen und kennt seine Bedürfnisse.

(nach: Leuwener Engagiertheitsskala)

Die Beobachtungen müssen nicht langdauernd sein: Ob ein Kind sehr engagiert ist und sich wohlfühlt, lässt sich oft schon nach wenigen Minuten (5–10) feststellen. Das folgende Beispiel soll dies verdeutlichen.

AUFGABE

Wie lässt sich das Verhalten von Ayse mit den Hinweisen aus der Engagiertheits- und Wohlbefindensskala verstehen?

Beobachtung eines Kindes [Leuwener Engagiertheitsskala]

Name des Kindes:	Marie	Alter des Kindes:	5,4 J.
Ort der Beobachtung:	Arbeitsraum	Situation:	bei einer Bastelarbeit
Gruppengröße:	6 Kinder	Besonderheiten:	Marie braucht immer etwas Zeit, bis sie sich entscheidet
Beobachterin:	Gerda	Datum:	24.4.20...

Beschreibung der Situation Marie sitzt mit 5 anderen Kindern am Tisch und bastelt eine Papierrakete. (Etwas Ähnliches soll am nächsten Tag im Planetarium besucht werden.) Es gibt ein Muster dieser Rakete. Bastelmaterialien liegen auf dem Tisch. Marie hat begonnen, ihre Klopapierrolle mit Aluminiumfolie zu bekleben. Anschließend hat sie aus einem Pappkreis einen Hut gemacht. Die anderen Kinder unterhalten sich über die jeweiligen Hüte, stellen fest, welcher Hut schlecht in oder auf der Rolle zu befestigen ist. Marie beginnt, ihren Hut am Rand mit Perlen zu bekleben.

Wohlbefinden

Flexibilität Marie nimmt die Äußerungen der Kinder wahr und reagiert mit einer eigenen Idee darauf.

Selbstvertrauen Sie lässt sich nicht irritieren, als alle anderen am Tisch zu raten beginnen, warum sie die Perlen aufklebt. Sie arbeitet weiter und erklärt dabei: „Dann hält der Hut besser auf der Rolle." Obgleich niemand versteht, was sie meint, bleibt sie bei ihrem Handeln.

Entspannung und innere Ruhe Sie arbeitet ganz gleichmäßig und strahlt eine gewisse Ruhe aus.

Genießen können Als sie mit ihrem Tun Erfolg hat – ihr Hut lässt sich nun dank der Perlen gut auf den Rand der Rolle kleben – merkt man ihre Zufriedenheit: Sie lächelt und arbeitet ruhig weiter.

Es ist deutlich, dass sich Marie wohl und anerkannt in der Gruppe fühlt. Sie traut sich, Neues auszuprobieren, lässt sich die nötige Zeit und kann es genießen, dass ihre Idee zum Erfolg führte.

Engagiertheit

Konzentration Marie hat einen ruhigen, etwas nach innen gekehrten Gesichtsausdruck. Ihre Körperhaltung ist leicht gespannt, aber nicht erregt. Sie arbeitet genau und klebt eine Perle genau neben die nächste.

Kreativität Marie sucht sich Perlen und klebt diese auf den Rand des Hutes. Dies macht kein anderes Kind. Wenig später klebt sie die Füße/Flügel der Rakete am Rollenrand so auf, dass diese über den unteren Rand hervorstehen. Alle anderen Kinder arbeiten, wie die Vorlage es zeigt.

Ausdauer Obgleich das Perlenaufkleben (wie auch später das Aufkleben der Füße und Korrigieren) länger dauert, arbeitet Marie weiter und lässt sich nicht von ihrem Tun abbringen.

Reaktionsbereitschaft Sie hat die Unzufriedenheit der anderen Kinder mit dem Hut registriert und darauf mit einer eigenen Lösung reagiert. Wenn Marie angesprochen wird, reagiert sie und beantwortet die Fragen. Sie nimmt am Gespräch der anderen Kinder teil. Marie ist engagiert bei der Sache. Es macht ihr offensichtlich Spaß, zu basteln und Neues auszuprobieren. Ihr geht es weniger um die Rakete als vielmehr um kreative Lösungswege.

Daraus ergeben sich Impulse für weitere Aktivitäten:

- Da mir diese Stärke, Neues zu entwickeln, vorher noch nicht aufgefallen war, will ich sie in weiteren Situationen beobachten. *Oder:*
- Ich denke, es ist ihre Stärke, sich Neues auszudenken und zu experimentieren. Das habe ich bereits öfter beobachtet. Daher überlege ich mir ein weiteres Angebot, bei dem sie diese Stärke einsetzen kann. Ich überlege, ob dieses aus einem anderen Bildungsbereich sein kann, der Marie etwas herausfordert, ohne sie zu überfordern, und ihr deutlich macht, dass sie hier auch experimentieren kann. Es gibt in der Kita demnächst ein Projekt zum Thema Zeit (Bildungsbereich: mathematische Grunderfahrungen). Vielleicht können wir Experimente machen, mit denen man die Zeit feststellen kann.

5 Dokumentieren von Beobachtung

Die Dokumentation von Beobachtungen wird anhand von vier Beispielen gezeigt, die zum Teil an bestimmte Beobachtungskonzepte gebunden sind. Diese werden dabei kurz vorgestellt.

5.1 Beobachtungsbogen

Den Beobachtungsbogen gibt es in strukturierter Form (zum Ankreuzen einer Vielzahl vorgegebener Punkte) oder für eine nicht strukturierte, aber systematische Beobachtung, wie das Beispiel es zeigt. Er ist nutzbar zum Beschreiben der Beobachtungssituation und zu anschließender Deutung nach der Leuwener Engagiertheitsskala (s. Punkt 4.4).

Im Anschluss bietet sich ein weiterer Beobachtungsbogen an. Dieser hilft, die Situation noch besser zu verstehen, indem auch eigenen Reaktionen Raum gegeben wird und diese bewusst gemacht werden. Dadurch lassen sich Beobachtungsfehler vermeiden. Mehrere solcher Beobachtungen zu einem Bildungs- oder Entwicklungsbereich lassen sich nach einiger Zeit zu einer Lerngeschichte (s. Punkt 5.2) zusammenfassen.

Beobachtungsbogen über die eigenen Reaktionen

1. Welche Reaktionen (Freude, Ärger, Anspannung, Langeweile usw.) werden bei mir hervorgerufen?
2. Was berührt mich und löst Bilder, Gefühle oder Erinnerungen aus?
3. …

(nach Laewen/Andres)

Beobachtungsbogen

Name des Kindes: Ayse T.
Alter und Geschlecht: 4,5 Jahre; weiblich
Ort der Beobachtung: Gruppenraum
Besonderheiten: Ayse war eine Zeit lang krank.
Beobachtungssituation: während der Freispielphase vor dem Frühstück.

Beobachtungsdatum: 20.5.20...
Name der Beobachterin: Elena Schäfer
Beobachtungszeitraum (von/bis): 11:00 bis 11:15 Uhr
Gruppengröße: 2 bis 8 Kinder
Beobachtungsinteresse: Verhalten von Ayse am Tisch

Uhrzeit	Sachliche Verhaltensbeschreibung	Deutung
11:00 Uhr	Ayse sitzt am Tisch und hält in ihren Händen eine alte Fahrradklingel. Sie wendet sie hin und her. Ihr Blick ist die ganze Zeit auf die Klingel gerichtet.	Ihre Körperhaltung ist angespannt und konzentriert.
11:05 Uhr	Jonas ist an den Tisch getreten und fragt: „Ayse, spielst du mit mir?“ Ayse antwortet nicht. Sie versucht, den Klingeldeckel aufzudrehen. Es gelingt ihr nach einiger Zeit.	Sie scheint Jonas gar nicht wahrzunehmen.
11:10 Uhr	Ayse bewegt den Klingelknopf mit dem Daumen. Sie schaut genau hin, was passiert. Es gibt ein ratschendes Geräusch. Jonas stampft mit dem Fuß auf und ruft: „Ayse!“	Sie ist ruhig und lässt sich nicht ablenken.
11:15 Uhr	Ayse schaut auf und sagt: „Da ist gar kein Glöckchen drin, Jonas.“ Jonas guckt sie an und geht.	Sie reagiert zufrieden, als sie gefunden hat, was sie suchte.

Beobachtungsbogen

5.2 Lerngeschichten

Die Idee der Lerngeschichten stammt aus Neuseeland von Margaret Carr. In Deutschland wurde sie vom Deutschen Jugendinstitut (DJI) an hiesige Rahmenbedingungen angepasst. Bildungs- und Lerngeschichten sind im Grunde der Ausdruck für einen konzeptionellen Ansatz von partizipativer Beobachtung, Analyse, Austausch, Dokumentation und pädagogischer Planung.

Lerngeschichten haben einen Vorteil, weshalb sie hier als Dokumentationsmöglichkeit genannt werden, ohne das ganze Konzept vorzustellen:

„Lerngeschichten sind ein Verfahren, welches sehr dicht an den üblichen Ereignisberichten des Alltags liegt. Wenn wir etwas Besonderes erlebt haben, erzählen wir eine Geschichte. Dabei zerlegen wir nicht das Ereignis in einzelne Teile, sondern flechten die wichtigsten Details (z. B. unsere Gefühle, Beobachtungen) ganzheitlich zusammen."

(Neuß, 2007)

Liebe Leah,

in der letzten Zeit habe ich dich mehrfach beobachtet und aufgeschrieben, was du gemacht hast. Ich möchte dir nun von meinen Beobachtungen und Erlebnissen erzählen.
Ich denke, du schaukelst sehr gerne, denn ich habe dich sehr oft an der Schaukel und beim Schaukeln gesehen.
Als wir uns kennengelernt haben, brauchtest du noch Hilfe von Tina und mir, damit wir dir den ersten Schwung auf der Schaukel geben. Du hast zwar ganz toll deine Beine bewegt und versucht, die Schaukel selbst in Schwung zu bringen, aber die Schaukel hat sich nur ein kleines bisschen bewegt. Mit einem kleinen Anfangsschubs von Tina hast du dann aber sehr schön allein geschaukelt.
An einem Tag hast du dich wieder auf die Schaukel gesetzt und deine Beine vor und zurück bewegt, um die Schaukel in Schwung zu bringen. Du hast dir sehr viel Mühe gegeben und ganz lang die Beine bewegt – und auf einmal hat es geklappt! Ich glaube, du warst sehr stolz auf dich, dass du die Schaukel allein bewegt hast. Denn du hast an dem Tag ganz lang geschaukelt und vielen Kindern und Erwachsenen fröhlich und begeistert davon erzählt.
Ich erinnere mich auch noch an unseren Ausflug auf den kleinen Jahrmarkt. Dort sind wir beide zusammen in eine der Käfigschaukeln gestiegen. Ein Mann hat unserem Käfig einen kräftigen Schwung gegeben. Wir haben es dann zusammen geschafft, den ganzen Käfig zusammen mit uns hoch, herum und herunter und wieder hoch, herum und herunter zu bewegen. Wir haben ganz laut gejubelt und gelacht! Als wir fertig waren, waren wir richtig aus der Puste, denn das Schaukeln war ganz schön anstrengend! Zur Stärkung haben wir uns erst mal eine kleines Eis gekauft und den anderen Leuten beim Schaukeln in den Käfigen zugeschaut, bevor wir zurück in den Kindergarten gegangen sind.

Ich habe dich sehr gern beobachtet.
Deine Sina

Liebe Leah …

Grundlage für das Entstehen einer Lerngeschichte sind Beobachtungen über ein Kind, die in Zeitabständen angefertigt wurden. Dafür kann man die bereits genannten Beobachtungsbögen (s. Punkt 5.1) nutzen. Nach der Auswertung dieser Beobachtungen erfolgt als letzter Schritt vor dem Anfertigen einer Lerngeschichte der Austausch: Mehrere Pädagogen tragen ihre Beobachtungen zu dem Kind zusammen. Auch dieser Austausch wird festgehalten. Nun wird eine Lerngeschichte angefertigt. In diese Lerngeschichte können auch alltägliche, nicht dokumentierte Beobachtungen sowie der Austausch mit dem Kind einfließen, wenn sie eine Ergänzung zur Aussage der Lerngeschichte sind.

„Lerngeschichten sind Geschichten, die vom Lernen eines Kindes während seiner Zeit in der Kindertagesstätte erzählen. Da sie für das jeweilige Kind geschrieben werden, wählen die meisten Fachkräfte als Anrede die Du-Form. Die Texte, die dabei entstehen, sind sehr persönlich geschrieben und wie eine Art Brief an das Kind formuliert. So erleben die Kinder, dass ihre Aktivitäten von den Fachkräften wertgeschätzt und anerkannt werden, und Eltern erfahren etwas über die Bildungsprozesse ihrer Kinder in der Kindertageseinrichtung."

(DJI, S. 74)

Beim Schreiben der Lerngeschichten wird Folgendes berücksichtigt:

Das Kind kann den Inhalt der Lerngeschichte nachvollziehen. Das erfordert klare Sätze und Formulierungen und Begriffe, die für das Kind verständlich sind.
Beobachtungssituationen werden zusammengefasst wiedergegeben, damit sich die Kinder erinnern können. Wörtliche Rede hilft dabei und regt zudem zu einem persönlichen Gespräch zwischen Kind und Pädagogin über diese Situation an.
In der Geschichte wird Bezug genommen auf Entwicklungsschritte. Auch dies geschieht in konkreten Beschreibungen: „Du hast zwar ganz toll deine Beine bewegt und versucht, die Schaukel selbst in Schwung zu bringen, aber die Schaukel hat sich nur ein kleines bisschen bewegt. An einem Tag hast du dich wieder auf die Schaukel gesetzt […] und auf einmal hat es geklappt!" Kinder werden dadurch angeregt, über das eigene Lernen nachzudenken.
Auch eigene Einschätzungen der Fachkräfte fließen ein: „Ich vermute, du wolltest zeigen, dass du so etwas Schwieriges schon allein kannst." Das Kind sieht sich richtig verstanden oder hat die Möglichkeit, die Einschätzung in seinem Sinne zu korrigieren.
Die Lerngeschichten sind wertschätzend und anerkennend formuliert. Es geht darum, die Interessen und Kompetenzen des Kindes wahrzunehmen. Damit wird es in seinem Selbstvertrauen und der Entwicklung eines positiven Selbstbildes gestärkt. Dies ermöglicht ihm auch, individuelle Schwächen besser anzugehen.
Lerngeschichten können auch Bezug auf die nächsten pädagogischen Planungen nehmen, sodass das Kind einen Zusammenhang sieht zwischen seinen Interessen und den Angeboten der Fachkräfte.

(nach DJI, 2007)

AUFGABE

1. Sehen Sie sich einen Videoausschnitt (s. Literaturhinweise) eines Kindes an und beschreiben Sie es mit positivem Blick anhand eines Beobachtungsbogens. Anschließend werten Sie das Beschriebene aus. Tauschen Sie sich mit Ihren Mitschülern über Ihre Erkenntnisse aus.
2. Schauen Sie sich zwei weitere Episoden über das Verhalten des Kindes an und tauschen Sie sich über Ihre Erkenntnisse in Kleingruppen aus.
3. Abschließend formulieren Sie in der Kleingruppe eine Lerngeschichte für das Kind und berücksichtigen dabei die angegebenen Kriterien.

5.3 Portfolio

Ein Portfolio ist eine strukturierte Sammelmappe, in der alle Dokumente aufgehoben werden, die den Entwicklungs- und Lernweg eines einzelnen Kindes dokumentieren. Es ist also eine Mappe (oder Ordner, Buch), worin der Alltag des Kindes in der Kita, seine Lerngeschichten sowie seine Fähigkeiten und Kompetenzen anschaulich dokumentiert werden.

Ein Portfolio wird nicht allein von den Fachkräften über das Kind angefertigt, sondern entsteht im Austausch mit dem Kind. Es gehört in erster Linie dem Kind. Es ist jedoch auch ein Arbeitsinstrument für alle Pädagogen, in dem Informationen über das jeweilige Kind zu finden sind. Anhand des Portfolios können Eltern über die Entwicklung ihres Kindes informiert werden, es sollte daher für Eltern und Kind frei zugänglich sein. Die Beobachtungsbögen der Pädagogen (s. Punkt 5.1) werden in einem eigenen Beobachtungsordner gesammelt, da diese Bögen für die tägliche pädagogische Arbeit notwendig sind.

Das Portfolio enthält eine Mischung aus schriftlichem und bildlich-anschaulichem Material. Der Vorteil eines Portfolios ist die individuelle und langfristig angelegte Dokumentation über die Entwicklung eines Kindes.

Ein Ordner über mich

Folgende Unterabteilungen im Portfolio bieten sich an:

Vorstellung des Kindes, Selbstporträt; Vorstellung der Familie des Kindes; Vorstellung der Fachkräfte der Kita, mit denen das Kind zu tun hat
Dokumentation des ersten Tages in der Einrichtung
Erlebnisse und Lernaktivitäten in der Einrichtung
Lerngeschichten des Kindes; diese sind sicherlich der wichtigste Teil des Portfolios. Hier kann eine Unterteilung in Entwicklungs- und Bildungsbereiche erfolgen (denen die Lerngeschichten zuzuordnen sind).
gemeinsame Projektarbeiten; Werke des Kindes
Aussagen des Kindes

5.4 Wanddokumentation

Wanddokumentationen, auch als „sprechende Wände“ bezeichnet, sind vor allem durch die Reggio-Pädagogik (s. Kap. 13, Punkt 6) bekannt geworden. Sie enthalten ähnlich wie die Portfolios Werke und Aussagen der Kinder, Kommentare der Fachkräfte, Projektbeschreibungen und Überschriften für die Dokumentation. Ihr Vorteil besteht darin, dass die Arbeit der Kindertagesstätte transparent gemacht wird und viele Personen einen Einblick in die Themen und das Leben der Kinder an diesem Ort erhalten.

AUFGABE

1. Erkundigen Sie sich in der Praxis, welche Dokumentationsform die Einrichtung gewählt hat.
2. Legen Sie selbst ein Portfolio Ihres Beobachtungskindes an und besprechen Sie dieses mit Ihrer Anleitung.
3. Finden Sie Dokumentationsflächen in den Räumen der Einrichtung. Halten Sie fest, was dort in welcher Form dokumentiert wird.

6 Von der Beobachtung zur Aktivität

Die Beobachtung ist der erste Schritt, um die Kinder in ihrem Selbstbildungsprozess durch eine anregende Umwelt und im Dialog zu unterstützen. Sie ist in unterschiedliche **Konzepte** integriert. Zwei davon werden hier vorgestellt.

6.1 Integration einer Beobachtungsaufgabe in ausgewählte Entwicklungsfelder

In vielen Bundesländern (z. B. Saarland, Berlin, Hamburg) liegen Bildungspläne vor, deren Ziel es ist, durch systematische Beobachtung die **Kompetenzen des Kindes in verschiedenen Bildungsbereichen** zu erfassen (s. auch Kap. 11 Planung und Durchführung von Bildungsangeboten). Bildungsbereiche sind zumeist strukturiert in Themen wie Körper und Bewegung, soziale und kulturelle Umwelt, Kommunikation, Gestalten, Musik, mathematische, technische und naturwissenschaftliche Grunderfahrungen.

Erkundungsfragen helfen, eine gezielte Beobachtung in Bezug auf einen Bildungsbereich anzufertigen. Die Erkundungsfragen greifen Fragen auf wie:

- das Kind in seiner Welt (Wie wohl fühlt sich das Kind in seinem Körper?)
- das Kind in der Kindergemeinschaft (Pflegen die Familien und Kinder außerhalb der Kindertagesstätte Kontakte?)
- das Kind im Weltgeschehen/Welt erkunden (Wo begegnen Kinder Schriftzeichen?)
- Kultur der Kindertagesstätte (Werden Bilder und andere Werke der Kinder in angemessenem Rahmen präsentiert?)

Anhand von Beobachtungen aus den jeweiligen Bereichen erhalten die Pädagogen Informationen über die Kinder. Diese setzen sie in Bezug zu den Zielen, die die Kindertagesstätte formuliert hat. Daraus entwickeln die Pädagogen Bildungsangebote, die z. B. als Projekt mit angemessener Raumgestaltung und Materialauswahl entwicklungsgerecht gestaltet werden (s. auch Hamburger Bildungsempfehlungen).

Bildungsempfehlungen der Länder (Beispiele)

6.2 Das INFANS-Konzept

Das Institut für angewandte Sozialisationsforschung (INFANS e.V.) lässt seit 2002 in verschiedenen Kindertageseinrichtungen in Brandenburg und Baden-Württemberg neue Formen des Bildungs- und Erziehungsauftrags erproben. Ausgangspunkt des Infans-Konzepts ist die Annahme, dass Kinder selbstkonstruierende Menschen sind und sich ihre Welt mit ihren Wahrnehmungsstrategien erobern. Natürlich braucht das Kind eine Befriedigung seiner leiblichen und seelischen Bedürfnisse. Aber da es unter hohem Einsatz und mit vielen Kompetenzen ein Bild von sich selbst und der Welt entwirft, braucht es auch Menschen, die dies wahrnehmen und die Interessen des Kindes unterstützen. Dabei trifft das Kind auf Themen, die es herausfordern, ohne es zu überfordern.

Ausgehend von dieser Annahme – das Kind ist ein kompetentes Wesen und macht sich ein eigenes Bild von der Welt – wird in diesem Ansatz der Weg „von der Beobachtung zur Aktivität“ genommen: Das, was das Kind interessiert, äußert sich in den Handlungen des Kindes.

In der Lernsituation haut Lennart mit voller Wucht auf die Trommel. Vielleicht konnte in der Vergangenheit beobachtet werden, dass Lennart auf Verschiedenes mit voller Wucht geschlagen hat. Ihn interessiert offensichtlich, was passiert, wenn er voll zuschlägt. Dieses würde nach dem Infans-Konzept beobachtet werden.

Es entstehen verschiedene Beobachtungen, die alle dokumentiert werden. Diese regelmäßigen Beobachtungen führen zu Beratungen im Team der Kindertagesstätte. Dabei werden die angefertigten Beobachtungen interpretiert und ausgewertet und es wird versucht, das **Thema** zu finden, mit dem sich das Kind beschäftigt.

Bei Lennart entdeckt das Team beispielsweise, dass es Lennart gar nicht um Musik, sondern um das Thema „Kraft – Größe – Was kann ich?“ geht.

Die Beobachtung dient also einerseits dazu, die Themen, die das Kind betreffen, anhand seiner Interessen herauszufinden, und andererseits Themen zu finden, die in Einklang mit dem Kind und seiner notwendigen Entwicklung, also den für ihn festgelegten Zielen, stehen. Dazu wird für jedes Kind ein individuelles Lern- und Themenverzeichnis entworfen. Bevor die Inhalte festgelegt werden, tauschen sich die Pädagogen des Teams und die Eltern intensiv über die Beobachtungen und die Interpretationen aus, filtern die gefundenen Themen des Kindes heraus und beraten sich gegenseitig.

Das Kind wird mit Bezug auf die Bildungsbereiche und in seinem Verhalten in Kleingruppen beobachtet. Das durch Beobachtung und Interpretation im kollegialen Austausch gefundene Thema des Kindes wird nun erweitert, angeknüpft an die Ziele der Einrichtung und wird so zu einem „zugemuteten“, das Kind herausforderndem Thema. Hierbei sieht man eine Verknüpfung zwischen den Stärken des Kindes und jenen Bereichen, die sein Interesse bisher weniger bewegt haben, in denen es weniger ausgeprägte Kompetenzen entwickelt hat.

Abschließend für diesen Entwicklungsschritt bieten die Pädagogen dem Kind dieses Thema in Form eines Bildungsangebotes an, sodass ein Entwicklungsprozess angeregt wird.

7 Durchspielen einer vollständigen Handlung

Analysieren – welche Situation findet Elena vor?

Wie ist die Situation für die Praktikantin Elena, als sie in die Kindertagesstätte kommt? Ihr fallen Ayse und Lennart auf – bei Ayse bemerkt sie die konzentrierte Miene, die sie vorschnell als unfreundlich interpretiert. Bei Lennart ist es der erhobene Arm, der sie an Schlagen erinnert. Nun, da sie weiß, dass erste Wahrnehmungen nicht zuverlässig das tatsächlich gemeinte Verhalten der Kinder erkennen lassen, kann sie sich auf die Aufforderung ihrer Anleiterin einlassen und genauer hinsehen. Elena wählt für die Beobachtung Ayse aus, nimmt sich aber vor, mit ihrer Anleiterin abzustimmen, wann Lennart näher beobachtet wird.

Planen – welche weiteren Schritte muss Elena gehen?

Sie überlegt, welche Beobachtungsmethode hier am besten passt. Sie entscheidet sich für die offene, nicht teilnehmende, nicht strukturierte und systematische Beobachtungsform. Die Kinder sind es gewohnt, dass jemand am Rand sitzt und beobachtet. Der kurze Wink der Anleiterin „sieh mal genau hin" hat beiden genügt, um zu verdeutlichen, dass Elena sich herausziehen kann aus dem Gruppengeschehen. Sie will mit dem ihr bereits vertrauten Beobachtungsbogen arbeiten, der nicht strukturiert/offen gehalten ist, hat sich aber eine systematische Leitfrage überlegt: Welches Interesse hat Ayse an technischen Geräten?

Durchführen – was genau macht Elena?

Elena führt die Beobachtung kurz danach durch und fertigt den auf der nächsten Seite abgebildeten Beobachtungsbogen an.

Reflektieren und Bewerten – wie deutet und wertet Elena aus?

Auf dem Beobachtungsbogen hat Elena sich schon erste Hinweise zur Deutung der Situation notiert. Nun geht Elena die Beobachtung systematisch durch und versucht, das Beobachtete nach der Leuwener Engagiertheitsskala zu deuten. Sie stellt Folgendes fest:

- Ayse ist sehr konzentriert. Ihr Blick ist auf die untersuchte Klingel gerichtet und ihre Körperhaltung ist gespannt.
- Sie hat alles um sich herum vergessen und lässt sich nicht ablenken.
- Sie untersucht die Klingel sehr genau in allen Details.
- Ayse wirkt sehr zufrieden, als sie zu Jonas sagt, dass kein Glöckchen in der Klingel ist. Offensichtlich hat sie etwas für sie Wichtiges herausgefunden.

Ayse zeigte also eine hohe Engagiertheit. Es war deutlich, dass sie sich wohlgefühlt hat:

Beobachtungsbogen

Name des Kindes: Ayse T.
Alter und Geschlecht: 4,5 Jahre; weiblich
Ort der Beobachtung: Gruppenraum
Besonderheiten: Ayse war eine Zeit lang krank.
Beobachtungssituation: während der Freispielphase vor dem Frühstück.

Beobachtungsdatum: 20. Mai 20...
Name der Beobachterin: Elena Schäfer
Beobachtungszeitraum (von/bis): 11:00 bis 11:15 Uhr
Gruppengröße: 2 bis 8 Kinder
Beobachtungsinteresse: Verhalten von Ayse am Tisch

Uhrzeit	Sachliche Verhaltensbeschreibung	Deutung
11:00 Uhr	Ayse sitzt am Tisch und hält in ihren Händen eine alte Fahrradklingel. Sie wendet sie hin und her. Ihr Blick ist die ganze Zeit auf die Klingel gerichtet.	Ihre Körperhaltung ist angespannt und konzentriert.
11:05 Uhr	Jonas ist an den Tisch getreten und fragt: „Ayse, spielst du mit mir?" Ayse antwortet nicht. Sie versucht, den Klingeldeckel aufzudrehen. Es gelingt ihr nach einiger Zeit.	Sie scheint Jonas gar nicht wahrzunehmen.
11:10 Uhr	Ayse bewegt den Klingelknopf mit dem Daumen. Sie schaut genau hin, was passiert. Es gibt ein ratschendes Geräusch. Jonas stampft mit dem Fuß auf und ruft: „Ayse!"	Sie ist ruhig und lässt sich nicht ablenken.
11:15 Uhr	Ayse schaut auf und sagt: „Da ist gar kein Glöckchen drin, Jonas." Jonas guckt sie an und geht.	Sie reagiert zufrieden, als sie gefunden hat, was sie suchte.

- Sie ruht in sich,
- ist mit sich im Reinen,
- macht einen wachen Eindruck und
- verdeutlicht genau, was sie will:
  Sie möchte die Klingel untersuchen und sich nicht ablenken lassen, hat Jonas aber bemerkt und teilt sich ihm am Ende ihrer Untersuchung mit.

Elena kommt nun zu einer anderen Bewertung von Ayses Verhalten. Ihr ist deutlich geworden, dass Ayse hochkonzentriert etwas untersucht hat, was sie interessierte. Ihr Gesichtsausdruck und ihr Verhalten zeigte Konzentration, nicht Unfreundlichkeit. Die Erkenntnisse bespricht Elena mit ihrer Anleiterin Silke. Diese bestätigt Elenas Bewertung. Ayse zeigte hier ein Interesse an der Funktion der Klingel. Ist dies eine Zufallssituation oder deutet sich hier ein Thema an, das das Kind beschäftigt (die Funktion von technischen Geräten oder: Ich bin groß und kann etwas)? Beide überlegen, wie sie mit dieser Beobachtung weiter verfahren sollen.

Silke und Elena planen:

1. In nächster Zeit wird es weitere regelmäßige, kurze, systematische Beobachtungen von Ayse in unterschiedlichen Situationen geben.
2. Elena wird sie **vorbereiten und durchführen**.
3. Silke und Elena werden die Beobachtungen gemeinsam **reflektieren und bewerten**. Nach einiger Zeit bietet es sich an, in einer Teambesprechung die Beobachtungen über Ayse vorzustellen und mithilfe der Kolleginnen **auszuwerten**.
4. Begleitend werden bereits Möglichkeiten zum Forschen und Experimentieren **angeboten**.
5. Silke soll sich in einem entsprechenden Verfahren um die Beobachtung von Lennart kümmern.

Dokumentieren und Präsentieren – wie hält Elena die Ergebnisse fest?

Elena hat die erste Beobachtung auf einem Beobachtungsbogen dokumentiert. Auch die nächsten Beobachtungen werden auf einem solchen Bogen angefertigt. Gleichzeitig will sie einen Fotoapparat dabei haben, um besonders interessante Situationen festzuhalten.

Sie wird mit Silkes Hilfe ein Portfolio anlegen, in dem die Bilder, Produkte und Aussagen des Kindes gesammelt werden. Die Beobachtungsbögen wird sie in einem anderen Ordner abheften. Aus den Beobachtungen will sie eine Lerngeschichte anfertigen, die dem Portfolio des Kindes beigefügt wird.

Ausblick – was geschieht weiter?

Anhand der Beobachtungen über Ayse wird das Team nach einer gründlichen Auswertung ein Bildungsangebot für sie und andere Kinder anbieten, das an Ayses Thema (Ich bin groß – was kann ich schon?) anknüpft, ihre Weiterentwicklung (selbstständiger werden, selbst etwas schaffen) herausfordert und zu den Zielen der Einrichtung (Förderung der Selbstständigkeit, naturwissenschaftliches Forschen, Einbindung in die Gemeinde) passt.

AUFGABE

Passt das Angebot auch zu Lennart? Wie würden Sie bei Lennart vorgehen?

Weitere Lernsituation

Seit kurzem ist Sam (4 Jahre) in der Elementargruppe „Kleine Tiger". Er spricht noch kein fließendes Deutsch, versteht aber durchaus schon einiges. Sam ist noch sehr zurückhaltend. Mit anderen Kindern spielt er kaum. Die Praktikantin Maike hat einmal gesehen, als er sich unbeobachtet fühlte, dass Sam sich intensiv und kreativ mit Bauklötzen beschäftigt hat. Er hatte eine kleine Burg gebaut und war im Gespräch mit sich selbst, wie sie aus seinen leise vor sich hingemurmelten Worten geschlossen hat.

AUFGABE

Bearbeiten Sie die Lernsituation nach folgenden Schritten:

1. Analysieren – welche Situation findet Maike vor?
2. Planen – welche weiteren Schritte muss Maike gehen?
3. Durchführen – was genau macht Maike?
4. Reflektieren und Bewerten – wie deutet und wertet Maike aus?
5. Dokumentieren und Präsentieren – wie hält Maike die Ergebnisse fest?

Aufgaben zur Selbstreflexion

1. Betreten Sie einen Raum in der Kindertagesstätte oder Schule mit unterschiedlichen Einstellungen.
   a) Gehen Sie einmal als Praktikantin hinein – was nehmen Sie wahr?
   b) Gehen Sie als Architektin hinein – was nehmen Sie nun wahr?
   c) Gehen Sie ein drittes Mal als Kind hinein (am besten machen Sie sich dabei klein) – was nehmen Sie nun wahr?
2. Lernaufgabe – Beobachtung als gezielter Wahrnehmungsprozess

Fertigen Sie ein Informationsplakat über das Thema „Neueste und wichtigste Aspekte zur Beobachtung von Kindern in einer Kindertagesstätte" an. Arbeiten Sie dafür dieses Kapitel noch einmal durch. Vielleicht finden Sie noch weitere Artikel zum Thema? Abschließend sollen Sie die Plakate im Unterricht vorstellen und erläutern können.

Praxisaufgaben

Suchen Sie sich in der Einrichtung ein Kind aus, das Sie in den nächsten Wochen begleiten und beobachten.

a) Fertigen Sie Beobachtungen zu den verschiedenen Bildungs- oder Entwicklungsbereichen an.
b) Fertigen Sie Beobachtungen mit unterschiedlichen Methoden an: als systematische, nicht strukturierte und als strukturierte Beobachtung. Welche Unterschiede im Erkenntnisgewinn nehmen Sie wahr?
c) Dokumentieren Sie diese Beobachtungen unterschiedlich: als Tabelle, als Fotoreihe, als Lerngeschichte. Welche Erkenntnisse ziehen Sie daraus?

Kapitel 11 Planung und Durchführung von Bildungsangeboten

1 Lernsituation

Elena, Praktikantin in der sozialpädagogischen Erstausbildung, konnte zum ersten Mal an einem pädagogischen Tag ihrer Kindertagesstätte teilnehmen. Elenas Einrichtung besteht aus zwei Bereichen: einem Krippenbereich mit 15 Kindern im Alter von 8 Wochen bis 3 Jahren und einem offen arbeitenden Elementarbereich, bestehend aus zwei Stammgruppen mit jeweils 25 Kindern.

An dem pädagogischen Tag ging es um die Neugestaltung des Tagesablaufs im Elementarbereich, der oft ungeordnet verläuft, seitdem dort offen gearbeitet wird.

Außerdem sollte mit Blick auf den Wochen- und Jahresverlauf in der Kita geklärt werden, wie Bildungsangebote sinnvoll eingeplant werden könnten.

Um die letzten Wochen des Kindergartenjahres noch sinnvoll im Sinne des pädagogischen Tages zu nutzen, war beschlossen worden, Bildungsangebote zu den Themen „Sinneswahrnehmung" und „soziale Kontakte" anzubieten. Das Thema „Sinneswahrnehmung" wünschten sich besonders die Kolleginnen aus dem Krippenbereich. Ihnen war aufgefallen, dass einige der Krippenkinder auf der Suche nach neuen Sinnesanregungen sind. Die Pädagoginnen wollten noch genauer hinschauen, um dann zu möglichen Bildungsangeboten zu kommen.

Zu dem Thema „soziale Kontakte" war es gekommen, weil viele Kinder sich häufig stritten. Essenssituationen verliefen oft laut und ungemütlich und aus mancher Gruppe wurde berichtet, dass Kinder andere Kinder hänselten, wenn es diesen nicht gut ging oder sie sich verletzt hatten. Außerdem kam es vermehrt zu Streit unter den Kindern.

Elenas Gruppenerzieherin Karla und die Zweitkraft Ronald hatten überlegt, ob die Themen in Form eines Projekts oder als Einzelaktivitäten bearbeitet werden sollten.

Vor den Sommerferien ist ein Fest geplant, auf dem die Gruppen ihre Arbeit vorstellen könnten. Elena soll als Praktikantin auch an den Bildungsangeboten teilnehmen.

Sie ist begeistert von den verschiedenen Vorhaben. Sie merkt aber bei der weiteren Vorbereitung, dass sie sich unsicher ist, wie alles zu planen, vorzubereiten und durchzuführen ist, ohne dass man die Kinder vor lauter Arbeit aus dem Blick verliert.

AUFGABE

Bearbeiten Sie die Lernsituation.

1. Analyse
   Nennen und beschreiben Sie
   - die Aufgabenfelder, die sich Elena bewusst machen muss,
   - den Zusammenhang zwischen der beschriebenen Gruppensituation und dem neuen Thema der Kita.
2. Ziele formulieren
   Was muss Elena
   - beobachten und deuten, damit sie Bildungsangebote planen kann?
   - überlegen, um die Festvorbereitung und die pädagogische Arbeit mit den Kindern verbinden zu können?

2 Zu erlernende Kompetenzen

Die Bedeutung eines Tages-, Wochen- und Jahresablaufs mit seinen Festen und Exkursionen muss der angehenden Fachkraft klar werden, da die pädagogische Arbeit davon vielfach beeinflusst wird oder sich danach richtet. Genaueres wird unter Punkt 3 in diesem Kapitel verdeutlicht. Die Unterschiede zwischen Krippe und Elementarbereich werden erklärt sowie das Zusammenspiel von Struktur und Selbstbildung des Kindes thematisiert.

Eine Sozialassistentin sollte die geläufigsten didaktischen Planungsansätze kennen und die damit verbundenen Basiselemente von Planung unterscheiden können. Diese Kompetenzen vermittelt Punkt 4.

Vor jeder Planung steht die Analyse, aus der Hinweise für das weitere Vorgehen erwachsen.

Das Wechselspiel von Ziel- und Themenfindung ist ein komplexer Prozess. An einem Thema sind meist alle für die Entwicklung des Kindes relevanten Ziele zu verwirklichen. Andererseits ist manches Mal ein bestimmtes Ziel im Visier, wofür es gilt, ein Thema zu finden. Ziel und Thema werden anhand eines Inhalts umgesetzt, der zu beidem passen muss. Beherrscht die Sozialassistentin dieses komplexe Geschehen, ist es ihr möglich, Bildungsangebote zu entwickeln. Dazu vermittelt Punkt 5 Genaueres.

Ob ein Vorhaben gelungen ist, weiterentwickelt oder wiederholt werden kann, ist erst durch eine anschließende Reflexion herauszuarbeiten. Zu wissen, wie und warum man reflektiert, ist eine wichtige Kompetenz im sozialpädagogischen Handeln, worauf Punkt 6 vorbereitet.

3 Alltagsgestaltung

Pädagogischer Alltag ist jeder Tag in der Kindertagesstätte. Um dem Alltag einen harmonischen und für die Entwicklung der Kinder stimmigen Ablauf zu geben, sind konzeptionelle und ganz praktische organisatorische Überlegungen notwendig.

3.1 Gestaltung des Tages-, Wochen-, Jahresablaufs

Die Tages-, Wochen- und Jahresabläufe in der Kita werden schriftlich festgehalten. Was muss nacheinander geschehen? Wer ist wann, wofür, wie und wo zuständig? Ablaufpläne dienen dazu, die Arbeit zu beschreiben und zu organisieren, sie den Eltern zu präsentieren sowie die Qualität festzustellen und diese zu verbessern.

Das Team und auch Elena haben festgestellt, dass der Tagesablauf oft ungeordnet verläuft, seitdem offen gearbeitet wird.

Gerade, wenn die Kita nach dem offenen Konzept arbeitet, sind eine klare Tagesstruktur und die Absprache von Zuständigkeiten wichtig, weil die Kinder nicht mehr auf ihre Gruppe und deren Räume festgelegt sind, sondern interessengeleitet Spielpartner, Räume und Bildungsangebote in der ganzen Kita auswählen können.

3.1.1 Tagesablauf

Der Tagesablauf von Kindertageseinrichtungen weist viele gleichartige Bestandteile auf, die aber unterschiedlich organisiert werden und sich in ihrem zeitlichen Umfang unterscheiden. Diese Eckdaten sind für die

Kinder überschaubar und vorhersehbar und ermöglichen gleichzeitig ein hohes Maß an Flexibilität. Für die Jüngsten ist der Grundsatz der Beziehungskontinuität ein wichtiges Kriterium.

Gleitende Ankunftszeit bezeichnet den Zeitraum, innerhalb dessen die Eltern ihre Kinder am Morgen bringen können. Das kann für das Kind einen ganz unterschiedlichen Tagesbeginn bedeuten. Ist es z. B. früh da, kann es das gewünschte Spielzeug wählen und hat die Pädagoginnen eine Zeit lang für sich allein, die Anzahl der Spielpartner ist jedoch begrenzt. Kommt das Kind spät, sind die beliebten Spielbereiche und Spielmaterialien meist schon besetzt und es muss sich in bestehende Spielgruppen einfinden. In jedem Fall kann die Pädagogin die Ankunft begleiten.

Mit Freispiel wird jene Phase im Tagesablauf bezeichnet, in der die Kinder selbstbestimmt ihren Interessen nachgehen, tätig sein können und sich dabei selbst bilden. Seine volle Wirkung kann es nur in einem zeitlich angemessenen Rahmen entfalten. Freispielzeit ist je nach Kindergarten unterschiedlich lang. Die Pädagogin organisiert das Freispiel als offene Lernsituation und auf der Basis entwicklungspsychologischer Kenntnisse. Sie bietet den Rahmen: Sicherheit, Materialien und Raumstruktur. Die Kinder wählen Spielpartner, Ort und Material, bestimmen den Spielverlauf, die Art und die Dauer ihres Tuns nach ihren Bedürfnissen.

Die Morgenrunde führt die Gruppe zusammen. Die Pädagogin leitet häufig zu anstehenden Themen wie z. B. zum Jahreszeitenwechsel Lieder, Spiele usw. an. Das Kind erfährt nach Vielfalt und Entscheiden-Müssen nun Ordnung und Leitung. Oft wird der Morgenkreis dazu verwendet, die Befindlichkeit der Kinder zu hören oder die Bildungsangebote für die nachfolgende Angebotszeit vorzustellen und die Teilnahme der Kinder festzuhalten.

Bildungsangebote richten sich in der Regel an Kleingruppen, in der Krippe auch an einzelne Kinder. Die Kinder wählen die Angebote, die oft gruppenübergreifend sind, frei. Sie üben dadurch, sich zu entscheiden, können ihren eigenen Interessen nachgehen, mit ihren Freunden zusammen teilnehmen und das Angebot mitgestalten.

Nach dem Mittagessen folgt eine **zweite Freispielphase** und am Ende des Kindergartentages häufig ein **Abschlusskreis**. In der zweiten freien Spielzeit gehen die Kinder oft ins Freie. Die Sozialassistentin hält sich bewusst zurück und nutzt die Zeit für Beobachtungen. Ein ausgewogenes Verhältnis von Freispielsituationen und strukturierten Angeboten soll Lernsituationen für alle Altersgruppen bieten und die spezifischen Interessen von Mädchen und Jungen berücksichtigen.

Im Schlusskreis ist ein Moment der Besinnung, in dem die Pädagoginnen und Kinder die Erfahrungen des Tages reflektieren: „Was habe ich heute erlebt, erforscht, gelernt?" Die Kinder denken über ihre Erlebnisse und ihr Lernen nach. Der Schlusskreis erleichtert den Übergang zwischen der Kita und der Familie.

Der Tagesablauf in der Kita kann auch mithilfe von **Schlüsselsituationen** unterteilt werden. Sie markieren die strukturierte Begleitung von einem täglichen Ereignis zum anderen. Für den Krippenbereich sind das z. B.

- Bringen und Abholen,
- Spielen,
- Wickeln,
- Essen,
- Schlafen und Ruhen.

Diese Zeitrhythmen helfen Kindern, allmählich einen Zeitbegriff zu entwickeln.

AUFGABE

Was können Kinder in Ihrem Kindergarten im normalen Alltag lernen?

Der Tagesablauf einer städtischen Einrichtung (Beispiel)

7:00 – 8:30 Uhr	Die Kinder werden in einer der 3 Gruppen gesammelt aufgenommen.
8:30 – 9:30 Uhr	Jede Gruppe wechselt in ihre eigenen Räumlichkeiten. Die Kinder können in der Zeit bis 9:30 Uhr frühstücken und werden im Freispiel begleitet.
9:30 – 10:00 Uhr	Morgenrunde.
10:00 – 11:30 Uhr	Pädagogische Aktivitäten: Projektarbeit, Ausflüge, Turnen, Geburtstagsfeiern, gruppenübergreifende oder gruppeninterne Feste, die sich jahreszeitlich oder projektbezogen anbieten, kreative Angebote.
11:30 – 12:00 Uhr	Mittagessen.
12:00 – 12:30 Uhr	Zähne putzen, waschen, Vorbereitung zum Schlafen (bei Bedarf).
12:30 – 14:00 Uhr	Mittagsruhe (einige schlafen, andere ruhen sich aus), Gestaltung der Ruhephase mit den Kindern, die nicht schlafen: Vorlesen, Entspannungsübungen, Kassetten hören, Mandalas malen usw., Vespervorbereitung.
Ab 13:00 Uhr	Die Ruhephase für die „Wachkinder“ ist beendet, Vespervorbereitung, Freispiel, Projektarbeit, Kleingruppenarbeit.
14:00 – 17:00 Uhr	Beendigung des Mittagsschlafs und Vesper, anschließend Freispiel im Haus oder Garten, Angebote, Abholphase.

Bedeutung eines geregelten Tagesablaufs

Die einzelnen Bestandteile im Tagesablauf sind klar an den Bedürfnissen und Fähigkeiten des Kindes orientiert. Kinder brauchen einen Wechsel von Selbstbestimmung und Anleitung, von Vielfalt und Ordnung. Sie brauchen Phasen, in denen sie allein tätig sein können und Phasen für das Spielen und Lernen mit einem Freund, in einer Kleingruppe und in der Großgruppe.

Der geregelte Tagesablauf bietet dem Kind Beständigkeit und Zuverlässigkeit. Es weiß, was als nächstes folgt, was von ihm erwartet wird, wie viel Zeit es für etwas hat und wann der Kita-Tag zu Ende ist. Wenn das Kind sich im Tagesablauf auskennt, kann es selbstbestimmter handeln. Besonders für kleine Kinder ist ein klarer Rahmen wichtig.

Für die Pädagogin bietet dieser geregelte Tagesablauf die Möglichkeit im Freispiel, zu beobachten und sich einzelnen Kindern zuzuwenden. In den Klein- und Großgruppenphasen greift sie die Interessen der Kinder auf und plant und gestaltet dazu Bildungsangebote mit den Kindern.

Regeln im Tagesablauf wirken ordnend und schützend. Sie zeigen dem Kind seine Freiräume auf, z. B. wo es sich während des Freispiels aufhalten kann. Sie knüpfen Bedingungen beispielsweise an den Aufenthalt im Bewegungsraum. Je erfahrener die Kinder im Umgang mit den Regeln sind, desto eher können diese verhandelt werden. Unveränderbar sind Regeln des Umgangs miteinander (Beispiel: Andere dürfen grundsätzlich nicht verletzt werden.). Regeln geben also auch Schutz. Sie müssen mit der Kindergruppe regelmäßig neu erarbeitet werden, z. B. wenn neue Kinder hinzukommen oder sich Organisationsstrukturen ändern.

So wird Elena deutlich, dass die Regeln des Umgangs miteinander in ihrer Gruppe neu verhandelt werden müssen. Deshalb entwickelt sie ein Projekt zum Thema „soziale Kontakte“.

Rituale sind Handlungen, die nach vorgegebenen Regeln immer gleich ablaufen. Dies können kleine Dinge sein, wie das „Rausschubsen“ der Mutter aus dem Gruppenraum beim morgendlichen Abschied.

Es gibt auch Rituale, die die Pädagogin in einem größeren Rahmen (mit allen Kindern der Gruppe oder sogar der Kita) gestaltet: die Morgenrunde, einen religiösen Feiertag oder einen Kindergeburtstag. Rituale sind in die jeweilige Kultur eingebunden. Die Sozialassistentin beginnt und beendet das Ritual mit bestimmten Wortformeln und Gesten, oft mit einem Symbol (Gong, Handpuppe, Redestein, Kerze), je nach Art des Rituals. Rituale bieten den Kindern einen „roten Faden" durch den Alltag und durch besondere Ereignisse wie Feste. Sie fördern den Zusammenhalt der Gruppe, sollen aber auch zur Stärkung jedes einzelnen beitragen. So sind Rituale im Kindergartenalltag ganz wichtige Stützpunkte. Das Wiederkehren von vertrauten Abläufen gibt den Kindern Ruhe und Sicherheit. Gleichzeitig entlasten sie die Pädagogin, weil Abläufe nicht immer wieder neu bestimmt werden müssen.

AUFGABE

1. „Es wäre besser gewesen, du wärst zur selben Stunde gekommen", sagt der Fuchs. „Wenn du zum Beispiel um 4 Uhr nachmittags kommst, kann ich um 3 Uhr anfangen, glücklich zu sein. Je mehr Zeit vergeht, umso glücklicher werde ich mich fühlen. Um 4 Uhr werde ich mich schon aufregen und beunruhigen; ich werde erfahren, wie teuer das Glück ist. Wenn du aber irgendwann kommst, kann ich nie wissen, wann mein Herz da sein soll [...] Es muss feste Bräuche geben." (aus: Der kleine Prinz, Antoine de Saint-Exupéry)
   a) Warum wünscht sich der Fuchs Regeln und Rituale?
   b) Welche Regeln halten Sie im Umgang mit Kindern für wichtig?
   Begründen Sie Ihre Antworten.
2. Finden Sie heraus, welche Regeln und Rituale es in Ihrer Kindergruppe gibt und wie diese eingeführt und eingehalten werden.
3. Beobachten Sie, wie die Kinder mit diesen Regeln und Ritualen umgehen.

3.1.2 Wochenablauf

Ein gleichbleibender Wochenablauf gibt jedem Tag seine besondere Bedeutung und befriedigt das Bedürfnis nach Regelmäßigkeit und Wiederholung. So wissen die Kinder um die Vorschularbeit am Montag, den Waldtag am Mittwoch und den Spielzeugtag am Freitag. Sie lernen, sich selbst zu organisieren, indem sie ein Spielzeug für den Freitag einpacken. Wichtig ist, dass der Anteil an selbst bestimmten und gelenkten Tätigkeiten der Kinder in der Woche ausgewogen ist. Der Wochenplan stellt den Rahmen für die Organisation von Aktivitäten innerhalb und außerhalb der Einrichtung (z. B. Projekte, Ausflüge) dar. Die Pädagoginnen wissen, wer wofür zuständig ist und welche Räume wann und wodurch besetzt sind. Diese Klarheit erleichtert die Vorbereitung und schafft mehr Zeit für die Arbeit mit den Kindern.

Dieser Frage stellt sich das Team von Elena: Wann passen welche Bildungsangebote und Projekte in den Wochen- und Jahresverlauf, ohne die Kinder in ihrer wichtigen selbst bestimmten Spielzeit einzuschränken?

Der Wochenplan (oftmals auch der Tages- und Jahresplan) hängt häufig im Eingangsbereich der Gruppe oder Kita aus, um die Eltern über die Aktivitäten zu informieren. Eine transparente Planung bietet den Eltern Anknüpfpunkte für Gespräche und mögliche Zusammenarbeit mit den Pädagoginnen.

AUFGABE

1. Untersuchen Sie den Wochenplan Ihrer Gruppe indem Sie
   a) die Pläne Ihrer Gruppe und Kita mit denen Ihrer Mitschüler vergleichen,
   b) Ähnlichkeiten und Unterschiede herausstellen,
   c) neue Ideen für den Wochenplan Ihrer Gruppe entwickeln und Ihre Vorschläge begründen.

2. Welchen Einfluss haben die Kinder der Gruppe auf die Wochenplanung?
3. Diskutieren Sie, welche Vor- und Nachteile die Erstellung von Wochenplänen für die Kinder und für die Zusammenarbeit im Team haben.

3.1.3 Jahresablauf

Das Gruppengeschehen, der Bildungsauftrag der Einrichtung, die Jahreszeiten sowie Feste bestimmen den Verlauf eines Kindergartenjahrs. Man kann das Jahr in drei größere Abschnitte aufteilen:

Jahresabschnitte (grob)

- September bis Weihnachten
- Januar bis April
- Mai bis zu den Sommerferien

Von September bis Weihnachten geht es um das Zusammenfinden der Gruppe. Kinder unter 3 Jahren werden in der Regel nach einem festen Konzept eingewöhnt. Trösten, Hilfe bei der Kontaktaufnahme und das Erklären von Regeln ist in der ersten Zeit für die „Neuen" ganz wichtig (s. Kap. 12). In der Gruppe geht es unruhig zu: Die ehemals mittleren Kinder sind jetzt die Großen. Die neue Gruppenzusammensetzung lässt manche Positionskämpfe um Ansehen und den Platz in der Gruppe entstehen. Die kalte und regnerische Jahreszeit verlagert die Gruppenaktivitäten verstärkt nach drinnen. In dieser Zeit stehen viele Feste wie Erntedank, Halloween, Sankt Martin und Weihnachten an. Die Pädagogen und die Kinder bereiten diese Feste gemeinsam vor, die Gruppe tritt nach außen auf.

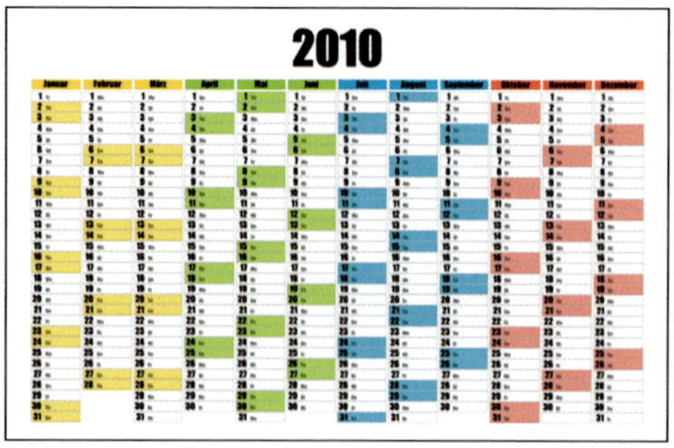

Wandkalender

Zum Jahresbeginn beginnt ein neuer Abschnitt. Schnee, Fasching, später Ostern und die zunehmende Wärme, der Frühlingszeit verlagern die Aktivitäten von Kindern und Erwachsenen öfter ins Freie. Gruppenpädagogisch wird es ruhiger: Jeder kennt seinen Platz, Regeln und Besonderheiten einzelner Kinder sind bekannt und werden akzeptiert. In vielen Einrichtungen werden in dieser Phase Projekte entwickelt. Manchmal werden gruppenübergreifende Vorhaben verwirklicht. Die Kinder übernehmen Ämter und allgemein mehr Verantwortung im Tagesgeschehen. Für die Großen beginnt die Einstimmung auf den kommenden Schulbesuch.

Ab Mai, d. h. in der letzten Phase des Kindergartenjahres, finden oft Übernachtungen in der Kita und Gruppenreisen statt. Die jüngeren und mittleren Kinder der Gruppe sind selbstbewusster geworden und können ihre Beziehungen eigenständiger gestalten. Die älteren bereiten sich z. B. durch Schulbesuche auf den Übergang in die Schule und damit auf ihren Abschied von der Kita vor. In vielen Einrichtungen bildet das Sommerfest den Abschluss und einen letzten Höhepunkt für Kinder, Eltern und Pädagogen (s. Kap. 12 Die Gruppe). Die Pädagogen reflektieren am Ende des Jahres den Verlauf ihrer Arbeit und planen mögliche Veränderungen für das nächste Jahr ein.

3.2 Feste und Feiern

Gefeiert wird in allen Kulturen. Anlässe für Feste und Feiern sind persönliche Ereignisse, religiöse oder jahreszeitliche Traditionen. Sie bringen Abwechslung in den Alltag und sind spannend für den Einzelnen und für die Ge-

Im Mittelpunkt stehen und gefeiert werden

meinschaft. Mit Engagement und Vorfreude werden Feste gemeinsam vorbereitet: Räume geschmückt, festliches Essen zubereitet usw. Über Feste und Feiern erfassen Kinder das Jahr als einen Zeitabschnitt, denn sie haben nur einmal im Jahr Geburtstag.

Traditionen und Rituale geben Festen und Feiern ihren Rahmen. Zu vielen Festen gehören traditionelle Lieder oder besondere Aktionen wie der Laternenumzug. Rituale sind Handlungen, die den Ablauf eines Festes bestimmen. Sie legen fest, was passiert, wer welche Rolle hat und welches Verhalten angemessen ist. In einer bestimmten Kultur aufzuwachsen, bedeutet, sich diese Rituale anzueignen.

Für manche Kinder ist die festliche Zeit schwierig, weil ihnen positive Erfahrungen mit Festen in ihrem Elternhaus fehlen. An Festtagen zeigen sich oft finanzielle Zwangslagen und andere Schwierigkeiten in den Familien.

Bei den bedeutsamen Festtagen liegt die Berücksichtigung der kulturellen und religiösen Unterschiede nahe und in vielen Einrichtungen sind Festtage eine willkommener Anlass, um die Wertschätzung der verschiedenen Kulturen, denen die Kinder angehören, zum Ausdruck zu bringen.

Folgende Aufgaben fallen der pädagogischen Fachkraft dabei zu:

- Kindern eine Verwurzelung in ihrer Religion zu geben. Wer Wurzeln geschlagen hat, kann sich öffnen für Andersartigkeit.
- Kinder anderer religiöser Herkunft als Gäste dazu einzuladen, christliche Traditionen kennenzulernen – bei gleichzeitiger Wertschätzung ihrer Religion und Traditionen.
- Feste anderer Kulturen und Religionen bewusst wahrzunehmen und Interesse zu zeigen für deren Bedeutung. Wissen über Andersartigkeit hilft, diese zu tolerieren.

(Harz, 2001)

Persönliche Feste	Feste im Kirchenjahr	Islamische Feste	Jüdische Feste	Jahreszeitliche Feste	Feste der Einrichtung	Feste der Gemeinde	Nationale, internationale Feste
Geburtstag Namenstag Einschulung Muttertag Vatertag	Erntedankfest St. Martin Nikolausfest Advent Weihnachten Ostern Pfingsten Fronleichnam	Id al-Adha Id al Fitr Mawlid an-Nabi Laylat al-Quadr Ramadan	Rosch Haschana Yom Kippur Purim Pessach Schawuot Tischa b'Av	Jahreswechsel Karneval Frühlingsfest Sommerfest	Die Neuen begrüßen Spielfest Kindergarten-Übernachtung Jubiläum	Kirmes Schützenfest Fest der Kulturen Vereinsfeste	1. Mai 3. Oktober Nationalfeiertage der Länder, aus denen Kinder kommen

Beispiele für Festtage

Laternenumzug

3.2.1 Festvorbereitung

Bevor es in die konkrete Planung geht, müssen Zweck, Zielgruppe, Art und Rahmen des Festes geklärt werden. Wichtig ist auch, im Vorfeld zu überlegen, in welchem Maße die Kinder an den Vorbereitungen beteiligt und in welchem Rahmen die Eltern einbezogen werden können.

Elena und ihren Kollegen geht es um die Planung eines Sommerfestes, auf dem unter anderem die Ergebnisse ihres Projekts von den Kindern vorgestellt werden sollen.

AUFGABE

1. Ermitteln Sie, welche religiösen Feste auf welche Weise in Ihrer Kita gefeiert werden und wie Ihre Kita zeigt, dass es Kinder verschiedener kultureller und religiöser Herkunft gibt.
2. Beschreiben Sie, welche Bedeutung der Geburtstag für Kinder hat. In welcher Form wird der Geburtstag der Kinder in Ihrer Gruppe gefeiert (Rituale, Symbole, Traditionen)? Welche weiteren Ideen haben Sie, um Geburtstage in der Kita zu begehen?
3. Dokumentieren Sie ein Fest Ihrer Einrichtung mit Grundlagenwissen, Ablaufbeschreibung und dazugehörigen Bildern, Liedern, Gebeten (z. B. in Form eines Plakats).

Faschingsfest

	Aufgabe	Zuständigkeit	Bis wann zu erledigen?
Finanzierung	– Zur Verfügung stehende Mittel klären – Feste Ausgaben kalkulieren – Ggf. Sponsorensuche – Einnahmemöglichkeiten: Speisen- und Getränkeverkauf, Tombola, Versteigerung		
Raum	– Raumplanung, ggf. Zelte mieten, Sonnenschirme – Stühle, Bänke, Tische – Bühne (inkl. Technik; Lautsprecher, Lampen, Musik, Dekoration) – Sicherheit (Feuerwehr) – Stände für Speisen- und Getränkeverkauf, für Tombola		
Genehmigungen einholen, Öffentlichkeitsarbeit, Dokumentation	– Träger, Nachbarn und Feuerwehr informieren, bei einem Sportfest auch das DRK – Ausschankgenehmigung einholen – Lebensmittelhygieneverordnungen erfragen (Gesundheitsamt) – Ankündigung an die Presse geben – Bericht vor und nach dem Fest an die Zeitung geben – Werbeplakate gestalten – Fotoapparat – Dokumentation der Festplanung, der Finanzierung, Bericht über den Erfolg für Archiv/Kindergartenzeitung		
Gäste	– Gästeliste erstellen, schriftlich einladen mit Bitte um Antwort bis 14 Tage vor dem Fest – Ehemalige, Vertreter anderer Einrichtungen – Gemeindevertreter – Gästebetreuung festlegen (Empfang, Vorstellen u. a.)		
Beköstigung	– Eltern oder Partyservice bestücken das Büffet – Getränkevertrieb mit Rückgaberecht von halb verbrauchten Getränkekisten – Geschirr, Besteck und Gläser, Tabletts – Spülservice – Helferplan erstellen – Preislisten erstellen, Wechselgeld und Kassen – Pappgeschirr und Folie für Verkauf außer Haus und Reste – Abfallentsorgung		
Programm festlegen, einstudieren	– Spielfest: unterschiedliche Spielstationen, Stempelkarten, Teilnehmerehrungen – Technik für Vorführungen (Bühne) – Jubiläum: geschichtlicher Abriss, Bilder – Feier eines Neubaus: Bauentwicklung; Vorführungen, Lieder, Spiele thematisch darauf abstimmen – Rechtzeitiges und kontinuierliches Üben – Probedurchgang vor dem Fest, Stellprobe – Programm erstellen, drucken und aushängen – Vorführungsteile und Tombola nicht zu dicht legen, Freiraum lassen zum Essen und für Gespräche – Helferplan für die Betreuung der Vorführenden (Umziehen, Schminken) – Dienstplan für die Mitarbeiter/Helfer		
Durchs Programm führen	– Begrüßungsansprache; Ehrengäste und Sponsoren namentlich erwähnen – Moderation festlegen, jeweils nächsten Programmpunkt ansagen, erklären – Lob und Danksagung an die Aktiven und Helfer – Die meisten Feste haben ein offenes Ende		
Aufräumen und Nachbesprechung	– Aufräumen – Reflexion und Dokumentation der Festplanung und der Finanzierung als Grundlage für die Planung künftiger Feste – Bericht über den Erfolg für Archiv/Kindergartenzeitung – Ggf. Helferfest für die Aktiven		

Checkliste zur Vorbereitung eines Festes *(nach: Hall, 2001)*

4 Didaktische Planungsansätze

4.1 Grundgedanken der Didaktik

Der Begriff Didaktik stammt aus dem Griechischen. Hier bezeichnete „didaskein“ die Tätigkeiten des Lehrens, Lernens und Unterrichtens. Seit dem 17. Jahrhundert ist der Begriff im Zusammenhang mit schulischen Lehr- und Lernprozessen gebräuchlich. Auch heute wird er im Wesentlichen dort verwendet, wo es um schulisches Lehren und Lernen geht. Auch die Kindertagesstätte hat einen Bildungsauftrag.

Didaktisch-methodische Prinzipien

„Erkläre mir, und ich werde vergessen.
Zeige mir, und ich werde mich erinnern.
Beteilige mich, und ich werde verstehen.“

Um Lernvorgänge erfolgreich beeinflussen und stützen zu können, müssen die Pädagogen im Kindergarten die für das Lernen wichtigsten Grundsätze – allgemein **Lernprinzipien** genannt – kennen.

Anschaulichkeit. Gibt es ausreichend Material, Gegenstände und Bilder zum Anschauen und Anfassen, wird das Kind angeregt zu entdecken, zu fragen, neue Erkenntnisse zu sammeln.

Aktivität. Praktisches Tun, Spielen, Experimentieren, Forschen, Ausprobieren, Beobachten und Vergleichen bestärken das Kind in seiner Unabhängigkeit, Selbstbestätigung und Entscheidungsfähigkeit. Dieses Prinzip versteht sich als „Lernen durch Handeln“. Aufgabe der Pädagogin ist dabei, das Selbstmachen der Kinder zu unterstützen und Anlässe zum selbsttätigen Handeln zu geben.

Übung. Das Kind wiederholt Tätigkeiten oder Erzähltes so oft, bis es eine Sicherheit in der Tätigkeit oder Erzählung wahrnimmt: Es hat etwas gelernt Die Pädagogin gibt insofern Unterstützung, als sie Lernvorgänge in überschaubare Teilschritte untergliedert. Dabei bestärkt und ermutigt sie das Kind.

Lebensnähe. Die Pädagogin gibt den Kindern Möglichkeiten, ihre direkte Umwelt zu erleben und mitzugestalten und regt mit vielfältigen Ideen dazu an. Kinder setzen sich mit Erfahrungen aus ihrer Umwelt auseinander.

Kindgemäßheit. Kinder haben ihre eigenen Bedürfnisse, Wünsche, Neigungen und Interessen. Sie vollziehen Entwicklungsschritte im Rahmen der Möglichkeiten, die ihnen aufgrund ihres Entwicklungsstands offenstehen.

Individualisieren. Das Kind möchte in der ihm eigenen Individualität wahrgenommen werden. Seine kulturellen, entwicklungs- und lerngeschichtlichen Besonderheiten werden angenommen. Die Pädagogin sieht dies, nimmt es an und arbeitet mit seinen Stärken.

Beteiligung. Kindern muss Raum für eigene Ideen und Entscheidungen gelassen werden. Sie sollen erfahren, dass auch sie Verantwortung übernehmen können (s. Punkt 4.6 Partizipation).

Respekt. Merken die Kinder, dass sie akzeptiert und gemocht werden, lernen sie leichter. In dieser Atmosphäre werden sie sicher und können sich auf Neues einlassen. Die bisher genannten Prinzipien helfen, das Kind als vollwertigen Menschen anzunehmen. Die Pädagogin kann dies durch Mimik, Gestik, Tonfall und Wortwahl zum Ausdruck bringen. Auch die Ansprache des Kindes in der Hocke hilft, dem Kind auf Augenhöhe zu begegnen.

Deshalb müssen die Pädagogen hier ebenfalls Entscheidungen zu den Inhalten, Zielen und Methoden ihrer Angebote treffen.

Die Didaktik befasst sich mit folgenden Fragen:

Was?	→ Inhalt
Weshalb?	→ Ziele
Wie?	→ Methoden
Womit?	→ Medien/Materialien
Wer?	→ Adressaten
Wo/wann/wie?	→ Organisationsform

4.2 Funktionsorientierter Ansatz

Die Funktionen (= Fähigkeiten und Fertigkeiten) des Kindes bilden hier den Ausgangspunkt für die Entwicklung von Lernzielen und Lernangeboten. Die pädagogische Fachkraft legt Ziele und Themen der Bildungsangebote für die Kinder fest.

Bildungsangebote

↓

pädagogisches Handeln, das umfassend geplant wird, von der Analyse der Ausgangssituation über die Formulierung von Zielen und Durchführung bis hin zur Reflexion des möglichen Kompetenzzuwachses

Die Ziele sind Fähigkeiten und Fertigkeiten, die das Kind für sein Leben entwickeln muss, um die Aufgaben des Alltags und spätere gesellschaftliche und berufliche Anforderungen zu bewältigen. Sie leiten sich von den allgemeinen Entwicklungsbereichen (kognitiver, motorischer, sozialer und emotionaler Bereich usw.) und von Lern- oder Bildungsbereichen der Bildungsempfehlungen/-pläne der jeweiligen Bundesländer (Kommunikation, Sprache und Schriftkultur, naturwissenschaftliche und mathematische Grunderfahrungen usw.) ab.

Funktionsorientierte Aktivitäten weisen oft eine geschlossene Planung auf. Das bedeutet, dass die Pädagogin nicht nur Ziele, Thema und Zeitspanne festlegt, sondern auch recht genaue Vorstellungen von der Bearbeitung des Themas hat.

Funktionsorientierte Aktivitäten können beispielsweise:

- eine gezielte Einführung in ein neues Bewegungsspiel sein
- dazu dienen, sich intensiv mit einem Buch zu beschäftigen
- für Finger-, Hand- und Körperspiele genutzt werden
- dem Kennenlernen eines neuen Brettspiels dienen
- Lieder, Tänze oder Instrumente bekannt machen
- zur Besprechung von Konfliktsituationen herangezogen werden
- in vielerlei Hinsicht der Auseinandersetzung mit Material und kreativen Methoden dienen
- zur bewussten Wahrnehmung gesammelter Naturmaterialien oder deren Dokumentation genutzt werden
- die gemeinsame Vorbereitung einer Mahlzeit sein

In einem systematischen Aufbau, meist vom Leichten zum Schweren, werden die ausgewählten Fähigkeiten in einer Kleingruppe (gelegentlich auch mit einzelnen Kindern) geschult. Am bekanntesten sind Vorschulmappen, didaktische Spiele, Übungen zur Schulung der Farbbenennung oder des Zählens.

So geht die Pädagogin vor: Sie wählt ein Thema aus, das sie für die Kinder als interessant empfindet, und versucht innerhalb dieses Themas Aktivitäten zu entwerfen, durch die das Kind in seinen unterschiedlichen Fähigkeiten geschult und gefördert wird. Solche

Bei einer funktionsorientierten Aktion

Planungen werden für einen Zeitraum von meist mehreren Wochen zusammengestellt.

Beispiel: Im Frühling wird mit den Kindern über die Veränderungen der Natur gesprochen, entsprechende Bastelarbeiten werden erstellt, Lieder gesungen und Gedichte gelernt.

Manchmal werden Lernbereiche und Zeitvorgaben nicht eindeutig festgelegt, doch trotz dieser etwas lockereren Handhabung bleibt es ein funktionsorientiertes Vorgehen, weil die Sozialassistentin vorgibt, systematisch plant und die Kinder wenig an der Planung beteiligt.

Die Entwicklung der Lernziele, der Lerninhalte und der Methoden berücksichtigt die augenblickliche konkrete Lebenssituation der Kinder nicht. Das Kind erlernt Fähigkeiten und Kenntnisse für die Zukunft, die für das Kind aber gegenwärtig keine Bedeutung haben.

In der Lernsituation haben sich zwei Themenbereiche ergeben, die über einen längeren Zeitraum verfolgt werden können, um das gewünschte Ziel zu erreichen. Die Mitarbeiter entscheiden sich, das Thema „Welt der Sinne“ aufzugreifen und die Ergebnisse auf dem anstehenden Sommerfest zu präsentieren. Das Team plant dazu folgende funktionsorientierte Aktivitäten:

- Aufbau eines Sinnesparcours für die Kinder
- Wahrnehmungsübungen zu den verschiedenen Wahrnehmungsbereichen
- Bewegungsspiele, die das Gleichgewicht herausfordern
- Stand, an dem die Besucher verschiedene Speisen mit verbundenen Augen „erschmecken“
- Aufführung eines Tanzes, der die verschiedenen Sinne thematisiert

Dann teilen die Pädagoginnen die Kinder nach Interessen und Fähigkeiten in Kleingruppen ein, in denen die geplanten Vorhaben umgesetzt werden.

4.3 Situationsorientierter Ansatz

Der Situationsansatz greift das Lernen des Kindes und die entsprechenden Lernangebote von seinen Lebenssituationen im Alltag her auf. Das Kind soll in seinem Alltag und für eine bessere Bewältigung seiner gegenwärtigen Lebenssituation lernen.

Im situationsorientierten Ansatz untersucht die Pädagogin zunächst die Lebenssituationen der Kinder ihrer Kindergruppe: *Welche Situationen bestimmen das Leben der Kinder? Was muss von ihnen bewältigt werden? Welche Kompetenzen (Befähigungen und Fähigkeiten) werden von ihnen zur Bewältigung ihres Alltags verlangt?* Die Sozialassistentin beobachtet, welche Stärken die Kinder mitbringen und welche möglichen Schwierigkeiten sie haben.

Elena und ihre Kollegen haben bemerkt, dass es vermehrt Streitigkeiten zwischen den Kindern aus dem Elementarbereich gibt. Genaue Beobachtungen sollen den Pädagogen Aufschluss darüber geben, über welche Konfliktlösungskompetenzen die Kinder verfügen und welche zusätzlichen pädagogischen Impulse oder Hilfen sie benötigen.

Die Situationen können sich auf die direkte Gegenwart des Kindes oder auf seine nahe Zukunft beziehen.

Nach dem ursprünglichen Gedanken des situationsorientierten Ansatzes werden nicht beliebige Situationen aufgegriffen, sondern insbesondere solche, in denen das Kind in seinem alltäglichen Handeln **kompetenter werden** und dadurch größere Selbstbestimmung erreichen kann. Die Pädagoginnen wählen häufig auftretende Situationen, in denen Kinder handeln müssen, oder sie entscheiden sich für Situationen, in denen die Kinder ihre Kompetenzen erweitern oder ihre Unsicherheiten überwinden möchten. Das können problematische Situationen sein, aber auch solche, die einfach nur Freude machen und das Interesse der Kinder wecken.

Ziele des situationsorientierten Arbeitens sind, dem Kind zu stärkerer Autonomie (= Selbstbestimmung) und zu höherer Kompetenz in seiner Handlungsfähigkeit und Solidarität (= Zusammengehörigkeitsgefühl, Eintreten für Schwächere) in seinem Lebensalltag zu verhelfen. Solidarität umfasst die soziale und ökologische Verantwortung, also die Verantwortung der eigenen Person den Mitmenschen und der Umwelt gegenüber.

Beispiel: Kinder wissen viel über den Umgang mit Müll und sollen ihr Wissen weitertragen und erweitern, indem die Pädagoginnen mit den Kindern eine Aufräumaktion im Wald zusammen mit ihren Eltern und anderen Mitgliedern der Gemeinde planen.

Diese Ziele werden in einen Bezug zum Lebensalltag der Kinder gesetzt, für diesen Lebensalltag konkretisiert und im alltäglichen Handeln umgesetzt und gelebt.

Gemeinsame Planung

Merkmale des situationsorientierten Arbeitens

- offene Planung
- Gruppenmitglieder werden an der Planung beteiligt
- Einbeziehen des Umfelds
- veränderte Rolle der Pädagogin, d. h., sie lernt mit den Kindern, anstatt sie zu belehren
- soziales und fachliches Lernen werden miteinander verbunden
- Prozessorientierung statt Ergebnisorientierung
- Kooperation mit Eltern und anderen Beteiligten

Schritte des situationsorientierten Arbeitens

Schritt 1: Vergegenwärtigen der Lebensbereiche der Kinder und ihres Umfelds
Schritt 2: Sammlung von Situationen
Schritt 3: Analyse der Situationen und ihrer Zusammenhänge
Schritt 4: Auswahl von Situationen
Schritt 5: Planung eines Projekts (mit Kindern)
Schritt 6: gemeinsame Durchführung des Projekts
Schritt 7: Auswertung des Projekts

(Krenz, 2008)

AUFGABE

1. Beschreiben Sie das obige Bild. Ergänzen Sie die Tabelle, indem Sie Beispiele für beide Planungsarten anführen.
2. Notieren Sie Vor-/Nachteile der beiden Vorgehensweisen.

Geschlossene Planung	Offene Planung
Schritt- und stufenweises Vorgehen	Gemeinsam Möglichkeiten finden

3. Vergleichen Sie den funktionsorientierten und situationsorientierten Ansatz mithilfe der folgenden Fragen:
   - Welches Menschenbild vom Kind legt der Ansatz offen?
   - Welches Rollenverständnis wird der Pädagogin zugedacht?
   - Welche Handlungskompetenzen werden von den Pädagogen in den jeweiligen Ansätzen verlangt?
4. Diskutieren Sie in zwei Gruppen: Welche Vorgehensweise, funktions- oder situationsorientiert, eignet sich, um Kinder mit Sprachproblemen (auch mit anderen Muttersprachen) in ihrer sprachlichen Entwicklung zu unterstützen? Eine Gruppe vertritt das funktionsorientierte Vorgehen, die andere den situationsorientierten Ansatz. Siehe dazu auch Kap. 7 Sprachentwicklung.

4.4 Projektarbeit

Ein weiteres didaktisch-methodisches Prinzip ist die Projektarbeit. Projekte sind über einen längeren Zeitraum verlaufende Untersuchungen eines Themas oder eines Themenbereichs.

In der Regel sind sie **ergebnisoffen**: In der Arbeit selbst entwickelt sich das mögliche Ergebnis. Das beinhaltet, dass es in der Projektarbeit vor allem auf den gemeinsamen Weg der Auseinandersetzung mit dem Themengebiet ankommt.

Da Projekte eine offene Form haben, die zur Mitgestaltung durch Kinder anregt, ist der Lerneffekt für die Kinder vielfältig:

- Sie erweitern durch die vertiefte Auseinandersetzung mit dem Thema ihr Sachwissen.
- Sie vertiefen ihre sozialen Kompetenzen, da Projekte in der Regel Teamarbeiten sind, die allein nicht zu schaffen sind: zusammenarbeiten können, sich absprechen können, verlässlich sein, Kritik erfahren und angemessen geben können sind nur einige Aspekte des sozialen Lernzuwachses.

Der Projektverlauf lässt sich in vier Phasen einteilen:

Phase 1: Die Pädagogin wählt aus Lebenssituationen der Kinder Ereignisse oder Themen aus, die sich für ein Projekt eignen und für die weitere Entwicklung der Kinder wichtig sind. Anschließend wird die Realisierbarkeit unter den eigenen Bedingungen überprüft. Dabei helfen die Hinweise aus der didaktischen Analyse (s. Punkt 5.1). Eine Projektidee kann sich auch aus der direkten Nachfrage von Kindern ergeben, die dann als Thema mit den Kindern und der Pädagogin festgelegt wird.	**Phase 2:** Anschließend wird das Thema mit den Kindern besprochen. Gemeinsam wird überlegt, wie die Fragen und Wünsche der Kinder beantwortet werden können: Welche Aktivitäten sind notwendig? Wer kann von außen Informationen geben? Wo muss selbst nach Antwort gesucht werden? Jetzt kann sich ergeben, dass das Thema noch einmal unterteilt wird: Es ergeben sich Teilprojekte, die von mehreren Gruppen in der Kita bearbeitet werden, oder eine Gruppe unterteilt ihr Projekt in Abschnitte, weil es sonst zu umfangreich wird. In dieser Phase greifen alle Überlegungen zum Thema Partizipation von Kindern.
Phase 3: In der nun folgenden Durchführungsphase findet die Forschungsarbeit statt. Die Kinder begeben sich auf die Suche nach den vorher angefragten Antworten. Dabei wird versucht, mit vielfältigen Materialien und auf verschiedenen Wegen diese Antworten zu finden: Eine Exkursion kann ebenso helfen wie die intensive Auseinandersetzung mit einem Sachbuch oder das vorbereitete Interview mit einem Experten. Wichtig sind die Informationen aus erster Hand. Die Ergebnisse können mit Fotos, Video oder selbst gemalt oder gezeichnet festgehalten werden. In dieser Zeit muss sichergestellt sein, dass die zeitlichen und räumlichen Verhältnisse diese Projektarbeit unterstützen und nicht verhindern. Hier ist die strukturierende Vorarbeit der Pädagogin gefragt. Zugleich wird sie sich aber in dieser Phase auch als Lernende mit den Kindern erleben und muss für deren Ideen offen sein.	**Phase 4:** Ein Projekt sollte in allen Phasen dokumentiert werden: Wird der ganze Projektweg dokumentiert, ist dies für das laufende Projekt eine hilfreiche Orientierung. Außerdem lässt es sich abschließend gut anderen Beteiligten oder den Eltern, Besuchern oder anderen Gruppen in der Kita präsentieren. Diese Präsentation kann für die Öffentlichkeitsarbeit der Kita genutzt werden; ihre Vorbereitung hilft aber auch der gemeinsamen Reflexion der Arbeit.

- Das einzelne Kind erfährt eine Stärkung seines Selbstvertrauens und wird selbstbewusster; es konnte gemeinsam mit anderen eine „große Sache auf die Beine stellen“ und hat diese vor anderen (meist erfolgreich) präsentiert.
- Kinder eignen sich (handwerkliche) Techniken und Fertigkeiten an.

Merkmale der Projektarbeit
- Interessen der Kinder aufgreifen; daraus entstehen die meisten Projekte
- Lebensbezug: das Thema muss mit der Lebenswirklichkeit des Kindes zu tun haben und für das Kind erfahrbar, evtl. beobachtbar sein
- ganzheitliches Lernen mit allen Sinnen ermöglichen
- Raum für entdeckendes und selbst handelndes Lernen bieten
- eine zunehmende Vertiefung in der Auseinandersetzung mit der Thematik ermöglichen (spiralförmiges Lernen)
- außenstehende Personen wie Eltern oder Menschen aus dem Umfeld der Kita mit einbeziehen
- offene Planung: die Kinder sollen sich aktiv an der Planung beteiligen und mit eigenen Ideen den Projektverlauf beeinflussen

Projekte bieten eine Plattform für unterschiedliche Kompetenzzuwächse und vielfältige Gelegenheiten, sich mit Interessantem auseinanderzusetzen. Vor allem schaffen sie aber einen Rahmen, in dem Kinder sich mit ihren Ideen einbringen und unterschiedlich ausprobieren können. Dies gelingt bereits bei kleineren Projekten, die nur wenige Aktivitäten umfassen und an denen nur ein Teil der Kinder beteiligt ist. Die Präsentation für die restliche Gruppe kann diese wiederum animieren, selbst aktiv zu werden.

AUFGABE

1. Welches Bild vom Kind liegt der Projektarbeit zugrunde?
2. Nennen Sie mehrere Unterschiede zwischen den Merkmalen eines gezielten Angebots und denen eines Projekts.
3. Welche Rolle muss die Pädagogin in der Projektarbeit übernehmen?
4. Entwickeln Sie eine eigene Projektidee aus den Begebenheiten Ihrer Praktikumsstelle heraus.
5. Schildern Sie mehrere mögliche Schwierigkeiten/Störungen, mit denen sich eine Praktikantin bei der Planung eines Projekts auseinandersetzen muss.
6. Beschreiben Sie, was Sie tun können, damit Kinder das Projekt aktiv mitgestalten können.
7. Welche Überlegungen müssen Sie anstellen, wenn Kinder während des Projekts aussteigen möchten?

4.5 Lernwerkstatt

„Die Kunst ist nicht,
die Hand am Kind zu haben,
sondern die Hand im richtigen Moment
wegzunehmen.“
(B. Bobath)

Unter einer Lernwerkstatt versteht man weniger einen bestimmten Raum – das zwar auch – als vielmehr ein Prinzip: Kinder haben innerhalb der Kindertagesstätte in vielfältiger Hinsicht die Möglichkeit, sich und ihr Wissen an Problemen auszuprobieren, die ihrem Alltag entstammen. Sie begegnen dabei Pädagogen, die neugierig sind und sich lustvoll auf die verschiedenen Gedankenwege der Kinder einlassen und mit ihnen zusammen forschen mögen.

Für die Kinder „ist das forschende Lernen – das Bilder benutzt, Geschichten erzählt, oft aus dem Zufall heraus entsteht, keine geraden Wege geht, von Gedanken zu Gedanken schweift, sich aus persönlichen Erfahrungen speist, noch nicht verallgemeinern, systematisieren, ordnen will und noch sehr eng mit der eigenen Person verknüpft ist – noch ganz nah. Offenes, entdeckendes Lernen, sich ganz einlassen auf Probleme, sich an eigenen Fragen entlang hangeln usw., das alles sind Kompetenzen, die Kinder bereits mitbringen." (Klein, 2005). Der Bildungsforscher Gerd Schäfer nennt das „Selbstbildungspotenziale".

Um diese Potenziale zu aktivieren, bedarf es vor allem einer Lernatmosphäre, die das Forschen, Experimentieren, Ausprobieren ermöglicht. Wenn dann noch in Räumen unterstützende Materialien und Geräte vorhanden sind, umso besser. Für Pädagogen ist es nicht immer einfach, sich auf diese neue Lernebene einzulassen. Das kann auch mal bedeuten, dass Kinder wissen wollen, wie sich Kleister anfühlt, und ihre Hände ganz mit Kleister einreiben. Alles aus dem Alltag kann untersucht werden: die Zusammensetzung des Teddybär-Inlets ebenso wie die Entfernung zwischen Bad und Keller in eigenwilligen Maßeinheiten. Unterschiedliche Sorten von Sand und Erde werden hereingeschleppt und unter dem Mikroskop verglichen.

Auch in dieser Forschungsatmosphäre gelten Regeln: Diese sollen das Forschen so gestalten, dass auch für andere Kinder Material und Gerätschaften benutzbar bleiben.

Lernwerkstatt

Aufgabe der Pädagogen ist es, sich auf das gemeinsame Forschen einzulassen. Dabei können auch eigene Ideen eingebracht werden. Wesentlich ist es, dass Pädagogen Vorbild sind im Forschen und sich – durch Beobachtung der Kinder – in ihre Sichtweise hineinzuversetzen versuchen. Gelingt ihnen das, kann ein Verständigungsprozess über die Sichtweise der kindlichen Forscher entstehen.

In vielen Kindertagesstätten gibt es bereits Mathe- oder Zahlen-Ateliers oder Lernwerkstätten für naturwissenschaftliche Versuche. Ergänzt werden können diese durch eine offene Forschungshaltung und auch durch unvollständige Räumlichkeiten, denen man die Arbeit „ansieht". Mut zur Lücke und zur Frage ist hier die Devise.

4.6 Partizipation als Planungselement

Kinder in Kindertageseinrichtungen haben das Recht, an allen Entscheidungen, die sie betreffen, beteiligt zu werden. Es wird ihnen von der UN-Kinderrechtskonvention, vom Kinder- und Jugendhilfegesetz und von den Kindertagesstätten-Gesetzen der Länder zugestanden. Die Umsetzung dieser Rechte für die Kinder im Alltag in den Kindertagesstätten liegt in den Händen der Erwachsenen.

„Die strukturelle Verankerung von Partizipation verlangt die Einführung institutionalisierter Beteiligungsformen, die für Erwachsene wie für Kinder einen festen Platz im Alltag haben. Kindern wird oft erst bei der Einführung von Kinderkonferenzen, Kinderräten oder Kinderparlamenten bewusst, dass sie überhaupt Rechte haben. Wie sie im Alltagsgeschehen informell beteiligt werden, beeinflusst sicher maßgeblich ihr Wohlbefinden und ihr

Engagement. Aber erst die Einführung formaler Beteiligungsgremien führt regelmäßig zur (selbst-)bewussten Einforderung der eigenen Mitspracherechte: *‚Das könnt ihr gar nicht allein bestimmen. Das müssen wir erst im Kinderrat besprechen.'"*

(R. Hansen)

> Kinderkonferenz oder Kinderparlament: Regelmäßig stattfindende Versammlung aller Kinder in der Kita. Es werden alle Kinder betreffende Aktivitäten vorgestellt und besprochen.

In unserer demokratischen Staatsform muss es beizeiten darum gehen, Kindern die Fähigkeit zu vermitteln, Entscheidungen zu treffen und sich verantwortlich zu fühlen, und den Willen zu beleben, etwas mitzugestalten. Nur so werden sie als Jugendliche Interesse an politischen Inhalten und später als Erwachsene Interesse an politischer Beteiligung haben. Um diesen Spannungsbogen geht es bei Partizipation: die Kompetenz zu erwerben, sich für die Belange der Gemeinschaft einsetzen zu können und damit demokratiefähig zu werden. Diese Kompetenz kann nicht vermittelt, sondern muss handelnd erworben werden.

Kinderparlament

> Es lassen sich fünf Prinzipien für Partizipation im Kindergarten zugrunde legen:
>
> I. Kinder müssen zum Erwerb der Partizipationsfähigkeit aktiv von Erwachsenen unterstützt werden, z. B. indem ihnen Zugang zu Informationen verschafft wird oder indem sie lernen, Interessen auszuhandeln, denn auch Erwachsene haben ernst zu nehmende Interessen.
>
> II. Kinder müssen einen gleichberechtigten Umgang erfahren, wobei ihre Lebensräume, Interessen, Weltsicht uneingeschränkt anerkannt werden.
>
> III. Partizipation darf für die Kinder nicht folgenlos bleiben: keine einmalige Mitsprachemöglichkeit, deren Realisierung für die Kinder nicht mehr transparent ist.
>
> IV. Auch die Mitbestimmung der Kinder orientiert sich an der jeweiligen Zielgruppe: Nicht alle Kinder sind gleich und wollen dasselbe. Herkunft, Alter, Geschlecht u. a. müssen bei den Methoden und Inhalten der Partizipation berücksichtigt werden.
>
> V. Partizipation ist lebensweltorientiert, sie geht die Kinder etwas an, da sie aus ihrem Lebensraum einen Zugang zu den Themen haben. (nach: R. Hansen, 2003)

Mitspracherechte von Kindern sind in vielen Kindertagesstätten verankert, z. B. in Form der Beteiligung an der Regelgestaltung für die Gruppe, bei Anschaffungen oder bei der Gestaltung von Festen und Projektthemen. Dennoch ist es noch nicht überall selbstverständlich, dass Kinder eine echte Mitsprache haben: die Wahl von Farbstift oder Spielideen entspricht in diesem Sinne keiner wirklichen Mitbestimmung.

Partizipation muss in der Kindertagesstätte strukturell verankert sein, sonst geht sie im Alltagsgeschehen unter oder reduziert sich auf die Wahl der Spielidee. Diese Verankerung bedeutet, dass die Kindertagesstätte klären muss,

- worüber die Kinder mitentscheiden,
- in welcher Form bzw. in welchen Gremien sie dies tun können,
- ob der Partizipationsgedanke grundsätzlicher Natur ist, also auch das Recht für Eltern und Mitarbeiter/-innen einräumt.

Beispiel
In der konkreten Gestaltung sieht es dann folgendermaßen aus:
Hat die Pädagogin ein Thema für das Bildungsangebot aufgrund ihrer Beobachtungen gefunden, ruft sie die beteiligten Kinder zusammen und teilt ihnen ihre Idee mit. Nun können sich Kinder und Sozialassistentin darüber verständigen, ob das Thema die derzeitigen Interessen der Kinder trifft. Ideen zu möglichen Inhalten helfen, das Thema vorstellbar zu machen. Mit Knöpfen oder Perlen können die Kinder abstimmen, welchen der gesammelten Ideen sie zustimmen.

Im nächsten Schritt werden mögliche Inhalte und passende Aktivitäten gesucht. Auch hier sind manchmal Impulse seitens der Sozialassistentin erforderlich. Andererseits soll es nicht darauf hinauslaufen, dass die Kinder überrumpelt werden oder nur noch Ja sagen müssen. Im Gegenteil sollen sie aufgefordert werden, selbst zu überlegen, was gemacht werden kann. Auch scheinbar abwegige Ideen der Kinder werden ernst genommen, überprüft und hinterfragt: „Wie bist du darauf gekommen?" Manches Mal entdeckt man dabei eine gute Idee, die das ganze Unternehmen weiterbringt oder auch das eigentliche Interesse des Kindes aufdeckt.

Als letzter Schritt bleibt die gemeinsame Überlegung, wie etwas gemacht werden soll. Wieder sammeln die Kinder Ideen, durch Impulse der Sozialassistentin unterstützt. Auch wenn Kinder scheinbar abwegige Umsetzungsideen entwickeln, muss das Prinzip der Partizipation aufrechterhalten werden. Geeignete Fragen helfen dem Kind, selbst einen realisierbaren Weg zu finden.

5 Planung von Bildungsangeboten

5.1 Didaktische Analyse

Vor der Gestaltung von Bildungsangeboten muss sich die Sozialassistentin fragen, wie die Situation ist, in der sich das Kind, für welches das Bildungsangebot gedacht ist, befindet: Was sind die derzeitigen Interessen und Themen des Kindes? Welche Entwicklungsbedürfnisse sind erkennbar? Welche Kontakte zu anderen Kindern bestehen? Ebenso müssen Themen des häuslichen Umfelds sowie Aspekte der kulturellen Herkunft berücksichtigt werden. Außerdem sind natürlich die Bedingungen der Kindertagesstätte zu beachten, deren Pädagogen ja das Bildungsangebot in deren Räumlichkeiten anbieten wollen. Erst in der Berücksichtigung der gesamten Situation, in der das Kind lebt und lernt, sich entwickelt und Beziehungen eingeht, kann ein Bildungsangebot gestaltet werden, das das Kind herausfordert und in seiner Entwicklung unterstützt.

System von Erkundungsfragen

Eine gute Methode ist die der Erkundungsfragen, die einige Bildungsempfehlungen für Kindertagesstätten vorschlagen:

– Das Kind

Anhand von regelmäßigen Beobachtungen hat die Sozialassistentin bereits einiges über das Kind erfahren. So kann der Entwicklungsstand des Kindes eingeschätzt bzw. ist in verschiedenen Teamgesprächen mit der Gruppenleitung reflektiert werden.

Die Berücksichtigung der Entwicklung des Kindes ist ein zentraler Punkt für ein Bildungsangebot. Denn eine Überforderung führt zu Frustration und Verweigerung: Ein Spiel mit hohem Regelanteil lässt sich mit 3-Jährigen noch nicht spielen. Bei Berücksichtigung des Entwicklungsstands wäre ein anderes, ebenso zielführendes Spiel gewählt oder das Spiel selbst abgewandelt worden.

Es ist wichtig, an den Interessen des Kindes anzusetzen oder sein Bedürfnis aufzugreifen. Auch hier helfen Beobachtungen und Gespräche. Mit den Interessen des Kindes kann zweierlei gemeint sein:

- Es ist eindeutig zu beobachten, wofür sich das Kind gerade interessiert: Das Kind sagt es oder zeigt es in seinem Spiel. Ein Bildungsangebot kann hier ansetzen und dem Interesse noch mehr Breite oder Tiefe geben.
- Aus dem Verhalten des Kindes kann auf sein Interesse oder auch Bedürfnis geschlossen werden: Ein Kind, das verstärkt Ritterspiele spielt, kann sich möglicherweise gerade mit dem Thema „Groß und stark sein" auseinandersetzen oder aber es liebt, sich zu verkleiden. Dies wird es nicht direkt ausdrücken können, sondern ist auf die Deutungshilfe durch die Pädagogin angewiesen.

– Das Kind in der Kindergemeinschaft

Das Kind in der Kindertagesstätte setzt sich mit anderen Kindern auseinander, vergleicht sich, sucht Kontakt, grenzt sich ab und baut neue Beziehungen auf. Dies erfolgt im Spiel und bei gemeinsamen Ritualen und Festen, erlebt Unterschiede und Gemeinsamkeiten. Es erlebt sich selbst als Teil einer Gemeinschaft oder möchte es werden. Dies ist ein wichtiger Baustein in seiner Entwicklung und kann für das Kind als Thema erfüllend oder auch belastend sein – auf jeden Fall darf an dieser Situation nicht vorbei geplant werden, sondern hier erkennbare Bedürfnisse sollten aufgegriffen werden.

Aus der Lernsituation lässt sich das Bedürfnis nach Regeln, nach guten Kontakten, Freunden oder einem Gemeinschaftsgefühl ableiten. Wenn Kinder andere hänseln, wollen sie möglicherweise in Kontakt treten, kennen aber keinen adäquaten Weg dafür. Daher lässt sich das Bedürfnis nach Kontakt in der Situation bei genauer Beobachtung interpretieren, ohne dass die Kinder es explizit benennen. Elena hat zusammen mit ihren Kollegen bereits erkannt, dass dieser Gemeinschaftsaspekt ein wichtiger Ansatz für ein Bildungsangebot sein muss.

– Das Kind und die Welt

Das Kind kommt aus seiner familiären Situation in die Kindertagesstätte und bringt alle Themen von zu Hause mit: das neue Geschwisterchen, die Arbeitslosigkeit des Vaters oder der Mutter, den eigenen Garten mit tollen Farben im Herbst, die tote Maus vor der Haustür, seine Sprache, seine Erlebnisse am Nachmittag, um nur einige zu nennen. Oft genug werden diese Themen Anlass zum Gespräch mit dem Freund im Kindergarten oder Ausgangspunkt für die Gestaltung des Spiels mit der Freundin. In die Ausgestaltung des Spiels fließen kulturelle, religiöse oder regionale Besonderheiten ein, die Anlass zur intensiven Bearbeitung in sich bergen kön-

Kinder in einer Gemeinschaftssituation

nen. Auch hier gibt es Ansätze für Bildungsangebote, die auf grundlegende Werte oder Haltungen zum Thema verweisen.

Elena könnte die Fragen aufwerfen, wie die Esskultur bei den einzelnen Kindern zu Hause ist, wie man mit Streit umgeht oder was es bedeutet, schwach zu sein.

– Das Kind und die Kindertagesstätte

Nicht zuletzt sind die Bedingungen der Kindertagesstätte zu berücksichtigen. Das bedeutet, die Möglichkeiten der Kita zu sehen: Räume, Zeiten, Materialien, Medien. Dies kann zum Anlass genommen werden, Materialien und Medien zu ergänzen, wenn deutlich wird, dass z. B. für das Thema „Soziale Kontakte" nur unzureichende Medien zur Verfügung stehen. Auch Raum- und Zeitnutzung müssen berücksichtigt, für ein großes Thema auch einmal hinterfragt werden. Hat man bei der didaktischen Analyse die Bedingungen der Kindertagesstätte im Blick, wird eventuell deutlich, dass bestimmte Themen weniger angeboten werden. Gibt es für Krippenkinder ausreichende Möglichkeiten zur sinnlichen Wahrnehmung? Wie ist die Haltung der Pädagogen zu Themen der Kinder: Mag ich Musik, spreche ich mehrere Sprachen, habe ich mich mit dem Thema Tod auseinandergesetzt? Zudem gibt es je nach Kita-Konzept unterschiedliche übergeordnete Themenbereiche. Diese dienen in der Regel als Rahmen für dazu passende Bildungsangebote.

In Elenas Kita handelt es sich um die Themen „Soziale Kontakte" und „Sinneswahrnehmung", beides Themen, die aus der Gruppensituation entwickelt wurden.

AUFGABE

1. Wie werden nach Ihren Erfahrungen Inhalte im Kindergarten festgelegt?
2. Erforschen Sie die gegenwärtige Situation eines Kindes Ihrer Gruppe mithilfe von Erkundungsfragen und leiten Sie mögliche Themen ab.

5.2 Themenfindung

Die Themenfindung geht oft Hand in Hand mit dem Verfolgen pädagogischer Ziele. Beides wird in der Regel parallel gedacht. Manchmal ist es das Thema, das die Sozialassistentin anstößt, um es zielgerichtet zu verfolgen. Ein anderes Mal ist es das Ziel, das zunächst im Vordergrund steht.

In Elenas Gruppe steht das Thema „Soziale Kontakte" im Vordergrund. Mit dem Thema wird das Ziel verfolgt, in die Gruppe mehr Ruhe und Harmonie zu bekommen. Hier gehen Thema und Ziel Hand in Hand und es ist unwichtig, ob erst das Ziel oder erst das Thema formuliert wird.

Hat man beispielsweise das Thema „Gestaltung eines Sommerfests", so können damit ganz unterschiedliche Ziele verfolgt werden. Umgekehrt kann das Ziel „Integration eines Kindes in die Gesamtgruppe" durch unterschiedliche Themen erreicht werden.

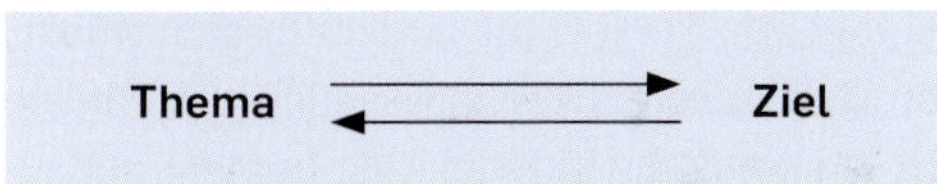

Aus einer didaktischen Analyse lassen sich Ideen für verschiedene Themen und verschiedene Bildungs- oder Lernbereiche entwickeln. Bei der Entscheidung für ein Bildungsangebot und dessen Umsetzung setzen die Pädagogen an den Kompetenzen der Kinder an. Dazu leiten sie aus ihren Beobachtungen und Deutungen sowie aus der didaktischen Analyse die Bedürfnisse, Interessen und Kompetenzen der Kinder ab (s. auch Kap. 10 Wahrnehmen und Beobachten).

AUFGABE

1. Beobachten Sie ein Kind ca. 10 Minuten lang in einer Freispielsituation. Analysieren Sie Ihre Beobachtung, indem Sie sich in das Kind hineinversetzen und folgende Fragen aus Sicht des Kindes beantworten:
   - Was tun Sie gerade? Was interessiert Sie dabei? Welche Fragen stellen Sie sich?
   - Was müsste die Assistentin tun, um herauszufinden, was Sie interessiert?
   - Welches Angebot wünschen Sie sich?
2. Tauschen Sie sich über Ihre Beobachtungen und die Schlussfolgerungen mit einer Mitschülerin aus und erstellen Sie eine Übersicht über mögliche Interessen, Fragen und Themen des Kindes.

5.3 Ziele

Ziele sind in erster Linie ein Hilfsmittel für die Pädagogin. Sie formuliert sie für sich selbst, um sich zu orientieren, an welcher Stelle sie für die kindliche Entwicklung Impulse setzen will. Dadurch dass die Sozialassistentin Ziele formuliert, zwingt sie sich selbst, realistisch und entwicklungsorientiert zu denken, und beschränkt sich auf das Wesentliche.

Die Fachkraft ist verpflichtet, das Selbstwertgefühl des Kindes zu schützen. Deshalb muss sie die Ziele so stecken, dass die Kinder erfolgreich sein können. Das bedeutet, dass sie den Entwicklungsstand und die Leistungsfähigkeit der Kinder bei der Formulierung der Ziele berücksichtigen muss.

AUFGABE

Erstellen Sie eine Liste der Ziele, die Sie sich für Ihre Ausbildung gesetzt haben. Formulieren Sie Ihre Ziele möglichst konkret. Was ist notwendig, um diese Ziele zu erreichen? (s. auch Kap. 1, Praxisaufgaben)

Ziele lassen sich in vier Kompetenzbereichen darstellen:

Ich-Kompetenz meint, sich seiner selbst bewusst sein; den eigenen Kräften vertrauen; für sich selbst verantwortlich handeln; Unabhängigkeit und Eigeninitiative entwickelt zu haben; sich in eine Frage, eine Tätigkeit, einen Sachverhalt vertiefen können; die Aufmerksamkeit lenken können, sich konzentrieren.
Soziale Kompetenz meint, soziale Beziehungen aufnehmen und so gestalten, dass sie von gegenseitiger Anerkennung und Wertschätzung geprägt sind; soziale und gesellschaftliche Sachverhalte erfassen; im Umgang mit anderen verantwortlich handeln; unterschiedliche Interessen aushandeln.
Sachkompetenz meint, sich die Welt aneignen, die sachlichen Lebensbereiche erschließen; sich theoretisches und praktisches Wissen und Können (Fähigkeiten und Fertigkeiten) aneignen und dabei urteils- und handlungsfähig werden; Wahrnehmungs- und Ausdrucksfähigkeit entwickeln.
Lernmethodische Kompetenz meint, ein Grundverständnis davon haben, dass man lernt, was man lernt und wie man lernt; die Fähigkeit, sich selbst Wissen zu beschaffen und Können anzueignen und Wichtiges von Unwichtigem zu unterscheiden; die Bereitschaft, von anderen zu lernen.

(Hamburger Bildungsempfehlungen, 2005)

5.4 Sachliche Analyse

Der Wissensvorsprung der erwachsenen Sozialassistentin reicht normalerweise nicht für die Planung und Durchführung eines anspruchsvollen Bildungsangebots aus. Das merkt sie oft erst, wenn sie nach Worten suchen muss, um Kindern z. B. einen Blitzableiter zu erklären, oder nicht genau weiß, was damit gemeint ist.

Gleichzeitig müssen die Lernziele in konkrete Lerninhalte umgesetzt werden, d.h., für die Pädagogin stellt sich die Frage: Wie verbinde ich die für das Kind formulierten Lernziele mit dem Thema der Kinder? Dazu erschließt sich die Pädagogin die Lernmöglichkeiten des Themas, indem sie sich sachkundig macht und sich die Bedeutung der Sachinhalte für die Kinder erschließt.

Die Planung eines Bildungsangebots erfordert eine Sachanalyse, um sich in das altersspezifische Denken von Kindern zu versetzen. Kinder fragen z. B. „Wie können Vitamine so wichtig sein, wenn man sie nicht einmal sehen, riechen, schmecken kann?“

Nennen Kinder ein Thema, das sich nicht aus dem Alltag erschließt, zum Beispiel „Wie leben die Matrosen auf einem U-Boot?“, braucht die Sozialassistentin Grundlagenwissen und sie muss überlegen, welche Fragen für die Kinder interessant sein könnten.

- Wie bewegt sich ein U-Boot unter und über Wasser?
- Wie bekommen die Menschen im U-Boot Luft?
- Was passiert mit dem Müll im U-Boot?
- Warum gibt es Unterwasserboote überhaupt? Was tun sie?
- Wie lange kann ein U-Boot unter Wasser bleiben?
- Woher wissen die Leute im U-Boot, wo sie sich befinden?

Nachdem sie sich Fachwissen angeeignet hat, überlegt sie, welche Methoden geeignet sind. Je nach Lerninhalt und Lernziel sind auch die Methoden der Vermittlung anders. Das bedeutet, dass ggf. fachdidaktische Aspekte aus dem Bereich der naturwissenschaftlichen Grunderfahrungen in die Sachanalyse einbezogen werden müssen, z. B. Aufbau, Durchführung und Auswertung von Experimenten mit Kindern. In jedem Fall soll die Methode viel Selbsttätigkeit des Kindes ermöglichen.

AUFGABE

1. Verfassen Sie eine Sachanalyse zu einem von Ihnen gewählten Thema.
2. Stellen Sie Fragen aus der Sicht von Elementarkindern zu diesem Thema und beantworten Sie diese.

5.5 Verlaufsplanung

Die Verlaufsplanung soll zwei Aufgaben erfüllen:
→ die Inhalte des Bildungsangebots strukturieren
→ die Inhalte des Bildungsangebots gestalten

Ein Bildungsangebot ist eine **vorstrukturierte Lernsituation**. Die Kinder erwarten einen Einstieg, eine Erarbeitungsphase und ein klares Ende. Diese drei Phasen enthalten bestimmte Elemente und bilden die Struktur für jedes Bildungsangebot. Diese Struktur gibt den Kindern und der Pädagogin eine Orientierung. Die Sozialassistentin kann sich auf dieser Grundlage stärker den Inhalten, der Didaktik und Methodik zuwenden.

Womit steige ich in das Thema ein? Wie will ich es im Hauptteil vertiefen? Wie soll das Bildungsangebot ausklingen?

Einstieg: Dies ist die erste Phase eines Angebots, bei der eine Einstimmung jedes Kindes auf das Thema erfolgen sollte. Dies wird möglich, wenn die Kinder einen gefühlsmäßigen Bezug zum Thema finden, wenn also das Thema Neugierde, Freude, Begeisterung, Staunen, Wissensdurst hervorruft. Diese Gefühle entstehen bei Kindern über die unmittelbare Sinneswahrnehmung.

Sehen 	z. B. Gegenstände, Bilder, Modelle, Vorgänge, Pantomime
Hören 	z. B. Geräusche, Töne, Lieder, Erzählungen, Stille
Spüren 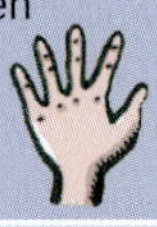	z. B. Beschaffenheit und Formen, Bewegung, Temperatur
Riechen und Schmecken 	z. B. Nahrungsmittel, Düfte und Gerüche
Bewegen 	z. B. Gleichgewicht, Orientierung im Raum, Spannungsabbau

Beispiele für Sinneswahrnehmungen als Einstieg

Die Kinder erfahren demzufolge schon, warum sie sich mit dem Thema beschäftigen. Dies gelingt dann, wenn Themen aufgegriffen werden, für die sie sich interessieren. Sie sind dann motiviert, neugierig und begeisterungsfähig.

Hauptteil: Je nach Thema, Inhalt und Methoden wird sich der Hauptteil der Bildungsangebote unterscheiden. Ein Angebot zum Thema „Unser Körper macht Musik" wird anders ablaufen, als eines zum Thema „Was hält warm, was hält kühl?" Allerdings lässt sich der Hauptteil normalerweise auch in Abschnitte unterteilen:

1. Das Vorhaben, Material, den Ablauf besprechen, Ideen der Kinder aufgreifen und einbinden
2. Das Vorhaben umsetzen: etwas gemeinsam erarbeiten, experimentieren/forschen, sammeln, etwas herstellen, etwas lernen
3. Das Gelernte, Erlebte, Erstellte, Erforschte besprechen, deuten, durchführen, zusammenbringen

Abschluss: Kinder und Pädagogin bestaunen und würdigen ihre Arbeit mit allen Sinnen. Sie überlegen sich, ob sie das erreicht haben, was sie sich vorgenommen hatten, und sammeln ggf. Ideen, wie sie weiter arbeiten wollen oder was ein anderes Mal dran kommen soll. Vielleicht wollen die Kinder ihre Produkte oder den Arbeitsprozess präsentieren. Dann folgen Verabredungen, wann und wie sie die Präsentation vorbereiten wollen.

Möglicherweise brauchen die Kinder jetzt etwas ganz anderes, nämlich nach langer geistiger oder körperlicher Anstrengung eine bewegungsintensive oder entspannende Aktivität. Die Pädagogin organisiert die Aufräumarbeiten.

Die Abstimmung von Einstieg, Hauptteil, Abschluss

Pädagogische Angebote führen zu den gewünschten Zielen, wenn es der Fachkraft gelingt, die Aufmerksamkeit der Kinder zu gewinnen. Dies ist nur möglich, wenn die Gefühle angesprochen werden. Daher sollte jedes Angebot so abwechslungsreich gestaltet sein, dass möglichst viele Sinne angesprochen werden. Jeder Teil sollte einer anderen Sinneserfahrung gelten. Bei einem Gespräch stehen das Hören und Sprechen im Vordergrund, folglich sollte der Einstieg z. B. über etwas erfolgen, das gemeinsam betrachtet wird; der Abschluss sollte nach langem Sitzen aktive Bewegung ermöglichen.

Die Phasen des Angebots sollten in einem **Spannungsbogen** aufeinander aufbauen: Wenn es darum geht, etwas herauszufinden, wird im Einstieg die Frage aufgeworfen. Dann wird im Hauptteil aktiv an der Antwort zu der Frage geforscht. Zum Ende werden die Ergebnisse verglichen, festgehalten, präsentiert.

Innerhalb des Angebots sollte den **Übergängen** zwischen den Phasen besondere Aufmerksamkeit gelten. Es lähmt den Verlauf, wenn die Phasen inhaltlich nicht zusammenpassen oder gleichförmig ablaufen. Für die Übergänge ist einerseits der rote Faden durch das Thema hilfreich, andererseits sollten die Formen der Aktionen nicht zu abrupt wechseln. Für die Vorbereitung ist es ratsam, alles vorher selbst auszuprobieren und sich Impulse und Fragen für jede Phase zu überlegen.

Mögliches Muster für die Verlaufsplanung eines Bildungsangebots

	Zeit	Phase	Geplanter Verlauf und Gesprächsvorbereitung (Erklärungen, Impulse, Fragen)	Materialien, Medien
Spannungsbogen		**I Einstiegs-impuls**	Wie greife ich das Thema der Kinder auf? Wie/mit welcher Aktion will ich die Kinder interessieren, neugierig machen, Gefühle wecken? Was will ich sagen? Formulieren Sie hier die wichtigen Fragen Oder Impulse an die Kinder.	
		II Hauptteil (hohe Intensität)	Was will ich sagen? Formulieren Sie hier die wichtigen Fragen oder Impulse an die Kinder. Welche Regeln oder welches Vorgehen muss ich im Vorfeld erklären? Wie kann ich Eigenständigkeit, selbst bestimmtes Lernen, Erforschen ermöglichen und anregen? Was muss gemeinsam, was kann für sich gemacht werden? Wie kann ich den unterschiedlichen Bedürfnissen, unerwarteten Besonderheiten, spontanen Einfällen der Kinder Raum geben? Immer dran denken: Fehler und „Umwege" zulassen!	
		III Abschluss (Ausklang, Entspannung)	Es soll einen „runden" und für die Kinder befriedigenden Abschluss geben. Z. B. kann am Ende gemeinsames Betrachten/Ausprobieren der Produkte oder ein Gespräch erfolgen. Wie war es? Was haben wir erlebt, erforscht, gelernt? Wie soll es weitergehen?	

6 Organisation und Vorbereitungen

Material und Medien
Die Kinder sollten mit den Materialien und Medien möglichst selbstständig umgehen können. Hilfreich ist es, eine übersichtliche Liste zu den einzelnen Phasen über Art und Umfang des benötigten Materials zu erstellen.

Für die Dokumentation des Bildungsangebotes sollte die Pädagogin Fotoapparat oder Videokamera bereitstellen und klären, ob die Kinder, sie selbst oder jemand anderes die Aufnahmen macht.

Raum und Zeit
Um die Mitwirkung und das Interesse der Kinder zu wecken, muss die Umgebung, in der das Angebot stattfindet, entsprechend vorbereitet sein. Eine Geschichte, vorgetragen zwischen Papierschnipseln und auf dem Boden liegendem Malpapier, kann nie so von den Kindern aufgenommen werden, als wenn sie in einer gemütlichen Ecke mit Kissen und einer Kerze erzählt wird. Eine dem Angebot entsprechend gestaltete Mitte sorgt dafür, dass sich die Aufmerksamkeit der Kinder auf das konzentrieren kann, was in dem Augenblick angeboten wird. Das Interesse und die Motivation, aktiv mitzumachen, werden geweckt und die Kinder sind bereit, sich auf das, was nun angeboten wird, einzulassen.

- Wie wird der Raum bezogen auf das Thema gestaltet? (Auslegen bestimmter Bücher, Lupen, Gegenstände, Plakate)
- Welche Materialien werden verwendet? (Natur-, Alltagsmaterial, Videokamera)

Wichtig ist auch, den richtigen Zeitpunkt für das Angebot im Tagesverlauf zu wählen. Kurz vor oder nach dem Mittagessen ist ungünstig. Zu bedenken ist auch, wie lange sich die Kinder voraussichtlich konzentrieren können. Für Kleinkinder kann ein 30-minütiges Angebot bereits zu lang sein.

Das Vorbereiten des Raums gehört zu den Aufgaben der Pädagogin

Persönliche Vorbereitung (eigene Fähigkeiten)
Ein Sprichwort sagt: So wie man in den Wald hineinruft, so schallt es heraus. Es kann auch auf die Bildungsangebote übertragen werden. So wie die Pädagogin etwas den Kindern anbietet, so nehmen diese es an. Kinder spüren genau an der Mimik und Gestik der Pädagogin, an der Art, wie sie mit ihnen etwas macht, ob sie dahinter steht. Das Verhalten der Kinder signalisiert sofort, wie das Angebot angenommen wird. So kann z. B. die Unruhe mehrerer Kinder als ein Signal angesehen werden, dass irgendetwas nicht stimmt. Eine Pädagogin mit Fingerspitzengefühl wird dies während des Angebots bemerken und darauf eingehen oder später kritisch reflektieren bzw. beim nächsten Mal anders planen.

Um den Kindern gegenüber kompetent auftreten zu können, sollte die Sozialassistentin konkretes Wissen über das Thema des Bildungsangebots und den Ablauf des Angebots im Kopf haben. Sie sollte z. B. vorher den Versuchsaufbau ausprobieren, das Vorlesen üben und Regeln, Lied, Reim, Geschichte oder Rezept auswendig können.

Absprachen mit Kollegen, Leitung und Fachleuten
Wenn man mit der Kindergruppe in den Bewegungsraum, die Turnhalle, den Wald, auf

das Außengelände oder in den Gruppenraum gehen möchte, so muss dies vorher mit den Kollegen abgesprochen werden (s. Kap. 1, Punkt 5 Aufsichtspflicht). Gleiches gilt für die Benutzung von Medien und Materialien. Plant man einen Ausflug ins Museum mit einer museumspädagogischen Aktivität, so ist es notwendig, im Vorfeld mit der dortigen Pädagogin über die Inhalte und den Ablauf der Aktion zu sprechen.

Eventuell soll eine Kollegin das Bildungsangebot beobachten, um ihre Aufzeichnungen später für die Dokumentation nutzen zu können. Auch das muss im Vorfeld geklärt werden.

AUFGABE

1. Tragen Sie in der Lerngruppe zusammen, wann und zu welchen Themenbereichen in der Kita Ihres Praktikums gezielte Aktivitäten angeboten werden.
2. Beobachten Sie ein Angebot und überprüfen Sie, welche der Lernprinzipien aus Punkt 4.1 angewandt wurden. Reflektieren Sie dies anschließend mit Ihrer Anleitung.

Die Kernfragen eines Bildungsangebots: Warum was wie womit?

7 Reflexionen

Nach Abschluss eines Bildungsangebots denkt die Sozialassistentin darüber nach, wie die Aktivität gelaufen ist – man reflektiert, am besten gemeinsam mit der Anleitung oder einer Kollegin. Es stellen sich Fragen wie:

- Wie hat jedes Kind agiert?
- Was war sein Gewinn?
- War die eigene Vorbereitung ausreichend, um die angestrebten Ziele zu erreichen?
- Welche Schwierigkeiten und Probleme gab es?
- Welche unerwarteten, interessanten, anregenden Vorkommnisse gab es?
- Wie war das eigene Verhalten in den o. g. Situationen?

Diese Fragen können ergänzt werden. Ziel ist, für sich selbst herauszufinden, warum eine

Aktivität zur allgemeinen Zufriedenheit, in Bezug auf ein bestimmtes Ziel zufriedenstellend verlaufen ist, oder aber auch zu analysieren, woran es lag, dass etwas weniger erfolgreich verlief. Dies hilft, bei der nächsten Planung gemachte Fehler nicht zu wiederholen und das weiterzuentwickeln, was gut gelungen war.

Die Reflexion lässt sich in verschiedene Ebenen unterteilen:

Wird in einem Projekt mit den Kindern gemeinsam geplant, gehört es zum Konzept, dass nach jeder Aktivitätseinheit mit den Kindern überlegt wird, wie es weitergehen soll. Dabei wird darüber nachgedacht, was miteinander geplant worden war, was gemacht wurde und welche Abweichungen sich ergeben haben. Daraus resultierend wird es zu neuen Vorhaben kommen.

Wurde ein Projekt beendet, ist es sinnvoll, reflektierende Fragen mit den Kindern zu besprechen. Da in einem Projekt dem Prozess eine vorrangige Bedeutung zukommt, kann in gemeinsamer Rückschau nachvollzogen werden, wie es zu dem Ablauf kam. Auch hier ist ebenso wie im Projekt selbst wichtig, sich auf die Sichtweise der Kinder einzulassen.

Davon unberührt bleibt die Reflexion über das eigene Handeln, die als Selbstreflexion vollzogen werden kann. Sinnvoller ist es jedoch, wenn eine beteiligte Person (z.B. die beobachtende Anleiterin) für ein Reflexionsgespräch bereitsteht. Mit der Anleitung zusammen kann die Sozialassistentin überlegen, welche Folgerungen für zukünftiges Handeln sie aus dem abgeschlossenen Bildungsangebot zieht.

Hilfreich ist es, die wichtigsten Gedanken der Reflexion schriftlich festzuhalten, z.B. in einem Praxisbuch. So können die Erkenntnisse für zukünftige Bildungsaktivitäten nicht verloren gehen. Aufschlüsse über die Erweiterung der Kompetenzen erhält man durch:

- gezielte Fragen am Ende eines Angebots nach dem Erlebten
- die Arbeitsergebnisse (Aussagekraft, Vollständigkeit)
- die Äußerungen und Wortbeiträge der Kinder während des Geschehens
- neue Lösungen, die während des Angebots von den Kindern gefunden wurden
- Anwendung früher erworbener Kenntnisse während des Angebots (Transfer)
- die geschickte Handhabung des (bisher nicht benutzten) Materials und Werkzeugs
- das Engagement und Wohlbefinden der Kinder

AUFGABE

1. Bauen Sie den Verlauf Ihres Bildungsangebots oder Ihres Projekts mithilfe von Bausteinen dreidimensional nach.
2. Stellen Sie Ihr „Bauwerk" in der Klasse vor, indem Sie den Verlauf Ihres Bildungsangebots anhand der Baustein-Formationen beschreiben. Die Mitschüler können Verständnisfragen stellen.
3. Notieren Sie Ihre Erkenntnisse in Ihrem Praxisbuch.

8 Durchspielen einer vollständigen Handlung

Analysieren – welche Situation finden die Pädagogen vor?

Im Kindergarten wurde viel umgestaltet. Seitdem der Kindergarten offen arbeitet, stellen die Pädagogen Karla, Elena und Roland zunehmende Lautstärke und häufige Streitereien und Hänseleien unter den Kindern fest. Diese Unruhe führen sie auf die Umstellung auf die offene Arbeit zurück. Die Kinder müssen sich erst an den Freiraum gewöhnen. Sie können jetzt über den Tag hinweg wählen, in welchen Räumen sie was unternehmen. Die Anzahl der Spielpartner hat sich quasi verdoppelt, weil sie auf Kinder der „anderen" Gruppen treffen. Da ist es natürlich, dass es zu Neuorientierung in Freundschaften, Machtkämpfen und Reibereien um Spielsachen kommt. Es wird schnell deutlich, dass dieses Thema nicht durch vereinzelte Angebote aufgegriffen werden kann, sondern in Form eines Projekts für alle Kinder bearbeitet werden muss. Zum einen betrifft es alle, zum anderen kommen die Kinder so zusammen und arbeiten vielleicht auch in unterschiedlichen Kleingruppenkonstellationen zusammen. Auch wird klar, dass alle Pädagogen des offenen Bereichs zusammen das Projekt gestalten. Für diesen Zeitraum soll das Treffen in den Stammgruppen weiter stattfinden, zusätzlich sollen sich aber zu Beginn des Projekts „Projektgruppen" bilden.

Planen – welche weiteren Schritte müssen die Pädagogen gehen?

Die Pädagogen formulieren den Kompetenzzuwachs, den sie durch das Projekt bei den Kindern erzielen wollen. Danach überlegen sie in Form eines Brainstormings, mit welchen möglichen Themen und Methoden sie diese Ziele erreichen können. Denn es ist klar, dass es sich hierbei größtenteils um Vorüberlegungen handelt, die sie im späteren Abstimmungsprozess mit den Kindern bei „Hängern" als Impulse eingegeben können.

Über eine passende Geschichte, ein entsprechendes Bilderbuch oder ein Theaterstück oder Schattenspiel wollen die Pädagogen die Kinder an das Thema heranführen. Dabei wollen sie die Beobachtungen aus dem Kindergartenalltag aufgreifen, um somit Bezugspunkte herzustellen. Dann wollen sie mit den Kindern Ideen für das Projekt „Streiten" sammeln.

Zunächst einmal möchten sie den Kindern Gelegenheit dazu geben, ihre eigenen Erlebnisse mit Streit in der Gruppe zu erzählen. Dazu überlegen sie sich Fragen, die die Kinder zum Gespräch anregen sollen: Wie fühlst du dich, wenn dein Freund sagt, er möchte neben dir sitzen? / Wie findest du das, wenn deine Freundin sich mit dir streitet? / Vielleicht hat ein Freund mit einem anderen Kind gespielt und du warst eifersüchtig? Die genannten Erfahrungen will Elena aufschreiben, denn das soll die Grundlage für das Projekt bilden. Ihre eigenen Erfahrungen und Ideen wollen die Erziehungskräfte auch einfließen lassen.

Danach sollen alle Ideen für die Kinder sortiert und in Schritte für das Projekt gegliedert werden. Die Pädagogen überlegen schon einige Projektschritte, allerdings sollen diese erst endgültig mit den Kindern entschieden werden. Vielleicht kommen diese auf ganz andere Ideen: Ich werde gehänselt / Ein Zeichen meiner Freundschaft verschenken (Freundschaftsstein, Freundschaftsband) / Freunde treffen sich / Wie finde ich Freunde? / Wenn Freunde streiten.

Die einzelnen Ideen können die Kinder aufmalen und gemeinsam mit der Fachkraft beschriften, damit die Themen des Projekts für alle lesbar und ersichtlich sind. Im Anschluss daran sollen die Kinder wählen, mit welchem Projektschritt sie anfangen wollen. Dazu soll jedes Kind einen Stein bekommen, den es zu jenem Thema legen kann, mit dem es beginnen möchte. Den Pädagogen ist es wichtig, die Kinder die ganze Zeit über in die Vorbereitungen und Planungen mit einzubeziehen. Welche Themen letztendlich bearbeitet werden, wird sich erst im Gespräch mit den Kindern zeigen. Danach wollen die drei dann entscheiden, wer welches Thema oder Angebot übernimmt und ob sich die Kinder in der ganzen Gruppe oder in Kleingruppen mit den jeweiligen Angeboten beschäftigen.

Die Pädagogen entscheiden sich für ein Gruppentagebuch, in das die Kinder alle wichtigen Ereignisse hinein malen können und das mit Fotos ergänzt wird. So können sie alles dokumentieren, auch wenn die Kinder in verschiedenen Kleingruppen an unterschiedlichen Themen arbeiten. Allerdings wollen sie diese Idee mit den Kindern noch abstimmen.

Durchführen – was genau machen die Pädagogen?

Die Pädagogen haben sich für ein kleines Theaterstück entschlossen, das sie beiden Kindergartengruppen in einer gemeinsamen Aufführung vorspielen. Sie zeigen darin einige der beobachteten Szenen aus dem Kindergartenalltag. Im Anschluss daran gehen die Kinder in ihre Gruppen. Sie setzen sich im Kreis zusammen und die Pädagogen fragen nach, was die Kinder im Theaterstück gesehen haben. Die Kinder zeigen sich über einige Situationen des Theaterstücks betroffen, z. B. darüber, dass ein Junge namens Fabian nicht mitspielen darf, weil er zu langsam ist. Gruppenleiterin Karla greift weitere Beobachtungen aus dem Alltag auf und spricht die Kinder dazu direkt an: „Lisa, letzte Woche hattest du Streit mit deiner Freundin Jennifer und das hat dich traurig gemacht.“ „Nils, du hast dir beim Klettern weh getan und Paul und Frederik haben dich ausgelacht.“ Als das Gespräch auf die Erfahrungen mit dem Thema Streiten und Hänseln kommt, äußern die Kinder z. B. „Ich bin traurig, wenn ich nicht mitspielen darf“, „Manchmal streite ich mich mit meinen Freunden“, „Ich habe meiner Freundin meine Bonbons geschenkt, damit sie nicht mehr böse ist“. Zweitkraft Ronald schlägt vor, dass sie gemeinsam überlegen, womit sie sich in der nächsten Zeit im Projekt beschäftigen wollen. Als die Kinder erst keine Ideen nennen, schlägt er eine der im Vorfeld überlegten Ideen „Ich werden gehänselt“ vor und erinnert die Kinder noch einmal an das Theaterstück. Nun kommen die Kinder langsam in Fahrt und Elena notiert die Ideen dazu: Ich darf nicht mitspielen / Wenn Kinder streiten / Streit und Versöhnung spielen u.v.m.

Im Anschluss daran malen die Kinder zu den Vorschlägen Bilder, die im Kreis gezeigt und ausgelegt werden. Die Gruppe entscheidet sich mithilfe der Steine für das Thema „Wenn Freunde streiten“. Nils und Frederik zählen, welches Thema die meisten Steine erhalten hat. Auch zu diesem Thema machen Elena und Ronald wieder ein Brainstorming, bei dem die Kinder und die Pädagogen ihre Ideen dazu nennen können. Heraus kommen: Spielen / kämpfen / malen und basteln / Freundschaftssteine sammeln / sich entschuldigen / Regeln.

Als erstes wollen die Kinder kämpfen. Ronald und Elena besprechen, was sie zu dem Thema anbieten können, und kommen auf Wutspiele und kleine Spiele. Wichtig ist ihnen dabei, dass vorher Regeln verabredet werden, die dann von allen eingehalten werden müssen. Elena bereitet das Angebot vor. Unter anderem leitet sie kleine Spiele an:

- Ein Partner wird im Sitzen mit aneinander liegenden Fußsohlen weggedrückt.

- Ein Kind steht im Vierfüßlerstand, das andere versucht, es vom Platz zu schieben. Das Kind soll sich nicht wegschieben lassen.
- Einen Höhepunkt bildet das Spiel „Sockenklau“: Alle Kinder versuchen, einander die Socken auszuziehen.

Das Kämpfen macht den Kindern viel Spaß. Zwischendurch kommt es zu einer echten Rauferei. Elena holt die Kinder zusammen und sie besprechen, dass es beim Kämpfen Regeln geben muss, wie beim Boxen. Sie überlegen gemeinsam Regeln. Im Planungsgespräch nach diesem Angebot kommt die Gruppe zu der Idee, dass die Regeln festgehalten werden sollen. Einige Kinder malen die Regeln auf.

Elena schlägt vor, noch einmal in die Turnhalle zu gehen und nur Spiele zu spielen, bei denen man zusammenarbeiten muss. Die Kinder finden die Idee gut, sodass Elena ein Bewegungsangebot zum Thema kooperative Spiele entwickelt. Während des Projekts kommt es immer wieder zu kleinen Streitigkeiten zwischen Kindern, die Ronald zum Anlass nimmt, zum Ursprungsthema „Wenn Kinder streiten“ zurückzukommen. Zusammen mit einigen Kindern leitet er Rollenspiele an, in denen Kinder sich streiten. Er überlegt mit den Kindern, wie sich die Rollenspieler verhalten sollen, damit die Streitigkeiten ohne Schlagen, Beißen und Kratzen gelöst werden. Am Anfang spielen Elena und er die Rollen, später steigen einige Kinder mit ein. Nach jedem Angebot – viele Angebote finden in Kleingruppen statt – malen die Kinder, die möchten, ein Bild für das Gruppentagebuch. Im Anschluss daran findet erst das Auswertungs- und Planungsgespräch für das weitere Vorgehen statt. Während des gesamten Projekts fotografiert immer ein Kind das Geschehen. Am Ende eines jeden Projekttages werden die Bilder des Tages in einem digitalen Bilderrahmen für Kinder und Eltern ausgestellt. Am Ende des Gesamtprojekts sprechen sie über die gesammelten Erfahrungen, schauen sich noch einmal das Gruppentagebuch und die Fotos an. Den Vorschlag, die gemalten Regeln und zwei der Rollenspiele auf dem Sommerfest den Eltern vorzustellen, nehmen die Kinder freudig an. Die Rollenspiele sollen noch einmal geübt werden.

Reflektieren und Bewerten – wie deuten und werten die Pädagogen aus?

Elena stellt fest, dass die Kinder mit viel mehr Interesse dabei sind, wenn sie Entscheidungen treffen können und von Anfang an in die Planung einbezogen sind. Sie hätte nicht gedacht, dass die Kinder so viele Ideen haben und die ganze Zeit bei der Sache bleiben würden. Auch fand sie bemerkenswert, wie sich das Projekt Schritt für Schritt entwickelt hat. Es gab immer wieder spannende Fragen oder Erlebnisse, die zum nächsten Schritt führten. Elena fand die Projektzeit selbst sehr spannend.

Dokumentieren und Präsentieren – wie halten die Pädagogen die Ergebnisse fest?

Neben dem Gruppentagebuch, das die Kinder in ihrer Gruppe auf der Fensterbank ausstellen wollen, halten die Pädagogen ihre Beobachtungen wie üblich in den Entwicklungsbüchern der Kinder fest. Außerdem sollen die Ergebnisse des Projekts auf dem Sommerfest vorgestellt werden. Dazu sollen die Fotos der Kinder zu einer Fotodokumentation zusammengestellt werden. Die Kinder wollen ihre Kampfszene vorstellen und erklären, welche Regeln es beim Kämpfen gibt. Nicht zuletzt konnten die Kinder am Ende aller Projekttage im digitalen Bilderrahmen den Tag allein oder mit Eltern oder anderen Kindern Revue passieren lassen.

Weitere Lernsituationen

Lernsituation 1

Mehrere Kinder werfen mit kleinen Bällen in die Richtung eines Eimers. Philip (4,10 Jahre) und Lennart (5,1) werfen in den Eimer. Die Bälle von zwei anderen Kindern, Paul (3,7) und Lutz (4,1) landen anderthalb Meter vor dem Eimer. Philip und Lennart sagen: „Ätschibätsch, ihr könnt gar nicht werfen.“ Sie gehen weg.

Lernsituation 2

Anne-Marie ist Praktikantin in der sozialpädagogischen Erstausbildung. Ihre Kita hat ein recht großes Außengelände. Am Ende liegt ein verwilderter Bereich mit Gestrüpp, dahinter ist ein Park. Vor dem Gestrüpp stehen fünf angewachsene Weiden-Tipis im Kreis. In der Mitte dieses kleinen Zeltdorfs ist ein Platz mit Tisch und Picknickbänken. Dieser Platz war lange Zeit der Lieblingsspielplatz einer Gruppe von 5- und 6-jährigen Mädchen und Jungen. In der Freispielzeit beobachtet Anne-Marie Folgendes:

Murat und Timo schaukeln auf dem Außengelände. Sie haben sich so herum gesetzt, dass sie zur Tipi-Siedlung schauen können. Svenja und Ewa stehen am Pfosten der Schaukeln. Sie halten sich an den Händen und verfolgen mit ihren Blicken die Schaukelbewegungen der Jungen. Die Jungen rufen sich gegenseitig zu: „nix“, „höher“; „nix“, „höher“. Die Mädchen fragen: „Was seht ihr?“ Sie werden von einer Gruppe, die in der Tipi-Siedlung Indianer spielt, gerufen. Svenja ruft: „Neeeein“. „Angsthase Pfeffernase“, rufen die Kinder zurück. „Jetzt, da ...“, ruft Murat. Timo: „Das Gestrüpp bewegt sich.“ Die Mädchen rücken zusammen. Beide Jungs springen mit Schwung von der Schaukel. Sie laufen zusammen ein Stück näher zum Haus. „Hexe“, „Cyborgs“, „der Mann mit dem schwarzen Hund und der spitzen Nase“, „bestimmt ein Cyborg“, „verwandeln“, „quatsch“, „großer Bruder“, „goldene Energie“, „Bibi Blocksberg“, das sind Gesprächsfetzen, die Anne-Marie aufschnappt. Die vier Kinder stehen nun eng zusammen und sprechen sehr leise. Murat gestikuliert schnell mit den Händen. Svenja schüttelt mit dem Kopf. Timo holt schnell und tief Luft, er sucht nach etwas in seiner Tasche. Ewa hat ihre Augen leicht zusammengekniffen. Sie zieht die Schultern zusammen. Anne-Marie bemerkt, wie die Kinder zwischen Spannung und Ängstlichkeit schwanken. Die Erzieherin ruft zum Frühstück. Die Kinder gehen hinein.

AUFGABE

Bearbeiten Sie die Lernsituationen nach folgenden Schritten:

1. Analysieren – welche Situation finden die Pädagoginnen vor?
2. Planen – welche weiteren Schritte müssen die Pädagoginnen gehen?
3. Durchführen – was genau machen die Pädagoginnen?
4. Reflektieren und Bewerten – wie deuten und werten die Pädagoginnen aus?
5. Dokumentieren und Präsentieren – wie halten die Pädagoginnen die Ergebnisse fest?

Aufgaben zur Selbstreflexion

1. **Bildungsangebote**
   a) Überlegen Sie sich zunächst allein eine Antwort auf die folgenden Fragen. Notieren Sie sich Stichpunkte.
   - Passen Ihre Bildungsangebote in den Kontext der Kinder Ihrer Gruppe?
   - Wo binden Sie sie in Entscheidungsprozessen ein?
   - Können Sie Ausnahmen zulassen?
   - Können Sie Regeln aushandeln?
   - Wie gehen Sie mit Konfliktsituationen um?

   b) Finden Sie sich auf ein Signal zu zweit zusammen und tauschen sich über Ihre Erfahrungen aus.

   c) Finden Sie sich auf ein zweites Signal zu je zwei Paaren zusammen und tauschen Sie sich wiederum über ihre Erfahrungen aus.
2. Welche Veränderungen gegenüber dem letzten Praktikum haben Sie bei sich festgestellt, in Bezug auf ...
   - die Wahrnehmung von Kindern, den Umgang mit Kindern?
   - Was können Sie schon ganz gut?
   - Was fällt Ihnen noch/wieder schwer?
   - Wovor haben Sie sich bisher erfolgreich gedrückt?
3. Schreiben Sie einen Brief an sich selbst. Formulieren Sie, was Sie sich persönlich für das nächste Praktikum vornehmen: Was wollen oder was müssen Sie noch lernen?

   Wenn Sie fertig sind, stecken Sie den Brief in einen Umschlag, kleben ihn zu und schreiben Sie Ihren Namen auf den Umschlag. Ihren Brief erhalten Sie vor dem nächsten Praktikum/zu Beginn des nächsten Halbjahrs von Ihrer Lehrkraft zurück.
4. **Feste und Feiern**

   a) An welche Feste und Feiern erinnern Sie sich? Woran denken Sie dabei gern zurück, woran erinnern Sie sich nur ungern?

   b) Die Klasse oder die Gruppe sitzt im Stuhlkreis. Im Kreis liegen Gegenstände (Bilder, Postkarten), die für Feste und Feiern stehen (z. B. Osterei, Geburtstagskerze, Krippenspielfigur). Jedes Gruppenmitglied wählt eins aus, erläutert seine Wahl und seine innere Reaktion.

   c) Schreibgespräch in Gruppenarbeit: Ein Fest/eine Feier oder eine These zu einem Fest/einer Feier werden in den Mittelpunkt eines großen Bogen Papiers geschrieben. Die Anwesenden assoziieren schriftlich auf dem Papier zu dem Begriff oder der These. Sie werden ausdrücklich ermuntert, Aussagen anderer zu kommentieren, weiterzuführen oder zu ergänzen.

Praxisaufgaben

Bildungsangebote
Entwickeln und planen Sie aus mehreren Beobachtungen zu Engagiertheit und Wohlbefinden ein Bildungsangebot für das beobachtete Kind und führen Sie dieses durch. Reflektieren Sie Ihre Rolle während der Durchführung des Angebots mithilfe folgender Fragen:
- Was ist Ihnen gut gelungen?
- Was ist wohl für die Kinder gut gelaufen?
- Was war schwierig oder mühsam (für Sie, für die Kinder)?
- Hatten Sie einen guten Kontakt zu allen Kindern?
- Inwiefern haben Sie Ideen, Erklärungen,

Fragen der Kinder aufgegriffen und zum „Weiterforschen" angeregt?
- Inwiefern konnten die Kinder eigenständig ausprobieren, erkunden, etwas herausfinden?
- Wann haben Sie die Kinder ermutigt, sich selbst viel zuzutrauen?
- Haben Sie Regeln klar benannt und Grenzen gesetzt, wenn es nötig war?
- Inwieweit konnten Sie die gesetzten Ziele erreichen?
- Welche weiteren Lernerfahrungen konnten die Kinder sammeln?

Präsentieren Sie Ihr Angebot von der Beobachtung bis zur Durchführung in der Klasse.

Kapitel 12 Die Gruppe in der Kindertagesstätte

1 Lernsituation

Christians Kindergarten nimmt nur direkt nach den Sommerferien neue Kinder auf. In diesem Jahr war die Eingewöhnungsphase nach 4 Wochen abgeschlossen, die 5 neuen Kinder konnten sich morgens gut von ihren Eltern verabschieden.

Spannend ist nun zu beobachten, was sich in der Gruppe tut. Vor allem im morgendlichen Gesprächskreis, in dem über die geplanten Aktivitäten des Tages gesprochen wird, ist zu bemerken, dass einige Kinder sich anders als im letzten Kindergartenjahr verhalten. **Tomke**, mit knapp 5 Jahren eines der älteren Kinder, meldet sich öfter mit Vorschlägen für den Tag als noch vor 2 Monaten. Ihre Freundin **Eva** hingegen (auch fast 5 Jahre alt) sagt weiterhin wenig. Sie wirkt etwas verunsichert. Dem Sozialassistenten Christian fällt auf, dass sie nun nicht mehr jeden Tag neben Tomke im Kreis sitzt. **Ben**, vor kurzem noch einer der Jüngsten, jetzt mit 4 Jahren im Mittelfeld der Altersskala, scheint die Regeln über die Ferien vergessen zu haben. Er war 3 Wochen nicht in der Kita und trotz steter Erinnerung fällt es ihm schwer, andere ausreden zu lassen.

Diese Unruhe nimmt noch zu, als **Fritz** (5,4 Jahre), durch einen Umzug verspätet, ankommt. Er mischt sich in die Spiele der Kinder ein, zerstört oft die Arbeiten anderer Kinder und benutzt Schimpfworte. Darauf angesprochen, läuft er lachend davon und schneidet Grimassen. Ben und **Kaya** (4,6 Jahre, bisher ein offenes und hilfsbereites Kind) übernehmen dieses Verhalten und ärgern ebenfalls ihre Freunde.

Christian und seine Kollegin Britta wundern sich. Sie stellen auch fest, dass die beiden Jüngsten, die neu eingewöhnten Mädchen **Ingrid und Emma**, die Christian bereits in der Eingewöhnung beobachtet hatte und die ihm so unterschiedlich erschienen, sich nun oft gemeinsam zurückziehen, stiller werden und den Kontakt zu ihrer Bezugserzieherin suchen. Christian findet dies sehr schade, da Emma bei Ben kleine Annäherungsversuche unternommen hatte.

Christian versucht zunächst, all seine Beobachtungen zur Gruppe zu ordnen.

AUFGABE

Bearbeiten Sie die Lernsituation.

1. Analyse
   Nennen und beschreiben Sie,
   - was der Leser über die Kinder erfährt,
   - wie das Verhalten einzelner Kinder auf die Gruppe wirkt,
   - welches Verhalten Christian zeigt.
2. Ziele formulieren
   Was muss Christian
   - herausfinden und
   - sich aneignen,

damit sich die Gruppe harmonisch entwickelt?

2 Zu erlernende Kompetenzen

Nicht jede Ansammlung von Menschen nennt man eine Gruppe. Das erklärt der Text unter Punkt 3 genauer.

Die Arbeit in Gruppen ist ein wesentliches Merkmal für die Arbeit einer pädagogischen Assistentin in einem Kindergarten. Welche Bedeutung Gruppen für Kinder haben, wird unter Punkt 4 verdeutlicht.

Um für Kinder eine positive Wirkung von Gruppenzugehörigkeit zu erzielen, ist es bedeutsam, dass neue Kinder gut eingewöhnt werden. Dies gelingt im Zusammenspiel von Kindertagesstätte, Eltern und Kind, wie Punkt 4.1 näher erläutert.

Eine Gruppe zeigt eine jeweils eigene Struktur. Es entwickeln sich besondere Verhaltensregeln und Beziehungen untereinander. Diese lassen sich mit soziometrischen Methoden bestimmen. Weiß man um diese Struktur, lässt sich gezielt auf sie einwirken und sie verändern. Dies wird unter Punkt 5.1 erklärt. Punkt 5.2. zeigt auf, dass jede Gruppe von verschiedenen Rolleninhabern gekennzeichnet ist. In einer Gruppe entstehen auch Rollenkonflikte, die gelöst werden wollen.

Eine Gruppe ist eine dynamische Erscheinung: Je nachdem, wie lange Menschen zusammen in einer Gruppe sind, verändert sich der Charakter der Gruppe. Diese Gruppenphasen haben ihre jeweilige spezifische Bedeutung für die Gruppe. Kennt die Pädagogin diese und handelt in der jeweiligen Phase angemessen, kann sie die Gruppe zu einer sich positiv zueinander verhaltenden Einheit führen. Was hierbei zu beachten ist, wird unter Punkt 5.3 näher ausgeführt. Krippenkinder bewegen sich in kleineren Gruppen. Inwiefern auch sie bereits von der Gruppe profitieren, wird unter Punkt 5.4 verdeutlicht.

Die Führung einer Gruppe gelingt eher, wenn bestimmte gruppenpädagogische Prinzipien berücksichtigt werden. Nur mit der Gruppe zusammen ist das zu erreichen, was man möchte. Näheres erklärt Punkt 6.

Kinder müssen Regeln lernen, um sich in die Gesellschaft zu integrieren, aber auch um zurechtzukommen. Daher lernen sie, sich in einer Gruppe zu verhalten, und erfahren, was bei Nichteinhaltung der Regeln passiert. Sie erfahren ebenfalls, was von ihnen erwartet wird und lernen dabei die Bedeutung von Regeln für sich selbst und für Gruppen kennen. Genauer geht hierauf Punkt 7 ein.

3 Die Gruppe

Der Mensch ist ein soziales Wesen und von daher auf Beziehungen zu anderen Menschen angewiesen. Die meisten Beziehungen geht er im Zusammenhang mit der Zugehörigkeit zu einer Gruppe ein. Gruppenerfahrungen prägen also sein Leben. Das eigene Verhalten wird ebenfalls durch die Gruppe beeinflusst.

Wann spricht man von einer Gruppe? Umgangssprachlich wird von verschiedenen Menschenansammlungen als Gruppe gesprochen.

Aber bei der „Gruppe der Hausfrauen" oder der „Gruppe an der Bushaltestelle" handelt es sich nicht im eigentlichen (soziologischen) Sinne um eine Gruppe.

Man spricht von einer **Gruppe**, wenn
- mindestens 3 Personen
- sich über einen bestimmten Zeitraum
- regelmäßig sehen und kommunizieren,
- sie ein gemeinsames Ziel verfolgen
- und dabei eigene Normen und Werte haben
- sowie eine Struktur mit unterschiedlichen Rollen entwickeln.

3.1 Gruppenmerkmale

Gruppen weisen eine Größe von mindestens 3 bis ca. 30 Personen auf. Darunter spricht man von einem Paar, bei mehr als ca. 30 Personen spricht man eher von einer Organisation (diese untergliedert sich in weitere Gruppen).

Die Beständigkeit über einen bestimmten Zeitraum ist ein wichtiges Kennzeichen von Gruppen. Darin unterscheiden sie sich von zufälligen Menschenansammlungen. Zugleich ermöglicht dies die Aufnahme von Beziehungen untereinander, was die Möglichkeiten einer Gruppe erweitert.

Die direkten Kontakte nennt man Face-to-face-Kontakte. Sie kennzeichnen das gegenseitige Agieren und Reagieren der Gruppenmitglieder. Die gemeinsame Kommunikation ermöglicht das Aushandeln von Regeln sowie die Verständigung über Ziele der Gruppe. Fehlt diese Möglichkeit, z. B. dadurch, dass nicht alle die gleiche Sprache sprechen (unterschiedliche soziale Schichten oder nationale Herkunft), so erschwert das die Gruppenbildung.

Die Gruppe verfolgt gemeinsame Ziele, die von den Mitgliedern anerkannt werden. Die Ziele unterscheiden sich dabei deutlich, je nachdem, wie die Gruppe zusammengesetzt ist: So ist das Ziel einer Kindergartengruppe vielleicht, dass alle gut miteinander auskommen und gemeinsam spielen können. Die Gruppe von Schülern in einer Ausbildungsklasse hat zunächst das Ziel, dass alle die Ausbildung abschließen. Es können sich im Laufe der Zeit jedoch noch informelle Ziele in der Klasse bilden. Durch das Verfolgen eines gemeinsamen Ziels entsteht bei positivem Gruppenverlauf ein **Zusammengehörigkeitsgefühl:** das Wir-Gefühl.

Entsteht ein Zusammengehörigkeitsgefühl oder eine Art Bezugsschema, ist die Möglichkeit für die Entwicklung gemeinsamer Werte und Normen gegeben. Zusammengehörigkeitsgefühl bedeutet, dass jede/jeder in der Gruppe als Gruppenmitglied akzeptiert ist. Dabei ist zu unterscheiden, ob ein Gruppenmitglied akzeptiert oder ob es auch wertgeschätzt wird. In einer Gruppe entwickelt sich eine Struktur, die unterschiedliche Rollen beinhaltet. Die Funktion dieser Rollen kann Arbeitsteilung oder der Erhalt einer bestimmten Gruppendynamik sein.

In der Lernsituation handelt es sich um eine Gruppe, da die Kinder
- mehr als 2 Personen sind,
- sich über einen längeren Zeitraum (mindestens ein Jahr lang)
- jeden Tag sehen und miteinander spielen,
- gern ohne Streit miteinander spielen möchten sowie
- gemeinsame Werte und Normen entwickeln (Gruppenregeln).
- Auch lassen sich unterschiedliche Rollen feststellen.

3.2 Klassifikation von Gruppen

Gruppen werden je nach ihrer Größe und Art unterteilt. Die wichtigsten Aspekte sind:

Kleingruppen: in der Regel bis zu 10 Personen, die alle miteinander Kontakt haben. Es gibt im Prinzip keine Unterteilungen.

Großgruppen: Gruppen mit Mitgliedern von 20 – 30 Personen werden als Großgruppe bezeichnet. Typischerweise untergliedert sich eine Großgruppe in mehrere Kleingruppen oder Cliquen.

Primärgruppen: Diese Gruppe zeichnet sich durch einen hohen emotionalen Bezug zu allen Mitgliedern der Gruppe aus. Die Anzahl ist eher gering, wie es in der Familie (s. Exkurs) oder der ersten Spielgruppe der Fall ist. Dieser persönliche Kontakt zwischen den wenigen Gruppenmitgliedern fördert die gegenseitige Beeinflussung und hilft, ähnliche Einstellungen, Normen und Werte zu entwickeln.

Sekundärgruppen: Diese Gruppen umfassen eine größere Anzahl von Mitgliedern, zwischen denen nicht zu jedem einzelnen ein emotionaler Kontakt besteht. Die Gruppen haben eine bewusste Ziel- und Zweckorientierung und sind als Organisation gekennzeichnet, z. B. ein Kindergarten oder Sportverein.

Informelle Gruppen: Sie entstehen eher spontan und stecken sich ihre eigenen Ziele, haben keine von außen festgelegte Struktur oder Ordnung (z. B. eine Mädchenclique innerhalb einer Kindergartengruppe oder Schulklasse).

Formelle Gruppen: Diese Gruppen sind klar organisiert, aufgebaut und werden geleitet. Sie verfolgen festgeschriebene Ziele und haben ausgebildete Normen (z. B. Schulklassen).

In der Lernsituation handelt es sich um eine Sekundärgruppe, da es eine große Gruppe ist, in der sich alle Kinder zwar kennen, aber nicht mit allen intensive Kontakte entstehen. Es ist zudem eine formelle Gruppe, die von einer Erzieherin geleitet wird. Innerhalb dieser formellen Gruppe können sich informelle Gruppen mit intensivem Kontakt bilden.

Exkurs: Die Familie als Sonderform der sozialen Gruppe

Anders als andere soziale Gruppen ist die Familie in ihrer Funktion vorstrukturiert. Zudem ist sie in der Regel zweigeschlechtlich, immer über zwei Generationen ausgerichtet und unterliegt daher einem steten Änderungsprozess. Dies hat Einfluss auf die herrschenden Normen und Wertvorstellungen sowie Rollen, die sich je nach Zielsetzung und Dynamik sowie Entwicklung der Generationen innerhalb der Familie verändern. Die Zielsetzung ist innerhalb einer Familie breiter angelegt und stärkeren Veränderungen unterworfen, als es für viele soziale Gruppen zutrifft. Anhand der Familie lässt sich auch zeigen, dass selbst in der kleinen Kernfamilie eine Vielzahl von unterschiedlichen Beziehungen zueinander mit damit verbundener weitgehender Dynamik entsteht.

a. Kind – Mutter – Vater
b. Kind – Mutter – (Vater)
c. Kind – Vater – (Mutter)
d. Mutter – Vater – (Kind)

Erläuterung: die eingeklammerte Person spielt in der Familiengruppe eine untergeordnete Rolle. Je nach Konstellation ergibt sich eine andere Dynamik der Familiengruppe.

(nach: Korte/Schäfers, 2008)

4 Die Bedeutung der Kindergartengruppe für Kinder

Bei der Interaktion kommt es naturgemäß auch zu schwierigen Situationen

In der Kindertagesstätte erleben sich viele Kinder zum ersten Mal in einer größeren Gemeinschaft unter Gleichen, die im Prinzip dieselben Rechte und Möglichkeiten haben. Das Leben in der Gruppe ermöglicht den Kindern soziale Erfahrungen, die sie so in ihrer Familie nicht machen können: Die Kindergemeinschaft ist – wenn die individuelle Unterstützung und die Entwicklung sozialer Kompetenzen ernst genommen werden – ein Lernort für Demokratie und für die grundlegenden Werte und Normen des gesellschaftlichen Zusammenlebens. Die demokratischen Werte Toleranz, Solidarität, Rücksichtnahme und Anerkennung des jeweils anderen werden über Aushandeln und Vereinbaren von sozialen Regeln und das Einüben von Handlungsmöglichkeiten gelernt.

Identität: Konzept zum Verständnis von Selbstbildern, das auf die Frage antwortet „Wer bin ich?". Im Laufe des Lebens werden Verhaltensweisen und Zuordnungen zu Gruppen durch Eigenarbeit und im Prozess von sozialen Einflüssen entwickelt.

In der Praxis erlebt man Kindergruppen als Stammgruppen oder in offenen Konzepten, altersgemischt, meist in einem ausgewogenen Verhältnis von Jungen und Mädchen. Kinder mit unterschiedlichem sozialen und kulturellen Hintergrund leben in der Gruppe gemeinsam, in vielen Einrichtungen auch mit Kindern, die besonderen Förderbedarf haben.

Damit haben die Kinder eine große Auswahl an Kontakten, die ihnen neue Orientierung geben. Sie suchen Freundschaften, proben neue Kontakte und erkunden eigene Stärken und Schwächen. Hierzu erhalten sie von den Gleichaltrigen ernst zu nehmende Rückmeldung, die ihr Selbstwertgefühl stärkt und ihre Widerstandsfähigkeit erhöht. Die pädagogischen Fachkräfte haben dabei die Aufgabe, das Gruppengeschehen im Blick zu haben, Hilfe zur Integration in die Gruppe anzubieten und die Gruppe in die größtmögliche Selbstständigkeit zu führen.

Die vielfältigen Erfahrungen, die das Kind in einer Gruppe erlebt, helfen ihm, eine eigene Identität aufzubauen. Die Gruppe erfüllt also für das Kind eine wichtige Sozialisationsfunktion. (nach: Korte/Schäfers, 2008)

AUFGABE

Erinnern Sie sich noch an Ihren ersten Tag im Kindergarten? An den ersten Tag in der Schule oder einer anderen größeren Gruppe? Welche Bedeutung hatte er für Sie? Welche neuen Erfahrungen haben Sie gemacht? Welche Gründe bewogen Ihre Eltern, Sie in diese Gruppe zu geben? Tauschen Sie sich in der Klasse aus.

Die Eingewöhnung von Kindern in die Gruppe

Grundlage der Eingewöhnung neuer Kinder in die Kindergruppe ist die neu zu entwickelnde Bindung zwischen Kind und Assistentin bzw. Erzieherin. Wie bereits in Kapitel 4 erläutert, ist es für ein Kind unabdingbar, eine gute Bindung zu einem Erwachsenen zu haben, um sich sicher zu fühlen und vertrauen zu können. Diese Bindung wird nach der Geburt zwischen Kind und Eltern aufgebaut.

Wird ein Kind in die Kindergruppe eingewöhnt, bedeutet das, dass es lernen soll, ohne ein Elternteil für eine Zeit zurechtzukommen. Das gelingt nur, wenn es die Möglichkeit hat, zu einer neuen Person (einer Pädagogin) eine Beziehung aufzubauen. Das braucht etwas Zeit, die dem Kind im Eingewöhnungsprozess gegeben werden soll.

Außerdem ist zu bedenken, dass die Eingewöhnung für ein Kind Stress bedeutet: Es steht eine große Veränderung an, die gemeistert werden muss. Hat das Kind das Gefühl, es kann diesen Veränderungsprozess kontrollieren, und merkt es, dass diese Veränderung von allen gewünscht ist, dann wird es mit diesem Stress gut umgehen können.

Dem Kind muss die Möglichkeit gegeben werden, seinen Ressourcen gemäß die Veränderung zu verarbeiten. Reichen seine Ressourcen nicht aus, fühlt sich das Kind überfordert. Damit werden einige Bedingungen deutlich, die dem Infans-Eingewöhnungsmodell entnommen sind:

- Die Eltern müssen am Eingewöhnungsprozess und seiner Planung beteiligt sein.
- Der Eingewöhnungsprozess erfolgt über einen längeren Zeitraum in Begleitung einer vertrauten und einer neuen Person.
- Die Eingewöhnung beginnt mit einer kurzen Zeitsequenz im Kindergarten.
- Es gibt eine konstante neue Bezugsperson aus der Kindertagesstätte.
- Die Kontaktaufnahme zum Kind wird durch das Verhalten des Kindes gesteuert.
- Der Eingewöhnungsprozess dauert so lange, bis das Kind eine sichere Bindung zur Pädagogin aufgebaut hat.

Dieser scheinbar lange Prozess zahlt sich darin aus, dass sich das Kind langfristig sicher fühlt. Erfahrungen zeigen, dass Kinder, die unter weniger günstigen Umständen eingewöhnt werden, nach einiger Zeit vermehrt krank werden, Unsicherheiten im Bindungsverhalten zur Mutter zeigen oder auch nach einigen Monaten Entwicklungsrückstände aufweisen.

Für die konkrete Umsetzung dieser Überlegungen bedeutet dies, die Eltern bei der Anmeldung darüber zu informieren, dass ihre Anwesenheit bei der Eingewöhnung von großer Bedeutung und auch erwünscht ist. Den Eltern wird vermittelt, dass sie weiterhin die Hauptbindungsperson für ihr Kind bleiben, daneben aber die Bindung zu einer weiteren Person aus der Kindertagesstätte aufgebaut werden sollte. Mit diesen Informationen werden nicht nur die Eingewöhnungsschritte für das Kind vereinfacht, sondern auch Trennungsängste der Eltern minimiert. Denn wenn es den Eltern gelingt, ihr Kind vertrauensvoll loszulassen, hat das Kind die Gewissheit, dass die neue Veränderung in seinem Leben von allen gewünscht wird, und es kann sich besser darauf einlassen.

Die Bedingungen zur Eingewöhnung sind für die Kinder je nach Alter und Situation, unterschiedlich:

Bei Krippenkindern dauert es sicher bis zu 4 Tagen, bis ein erster (kurzer) Trennungs-

Eingewöhnungsschritte können es leichter machen

versuch gemacht wird. Lässt sich das Kind dann von der neuen Bezugspädagogin trösten, kann der Trennungszeitraum am nächsten Tag erweitert werden. Dennoch wird der Zeitraum der Trennung auch nach dem ersten positiven Versuch nur langsam erweitert.

Für Kinder aus dem Elementarbereich verläuft der Prozess der Trennung und Eingewöhnung ähnlich, mitunter aber schneller. Hier spielen auch die neuen Spielbeziehungen zu anderen Kindern eine größere Rolle. Diese können die Eingewöhnung positiv unterstützen.

Kinder, die durch ein Geschwisterkind bereits das Umfeld und die Situation des Kindergartens kennengelernt haben, können sich durchaus schneller eingewöhnen. Die prinzipiellen Schritte gelten aber auch für sie, denn jedes Kind geht seinen individuellen Weg.

(nach: Niesel, 2000)

5 Entwicklungsprozesse in Kindergruppen – Gruppendynamik

„Wir wollen zusammen sein."

Ein positiv verlaufener Gruppenprozess ist bedeutsam für das Wohlgefühl des einzelnen Kindes. Ob der Verlauf positiv ist, hängt vor allem von den Gefühlen der Anerkennung, der Zugehörigkeit und der Sicherheit der Gruppenmitglieder ab. Eine Isolation innerhalb der Gruppe ist für den einzelnen schwer zu ertragen. Er wird nach Wegen suchen müssen, mit seiner Position und den damit verbundenen Ängsten fertig zu werden.

Daher bedarf die Integration der einzelnen Kinder großer Aufmerksamkeit. Die Gruppenleitung muss um die **Gruppenphase** wissen, in der sich die Gruppe befindet. Davon ist abhängig, was sie der Gruppe als Ganzem zumuten kann.

Auch ist für die Integration des Gruppenmitglieds dessen **subjektives Gefühl** wesentlich. Für das Wohlgefühl des Gruppenmitglieds ist wichtig, sich selbst akzeptiert zu fühlen, selbst wenn die Gruppe es anders sehen sollte. Das bedeutet, dass sich ein Kind durchaus in einer Gruppe wohlfühlen kann, auch wenn es de facto wenig in die Gruppe integriert ist. Das Kind erlebt die Gruppe vielleicht als etwas, wozu es gehört, in der es Freunde findet, und fühlt sich daher wohl.

Die Gruppenleitung muss versuchen wahrzunehmen, wie sich die Gruppenmitglieder selbst empfinden. Mangelnde Zugehörigkeit und fehlende Sicherheit können sich z. B. ausdrücken in Clownerien oder unangemessenem Streit. Mithilfe von Lenkung der Gruppenprozesse kann die Voraussetzung für die Integration aller Gruppenmitglieder geschaffen werden. Inwieweit sich die einzelnen Kinder dann integrieren, hängt von ihrem Entwicklungsstand und bisherigen Erfahrungen mit Gruppen ab.

So ist es auch in der Kindergruppe von Christian: Unsicherheit ist sowohl bei Fritz als auch bei Emma und Ingrid anzunehmen. Sie reagieren jedoch unterschiedlich. Fritz kann die Wirkung seiner Clownerien bereits abschätzen und setzt sie immer wieder ein. Emma und Ingrid als zwei sehr junge, gerade neu in die Gruppe aufgenommene Mitglieder können nur mit Rückzug reagieren – zu sehr verunsichert sie die Unruhe in der Gruppe.

5.1 Gruppenstruktur

Im Laufe der Zeit bildet sich in jeder Gruppe eine Ordnung, die zum Funktionieren der Gruppe beiträgt. Innerhalb dieser Gruppenstruktur entstehen Regelungen, wie der Kontakt untereinander verläuft, welches Verhalten erwartet wird und was geschieht, wenn Gruppenerwartungen nicht eingehalten werden.

5.1.1 Normen und Sanktionen

Wenn Menschen längere Zeit in einer Gruppe verbringen, entstehen unausgesprochene und unbewusste Muster, wie man sich in dieser Gruppe verhält. Es entwickeln sich Verhaltensnormen, die zum harmonischen Funktionieren der Gruppe beitragen.

Man unterscheidet zwischen

- von außen gesetzten Normen
- aus der Gruppe entwickelten, unausgesprochenen Normen

Von außen gesetzte Normen

Das sind zum Beispiel Gruppenregeln in einer Kita, die von bestimmten Gremien festgehalten und häufig verschriftlicht worden sind (Muss-Erwartungen). Auch wenn Begrüßung in der Gruppe nicht extra aufgeschrieben worden ist, so gilt dies doch als selbstverständlich. Man spricht hier von Soll-Erwartungen. Ob die Begrüßung per Handschlag erfolgt oder mit einem einfachen „Guten Tag“, hängt von den mitgebrachten Umgangsformen ab, gehört also zu den Kann-Erwartungen.

Aus der Gruppe entwickelte, unausgesprochene Normen

Unausgesprochene Normen können sein, dass in der Gruppe nicht gepetzt wird. In Schulklassen ist oft zu erleben, dass regelmäßiges Mitarbeiten und gute Noten als nicht gewünschtes Gruppenverhalten sanktioniert werden. Schlecht ist es, wenn Normen entstehen, die bestimmten dominanten Kindern Vorteile verschaffen: Das kann der Fall sein, wenn immer dieselben Kinder als erstes mit etwas spielen können oder Aufgaben bekommen, weil sie sich so schnell melden.

Wenn Sozialassistent Christian nicht aufpasst, könnte sich der Junge Fritz den Vorteil verschaffen, immer als erster mit bestimmten Spielsachen spielen zu dürfen, da er sonst das Spiel der anderen Kinder stören könnte.

Die nicht ausgesprochenen Normen sollten durch Beobachtung von den Pädagogen erkannt werden, um das Gruppenverhalten zu verstehen.

AUFGABE

Beobachten und registrieren Sie, welche festgesetzten und unausgesprochenen Normen in Ihrer Kindergartengruppe gelten. Fragen Sie zusätzlich Ihre Anleitung und unterschiedliche Kinder. Was geschieht, wenn diese nicht eingehalten werden?

Hält sich ein Gruppenmitglied nicht an die Normen, erfolgen **Sanktionen**. Sanktionen sind Reaktionen auf Verhalten. Sie können positiver (z. B. Lob, weil das Kind daran gedacht hat, selbst die Hausschuhe anzuziehen) oder negativer (z. B. Ermahnung, weil das Kind vergessen hat zu grüßen) Natur sein. Sanktionen werden auch verhängt bei Nichtbeachtung der informell geltenden Normen der Gruppe. Petzt ein Kind immer wieder bei der Pädagogin, wird es erleben, dass es nicht mehr so oft zum Mitspielen aufgefordert wird.

In einer Schulklasse erlebt der Schüler z. B. einen Zwiespalt: schlechte Mitarbeit führt zu schlechten Noten (negative Sanktion), aber möglicherweise zu größerer Anerkennung in der Klasse (positive Sanktion).

5.1.2 Beziehungsstrukturen

An der Kommunikation innerhalb der Gruppe lässt sich das Beziehungsgefüge gut ablesen. Es gibt auch Auskunft über die Quasirollen (s. Punkt 5.2), die verteilt sind, sowie darüber, inwiefern alle Gruppenmitglieder in die Gruppe integriert sind. Zu unterscheiden sind eine horizontale und eine vertikale Kommunikationsstruktur.

Horizontale Kommunikationsstruktur

Diese ist für die Betrachtung von Gruppen, deren Mitglieder gleichwertig sind, interessant. Hier lässt sich fragen: Wer hat Kontakt mit wem/mit wem nicht oder weniger? In welcher Form verlaufen diese Kontakte?

Beziehen sich die Inhalte der Kommunikationsstruktur eher auf sachliche oder emotionale Inhalte? Erfolgt ein nonverbaler Austausch? Sind die Äußerungen über die Gruppe/die Umwelt/allgemeine Themen positiver oder negativer Natur?

Die Ergebnisse der Untersuchung von Bavelas und Leavitt „Kommunikationsstrukturen“ geben Hinweise, weshalb sich ein Kreis zur morgendlichen Begrüßung oder zum Besprechen von Gruppenthemen gut eignet. In Kindergartengruppen geht es vor allem um die Integration in eine Gruppe sowie das Gefühl der Zufriedenheit, dazuzugehören und sich daher anzupassen. Entsprechend seinem Entwicklungsstand entwickelt das Kind damit eine Gruppenfähigkeit. Das Lösen von

Bavelas und Leavitt haben typische Kommunikationsstrukturen erfasst, die unterschiedlich geeignet für die Lösung eines Problems bzw. förderlich für die Zufriedenheit der Gruppenmitglieder sind.

Das Rad: Nur die Person im Zentrum hat allein Kontakt zu beispielsweise vier weiteren Gruppenmitgliedern. Diese Person ist zufrieden, die anderen weniger. Für die Lösung eines Problems ist diese Struktur jedoch sehr günstig.

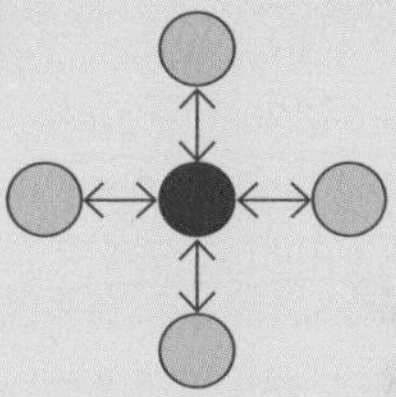

Die Kette: Ähnliches gilt auch für diese Struktur hinsichtlich Zufriedenheit und Problemlösung. Hier hat ein Kind Kontakt zu einem zweiten, das wiederum Kontakt zu einem dritten hat. Das dritte hält den Kontakt zu einem vierten Kind.

(Bei beiden Formen kristallisiert sich ein Führer heraus. Es zeigt sich jedoch, dass diese Strukturen ungünstig sind, wenn Veränderungen anstehen: Gruppenbeziehungen in dieser Form können Veränderungen in der Gruppe schlecht auffangen.)

Der Kreis: Bei dieser Kommunikationsstruktur gibt es eine große Gruppenzufriedenheit, jedoch lassen sich Aufgaben nur langsam lösen. Es gibt keinen Führer, jedoch eine gute Voraussetzung, sich auf Veränderungen einzustellen.

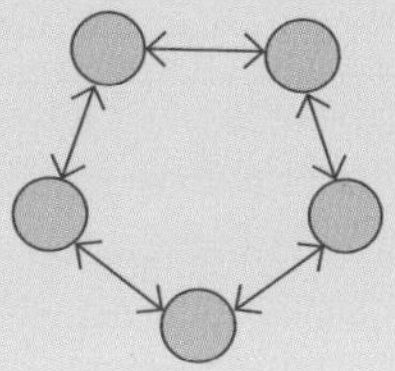

Aufgaben steht in der Großgruppe weniger im Vordergrund als das soziale Miteinander.

(nach: Dechmann/Ryffel, 2001)

Vertikale Kommunikationsstruktur

Diese Form der Kommunikation findet man eher im hierarchisch organisierten Berufsalltag. Im Gruppenalltag ist sie dann anzutreffen, wenn die Gruppenleitung Aufgaben und Themen sowie Regeln für die Gruppe vorgibt. Dies ist vor allem in der ersten Zeit einer neuen Gruppe notwendig. Zunehmend wird sich die Gruppenleitung auf eine horizontale Kommunikationsstruktur zu bewegen, je nach Vermögen der Gruppe.

Soziometrische Methoden zum Erkennen der Beziehungsstruktur

Um die aktuelle informelle Beziehungsstruktur in einer Gruppe zu erfassen, bietet sich eine **Soziomatrix** an. Aus dieser lässt sich ein optisch ansprechendes **Soziogramm** erstellen.

Mit einem soziometrischen Test kann man die Beziehungsstruktur in einer Gruppe erfassen. Dazu stellt man Kindern einfach zu beantwortende Fragen, die diese nicht manipulieren. Fragen könnten z. B. sein:

- Wen würdest du zu deiner Geburtstagsfeier einladen?
- Mit wem spielst du im Moment am liebsten?

Die Antworten der Kinder werden in eine Liste eingetragen. Am Beispiel der Lernsituation entsteht zu der Frage „Wer spielt zurzeit mit wem?“ folgende Matrix:

	Fritz	Ben	Kaya	Tomke	Eva	Ingrid	Emma
Fritz		X	X		–	––	––
Ben	X						
Kaya	X						
Tomke					(X)		
Eva				X			
Ingrid							X
Emma						X	

Soziomatrix.
Legende: x = Kontakt; (x) = etwas Kontakt; – = etwas negative Auswirkung; –– = negative Auswirkung

Diese Matrix kann dann in ein Soziogramm übertragen werden, was der besseren Übersicht dient.

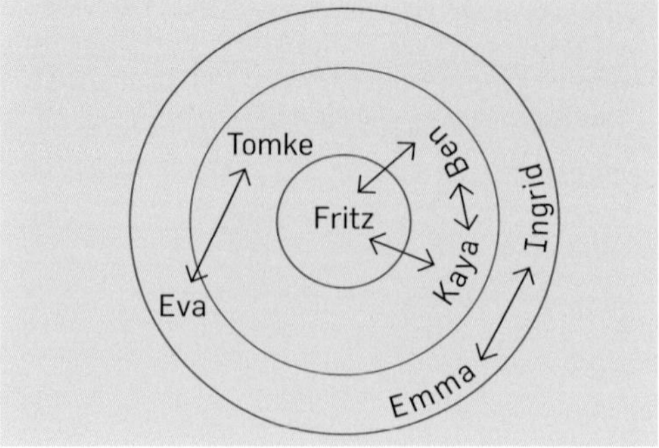

Soziogramm.
Es wird deutlich, dass Fritz den meisten Kontakt zu den Kindern hat. Dieser Kontakt hat eine ungewünschte Form, die Fritz zurzeit benötigt, um sich dadurch den Eintritt in die Gruppe zu erleichtern. Ben und Kaya eifern ihm nach. Emma und Ingrid sind offenbar verschüchtert durch die Unruhe. Eva ist dadurch auch zurückhaltender.

Bei der Auswertung ist Folgendes zu beachten:
Beide Verfahren sind Messinstrumente, deren Aussagen nur für eine kurze Zeitspanne gelten, denn Gruppen sind dynamische Gebilde und ändern sich fortwährend. Die Fragen können heftige Emotionen bei den Kindern auslösen, daher sollten möglichst keine Fragen nach Abneigungen erfolgen.

Die erhaltenen Daten geben lediglich Hinweise in Bezug auf die Frage über Vorlieben und Abneigungen zum gemeinsamen Spiel. Soziometrische Verfahren ergänzen Beobachtungen und andere Informationsquellen und dienen dem Verständnis der momentanen Gruppenstruktur.

5.2 Soziale Rollen

Soziale Rolle: Unter einer sozialen Rolle versteht man die gesamten Verhaltenserwartungen, die ein Individuum an ein anderes in einer Gruppe bzw. in der Gesellschaft stellt.

Soziale Rollen tragen dazu bei, dass den Menschen klar ist, was sie vom anderen erwarten können und auch was von ihnen in der jeweiligen Position erwartet wird. So werden an die soziale Position des Vaters, der Schülerin, der Ärztin oder auch des Erziehers ganz bestimmte Verhaltenserwartungen geknüpft. Der Inhaber der sozialen Position weiß um diese Verhaltenserwartung und erfüllt sie, wenn auch zum Teil mit individueller Interpretation: So kann sich jeder darauf einstellen, wenn er zur Ärztin geht, dass seine Leiden ernst genommen und die Ursachen behandelt werden. Ein stark unpersönliches Verhalten oder Kommunikation im Kommandoton würde niemand erwarten, unabhängig vom individuellen Verhalten eines Arztes.

5.2.1 Quasirollen

In Gruppen werden den Gruppenmitgliedern häufig Rollen zugeschrieben oder von ihnen angenommen, die ihrer eigentlichen Position nicht entsprechen: So ist der Clown in der Gruppe natürlich kein echter/berufsmäßiger Clown, sondern verhält sich wie dieser. In diesem Fall spricht man von Quasirollen.

Typische Quasirollen in Gruppen sind:

Anführer/-in: Dies sind Kinder, die oft mutiger als andere sind, sich schneller zu Wort melden und eher bereit sind, Vorschläge zu machen oder Spielentscheidungen zu treffen. Die Quasirolle des Anführers können sie jedoch nur ausführen, wenn nicht nur sie, sondern auch andere ihnen diese zubilligen.

Mitläufer: Dies sind meist Kinder, die sich lieber an der vorgegebenen Meinung orientieren, nicht besonders auffallen wollen und eher bereit sind, das zu tun, was andere von ihnen erwarten.

Clown, Rebell: In beiden Fällen sind es Kinder, denen es schwer fällt, sich in die Gruppe einzufügen, und die Wege suchen, die benötigte Aufmerksamkeit und Bestätigung über ihr Verhalten zu erlangen – das eine mit Clownerien, das andere eher durch unangepasstes, provozierendes Verhalten.

Sündenbock: Dies ist häufig ein Kind, das sich durch irgendetwas von der Gruppe unterscheidet und daher leichter in die Außenseiterposition gedrängt werden kann. Gibt es Konflikte in der Gruppe, die nicht gelöst werden, sucht sich eine Gruppe oft einen Sündenbock, auf den die Konflikte abgeschoben werden. So entsteht der Eindruck, wenn dieser nicht wäre, würde die Gruppe gut funktionieren. Diese Quasirolle erfüllt also eine stabilisierende Funktion für die Gruppe, solange ihre eigentlichen Probleme ungelöst bleiben.

Diese Typisierungen von Quasirollen sollen helfen zu verstehen, was ein bestimmtes Verhalten für die Gruppe oder das Kind bedeuten kann. Entscheidend ist es, dass die Pädagogin keine eigenen Typisierungen der Kinder vornimmt: z. B. „Jens, der Clown“ oder „Anja, die stört sowieso immer“.

AUFGABE

1. Stellen Sie für sich selbst fest, welche sozialen Positionen Sie zurzeit einnehmen. Welche sozialen Rollen werden am häufigsten von Ihnen erwartet?
2. Überlegen Sie, wann Sie eine negative Sanktion erfahren haben, weil Sie eine Verhaltenserwartung nicht einhielten. Klären Sie, wie Sie und wie Ihr Gegenüber die soziale Rolle verstanden haben.
3. Die Etikettierung in Quasirollen in einer Gruppe (Clown, Anführer u. a.) hat Licht- und Schattenseiten: Wann ist diese Etikettierung hilfreich, wann ist sie problematisch?

5.2.2 Rollenkonflikte

Jeder Mensch nimmt in seinem Leben eine Vielzahl an sozialen Positionen und damit verbundenen sozialen Rollen ein, in der Regel gleichzeitig. So ist man z. B. Schwester und Tochter und Kindergartenkind und Sportvereinsmitglied. An jede Position werden Verhaltenserwartungen gestellt, die zum Teil unterschiedlich sind. Daher kann es zu Konflikten kommen.

Inter-Rollenkonflikt: Hat ein Individuum zwei Rollen inne, an die jeweils unterschiedliche Verhaltenserwartungen gestellt werden, kann es zum Inter-Rollenkonflikt kommen.

In der Lernsituation fällt Fritz gleich auf als ein Junge, der sich nicht anpassen mag. Als Gruppenmitglied wird von ihm ein anderes Verhalten erwartet. Zuhause erfüllt er jedoch eine andere Rolle: Er ist der Älteste von zwei Brüdern und seine Eltern sind gerade umgezogen. Die Mutter sagt oft zu ihm: „Du bist mein Großer und kannst dich schon allein beschäftigen. Ich muss mich um das Baby und die neue Wohnung kümmern.“

Intra-Rollenkonflikte: Wenn Erwartungen an eine Rolle von verschiedenen Seiten unterschiedlich gesehen werden, liegt ein Intra-Rollenkonflikt vor.

Wenn Christian seine Rolle als Sozialassistent so versteht, dass er viel Zeit mit den Kindern verbringt, sie beobachtet und versucht, die Kinder und die neue Gruppenstruktur gut zu verstehen, seine Heimleitung dagegen aus Personalknappheit vor allem von ihm erwartet, dass er aushilft, wo Hilfe gebraucht wird, und er in der eigenen Gruppe nur organisatorische Aufgaben übernehmen soll, gibt es einen Intra-Rollenkonflikt.

5.2.3 Bewältigungsstrategien

Im Alltag kann es immer wieder dazu kommen, dass Rollendruck und Konflikte ausgehalten werden (müssen). Langfristig ist das Aushalten selten eine Lösung. Gelingt es, die an sich gerichteten Rollenerwartungen kritisch zu überprüfen, so kann man sich entscheiden, welche davon man erfüllen möchte. Dadurch entwickelt sich eine persönliche Identität. Ebenso kann man Abstriche an den Umfang der Rollenerwartungen machen und diese nicht im Ganzen erfüllen. Wird eine Rolle zu belastend, kann man sich für eine individuelle Auslegung der Verhaltenserwartung entscheiden oder (wenn dies nicht möglich ist) die Rolle ablegen, was natürlich nur bei selbst gewählten Rollen (z. B. Sprecherin einer Gruppe) möglich ist.

Der Versuch, jede Verhaltenserwartung genau zu erfüllen, muss zu inneren Konflikten oder zu Tricks führen. Beides führt auf die Dauer zu ungesundem Stress.

Gruppenphasen nach BERNSTEIN/LOWY

1 Voranschluss-/Orientierungsphase

Typische Merkmale	Günstig wirkendes Verhalten der Gruppenleitung	Ungünstig wirkendes Verhalten der Gruppenleitung
Unsicherheit Orientierungswunsch Schüchternheit Neugierde Wunsch nach Nähe und Distanz	– klare Strukturen zur Orientierung geben – Unterstützung beim Kennenlernen bieten – Bedürfnis nach Nähe und Schutz befriedigen – Geduld zeigen – Spielraum geben – Selbstbewusstsein stärken	– sofort Gruppenarbeit anbieten – Gruppe nicht im Blick haben – sich zu viel mit einem Kind beschäftigen – keine Nähe zulassen

2 Machtkampf-/Kontrollphase

Typische Merkmale	Günstig wirkendes Verhalten der Gruppenleitung	Ungünstig wirkendes Verhalten der Gruppenleitung
Rollensuche eigene Möglichkeiten austesten Machtkämpfe zwischen Kindern und Leitung Wunsch nach Anerkennung durch Gruppenleitung	– Grenzen setzen – Konsequenzen verdeutlichen – auf Außenseiterrollen achten und auffangen – Vorbildfunktion erfüllen – Vermittlerin sein – aggressive Kinder auffangen und bremsen, ruhige Kinder ermutigen	– sich zurückziehen – Schwachen keinen Schutz geben – aggressives Verhalten persönlich nehmen – Machtkämpfe ungeklärt lassen – Gruppenregeln ohne Kinder erstellen

3 Vertrautheits-/Intimitätsphase

Typische Merkmale	Günstig wirkendes Verhalten der Gruppenleitung	Ungünstig wirkendes Verhalten der Gruppenleitung
Rollen sind gefunden Akzeptanz und Wertschätzung Abgrenzung von anderen Gruppen, „Wir-Gefühl“ weniger Konflikte in der Gruppe Verabredungen untereinander gruppeneigene Normen entstehen	– Gruppenleitung aus dem Mittelpunkt nehmen – Kompetenzen stärken – Themen der Gruppe wahrnehmen – Freiräume für Gruppenaktivitäten schaffen – Konflikte stärker beobachten/nicht sofort lösen	– Leitungsrollenaufgaben – kein Interesse an der Entwicklung der Gruppe zeigen – Gruppenverhalten nicht reflektieren – eigene Vorstellungen ohne Beteiligung der Gruppe durchsetzen

4 Differenzierungsphase

Typische Merkmale	Günstig wirkendes Verhalten der Gruppenleitung	Ungünstig wirkendes Verhalten der Gruppenleitung
Gruppe ist stabil Konflikte werden selbst gelöst gegenseitige Unterstützung Unterschiedlichkeit der Gruppenmitglieder wird akzeptiert Individuelles Verhalten möglich Rollenflexibilität neues Verhalten wird ausprobiert	– Zurückziehen der Gruppenleitung und Beobachten – verstärkt Kompetenzen fördern – Impulse zur „Selbsthilfe“ geben – Aufbau von Beziehungen zu anderen Gruppen unterstützen	– weiterhin die Gruppe kontrollieren – nichts an die Gruppe abgeben – Gruppenaktivitäten nicht wahrnehmen – immer noch sehr mit einzelnen Kindern beschäftigt sein – Gruppenbeziehungen nicht einschätzen und stärken können

5 Abschluss-/Trennungsphase

Typische Merkmale	Günstig wirkendes Verhalten der Gruppenleitung	Ungünstig wirkendes Verhalten der Gruppenleitung
Rückfall in Verhaltensweisen von früher Vorfreude auf nächsten Lebensabschnitt Abschiedsschmerz veränderte Interessen	– Abschied rechtzeitig ankündigen – Möglichkeit schaffen zur Rückschau – keine neuen Projekte beginnen – positiv in die Zukunft schauen – Kontakt zur nächsten Gruppe (z. B. Schule) herstellen	– keinen Ablösungsprozess zulassen (abhängig machen, interessante Themen beginnen) – Zukunftsängste der Kinder verstärken – verändertes Verhalten der Kinder persönlich nehmen – Kinder nicht in ihrer Selbstständigkeit unterstützen

5.3 Gruppenphasen

Wer in eine neue Gruppe kommt, erlebt zunächst ein Gefühl der Unsicherheit: Was erwartet mich? Wie sind die anderen? Ich habe Angst, allein hinzugehen. Das sind typische Denk- und Verhaltensmuster für Kinder und Erwachsene. Je nach Entwicklungsstand des Kindes hat es unterschiedliche Strategien, mit diesem Unsicherheitsgefühl umzugehen. Auch Kinder, die zum ersten Mal in eine größere Gruppe kommen, erleben diese Gefühle. Ebenso sind sie neugierig auf das Neue, das auf sie zukommt. Da sie noch keine Gruppenerfahrung besitzen, hängt es wesentlich von den sie begleitenden Personen (in der Regel Mutter oder Vater) ab, welche Gefühle diese hinsichtlich der neuen Gruppenerfahrung ihres Kindes ausstrahlen: Eine zuversichtliche Mutter gibt auch ihrem Kind die nötige Sicherheit.

Eine neu zusammengesetzte Gruppe hat ebenfalls diese Unsicherheit: Die Gruppenmitglieder wissen noch nicht, wie sie sich miteinander verhalten sollen und wie sie sich bei so vielen Kindern überhaupt zueinander verhalten sollen. Je länger eine Gruppe zusammen ist, desto klarer wird es für die Mitglieder, welches Verhalten in dieser Gruppe möglich ist und welches nicht. Das hängt auch wesentlich vom Verhalten der Gruppenleitung ab.

In der Pädagogik greift man auf das Modell von BERNSTEIN und LOWY zurück, die in den 1960er-Jahren anhand von Beobachtungen an Kinder- und Jugendgruppen Merkmale zu fünf verschiedenen **Gruppenphasen** gefunden sowie Verhaltensweisen von Gruppenleitungen erkannt haben, die den Gruppenprozess positiv oder negativ beeinflussten (s. vorige Seite).

Christians Gruppe ist durch den Eintritt von neuen Kindern und dem Weggang älterer Kinder wieder in der Phase von Orientierung/Machtkampf und Kontrolle. Die Kinder sind älter geworden und suchen sich einen Platz, eine neue Rolle. Zudem wird beim spät dazugekommenen Jungen Fritz deutlich, dass er schnell zeigen will, dass er da ist. Auch Ben und Kaya sowie Tomke suchen neue Rollen. In dieser Phase muss Christian wieder verstärkt vermitteln, Grenzen setzen und Machtkämpfe auffangen sowie die schüchternen Kinder stärken, damit sich die Dynamik der Gruppe positiv entwickelt.

Die Pädagogen Christian und Britta sollten Spiele anbieten, die die Gemeinschaft fördern. Jetzt wären Spiele mit Wettkampfcharakter nicht sinnvoll. In dieser Phase ist das Freispiel angebracht, wobei die beiden Erzieher jenen Kindern helfen, ins gemeinsame Spiel zu kommen, die es von allein nicht schaffen. Beide machen in dieser Phase deutlich, dass sie die Entscheider-Rolle innehaben. Damit geben sie den Kindern, die unsicher sind, Orientierung.

5.4 Gruppenleben bei Krippenkindern

In Kindertagesstätten entstehen zunehmend Krippen, die Kinder im Alter von 0–3 Jahren in Kleingruppen (ca. 12–15 Kinder) zusammenfassen. Ob man bei dieser Altersgruppe

„Ich bin nicht allein. Du bist da."

überhaupt von Gruppe sprechen kann, soll im Folgenden überlegt werden. Gleichzeitig ist zu fragen, wie Krippenkinder von einer Gruppe profitieren. Die Pädagogin Gertrud Ennulat hat sich dieser Fragen angenommen und ist zu interessanten Ergebnissen gekommen (s. dazu auch Kap. 4).

Ausgehend von der Überlegung, dass ein wesentliches Element einer Gruppe die Gruppendynamik ist, also die Aktivitäten untereinander, die Aufnahme von Beziehungen und vorausgehende Kommunikation, stellt Ennulat fest, dass diese Elemente auch in Gruppen von unter 3-Jährigen zu finden sind. Etliches passiert unbewusst und über den Austausch von/die Reaktion auf Stimmungen und Gefühle in der Gruppe, die Kinder grundsätzlich stärker wahrnehmen.

Aktivitäten gehen nicht nur von Erwachsenen aus, sondern auch von Kindern. Hat ein Kind eine spontane Idee (wenn z. B. ein Kind im Bewegungsraum einen Ball unter sein T-Shirt steckt), kann dies andere Kinder animieren, das Gleiche zu tun – und schon laufen mehrere Kinder mit einem Ball unter dem T-Shirt durch den Raum und freuen sich. Ähnliches ist auch erlebbar im Bereich der Sauberkeitserziehung: Die Kinder sehen, dass andere Kinder bereits selbst auf die Toilette gehen, und bestehen nun darauf, dies auch allein auszuprobieren. Hieran wird deutlich, dass Kinder sich einander zum Vorbild nehmen, sich anstecken lassen, andere Kinder imitieren.

Anders als bei den älteren Kindern läuft die Interaktion unter den jüngeren Kindern spontaner und oft nonverbal ab. Ein Blick, eine Geste, und schon sitzen zwei Kinder zusammen und fangen ein gemeinsames Spiel an. Ein unterlassener Blickkontakt zum anderen Kind wird weniger als Abweisung verstanden, als dies bei Elementarkindern der Fall wäre. Der Pädagogin signalisiert ein Kind unter 3 Jahren, dass es noch Zeit braucht, bis es sich auf die neue Aufforderung einlassen kann.

Auch bei den kleinen Kindern finden sich schnell verschiedene Quasirollen wieder, wobei hier (besonders!) darauf zu achten ist, dass negativ behaftete Rollen keine Persönlichkeitszuschreibungen werden („der ist schon immer ein Störenfried gewesen").

Diese Art der Kommunikation fordert von der pädagogischen Kraft verstärkt, sich in die Kinder einzufühlen und ihre Gesten und Blicke zu versprachlichen. Damit unterstützt sie den Weg des Kindes in die Gemeinschaft.

6 Gruppenpädagogische Prinzipien

Aus der sozialen Gruppenarbeit kennt man gruppenpädagogische Prinzipien, die der pädagogischen Fachkraft für die Gruppenführung eine gute Orientierung bieten.

Gruppenpädagogische Prinzipien

- individualisieren
- anfangen, wo die Gruppe steht
- mit den Stärken arbeiten
- sich entbehrlich machen
- helfen durch Programmgestaltung
- erzieherisch richtige Grenzen setzen

Individualisieren bedeutet, dass man das einzelne Kind gut kennt und ihm hilft, sein Maximum zu erreichen. Das heißt, der Blick der Fachkraft muss innerhalb der Gruppe auch auf das einzelne Kind gehen, nicht nur die Gruppe als alleinigen Ansprechpartner nehmen.

Anfangen, wo die Gruppe steht meint, dass die Charakteristik der Gruppe beachtet werden muss, also alles, was die Gruppenmitglieder an Bildung, Sozialisation, Moral einbringen. Dieses soll akzeptiert werden. Davon ausgehend bestimmt die Gruppe das Tempo, mit dem bestimmte Projekte bearbeitet werden. Eine Überforderung der Gruppe erfolgt, wenn ihre Eigenart nicht beachtet wird und die Pädagogin versucht, ihre eigenen Überlegungen über die Köpfe der Mitglieder hinweg durchzusetzen.

AUFGABE

1. Beobachten Sie in nächster Zeit Ihre Gruppe in der Praxisstelle und halten Sie fest, wo Ihre Gruppe steht: Was ist schon möglich mit der Gruppe? Was geht (noch) nicht?
2. Tauschen Sie sich im Anschluss mit Ihrer Anleitung über Ihre Gruppenbeobachtung aus. Klären Sie die Ziele für die Gruppe und diskutieren Sie Ihre Beobachtungen vor diesem Hintergrund.

Mit den Stärken arbeiten heißt, dass die positiven Verhaltensweisen der Gruppe sowie der Gruppenmitglieder gefördert und gefordert werden, sodass negativem Verhalten weniger Raum gegeben wird. Dabei ist darauf zu achten, dass sich die Verhaltensweisen zugunsten des Gruppenzusammenhalts entwickeln.

Mit den Stärken des Kindes arbeiten

Sich entbehrlich machen wurde als Prinzip schon in der Beschreibung der Gruppenphasen deutlich. Je mehr die Gruppe zusammenwächst und gegenseitig akzeptierte Verhaltensnormen entwickelt, desto leichter wird es für die pädagogische Fachkraft, sich entbehrlich zu machen. Ihre Aufgabe ist es, die Gruppe zunehmend an Aufgabenstellungen zu beteiligen und ihre Rolle als Impulsgeberin an die Gruppe – je nach deren Vermögen – abzugeben.

Helfen durch Programmgestaltung unterstreicht, dass alle bisher angesprochenen Aspekte durch passende Programmgestaltung unterstützt werden können. Je nach Gruppensituation ist eher gelenktes oder freies Spiel sinnvoll, müssen Aufgaben gestellt werden, die einzelne in die Gruppe integrieren können oder die eine Herausforderung für die ganze Gruppe werden und so ihren Zusammenhalt unterstützen. Die Pädagogin hat dabei ihre Ziele für die Gruppe sowie die Interessen der einzelnen Mitglieder im Blick zu behalten.

AUFGABE

Überdenken Sie Ihre letzte Gruppenaktivität in der Praxis: Inwiefern hat diese zum Wohl der Gruppe beigetragen? Passte sie zur derzeitigen Situation der Gruppe?

In der Eingangssituation ist offensichtlich, dass Christian und Britta Angebote für die Gruppensituation anbieten müssen. Hilfreich wären Kennenlern- und Orientierungsspiele, die einer von ihnen klar anleitet. Damit erfahren alle etwas über die anderen Kinder und es gibt eine Orientierung gebende Struktur.

Erzieherisch richtige Grenzen setzen soll darauf verweisen, dass Grenzen pädagogisch sinnvoll gesetzt werden: Das kann auch einmal heißen, ohne die Gruppe zu entscheiden oder Grenzverletzungen mit der Gruppe zusammen zu besprechen und zu sanktionieren. Ziel ist es, die Gruppe zunehmend in die Lage zu versetzen, sich selbst zu disziplinieren, also selbst zu erkennen, welches Verhalten angemessen ist und wann es einer Sanktion bedarf.

7 Gruppenregeln

Gruppenregeln sind ein notwendiger Bestandteil in Kindergruppen. In erster Linie geben sie den Kindern Orientierung und helfen, das Zusammenleben in der Gruppe zu erleichtern. Sie unterstützen darüber hinaus pädagogische Zielsetzungen.

Wichtig ist, dass sie kein Eigenleben entwickeln und nicht zum Selbstzweck werden. Regeln sollten daher immer begründbar sein. Wenn sie die Kreativität, Eigenständigkeit und Flexibilität in der Gruppe grundsätzlich einschränken, sollten sie überprüft werden. Wenn Regeln dazu beitragen sollen, dass sich das einzelne Kind orientieren und in der Gruppe Selbstdisziplin entwickeln kann, ist es sinnvoll, dass die Kinder diese Regeln gut nachvollziehen.

Am besten ist es, sich bei einem andauernden Regelverstoß mit den Kindern gemeinsam hinzusetzen und zu ergründen, welche Interessen seitens der Kinder dahinterstecken, dass es zu diesem Regelverstoß kommt. Wichtig ist, die eigene Meinung zunächst gänzlich außer Acht zu lassen. So ist es möglich, die Interessen der Kinder zu erfahren, ohne dass diese Angst vor einer Zurechtweisung haben müssen. Aus dieser Situation heraus können mit den Kindern gemeinsam Regeln gefunden werden, die die verschiedenen Interessen berücksichtigen. Dabei wird man feststellen, dass Kinder sowohl sehr kreative als auch sinnvolle Ideen für Gruppenregeln haben. Selbst gefundene Regeln sind für die Kinder transparent und einsichtig: Sie haben sie ja selbst formuliert. Gleichzeitig werden die Kinder diese Regeln eher berücksichtigen.

Letztendlich ist es wichtig, dass nicht zu viele Regeln bestehen – sonst geht der Überblick verloren und der Sinn wird fragwürdig. Besser ist es, die Regeln von Zeit zu Zeit gemeinsam zu überprüfen, um unnötig gewordene gegen erforderliche Regeln auszutauschen.

In der Lernsituation werden bestimmte, bisher geltende Regeln erkennbar: Spiele von anderen werden nicht zerstört; alle sprechen freundlich miteinander und benutzen keine Schimpfworte; Streit wird ohne Gewalt gelöst.

AUFGABE

1. Welche Gruppenregeln kennen Sie aus der Praxis? Können Sie alle erklären?
2. Wie sind diese Regeln zustande gekommen?
3. Gibt es einen Zusammenhang zwischen dem Einhalten dieser Regeln und ihrer Entstehung?
4. Wie kann man zusammen mit Kindern Regeln entwickeln?

8 Durchspielen einer vollständigen Handlung

Analysieren – welche Situation finden Britta und Christian vor?

Christians Gruppe ist durch den Eintritt von neuen Kindern und dem Weggang älterer Kinder wieder in den Phasen Orientierung/Machtkampf und Kontrolle. Zudem wird bei Fritz deutlich, dass er zeigen will, dass er da ist. Auch Ben und Kaya sowie Tomke suchen neue Rollen.

Fritz fällt gleich auf als ein Junge, der sich nicht anpassen mag. Als Gruppenmitglied wird von ihm ein anderes Verhalten erwartet. Zuhause erfüllt er jedoch eine andere Rolle: Er ist der älteste von zwei Brüdern und seine Eltern sind gerade umgezogen. Die Mutter sagt oft zu ihm: „Du bist mein Großer und kannst dich schon allein beschäftigen. Ich muss mich um das Baby und die neue Wohnung kümmern."

Unsicherheit ist sowohl bei Fritz als auch bei den beiden Mädchen **Emma und Ingrid** anzunehmen. Sie reagieren jedoch unterschiedlich. Fritz kann die Wirkung seiner Clownerien bereits abschätzen und setzt sie immer wieder ein. Emma und Ingrid als zwei sehr junge, gerade neu in die Gruppe aufgenommene Mitglieder können nur mit Rückzug reagieren – zu sehr verunsichert sie die Unruhe in der Gruppe.

Planen – welche weiteren Schritte müssen Britta und Christian gehen?

In dieser Phase müssen Christian und Britta wieder verstärkt vermitteln, Grenzen setzen und Machtkämpfe auffangen sowie die schüchternen Kinder stärken, damit sich die Dynamik der Gruppe positiv entwickelt. Vor diesem Hintergrund sollten sie sich ihre Ziele für die Gruppe bewusst machen. Diese könnten sein:

- Eine harmonische Gruppe soll entstehen, die die Regeln kennt und sich gegenseitig hilft.
- Alle Kinder sollen sich kennenlernen können. Damit soll die Möglichkeit geschaffen werden, eine gute Beziehungsstruktur zu entwickeln.

Beide machen in dieser Phase deutlich, dass sie Orientierung anbieten wollen: Orientierung und Schutz für die unsicheren und schüchternen Kinder, Orientierung und Grenzen für die austestenden Kinder.

Durchführen – was genau machen die Pädagogen?

Die beiden werden Spiele anbieten, die die Gemeinschaft fördern: Morgens wird ein Stuhlkreis angeboten, in dem in den folgenden Wochen Kennenlern- und Kreisspiele gespielt werden. Spiele mit Wettkampfcharakter wären nicht sinnvoll. In dieser Phase ist auch das Freispiel angebracht, wobei die beiden Erzieher jenen Kindern helfen, ins gemeinsame Spiel zu kommen, die es von allein nicht schaffen.

Im Morgenkreis werden nach und nach alle Regeln besprochen. Christian und Britta achten darauf, dass die Regeln nicht von früher übernommen, sondern mit den Kindern neu gefunden und ausgehandelt werden. Beide Pädagogen sind sich bewusst, dass sie selbst alle Regeln einhalten müssen (= Lernen durch Vorbilder/Nachahmung).

Wenn Kinder gegen die Regeln verstoßen, werden die Gruppenregeln (z. B. am Anfang des Stuhlkreises) noch einmal erklärt und verdeutlicht, warum sie wichtig sind. Dabei wird kein Kind bloßgestellt. Kinder, die in unangemessene Rollen verfallen sind (wie Fritz), werden positive Verstärkung bekommen, wenn sie etwas gut gemacht haben. **Fritz und Tomke** dürfen als die ältesten der Gruppe alle neu ausgehandelten Regeln aufmalen. Die Grundsätze werden im Gruppenraum ausgehängt. Beide Kinder fühlen sich nun verantwortlich, die Kinder darauf hinzuweisen. Der Sozialassistent achtet darauf, dass dies in angemessener Weise geschieht.

Pädagogin Britta nimmt sich viel Zeit für Emma und Ingrid: Sie haben zusammen ein Spiel begonnen, in das Britta nach und nach andere Kinder integriert.

Reflektieren und Bewerten – wie bewerten die Pädagogen die angebotenen Aktivitäten?

Es erweist sich als sinnvoll, am Beginn des Tages zunächst viel Zeit in gemeinsame Spiele zu investieren. Durch den gemeinsamen Morgenkreis entsteht ein gern gesehener Rhythmus für die Kinder, der sich etabliert, indem sich die Kinder schnell selbst im Kreis versammeln.

Auch die Besprechung der Regeln ist sinnvoll. Dabei wollten zunächst die Älteren altbekannte Regeln durchsetzen. Aber Britta und Christian sind beharrlich dabei geblieben, alle Regeln neu zu besprechen und mit den Kindern gemeinsam deren Sinn zu ergründen. Diese Phase war etwas zäh, zahlt sich aber aus, da alle Kinder nun genau Bescheid wissen.

Christian hat lange überlegt, ob es richtig sei, Fritz und Tomke durch die kreative Gestaltung der Regeln aus der Gruppe herauszuheben. Aber die Sorge ist unbegründet: Fritz fühlt sich akzeptiert und anerkannt und kann nun viel besser seine freundliche und lustige Seite zeigen. Tomke zeigt sich verantwortungsvoll, wie bereits zu Beginn der neuen Gruppenphase.

Dokumentieren und Präsentieren – wie halten die Pädagogen die Ergebnisse fest?

Da die Entwicklung einer Gruppe etwas Dynamisches ist, lässt sich nicht viel dokumentieren. Die Regeln werden von Tomke und Fritz aufgemalt und so ausgehängt, dass alle sie sehen können.

Darüber hinaus haben Christian und Britta von allen Kindern ein Foto gemacht und diese an ein im Gruppenraum an der Wand hängendes Fischernetz geklemmt. Nun können alle Kinder die Fotos der anderen betrachten. Christian hat auch erklärt, dass die Kinder ihr Foto in die Nähe des Fotos eines anderen Kindes stecken können, mit dem sie gerade spielen. So wird die sich wandelnde Beziehungsstruktur in der Gruppe optisch dokumentiert.

Weitere Lernsituation

In der Kita ist das neue Kindergartenjahr seit 4 Wochen in Gange. In die „Hasengruppe" sind 10 neue Kinder gekommen: einige 3-Jährige, aber auch ältere Kinder, die vorher in einem anderen Kindergarten waren. Die Gruppe hat nun 21 Kinder, die alle einen freundlichen Eindruck machen.

Dennoch sind der Praktikantin Chrissi einige Dinge aufgefallen: Die zwei neuen Mädchen Anja und Eva (beide 4 Jahre alt) ziehen sich immer in die Puppenecke zurück, wo sie sich offensichtlich wohlfühlen und lange Zeit ins Spiel vertieft sind. Auch andere Kinder spielen eher in immer gleichen Zweiergrüppchen als in offeneren Gruppierungen. Einmal aufmerksam geworden, beobachtet sie noch Weiteres:

- Die neuen Kinder vergessen oft, nach dem Essen ihr Geschirr wegzuräumen.
- Jan, Mervin, Olga und Maike, die bereits länger in dieser Gruppe sind, fühlen sich im Spiel gestört, wenn die neuen Kinder ein Spielzeug von ihnen nehmen, und meckern sie an.
- Robert, Jule, Ayshe und Mats, einige der neuen 3-Jährigen, sitzen oft zusammen an einem Tisch und beobachten die anderen Kinder. Sie reagieren verschüchtert, wenn die Großen meckern.

Chrissi hat alle Beobachtungen notiert und spricht mit ihrer Anleiterin Kim im nächsten Anleitungsgespräch darüber. Diese möchte von Chrissi zunächst eine Erklärung für ihre Beobachtungen hören.

AUFGABE

Bearbeiten Sie die Lernsituation nach folgenden Schritten:

1. Analysieren – welche Situation findet Chrissi vor?
2. Planen – welche weiteren Schritte muss Chrissi gehen?
3. Durchführen – was genau macht Chrissi?
4. Reflektieren und Bewerten – wie deutet und wertet Chrissi aus?
5. Dokumentieren und Präsentieren – wie hält Chrissi die Ergebnisse fest?

Aufgaben zur Selbstreflexion

1. Überlegen Sie, in welchen verschiedenen Gruppen Sie bereits waren. Welche Position hatten Sie in diesen Gruppen, welche soziale Rolle nahmen Sie ein?
2. Zeichnen Sie ein Soziogramm einer Gruppe, die Ihnen vertraut ist. Wie ließe sich das Beziehungsgefüge so verändern, dass die Gruppe
   a) sich weiterentwickelt,
   b) in ihrer Entwicklung gestoppt wird?

Praxisaufgaben

1. Beobachten Sie ein Kind in der Eingewöhnungsphase im Kindergarten. Welches erzieherische Verhalten erleichtert dem Kind die Eingewöhnung? Wie ist der Umgang mit den Eltern?
2. Fertigen Sie von Zeit zu Zeit ein Soziogramm der Kindergruppe, in der Sie tätig sind, an.
   Sprechen Sie mit den Kindern über die Ergebnisse (eventuell gemeinsam mit Ihrer Anleitung). Hilfreich ist dabei folgende Idee einer Kindertagesstätte: An einem grobmaschigen Netz, das an der Wand befestigt ist, werden Fotos aller Kinder/der Kindergruppe befestigt. Mit den Kindern zusammen werden jeweils die Kinderbilder zueinander gerückt, die zurzeit miteinander spielen. Wenn sich die Beziehungsstruktur ändert, werden auch die Bildkompositionen (von den Kindern allein oder mit der Pädagogin) geändert. So hat man ein permanentes Abbild über die Gruppenstruktur.

Kapitel 13 Pädagogische Handlungskonzepte

1 Lernsituation

Tanja arbeitet als Zweitkraft in der Gruppe „Die Gummibärchen“, einer altersgemischten Elementargruppe mit zwei 2-Jährigen und weiteren 20 Kindern im Alter zwischen 3 und knapp 6 Jahren. Die Kinder kennen die Kindertagesstätte länger als sie. Sie sind inzwischen vielen Personalwechseln ausgesetzt gewesen. Die Gruppe ist unruhig und anstrengend. Gespräche in der Ganzgruppe werden oft durch Unruhe und abwertende Bemerkungen gestört, der Lärmpegel ist allgemein sehr hoch und das Konzentrationsvermögen der Kinder währt meist nicht sehr lange. Das Spielmaterial wird lieblos behandelt, Tanja sieht in den verschiedenen Materialien und Spielen der Einrichtung allerdings auch kein System. Der Raum ist überfüllt, sodass sich die Kinder wenig eigenständig bewegen können. Die junge Pädagogin fühlt sich von der täglichen Arbeit angestrengt. Sie sieht einen Grund dafür in der schlechten Qualität der pädagogischen Arbeit, die zuvor in der Gruppe gelaufen ist. Bisher arbeitete sie in Kindertagesstätten, auf die sie sich grundsätzlich gut einlassen konnte und in denen sie viel gelernt hat.

Doch nun hat ihre Gruppenleitung, die Erzieherin Merle, angekündigt, dass die Gruppe umstrukturiert werden soll – im ganzen Haus laufen Vorbereitungen für eine neue Konzeption. Tanja kann sich aktiv beteiligen und fragt sich nun, welche pädagogische Idee, die sie bereits kennengelernt hatte, ihr am besten gefiel. Außerdem will sie sich noch über weitere pädagogische Konzepte informieren. Zusammen mit der Gruppenleiterin Merle arbeitet sie heraus, an welchen Punkten die Umsetzung des Konzepts im Alltag besonders deutlich sichtbar ist.

AUFGABE

Bearbeiten Sie die Lernsituation.

1. Analyse
   Nennen und beschreiben Sie,
   - was der Leser über die Einrichtung erfährt,
   - was Tanja in ihrer Gruppe stört.
2. Ziele formulieren
   Was muss Tanja
   - herausfinden,
   - sich aneignen,
   - sich fragen,

um mit ihren Kolleginnen zu einem interessanten Konzept zu kommen?

2 Zu erlernende Kompetenzen

Im Laufe von fast zweihundert Jahren entstanden zahlreiche Handlungskonzepte zur professionellen Kleinkinderziehung. Die Sozialassistentin wird als Zweitkraft in der Regel keine konzeptionellen Entwürfe für die Kindertagesstätte tätigen. Aber bei einer konzeptionellen Umgestaltung wird sie normalerweise beteiligt sein. Als einer der ersten deutschen Pädagogen gilt FRIEDRICH FRÖBEL, der den Namen Kindergarten erfand. Seine Grundgedanken sowie Ideen zum Bild des Kindes finden sich unter Punkt 3. Wie sich FRÖBELS Vorstellungen im Spielmaterial und in der Raumgestaltung ausdrücken, wird ebenfalls in diesem Abschnitt verdeutlicht.

MARIA MONTESSORI war die erste Pädagogin Italiens. Ihr Blick wanderte schon stärker als bei FRÖBEL zu den Kompetenzen des Kindes. Kindergärten und Schulen nach ihren Ideen sind heute weit verbreitet. Ihre Grundgedanken sowie Ideen zum Bild des Kindes finden sich unter Punkt 4. MONTESSORIS Vorstellungen im Spielmaterial und in der Raumgestaltung stellt dieser Abschnitt ebenfalls vor.

Unter Punkt 5 findet sich das Konzept von RUDOLF STEINER, der eine anthroposophisch orientierte Pädagogik schuf. Auch hier werden nach den Grundgedanken des Konzeptes und dem Bild vom Kind die Umsetzungen im Spielmaterial und Raum dargestellt.

Die Reggio-Pädagogik ist das jüngste der vorgestellten Konzepte. Unter Punkt 6 wird verdeutlicht, inwiefern gesellschaftspolitische Überlegungen eine Rolle für die Entwicklung des Konzeptes spielten. Das Bild vom Kind zeigt sich im heute verstandenen Sinne ebenso wie diese Pädagogik auch den Raum als dritten Erzieher erkannte.

3 FRIEDRICH FRÖBEL: Gar hoher Sinn liegt oft im kindischen Spiel

Der Pädagoge

FRIEDRICH FRÖBEL (1782–1852) gilt als „Vater“ des Kindergartens. Auf ihn ist die Pädagogisierung der Kleinstkinderziehung zurückzuführen, indem er nicht nur den Namen „Kindergarten“ erschuf, sondern im Spannungsfeld von Aufbewahrung und Schulpädagogik Grundideen für eine eigenständige Erziehungs- und Bildungseinrichtung für Kleinkinder formulierte und verwirklichte. Sein Ziel war es, die frühkindliche Erziehung im Elternhaus ergänzend zu unterstützen, dem Bildungsbedürfnis des Vorschulkindes gerecht zu werden und eine „Schule des Spiels“ zu etablieren.

Kerngedanken – erst greifen, dann begreifen

Es ist FRÖBELS Verdienst, die Bedeutung des kindlichen Spiels erkannt zu haben. Vehement setzte er sich dafür ein, das kindliche Spiel nicht als Spielerei oder Müßiggang abzuqualifizieren. Vielmehr sei das Spiel „im Grund nichts anderes als Vorbild und Nachbild des gesamten Menschenlebens“. Er wies dem Erwachsenen die Rolle zu, dem Kind im Spiel anerkennend und achtend zu begegnen und das Spiel als Voraussetzung gesunder Entwicklung zu begreifen. Auch sah er im gemeinsamen Spiel von Eltern und Kindern die entscheidende Möglichkeit, familiäre Bande zu knüpfen und darüber zur „Lebenseinigung“ zu gelangen.

FRÖBEL vertrat die Anschauung, dass es in der Kleinkindererziehung nicht darum gehen dürfe, zu belehren oder rein verbal zu vermitteln, sondern dass eine erziehende Haltung erforderlich sei, die sich an der kindlichen Entwicklung ausrichtet und die Selbsttätigkeit im Mittelpunkt hat. Nach FRÖBEL ging es darum, Spiel- und Beschäftigungsmittel bereitzustellen, die das Denken der Kinder entwickeln. Die Rolle der Erzieherin ist es an dieser Stelle, die Kinder im Gebrauch der Spielmittel zu unterweisen.

Bild vom Kind

Sein Leitgedanke war die „freie Selbsttätigkeit und Selbstbestimmung" des jungen Menschen. Kinder sollen aus eigener Anschauung heraus lernen, aus ihrer Erfahrung. Sie kommen mit Ahnungen um den symbolischen Gehalt der Dinge, die in ihnen und um sie sind, auf die Welt. Die Ahnungen gilt es zu geklärten Begrifflichkeiten zu entwickeln. Dieser Prozess entwickelt sich aus der Verbindung von Erleben und Sprache, indem die Erwachsenen das Interesse erwecken und zu Begrifflichkeiten führen.

Fröbelsterne

FRÖBELS Pädagogik lebt einerseits vom Zutrauen in das kindliche Spiel, in dem das Kind sich selbst auf die Herausforderungen des Lebens vorbereitet, und andererseits von der Idee, Kinder in neue Spiele einzuführen und ihnen einen Gebrauch vorzugeben, den sie selbst im wiederholenden Spiel üben.

Die pädagogischen Mittel, die er dazu an die Hand gab, stellten für ihn eine Vergegenständlichung des Grundgesetzes allen Lebens dar. Sie gliedern sich in drei Bereiche:

1. das Spiel mit den „Beschäftigungs- und Bildungsmitteln" („Fröbelgaben")
2. die Kreis- und Bewegungsspiele
3. die Gartenarbeit

Beschäftigungs- und Bildungsmittel

Für die praktische Umsetzung seiner Ideen schuf FRÖBEL eigene ergänzende Spielmittel, mit denen er das kindliche Fühlen, Ahnen, Denken und Erkennen sowie Motorik, Fantasie und Kreativität aktivieren wollte. Diese Spielmittel werden als „Fröbelgaben" bezeichnet.

FRÖBEL gab zudem eine durchdachte Reihenfolge vor. Zu den Fröbelgaben gehören Wollbällchen, Holzkugeln, Holzwürfel und Holzzylinder. Ferner gibt es in verschiedenen Graden ausdifferenzierte Holzbausätze, z. B. Würfel, die aus verschiedenen Formen zusammengesetzt werden können (aus acht oder mehr Würfeln oder rechteckigen Säulen). Neben diesen Spielgaben setzte er manuelle Beschäftigungen ein, die ebenfalls vom Konkreten zum Abstrakten überleiten sollten:

- Spiele mit Flächen: Falten, Schneiden, Zusammenbinden und Kleben, Legen (Tafel, Papier)
- Spiele mit Linien: Stäbchen, Papierstreifen, gepresstes Stroh, gezeichnete Linien
- Spiele mit Punkten: Erbsen, Perlen, Knöpfe; Lochen und Nähen

Kreis- und Bewegungsspiele

Durch das gemeinschaftliche Spielen erlebt sich das Kind als „Gliedganzes“ und lernt spielerisch, sich in eine Gruppe einzufügen. Das gemeinsame „Von-einer-Sache-ergriffen-Sein“ stärkt das Gemeinschaftsgefühl, wobei durch die Kreisform die Zugehörigkeit des einzelnen Kindes symbolisch deutlich wird. Die Spiele sind nach FRÖBEL „bildend für die Sprache und den Gesang, sie erwecken Aufmerksamkeit, Sinn für Ordnung, Anstand und Schönheit. Vor allem aber bewirken sie ein freudiges und zufriedenes Zusammenleben“. Zu den Spielen gehören darstellende Kreis- und Bewegungsspiele, Nachahmungsspiele, Laufspiele, Gehspiele und reine Kreisspiele.

Ein Garten für Kinder

Zur Aneignung biologischer Grundkenntnisse war für den Pädagogen ein Garten unverzichtbar. Hier sollte möglichst jedes einzelne Kind ein eigenes Beet zur Bearbeitung haben. Denn „auf das den Kindern eigens eingeräumte Beetchen können sich die Kinder pflanzen, was und wie sie wollen; auch mit den Pflanzen umgehen, wie sie es wollen, damit sie aus unstatthafter Behandlung selbst erfahren, dass man auch sorgsam und gesetzmäßig mit Gewächsen umgehen müsse“. FRÖBEL entwarf einen ausführlichen Plan zur Gestaltung, Bearbeitung und Bepflanzung der Beete entsprechend den Jahreszeiten.

Raumgestaltung

FRÖBELS Idee, überhaupt einen Raum für Kinder zu schaffen, den Kindergarten, schuf die Grundlage, sich später der genaueren Wirkung des Raums auf die pädagogische Arbeit zu widmen. Der Raum des Kindergartens beinhaltete neben einem festen Gebäude immer auch einen eigens gestalteten Garten, den die Kinder selbst bepflanzen durften.

AUFGABE

1. Führen Sie mit der Gruppe das Taubenhaus-Spiel durch.
2. Welche der im Text genannten Vorstellungen von FRÖBEL erkennen Sie in Ihrer Kindertagesstätte wieder?

Im Sinne FRÖBELS fehlt es der Gruppe aus der Lernsituation in all ihrem Gerangel an gezielten Beschäftigungen, in denen sie selbsttätig werden können. Sie brauchen Lernherausforderungen und die Gelegenheit, ihre Fertigkeiten auszubauen, auch die Sorge um eigene Pflanzen könnte ihrem Verantwortungsgefühl dienlich sein. Durch passende Spielmittel und Beschäftigungen führt die Pädagogin Tanja die Energie der Kinder ins Konstruktive und durch gemeinsame rhythmisch-musikalische Angebote und Spiele sorgt sie für eine positive Gruppenatmosphäre.

Holzspielzeug

Wir öffnen jetzt das Taubenhaus

1. Enger Stehkreis in Handfassung:
   Die Täubchen (= Kinder) sitzen „schlafend" in der Mitte.
2. Langsam auseinandergehen und Arme heben:
   Die Täubchen fliegen hinaus.
3. Die Täubchen kehren zurück:
   Der Kreis wird wieder eng und geschlossen.

4 MARIA MONTESSORI: Selbstständigkeit durch Selbsttätigkeit

Die Pädagogin

Die Italienerin MARIA MONTESSORI (1870–1952) promovierte 1886 als erste Frau Italiens im Fachbereich Medizin. Während ihrer Zeit als Assistenzärztin erwachte ihr Interesse an Kindern mit geistigen Behinderungen. Die damaligen Lebensbedingungen für die als „schwachsinnig" und „geisteskrank" bezeichneten Kinder waren an heutigen Bedingungen gemessen unvorstellbar schlecht und unwürdig: bar jeder Anregung zur Entwicklung. Sie wurden in vollgepferchten Räumen „verwahrt" – nur auf die nötigste Versorgung hin abzielend. Nach näherer Beschäftigung mit diesen Kindern vermutete MONTESSORI in der „geistigen Minderwertigkeit" kein medizinisches, sondern ein pädagogisches Problem. Sie ging diesen Gedanken konsequent nach. 1907 übernahm sie die Leitung eines Kinderhauses im Elendsviertel von Rom. Hier erhielt sie die Möglichkeit, ihr nach wissenschaftlichen Grundsätzen erdachtes Material anfertigen zu lassen, das dem für die Kinder mit geistigen Behinderungen ähnelte. Aus der Arbeit mit den Kindern leitete MONTESSORI durch sorgfältige Beobachtung wichtige Erziehungsgrundsätze ab.

Kerngedanken – Hilf mir, es selbst zu tun

MARIA MONTESSORI vertrat öffentlich die Auffassung, dass „zurückgebliebene Kinder" keine außergesellschaftlichen Wesen seien, sondern vielmehr genauso viel, wenn nicht größeres Anrecht auf Erziehung hätten als „normale Kinder". Dieser für Italien damals völlig neue Gedanke sorgte für die Gründung einer staatlichen „Schwachsinnigen-Schule", deren Leitung man MONTESSORI übertrug. Sie entwickelte Lern- und Arbeitsmethoden, die zahlreiche Kinder dieser Anstalt in die Lage versetzten, das gleiche Niveau im Lesen und Schreiben zu erreichen wie Kinder der Regelschulen.

MONTESSORI unterschied folgende **sensitive Phasen**, in denen Kinder für bestimmte Themen und Entwicklungsaufgaben besonders empfänglich sind:

Sensitive Phasen

Bild vom Kind

Das Ziel von MARIA MONTESSORI war der mündige Mensch, der selbstständig, selbsttätig im Leben steht sowie kreativ, offen und risikobereit Aufgaben bewältigt.

Ihr Bild vom Kind stellt die Kompetenz des Kindes in den Vordergrund. Die kindlichen Fähigkeiten gilt es zu wecken, zu beobachten und zu begleiten. MONTESSORI stellt in diesem Sinne die Beobachtung als erzieherische Kompetenz in den Mittelpunkt ihrer Pädagogik und verbindet dies mit der grundlegenden Bereitschaft der Pädagogin, sich von vorgefassten Meinungen zu lösen. Darüber hinaus hat die Pädagogin die Rolle einer Materialpflegerin, einer Unterweiserin in Materialien, einer Beziehungsknüpferin zwischen Kind und Umgebung, einer Unterstützerin, einer Zuhörerin, einer Zeitgeberin für Phasen der Ruhe und der „Arbeit", einer Respektiererin von kindlichen Fehlern, einer Anbieterin von bisher abgelehntem Material und einer liebenden erwachsenen Person, die bei Bedarf da ist. Nach MONTESSORI geht es darum, einen führenden Erwachsenen in den Hintergrund treten zu lassen. Nur da, wo es erforderlich ist, soll unterstützt werden und dies nur in dem Sinne, dass zu weiterer Eigenständigkeit verholfen wird.

Raumgestaltung – die vorbereitete Umgebung

Nach MONTESSORI haben Kinder ein intensives Bedürfnis nach Betätigung. Um dieses Bedürfnis zu befriedigen, ist das Kind insofern auf die Erwachsenen angewiesen, als diese ihnen die Vielfalt der Lebensmöglichkeiten zugänglich machen. Dabei geht es nicht darum, Kinder zu beeinflussen oder zu unterrichten, sondern man muss die entsprechende Umgebung bereitstellen, in der es sich frei entfalten kann. Die Pädagogin ging davon aus, dass Kinder (wie alle Lebewesen) die Fähigkeiten besitzen, aus der Umgebung genau das zu wählen, was notwendig ist, um das Leben zu gestalten und zu erhalten. D. h., dass jedes Kind sich genau das Material wählen wird, das gerade zu diesem Zeitpunkt für seine Entwicklung am wichtigsten ist.

Spielmaterial – das Sinnesmaterial

MONTESSORI ging davon aus, dass das Kind seine Umwelt mit den Sinnen studiert. Sie nannte ihr Material „materialisierte Abstraktion", da das Kind über die Erfahrung mit dem Material zu klaren Begrifflichkeiten kommen kann (größer/kleiner, schwerer/leichter, A/B/C). Das Ergebnis des Umgangs mit den Materialien ist also nicht bloß Geschicklichkeit und die Unterscheidung von Gegenständen, sondern die Welt des Kindes wird durch die gemachten Erfahrungen geordnet. Durch die Erschließung mit den eigenen Händen wird das Kind zur Abstraktion hingeführt.
Das Material soll dabei kein Ersatz für Erfahrungen in und mit der Natur sein. Es stellt aber eine Art Schlüssel dar, durch den das Kind fähig wird, die empfangenen Eindrücke in nahezu wissenschaftlicher Art und Weise zu ordnen. MONTESSORI hat das Sinnesmaterial so konzipiert, dass immer eine Eigenschaft durch das Material isoliert und die Aufmerksamkeit so gelenkt und fokussiert wird. Zudem bieten die Materialien die Möglichkeit zur Selbstkontrolle und weisen aufeinander aufbauende Schwierigkeitsgrade auf.

Zu den Sinnesmaterialien gehören u. a.:
Einsatzzylinder in verschiedenen Größen, Würfel mit abnehmenden Kantenlängen (rosa Turm), Quader mit abnehmendem Querschnitt (braune Treppe), Stangen in abnehmender Länge (rote Stangen), farbige Zylinder, Gegenstände für Tastübungen (Brettchen mit aufgeleimtem Sandpapier, welche verschiedene Rauheiten und Formen aufweisen, Sammlung verschiedener Stoffstückchen), Materialien für Farben, Gewicht, Geräusch, Töne, Geruch, Geschmack.

MONTESSORI selbst gibt keine Reihenfolge für den Materialgebrauch an, schlägt aber vor, diejenigen als erstes anzubieten, bei denen die Kinder mechanische Fehlerkontrollen haben und bei denen nur ein Sinn beteiligt ist (z. B. Gewichtsplättchen). Sie verweist aber immer wieder darauf, dass eine Kindergruppe nicht im Gleichschritt lernen kann.

Neben dem Sinnesmaterial gibt MONTESSORI auch viele verschiedene Übungen an die Hand. Sinn dieser Übungen ist es, Kindern die Möglichkeit zu geben, zweckfrei zu üben, um Sicherheit und Unabhängigkeit zu erlangen. Wenn ein Kind sich beispielsweise den Knopfrahmen holt, kann es ohne zeitlichen Druck, der in realen Aufbruchs- und Anziehsituationen besteht, das Knöpfen üben. Es findet eigenständig zum Erfolg und kann dann in Alltagssituationen überraschen. Neben der Anpassung an das tägliche Leben übt es sich in Motorik und Koordination.

Weitere Beispiele:

- Pflege der eigenen Person, z. B. Hände waschen
- Pflege der Umgebung, z. B. Metalle reinigen, Blumen pflegen, Tiere füttern, Böden säubern
- Pflege der sozialen Beziehungen
- Analyse und Kontrolle der Bewegung, z. B. töpfern, rhythmische Übungen

AUFGABE

1. Vergleichen Sie die FRÖBEL-Pädagogik mit dem Ansatz von MONTESSORI. Wo sehen Sie Ähnlichkeiten, wo Unterschiede?
2. Basteln Sie ein Geräuschmemory aus Filmdosen. Denken Sie sich eine Möglichkeit der Selbstkontrolle aus.
3. Halten Sie schriftlich fest, was Sie an dem Konzept MONTESSORIS überzeugt.

Nach MONTESSORI würde man die Kinder aus der Eingangssituation an das Sinnesmaterial heranführen. Man würde ihnen den richtigen Umgang (Gebrauch und Pflege) zeigen und ihnen am Anfang bei der Auswahl helfen. Hat man schließlich entsprechende Normen und Werte etabliert, so könnten die Kinder selbstbestimmt auswählen und mit dem Material umgehen. Das selbstständige Spiel der Kinder kann Assistentin Tanja dann schließlich für gezielte Beobachtungen nutzen, um einen Einblick in den jeweiligen Entwicklungsstand der Kinder zu bekommen.

Verschiedene Zylindersätze

Farbplättchen, Geräuschdosen, Waage, Glocken

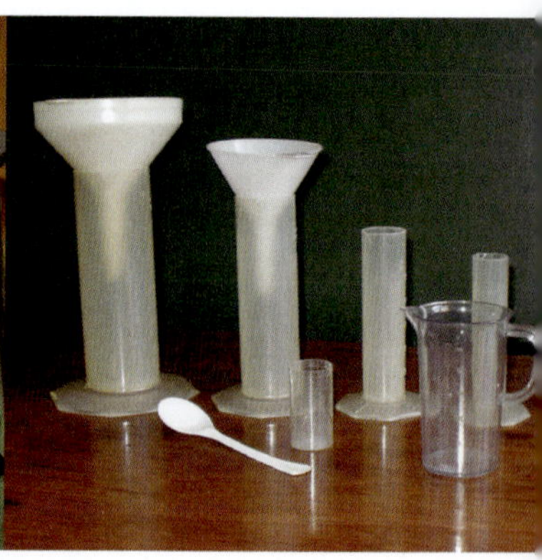

Messbecher

5 RUDOLF STEINERS Waldorfpädagogik: Rhythmus und Wiederholung

Der Pädagoge

RUDOLF STEINERS Leben (1861–1925) ist geprägt von vorwärtsstrebendem Schaffen, großem, breit gefächerten Wissens- und Forschungsdrang und praktischer pädagogischer Umsetzung. Er studierte sowohl alle klassischen Naturwissenschaften wie auch Medizin und Philosophie. Eine zentrale Frage war dabei für ihn, die Spaltung von Natur- und Geisteswissenschaften zu überwinden. STEINER entwickelte die Erkenntnis, dass der Mensch sich nicht von einer äußeren Macht Gesetze geben lasse, sondern sein eigener Gesetzgeber sei und ihn gerade dies zum Menschen mache. Damit existiert Gott für ihn nicht im Außenleben, sondern im Inneren des Menschen. Dies bedeutet eine hohe Verantwortung für den einzelnen handelnden Menschen gegenüber der Natur und der Gesellschaft.

Nach seinem Studium arbeitete RUDOLF STEINER als Hauslehrer für einen behinderten Jungen und arbeitete parallel u. a. an seiner Dissertation. Neben Aufsätzen zu literarischen Themen engagierte er sich für eine freiheitliche individuelle Gesinnung und wandte sich gegen den aufkommenden Antisemitismus. Ab 1899 lehrte er an der von dem Kommunisten Wilhelm Liebknecht gegründeten Arbeiterbildungsschule in Berlin und gründete die Anthroposophische Gesellschaft[1]. Den pädagogischen Schwerpunkt seines Wirkens bildete die Erschaffung der „Waldorfschule“, die er 1919 mit finanzieller Hilfe und auf Initiative der Stuttgarter „Waldorf-Astoria-Zigarettenfabrik“ gründete.

[1] Anthroposophie: geisteswissenschaftliche Lehre vom Menschen

Die Fabrik, die der Waldorfschule den Namen gab

Kerngedanken – Lernen durch Rhythmus, Nachahmung und Vorbild

Nachahmung und Wiederholung sind nach STEINER das bestimmende Lernprinzip der frühen Kindheit. Das Kind lernt dabei über Tätigkeiten, seinen Körper zu beherrschen. Seine Entwicklung wird durch Nachahmung geführt und so sollen Fachkräfte selbst tätig sein. Nicht ein gemeinsames Spiel steht im Zentrum des Miteinanders von Erwachsenen und Kindern, sondern die Tätigkeit, die Arbeit an sich und die Freude an ihr. Die Kinder lernen im Laufe des Jahres auch durch vielfältige Festvorbereitungen sehr viele verschiedene handwerkliche Tätigkeiten kennen. Extra eingerichtete Bastelstunden kommen dabei äußerst selten vor. Gelegentlich unterbricht die Erzieherin ihre Arbeit, um zu helfen oder sich an einem Rollenspiel der Kinder zu beteiligen. Die Orientierung an wiederkehrenden Elementen im Tages-, Wochen- und Jahresablauf sowie (handwerkliche) Tätigkeiten, Feste und Rituale spielen hier eine bedeutsame Rolle. Auch der Ernährung wird eine besondere Bedeutung zugewiesen. So wird z. B. das zweite gemeinsame Frühstück im Kindergarten zubereitet. Es orientiert sich an jahreszeitlich passenden Früchten und Nahrungsmitteln.

Die verschiedenen Getreidegerichte (Brot, Breie und Grützen) sind jeweils bestimmten Wochentagen zugeordnet, um durch diese Regelmäßigkeit zur Orientierung der Kinder beizutragen. Überhaupt weisen der Tages-, Wochen- und Jahresrhythmus klare, immer wiederkehrende Elemente auf: Freispielzeit, Singen, Musizieren und rhythmische Spiele, Gartenarbeit und Märchenerzählungen.

Im Wochenablauf sind feste Zeiten für künstlerische Tätigkeiten wie Eurhythmie (= Bewegungsabfolgen zu Musik) oder Plastizieren, z. B. mit Bienenwachs, vorgesehen.

Der Kindergarten soll das Kind nicht der Familie „entreißen", sodass es sich bei Waldorfeinrichtungen in aller Regel um Halbtagseinrichtungen handelt. Hausbesuche, Elternabende und Erziehungsberatung sowie gemeinsame Projekte, die die Waldorfeinrichtung durch gemeinsame Aktivitäten wie Lesen, Basteln, Vortragsveranstaltungen und Festvorbereitungen zu einem kleinen „Kulturzentrum" machen, verbinden Sorgeberechtigte und Einrichtung.

Bild vom Kind

RUDOLF STEINER ging von einem 7-Jahres-Rhythmus im menschlichen Leben aus. Die jeweiligen Lebensabschnitte dienen entsprechenden Entwicklungsschritten, die ihre Zeit brauchen. Das Sich-ineinander-Fügen oder Sich-Entfalten von Geist, Seele und Leib vollzieht sich hierbei in Stufen, für die STEINER sehr genau festlegte, was ein Mensch im jeweiligen Alter für seine optimale Entwicklung benötigt. Nach ihm vermag das Kind beispielsweise im ersten „Jahrsiebt" noch nicht Gut und Böse oder Richtig und Falsch zu unterscheiden.

Ob die Entwicklung gut verläuft, hängt entscheidend von den Sinneseindrücken und den Vorbildern ab. Hauptaufgabe der Erziehenden ist es in dieser Phase, dem Kind eine friedliche, harmonische Umgebung zu schaffen und ihm ein gutes Vorbild zu sein, indem die tägliche Arbeit mit Freude verrichtet wird. Dem Kind muss genügend Zeit gelassen werden, mit den Materialien der Natur und des Alltags umzugehen, Umwelteindrücke zu verarbeiten und seine Fantasie auszuleben. Dabei entwickelt sich das kindliche Spiel von der Freude an der Tätigkeit selbst (aufheben, öffnen, bauen) hin zu Spielfantasie und Rollenspiel.

Raumgestaltung

Der Waldorfkindergarten legt besonderen Wert darauf, dass sich die Menschen in den Räumen wohlfühlen. Die Räume sollen sich „anschmiegen" und nicht hart und kantig sein. Deswegen wird möglichst auf rechte Winkel verzichtet und werden Pastellfarben aus natürlichen Inhaltsstoffen eingesetzt.

Spielmaterial

Im Waldorfkindergarten wird als Spielmittel viel Naturmaterial angeboten und wenig ausgestaltetes oder technisches Spielzeug, um so die Fantasiefähigkeit der Kinder anzuregen. Echte Dinge werden bevorzugt, weil sie die Sinne nicht „belügen" und auch direkt „aus dem Wachstum der Schöpfung" hervorgegangen sind. Die nur angedeuteten Gesichtszüge der Waldorfpuppen werden in der Fantasie der Kinder vollendet und sind im Ausdruck nicht festgelegt. Diese in Handarbeit hergestellten Puppen sind ohne anatomische Details zu allen Lebensäußerungen fähig: Sie können schlafen, essen und gepflegt werden, sie sind weich und anschmiegsam.

Außerdem gibt es eine Vielzahl von unspezifischen Materialien wie Fäden zum Fingerhäkeln, Knüpfen oder Flechten, Tücher, Wäscheklammern zum Häuserbau und Verkleiden, bunt gefärbte Schafwolle zum Bilderlegen, einfache Puppen und auch das Mobiliar dient dem Tun der Kinder.

Raumgestaltung in der Waldorfpädagogik – weich und rund

Waldorfpuppe

AUFGABE

1. Erzählen Sie sich in der Klasse gegenseitig Märchen.
2. Erzählen Sie in Ihrer Praxiseinrichtung ein Märchen und wiederholen Sie es an den darauffolgenden Tagen. Begleiten Sie sich ggf. auf einem Instrument.
3. Ertasten Sie blind eine normale Plastikpuppe und anschließend eine Waldorfpuppe, wahlweise einen Naturgegenstand und ein Plastikspielzeug. Benennen Sie gefühlte Unterschiede.
4. Welche Ziele erreicht man durch den Einsatz von Naturspielzeug und reduziert vorgestaltetem Spielmaterial?

Die Waldorfpädagogik bietet eine Vielzahl von Strukturen an, die die Pädagogin Tanja bei ihrer Gruppe einsetzen könnte:

- die Strukturierung des Tagesablaufs
- die eigene Arbeit als Vorbild, um das Interesse der Kinder am schaffenden Tun zu fördern
- künstlerische Angebote, um die innere Ruhe und Ausgeglichenheit zu fördern
- rhythmisch-musikalische Angebote, um Merkleistungen und Freude am gemeinsamen Tun zu fördern
- die achtsame Auswahl von Spielmitteln
- Erzählen von Märchen, um die Aufmerksamkeit einer ganzen Gruppe zu binden

6 Reggio-Pädagogik: Dialog zwischen Kindern und Erwachsenen

Die Pädagogen – eine Region und einflussreiche Pädagogen

Die Reggio-Pädagogik erhält ihren Namen nicht durch einen Menschen oder ein inhaltliches Konzept, sondern durch eine norditalienische Ortschaft: Reggio Emilia, ein Ort im Zentrum des Städtedreiecks Mailand-Venedig-Florenz. Die Reggio-Pädagogik ist nach der MONTESSORI-Pädagogik das zweite in Italien entwickelte pädagogische Konzept, das international Einfluss auf elementarpädagogische Theoriediskussionen und die Praxis gewonnen hat. In den späten 1960er-Jahren beschloss die Bevölkerung dort –, in Reaktion auf den Zweiten Weltkrieg – einen Kindergarten zu gründen, der eine Generation erziehen sollte, die zukünftige Kriege zu vermeiden lernt. Wichtige Zielsetzungen waren demzufolge eine Erziehung zu Demokratie, sozialer Gerechtigkeit und Solidarität. Diese politische Dimension durchströmt das Konzept der Reggio-Pädagogik. Die Kinder sollten in einem friedfertigen und künstlerischen Umfeld Bildung erleben.

Als wichtige Begleiter des Reggio-Konzepts gelten zum einen der Grundschullehrer LORIS MALAGUZZI (1920–1994), der den ersten Reggio-Kindergarten leitete, Mariano Dolci, der als Puppenspieler in den reggianischen Einrichtungen arbeitete, und schließlich GIANNI RODARI, der sich als Kindergedichtautor und Befürworter einer konsequenten ästhetischen Erziehung einsetzte. Seit den 1980er-Jahren wurden die Außenwirkung und der internationale Austausch gefördert, z. B. durch die Wanderausstellung „Die hundert Sprachen der Kinder“. Seitdem hat ihre Verbreitung und Beachtung in der Welt stark zugenommen.

Kerngedanken – Dialog zwischen Kindern und Erwachsenen

Die Reggio-Kindergärten verstehen sich nicht als Schutzzonen oder Lernfabriken, sondern als Kommunikations- und Erfahrungsstätten, die alle Beteiligten und deren Alltag einbeziehen. Sie möchten in ständiger Interaktion mit dem Umfeld stehen: „Erziehung von Kindern ist eine Sache von Familien, öffentlichen Einrichtungen und der Gesellschaft.“ Auf diese Weise soll ein Bewusstsein für gesellschaftliche Zusammenhänge entstehen, wodurch Mündigkeit und Emanzipation ermöglicht werden.

In der Reggio-Pädagogik geht es um einen dialogischen Lernprozess zwischen Kindern und Erwachsenen, in dem Eindrücke und ihre Wertungen vielfältig ausgedrückt und gestaltet werden. Der Prozess verläuft dabei über das Bemerken, Staunen und Fragen hin zum gemeinsamen Entdecken, Suchen und Experimentieren. Dadurch werden Themen und Erscheinungen des Lebens verstehbar, handhabbar oder veränderbar. Auf diese Weise sollen die kreativen Fähigkeiten des Kindes, mit der Umwelt zu kommunizieren, unterstützt werden. Ausgangspunkt für diesen Prozess sind beispielsweise Fragestellungen und Problemsituationen aus der Lebenswelt des Kindes, für die sowohl die Kinder als auch die Fachkräfte/Erwachsenen Lösungen suchen.

Das Bild vom Kind – das Kind ist Konstrukteur seiner selbst

In der Reggio-Pädagogik gilt das Kind weder als biologisch vorbestimmt noch als vollkommen von der Umwelt bestimmbar. Auch stellt man sich seine Entwicklung nicht als ein in Stufen linear ablaufendes Schema vor, bei dem es zu einer fortschreitenden Ansammlung von Wissen, Fertigkeiten und Fähigkeiten kommt. Für Reggianer läuft ein Kind von Anfang an, es spricht sofort – wenn auch noch nicht mit Worten –, da sein ganzes Tun sich auf den Erwerb solcher Fähigkeiten richtet und sie trainiert. Das Kind bringt sein „Rüstzeug für die Welt“ durch sein Bedürfnis mit, die Welt kennenzulernen, zu ihr in Beziehung zu treten und „so viele Gesprächspartner“ wie möglich zu haben. Damit hat die Reggio-Pädagogik ein optimistisches Bild vom Kind als ein Wesen, das sich aktiv mit seiner gegenständlichen, seiner sozialen Welt und sich selbst auseinandersetzt. Das Kind wird so als Konstrukteur seiner eigenen Entwicklung und seines Wissens betrachtet (s. auch Kap. 2 Beziehungen zu Kindern).

Allerdings ist das Kind auf Ressourcen und Impulse von außen angewiesen. Solche Impulse bestehen zwischenmenschlich aus Vertrauen und Zuneigung, Sicherheit, Geborgenheit, Rückmeldung, Handlungsanstößen und gewährten Freiräumen. Auch braucht es eine Peer-Group für gemeinsame Spielhandlungen und Projekte.

Spielmaterial – Lernen durch Spielen

Nach RODARI ist das Spiel „schöpferische Aufarbeitung, ein Prozess, durch den das Kind die Gegebenheiten der Erfahrung miteinander verbindet, um eine neue Realität zu konstruieren. (…) Mit den Dingen zu spielen dient dazu, sie besser kennenzulernen. Und ich sehe keinen Sinn darin, die Freiheit des Spiels einzugrenzen, weil das heißen würde, zu leugnen, dass es die Funktionen der Bildung und Erkenntnisfähigkeit besitzt“. Dabei lassen sich drei bevorzugte Arten des Spiels in reggianischen Einrichtungen ausmachen:

Das Bauspiel: Hier werden Holzbauklötze und LEGO-Elemente offen präsentiert; sie können situativ durch andere Gegenstände und Materialien (Natur, Abfall, Spielsachen)

Die Pädagogin in der Reggio-Pädagogik versteht sich als Begleiterin und Dialogpartnerin der Kinder. Sie ist dafür verantwortlich, …

1. eine Atmosphäre des sozial-emotionalen Wohlbefindens zu schaffen, in der sich die Kinder angesprochen fühlen, Ängste überwinden und eigentätige Spiel- und Erkundungsaktivitäten entwickeln;
2. zu beobachten und zuzuhören. Hier soll sie im Sinne eines „dritten Auges bzw. eines dritten Ohres“ (Malaguzzi) Gesten, Mimik und Worte der Kinder feinfühlig wahrnehmen und verstehen. Diese Beobachtungen sollten möglichst umgehend dokumentiert werden, um der Interpretation zu einem späteren Zeitpunkt zugänglich zu sein;
3. Kinder aktiv zu begleiten. Dies meint, die Ausdrucksformen der Kinder aufzunehmen, zu verarbeiten, zu interpretieren und darauf aufbauend unterschiedlichste Ressourcen bereitzustellen;
4. pädagogisch zu planen innerhalb des Begleitungsprozesses. Hier sollen Beobachtungen anhand der Frage interpretiert werden, was die einzelnen Kinder für ihre Entwicklung brauchen;
5. sich wechselseitig im Team zu beraten und in die Beratung bzw. den Austausch mit Eltern zu gehen;
6. sich selbst in Bereichen der Pädagogik und Psychologie sowie den Feldern des persönlichen Interesses oder des aktuellen Kompetenzbedarfs weiterzuqualifizieren.

ergänzt werden. Dabei gibt das Material Impulse für gestaltete Spielhandlungen oder die Gestaltung einer Spiellandschaft, bei der auch soziale Dimensionen wie das Aushandeln und territoriale Kämpfe eine zentrale Rolle spielen können.

Das Erkundungsspiel: Hier werden Geräte bereitgestellt, die der experimentellen Begegnung mit Licht, Schatten und Farben dienen (z. B. Leuchttisch, Overhead- und Diaprojektor, Lupen, Filmleinwand). Der Umgang mit optischen Geräten bietet eine Verknüpfung von Physik und Fantasie.

Das darstellende Spiel: Gemeint ist im weitesten Sinne des Wortes eine Vielzahl von sozialen Erfahrungen: Deuten und Gestalten von Interaktionssituationen, spielerisches Inszenieren, Aushalten und Lösen von Konflikten, Perspektivwechsel, Ertragen gegenläufiger Interessen, Erleben emotionaler Nähe und Distanz oder das Ausprobieren ungewohnter Rollen. Angeregt werden die Kinder hierzu durch Verkleidungsutensilien, unterschiedliche räumliche Bereiche (verschiedene Grade an Intimität und Öffentlichkeit), Handpuppen, Marionetten und andere Gegenstände. In Bezug auf Materialien bedarf es solcher Gegenstände, die die Komplexität der Welt repräsentieren, zu Experimenten anregen, dem Ausdruck der eigenen Person dienen oder für die Kommunikation zu nutzen sind. In diesem Sinne wird das Kind wie auch der Erwachsene gleichzeitig als vollständiger und als sich entwickelnder Mensch betrachtet.

Experimente mit Licht

Raumgestaltung – der Raum als „dritter Erzieher"

Der Raum ist in der Reggio-Pädagogik Teil des pädagogischen Konzepts. Dabei sind nicht nur Kindergartenräumlichkeiten und deren Ausstattung gemeint, sondern ebenso das Umfeld (Straßen, Plätze, öffentliche Gebäude, Parks, Gärten, Gewässer). Eine solche Öffnung des Tagesstättenalltags zum Leben im Dorf, in der Stadt und zur Erwachsenenwelt kommt auch in der Architektur der Gebäude zum Ausdruck: große, tief heruntergezogene Fensterflächen und ein einladender Eingangsbereich mit Fotowänden, Wandzeitungen und Projektdokumentationen. Die Räume der Einrichtung dienen einer Atmosphäre des Wohlbefindens, einer Förderung der Kommunikation. Sie stellen Material für Spiel- und Projektaktivitäten zur Verfügung und sollen Impulse für die Bereicherung von Kinderaktivitäten geben.

AUFGABE

1. Experimentieren Sie selbst in der Klassengruppe mit verschiedenen Materialien und optischen Geräten (Mikroskop, Lupen, Projektoren und Spiegeln).
2. Diskutieren Sie innerhalb der Klasse die reggianische Aussage: „Das Kind weiß am besten, was es braucht, und verfolgt eigenständig und energiereich seine eigene Entwicklung."

Im Sinne der Reggio-Pädagogik könnte Tanja auf vieles achten: Sie müsste sich in ihrer Rolle ganz klar auf die Fragen der Kinder einlassen und sie bei ihren Lernprozessen begleiten. Sie würde versuchen, sie über

Impulse anzuregen, indem sie z. B. Möglichkeiten für Experimente mit dem Licht über Spiegel, Overhead- oder Diaprojektor schafft. Auch würde sie viele Projekte mit den Kindern durchführen, bei denen sie zu eigenem bildnerischen Ausdruck kommen und zu Erkenntnissen angeregt werden.

Tanja würde versuchen, sehr aufmerksam im Umgang mit den Kindern zu sein und sich stark auf ihre Fragen und Ideen einzulassen. Sie würde ihnen Zeit und Raum zum Experimentieren geben, sie im Einzelnen beobachten und das Verhalten der Kinder (auch durch Aufnahmen) dokumentieren.

Ein Kind ist aus hundert gemacht

Ein Kind hat
Hundert Sprachen
Hundert Hände
Hundert Gedanken
Hundert Weisen zu denken
Zu spielen und zu sprechen.
Immer hundert Weisen
Zuzuhören
Zu staunen und zu lieben
Hundert Weisen zu singen und zu verstehen
Hundert Welten
Zu erfinden
Hundert Welten zu träumen.
Ein Kind hat hundert Sprachen
Doch es werden neunundneunzig geraubt.
Die Schule und die Umwelt trennen ihm den Kopf vom Körper.
Sie bringen ihm bei
Ohne Hände zu denken
Ohne Kopf zu handeln
Ohne Vergnügen zu verstehen
Ohne Sprachen zuzuhören
Nur Ostern und Weihnachten zu lieben und zu staunen.
Sie sagen ihm, dass die Welt bereits entdeckt ist
Und von hundert Sprachen rauben sie dem Kind neunundneunzig.
Sie sagen ihm
Dass das Spielen und die Arbeit
Die Wirklichkeit und die Fantasie
Die Wissenschaft und die Vorstellungskraft
Der Himmel und die Erde
Die Vernunft und der Traum
Dinge sind, die nicht zusammengehören.
Sie sagen also, dass es die hundert Sprachen nicht gibt.
Das Kind sagt: „Aber es gibt sie doch."

(Loris Malaguzzi, 1985)

7 Durchspielen einer vollständigen Handlung

Analysieren – was findet Tanja vor?

Tanja fällt auf, dass die Gruppe sehr unruhig ist. Sie führt dies vor allem auf wenig Struktur im Alltag zurück. Daher wissen die Kinder nicht, auf welchen Rhythmus sie sich verlassen können, und können nicht selbst mitdenken. Ihre Vorstellung von Erziehung, die Kinder in ihrem Tun zu begleiten, kann daher nicht funktionieren. Zu der nicht vorhandenen Struktur passen die Ansammlung von Spiel- und Bastelmaterialien sowie die unsystematische Lagerung. Auch der Raum ist ungünstig aufgeteilt und lässt wenig Bewegungsfreiheit und Platz zum Experimentieren.

Planen – was will Tanja tun?

Tanja weiß, dass sie die Gruppe nicht allein umstrukturieren kann. Sie will ihre Ideen sammeln und sie mit der Gruppenleitung Merle besprechen. Dieses Ergebnis soll dann in die allgemeine Dienstbesprechung mit eingebracht werden.

Tanja möchte sich vor allem um die Raumgestaltung und das Spielmaterial kümmern. Hier hat ihr der Ansatz aus der Reggio-Pädagogik am besten gefallen. Sie denkt auch, dass Kinder selbst entscheiden sollten, was sie gestalten wollen, und dass sie als Sozialassistentin lediglich Impulse gibt. Der Raum sollte so gestaltet werden, dass die Materialien gut geordnet und zugänglich für die Kinder sind. Es sollte verschiedene Ecken zum Experimentieren geben. Andererseits wäre es auch schön, wenn es einen großen Raum zum Lernen und Experimentieren gäbe. Die Idee, Produkte der Kinder regelmäßig zu präsentieren, möchte sie unbedingt aufgreifen.

Beim Spielmaterial möchte sie dem Ansatz aus der Reggio-Pädagogik folgen. Denn Kinder haben sehr viel mehr Ideen und Ausdrucksmöglichkeiten, als sie als Erwachsene sich das manchmal vorstellen kann. Daher sollte es vielfältiges Material und etliche Experimentiermöglichkeiten geben. Auch sieht sie die Möglichkeit, MONTESSORIS Ansatz der Ordnung umzusetzen sowie aus der Waldorfpädagogik noch etliche Spiel- und Materialanregungen aufzugreifen.

Durchführen – was hat Tanja umgesetzt?

Tanja hat mit Erzieherin Merle gesprochen und erkannt, dass sie beide ein ähnliches Bild vom Kind haben. Sie waren sich einig über die Gruppe und die Raumgestaltung. Sie haben vereinbart, dass Tanja sich unabhängig vom Umgestaltungsprozess im Team schon um das Spielmaterial und zum Teil um den Raum kümmert, da sich beides in das Endkonzept integrieren lässt. Beide wollen zusammen den Tagesablauf klarer bestimmen.

Tanja hat mit den Kindern gemeinsam das Spielzeug sortiert und in entsprechenden Kisten untergebracht. Auf diese Weise wurde die Menge der täglichen Spielsachen verringert und mehr Übersichtlichkeit erreicht. Sie fängt an, Materialien zu sammeln oder sammeln zu lassen, und verstaut diese in durchsichtigen Behältern, um dadurch die Kinder zum Gebrauch anzuregen. Sie stellt den Kindern zusätzlich zu den Verkleidungssachen Tücher und Decken zur Verfügung. Sie reduziert den Wandschmuck und richtet Fächer ein, in denen die Kinder ihre Werke sammeln. Sie gibt eine Anfrage an die Eltern weiter: „Hat jemand eine alte Leinwand, einen Diaprojektor oder Kassettenrekorder, mit denen man direkt Kinderstimmen aufnehmen kann?“ Sie plant, auf der nächsten Teamkonferenz den Wunsch nach Lupen und einem Overheadprojektor zu äußern.

Tanja sucht einige Lied- und Spielideen für den Morgenkreis heraus (Guten-Morgen-Lied mit Handpuppe, Fingerspiel, „Baummassage mit Jahreszeiten“ und „Obstkorb“).

Mit Merle zusammen legt sie innerhalb des Tagesablaufs Phasen fest, in denen thematisch gearbeitet bzw. gespielt werden kann: Bastelaktivitäten, Werkaktivitäten, Liederrunden, Spielkreise, Wahrnehmungsspiele, Küchenaktivitäten, Experimente und Rollenspiele, um den Kindern dadurch Impulse geben zu können. Denn ihre bisherigen Beobachtungen zeigen, dass viele Kinder Schwierigkeiten haben, eigene Spiele zu entwickeln und konstruktiv miteinander umzugehen.

Auch die frische Luft spielt in ihren Überlegungen eine Rolle: Sie hat den Eindruck, dass die Kinder motorisch nicht ausgelastet sind und auch mit den Eltern am Nachmittag wenig nach draußen gehen. Zwar findet sie dies gerade bei schlechtem Wetter persönlich unbequem, doch weiß sie um die Wichtigkeit für die Gesundheit der Kinder.

Reflektieren und bewerten – wie bewertet Tanja ihr eigenes Verhalten und die Situationen?

Tanja merkt ihre eigene Unsicherheit, Änderungen zu beginnen, obgleich das ganze Konzept für die Kita noch nicht abschließend erarbeitet wurde. Gleichzeitig stellt sie aber fest, dass die Kinder dankbar auf das mit ihrer Hilfe übersichtlich geordnete Material reagieren. Da auch der Raum entrümpelt wurde, gelingt es immer mehr Kindern, sich eigenständig mit einem Material zu beschäftigen. Natürlich gelingt das eigenständige Arbeiten und der respektvolle Umgang mit den Spielmaterialien nicht sofort, aber der Lärmpegel ist geringer geworden und die Kinder lassen sich auf die angedeutete Struktur des Tages zunehmend ein.

Dokumentieren und präsentieren – was hält Tanja fest?

Tanja hat mit der Erzieherin verabredet, dass beide abwechselnd ein Protokoll ihrer Besprechungen anfertigen. Sie haben festgestellt: je mehr sie sich mit der Umstrukturierung und den verschiedenen Konzepten beschäftigen, desto mehr Ideen bekommen sie. Diese sollen nicht verloren gehen.

Außerdem gelingt es ihr nun, im Alltag Beobachtungssequenzen einzulegen. In dieser Zeit hat sie sich angewöhnt, den Fotoapparat zu holen und Kinder bei ihren Experimenten oder gestalterischen Auseinandersetzungen zu fotografieren. Vor kurzem hat sie die erste Bilderreihe im Raum aufgehängt. Die Resonanz von Eltern und Kindern war gleichermaßen positiv.

Weitere Lernsituation

In dem Dörfchen Süderfelde wird eine Kindertagesstätte von der Kirchengemeinde eingerichtet. Gisela Cordes ist für die Leitung der neuen Kindertagesstätte bestimmt worden. Sie hat die Aufgabe, unter Berücksichtigung der finanziellen Vorgaben konzeptionelle Überlegungen im Hinblick auf die Raumausstattung anzustellen und ein pädagogisches Konzept darzulegen. Auf der nächsten Teamsitzung unterrichtet sie ihre Kolleginnen über die Umgestaltung. Für ein erstes Brainstorming verteilen sie die Aufgaben untereinander.

Die Sozialassistentin Ulrike, die im Elementarbereich arbeitet, sowie Sozialassistent Lutz, der in der Krippe arbeitet, sollen sich darum kümmern, was die Ideen für Raumgestaltung aus der Reggio-Pädagogik und der MONTESSORI-Pädagogik für ihre Einrichtung bedeuten könnten.

AUFGABE

Bearbeiten Sie die Lernsituation nach folgenden Schritten:

1. Analysieren – welche Situation finden Ulrike und Lutz vor?
2. Planen – welche weiteren Schritte müssen sie gehen?
3. Durchführen – was genau machen Ulrike und Lutz?
4. Reflektieren und Bewerten – wie deuten und werten die Pädagogen aus?
5. Dokumentieren und Präsentieren – wie halten sie die Ergebnisse fest?

Aufgaben zur Selbstreflexion

Schließen Sie die Augen und lassen Sie vor Ihrem inneren Auge die Aussagen zur Raumgestaltung und dem Spielmaterial der vier Konzepte Revue passieren. Was ist hängen geblieben – was spricht Sie besonders an?

Notieren Sie Ihre Gedanken zu dem bevorzugten Konzept hinsichtlich Raum und Spielmaterial und versuchen Sie schriftlich zu erklären, warum gerade dieses Konzept bei Ihnen hängen geblieben ist.

Praxisaufgaben

1. Gehen Sie durch den Gruppenraum Ihrer Kindertagesstätte und „hören“ Sie, was der Gruppenraum als dritter Erzieher sagen würde. Können Sie ihm antworten?
2. Halten Sie fest, welche verschiedenen Lernwege in Ihrer Praxis genutzt werden. Gibt es Schwerpunkte? Sehen Sie Ähnlichkeiten zur Waldorfpädagogik?
3. Wie sieht die Erziehung zur Selbstständigkeit in Ihrer Praxisstätte aus? Welche zusätzlichen Vorschläge könnten Sie gemäß MONTESSORIS Pädagogik „Hilf mir, es selbst zu tun“ machen?

Kapitel 14 Zusammenarbeit mit Eltern und Sorgeberechtigten

1 Lernsituation

Die sozialpädagogische Zweitkraft Sema kommt nach der Sommerpause wieder in den „Kindergarten Christuskirche" und weiß, dass sie in nächster Zeit etliche Kontakte mit neuen Eltern erwarten. Bereits heute morgen stehen drei Mütter mit ihren kleinen Kindern vor der Kita und warten darauf, dass geöffnet wird. Sema nimmt sie mit hinein, lässt sich ihr Anliegen sagen und bittet die Mütter, in der kleinen Sitzgruppe am Rand des Flurs zu warten: Die eine Mutter möchte ihr Kind anmelden, Frau Jensen nimmt heute an der Eingewöhnungszeit für ihre Tochter Anna im Elementarbereich teil und die dritte Mutter hat gleich einen Gesprächstermin mit der Leiterin Frau Hermann.

Die Kita füllt sich allmählich mit Kindern und Müttern, Vätern, Großmüttern oder großen Geschwistern. Sema hilft den Kindern beim Ankommen und nimmt Informationen entgegen, sofern Besonderes bei dem jeweiligen Kind zu beachten ist.

„Wann beginnt noch mal der Elternabend morgen, um 18 Uhr? Ich schaffe es wohl nicht pünktlich", sagt die Mutter von **Lea**. Sema fällt ein, dass sie unbedingt **Murats** Vater mitteilen muss, er möge kommen. Wie verdeutlicht sie es **Amoras** Mutter, wie wichtig der Besuch morgen Abend ist? **Amoras** Mutter ist alleinerziehend und spricht nur sehr wenig Deutsch.

In Semas Gruppe wird heute die kleine **Anna** von ihrer Mutter eingewöhnt. Anna ist 3 Jahre alt und scheint ein stilles Kind zu sein. Sema begrüßt Frau Jensen, Annas Mutter, hockt sich dann vor das Kind und spricht mit ihr: „Hallo Anna, ich bin Sema." Anna versteckt ihren Kopf im Arm der Mutter.

Sema wird im selben Moment von einem verspäteten Vater, Herrn Svenson, angesprochen: „**Marie** ging es heute morgen nicht gut, daher sind wir zu spät. Achten Sie auf sie, dass sie nicht so rumtobt – ich kann sie nicht zu Hause lassen, da ich heute einen wichtigen Termin habe." „Ist gut, Herr Svenson, ich kümmere mich um Marie." Sema nimmt Marie und erkundigt sich, ob sie sich besser fühle, geht dann mit ihr, als diese die Frage bejaht, zur Kreativecke, wo Maries Freundinnen sitzen.

Gleich darauf spricht die Leiterin Frau Hermann sie an: „Sema, kannst du gucken, ob die Einladung für den Elterntreff nächste Woche gut sichtbar aushängt? Und was ist mit den Übersetzungen? Kannst du dich kurz mal kümmern?" „Ja, mache ich noch, bevor die Kinder wieder abgeholt werden", erwidert Sema und setzt sich in die Nähe von Anna.

AUFGABE

Bearbeiten Sie die Lernsituation.

1. Analyse
   Nennen und beschreiben Sie,
   - was der Leser über die Sorgeberechtigten erfährt,
   - welches Verhalten Sema zeigt,
   - welche Aufgaben in der beschriebenen Situation entstehen.

2 Ziele formulieren
   Was muss Sema
   - herausfinden,
   - sich aneignen,
   - sich fragen,

um in der beschriebenen Situation pädagogisch angemessen handeln zu können?

2 Zu erlernende Kompetenzen

Die Verantwortung für die Zusammenarbeit mit den Eltern[1] liegt vor allem in der Hand der Gruppenleitung, die in der Regel eine Erzieherin ist. Der Kontakt und die Zusammenarbeit mit Eltern ist aber auch Bestandteil des Aufgabenfelds der Zweitkraft, wie Kinderpflegerin oder Sozialassistentin, sodass sie allgemeine Kenntnisse über diesen Aspekt des pädagogischen Alltags besitzen muss.

Die Lebenssituationen von Familien sind vielgestaltig und unterschiedlich: Alleinerziehende, klassische Kleinfamilien, Patchworkfamilien und Familien mit Migrationshintergrund haben jeweils andere Herausforderungen zu bewältigen, die auch die Zusammenarbeit mit der Kindertagesstätte unterschiedlich beanspruchen. Punkt 3 dieses Kapitels bietet genauere Hintergrundinformation über die Lebenswelt von Kindern und Familien in heutiger Zeit.

Die Zusammenarbeit mit Eltern bzw. Sorgeberechtigten ist keine freiwillige Aktion der Kita, sondern unterliegt gesetzlichen Regelungen: Es gibt ein Recht auf Mitgestaltung des Kinderalltags in der Kindertagesstätte. Wie dieses aussieht und welchen Umfang es hat, wird unter Punkt 4 erklärt.

Die Zusammenarbeit mit Eltern fordert vor allem die Fähigkeit zur Kommunikation – im Alltag sind es oft kurze Sequenzen, in denen ein Austausch erfolgt, manchmal unter Stress; bei Elterngesprächen müssen auch Probleme angesprochen werden, die konflikthaft sein können. Hier benötigt die pädagogische Assistentin ein Repertoire zur Gesprächsführung. Näheres findet sich unter Punkt 5.

Gerade vor dem Hintergrund unterschiedlicher Familiensituationen hat sich die Arbeit mit Sorgeberechtigten verändert. Je nach Zielgruppe gibt es verschiedene pädagogische Ansätze für diese Arbeit. Welche Ziele die Ansätze verfolgen und in welchen Formen mit Erziehungs- und Sorgeberechtigten gearbeitet wird, erfährt man unter Punkt 6.

Familien mit Migrationshintergrund sind aus dem heutigen Deutschland nicht mehr wegzudenken und bedürfen eines differenzierten Hineindenkens in die jeweilige Situation. Wie viel Anregung, aber auch Auseinandersetzung damit verbunden ist, klärt Punkt 7. Dieser Ansatz gilt auch bei Eltern, deren Kinder besondere Bedürfnisse haben – eine gute Hand-in-Hand-Arbeit zwischen Kindertagesstätte und Elternhaus hilft bei der positiven Entwicklung des Kindes.

Ansprache von Eltern und Werbung für die Kindertagesstätte erfolgen durch zielgenaue Öffentlichkeitsarbeit. Erst wenn Eltern sich gut angesprochen fühlen, kommen sie gern und vertrauen der Kita ihr Kind an. Über entsprechende Kooperations- und Präsentationsformen informiert Punkt 8.

[1] Hiermit sind gleichfalls Sorge- und Erziehungsberechtigte gemeint

3 Lebenswelten von Familien

Um zu einer guten Zusammenarbeit mit den Familien der Kinder, die eine Kindertagesstätte besuchen, zu gelangen, muss man wissen, wie Familien und Kinder heute in Deutschland leben.

In einer Familie zu leben, heißt für jedes Kind etwas ganz anderes: Das kann das Leben bei Vater und Mutter sein, wie dies immer noch für die Mehrzahl gilt, mit oder ohne Geschwister, es kann das Leben mit einem Elternteil in einer neuen Familie mit Halbgeschwistern bedeuten, ein Zusammenleben mit – häufig – der Mutter als Alleinerziehenden sein (wie dies bei Amora der Fall ist) oder auch das Leben in einer Pflegefamilie, bei Verwandten oder mit zwei gleichgeschlechtlichen Partnern als Eltern. Aus Sicht des Kindes ist dies jeweils „seine Familie" und diese wird zum Ansprechpartner der Kindertagesstätte.

Aus der Familiensituation ergeben sich Aspekte, die für das Kind bedeutsam sein können:

- Für das Kind gibt es klar definierte Bezugspersonen: z. B. die Mutter oder die Eltern oder der Vater und die Stiefmutter.

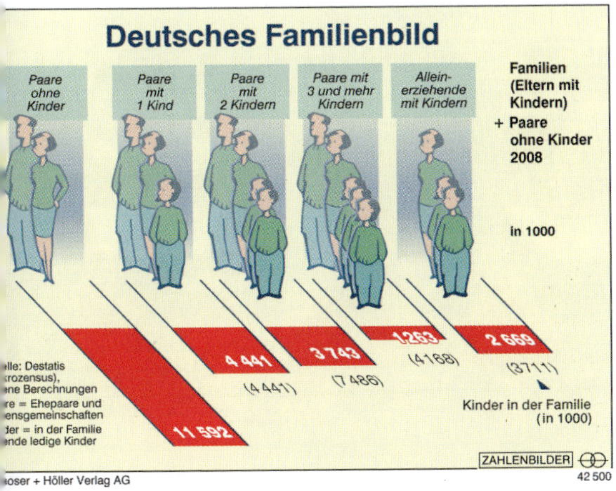

Mehr als die Hälfte der deutschen Lebensgemeinschaften besteht aus Eltern mit Kindern

- Das Kind kennt das Leben mit anderen Kindern bzw. kennt es nicht.
- Für das Kind gibt es eventuell auch außerhalb seiner Stammfamilie familiäre Strukturen: Am Wochenende besucht es z. B. die neue Familie des Vaters – hier ist es Einzelkind, bei der Mutter zu Hause gibt es ein neues Geschwisterkind.
- Das Kind hat engen Kontakt zu anderen Verwandten wie Großeltern.

Die wirtschaftliche Situation eines Landes spielt für Familien eine wichtige Rolle. In vielen Familien arbeiten beide Eltern, um sich den gewünschten Lebensstandard leisten zu können oder um überhaupt ohne staatliche Hilfe zurechtkommen zu können. Dem „Kinderreport Deutschland 2010" ist zu entnehmen, dass zwar viele Kinder in angemessenen finanziellen Verhältnissen leben, Arbeitslosigkeit der Eltern und Abhängigkeit von Hartz IV aber vor allem für die Kinder nachteilig ist. Rund 14 Prozent aller Kinder gelten offiziell als arm und ein Drittel aller kindergeldberechtigten Kinder leben in Haushalten mit einem Jahreseinkommen bis zu 15.300 Euro. Besonders betroffen sind dabei Kinder aus Familien mit Migrationshintergrund.

So darf dem Vater Herrn Svenson aus der Eingangssituation nicht voreilig der Vorwurf gemacht werden, seine Arbeit sei ihm wichtiger als seine Tochter: Möglicherweise sieht er die schwierige Situation seiner Firma und will alles vermeiden, um gekündigt zu werden. Ein arbeitsloser Vater würde die ganze Familiensituation belasten.

Die Folgen von Arbeitslosigkeit wachsen in die Familien hinein. Besonders problematisch sind die Folgen für Familien mit hoher Kinderzahl, für Ein-Eltern-Familien sowie für Familien, in denen die Eltern kein hohes

Bildungsniveau haben. Zunehmend wächst die Arbeitslosigkeit mit Langzeitfolgen in die Mitte der Gesellschaft. Aber auch Familien mit Arbeitseinkommen sind von der wachsenden Armut betroffen, weil das Geld nicht mehr für einen Bedürfnis deckenden Lebensstandard reicht.

Einkommensarmut bedeutet laut AGENDA 21, dass einer Familie weniger als 60 Prozent des durchschnittlichen Haushaltsnettoeinkommens zur Verfügung steht. Berufstätigkeit von Frauen ist aus unterschiedlichen Gründen von Frauen gewünscht, kann aber auch ein unabdingbares Muss sein, um die Familie ernähren zu können.

Die Konsequenzen in einem Industrieland heißen häufig: ausgeschlossen sein von Freizeitvergnügungen der Altersgenossen, mangelnde Bildung, schlechtere Gesundheitsversorgung oder Hängenbleiben in einem Kreislauf von weitergegebener Armut und Erwerbslosigkeit. Für ein Kind kann das z. B. bedeuten, dass es ohne Frühstück in Kindergarten oder Schule kommt, nur dreimal wöchentlich zu Hause eine warme Mahlzeit erhält und zunehmend öffentliche Essensausgaben aufsuchen muss. Freizeitveranstaltungen wie ein Besuch im Zoo oder Schlittschuhfahren kosten Geld und sind nicht oder kaum möglich.

AUFGABE

Informieren Sie sich über das Einzugsgebiet Ihrer Praxiseinrichtung.

1. Wie wohnen die Menschen dort?
2. Welche öffentlichen kostenlosen Freizeitangebote gibt es?
3. Was können Sie über den Grad der Arbeitslosigkeit in dem Viertel in Erfahrung bringen? (Z. B. über Arbeitslosenstatistiken der Agentur für Arbeit oder als aufmerksame Zuhörerin, wenn Eltern Ihnen etwas erzählen)

In der Elternarbeit muss die Kindertagesstätte diese finanziellen Aspekte mit bedenken:

- Nicht jedes Kind kann kostenpflichtige Angebote nutzen.
- Essensangebote in der Kita müssen auf die Lebenssituation der Eltern abgestimmt sein.
- Probleme und Konflikte können aufgrund einer schlechten ökonomischen Situation entstehen.

Die Familie ändert sich. Viele Ein-Kind-Familien und hohe Scheidungsraten verdeutlichen dies. Kurzzeitehen und Patchworkfamilien gehören in etlichen Regionen bereits zur Normalität oder sind keine Besonderheit mehr. Trennen sich Eltern, wird oft eine neue, am Muster der Kleinfamilie orientierte Beziehung aufgenommen. Gemeinsame Kinder vervollständigen die Vorstellung von Familie. Dies kann im günstigen Fall eine Erweiterung familiärer Beziehungen von der Kleinfamilie zur Großfamilie und die Verlagerung der Erziehungsverantwortung auf mehrere Schultern bedeuten. Es kann aber auch heißen, dass Kinder immer wieder mehr oder weniger geglückte Beziehungsanfänge und -enden erfahren und in der Kindertagesstätte Verläss-

Kinder und Jugendliche in der Berliner Armenküche „Arche“

lichkeit und relative Dauer von Beziehungen erst „erlernen“ müssen.

Zusammenarbeit mit Eltern kann dann auch heißen:

- Beratung anzubieten für Beziehungsgestaltung
- Aufgaben und Rollen zwischen Elternhaus und Kita neu zu definieren

Veränderung in Familien heißt aber auch, dass sich Haltungen in der Familie verschieben. Es gibt überforderte oder gleichgültige Eltern, die keine oder weniger Verantwortung und Sorge für ihre Kinder übernehmen, welche sich damit selbst überlassen bleiben. Beruflich stark eingespannten Eltern, vor allem auch Müttern, fehlt bei allem guten Willen manchmal die nötige Zeit für ihre Kinder. Andererseits gibt es auch viele sehr engagierte Eltern, die gern angesprochen werden oder von sich aus unterschiedliche Ideen für den pädagogischen Alltag einbringen, manchmal auch fordern.

Zusammenarbeit mit Eltern wird also vielseitiger und komplexer. Sie fordert immer wieder neue Anläufe für ein Gespräch oder auch die Hilfe einer Beratungseinrichtung.

Am Ball bleiben und beständig kommunizieren

Sema versucht Murats Vater zu überzeugen, den Elternabend zu besuchen. Gleichzeitig sieht sie, dass Leas Mutter Probleme mit dem zeitlichen Beginn hat. Auch Amoras Mutter als Alleinerziehende könnte neben dem sprachlichen Problem wenig zusätzliche Zeit und Kraft für den Elternabend haben. Hier helfen Gespräche, um Verständnis für die Situation der Eltern wie der Kindertagesstätte aufzubringen.

Nicht zuletzt sind auch die **gesellschaftlichen Rahmenbedingungen**, unter denen Kindererziehung und Bildung stattfinden, zu bedenken. Die heutige Gesellschaft bietet Kindern nur an speziellen Plätzen die Möglichkeit, ihren besonderen Bedürfnissen nachzukommen: Kinderspielplätze, Kinderhäuser, Kindertagesstätten. Vor allem Kinder in Großstädten haben fast nur die Wohnung für ihre Freizeitbedürfnisse. Das hat Folgen für Kinder und auch Jugendliche: Bevor sie den Weg zum Spielplatz suchen, bleiben sie eher in der Wohnung. Nicht immer kann das Spielen draußen von den Erziehungsberechtigten begleitet und beaufsichtigt werden. Dadurch entstehen erhöhte Gefahren, aber auch größere Selbstständigkeit.

Zusammenarbeit mit Eltern kann auch diese Aspekte beinhalten:

- Beratung
- Information
- gemeinsame Freizeitveranstaltungen

4 Rechtliche Grundlagen

SGB VIII Kinder- und Jugendhilfe

Förderung von Kindern in Tageseinrichtungen und in Kindertagespflege

§ 22 Grundsätze der Förderung (Auszug)

(1) Tageseinrichtungen sind Einrichtungen, in denen sich Kinder für einen Teil des Tages oder ganztägig aufhalten und in Gruppen gefördert werden. Kindertagespflege wird von einer geeigneten Tagespflegeperson in ihrem Haushalt oder im Haushalt des Personensorgeberechtigten geleistet.

(2) Tageseinrichtungen für Kinder und Kindertagespflege sollen

1. die Entwicklung des Kindes zu einer eigenverantwortlichen und gemeinschaftsfähigen Persönlichkeit fördern,
2. die Erziehung und Bildung in der Familie unterstützen und ergänzen,
3. den Eltern dabei helfen, Erwerbstätigkeit und Kindererziehung besser miteinander vereinbaren zu können.

§ 22a Förderung in Tageseinrichtungen (Auszug)

(2) Die Träger der öffentlichen Jugendhilfe sollen sicherstellen, dass die Fachkräfte in ihren Einrichtungen zusammenarbeiten

1. mit den Erziehungsberechtigten und Tagespflegepersonen zum Wohl der Kinder und zur Sicherung der Kontinuität des Erziehungsprozesses,
2. mit anderen kinder- und familienbezogenen Institutionen und Initiativen im Gemeinwesen, insbesondere solchen der Familienbildung und -beratung,
3. mit den Schulen, um den Kindern einen guten Übergang in die Schule zu sichern und um die Arbeit mit Schulkindern in Horten und altersgemischten Gruppen zu unterstützen.

Die Erziehungsberechtigten sind an den Entscheidungen in wesentlichen Angelegenheiten der Erziehung, Bildung und Betreuung zu beteiligen.

(3) Das Angebot soll sich pädagogisch und organisatorisch an den Bedürfnissen der Kinder und ihrer Familien orientieren. (zuletzt geändert durch Art. 12 des Gesetzes vom 6. Juli 2009)

Damit wendet sich der Gesetzgeber mehrmals an die Familie. Er hat erkannt, dass die Entwicklung des Kindes nur in Zusammenarbeit von Kita und Erziehungsberechtigten erfolgen kann. Hier muss Absprache miteinander erfolgen, um das angestrebte Ziel sinnvoll begleiten zu können. Der Gesetzgeber fordert die Tagesstätten auf, nicht nur das klassische Familienbild im Blick zu haben, sondern den geänderten Bedingungen (Familien- und Lebenssituationen) Rechnung zu tragen. Das bedeutet Flexibilität, z. B. bei Öffnungszeiten, Gesprächsterminen und Angeboten. Kindertagesstätten mit zusätzlichem Angebot für Elternbildung bzw. Familienzentren verdeutlichen dies: Um den Erziehungsprozess kontinuierlich zu gestalten, wird Eltern eine Beratung angeboten sowie die Bildung, die sie benötigen, um die Erziehung ihrer Kinder zu optimieren.

Außerdem sagt der Gesetzgeber, dass Erziehungsberechtigte an den Entscheidungen von wesentlichen Angelegenheiten in der Kindertagesstätte zu beteiligen sind. Die Beteiligung der Eltern erfolgt in der Regel durch eine Elternvertretung, die auf einem Elternabend oder einer Elternversammlung von den Eltern gewählt wird. Eine wichtige Angelegenheit der Kindertagesstätte könnte z. B. sein, dass sich das Konzept der Einrichtung ändern soll: Da es eine große Nachfrage nach Krippenplätzen gibt, will die Einrichtung vielleicht ihre Hortplätze verringern und dafür Krippenplätze einrichten. In diesem Fall muss prinzipiell auch die Elternvertretung zustimmen. Genauere Bestimmungen legen die Länder in ihren Gesetzen zur Bildung und Betreuung von Kindern fest.

AUFGABE

Informieren Sie sich über das Wahlverfahren von Elternvertretern und über die gesetzlichen Grundlagen für die Elternmitwirkung in Ihrer Kita.

5 Kommunikative Grundlagen

Eltern geben ihr Kind in eine Kindertagesstätte und wollen, dass es dort gut aufgehoben ist. Dies muss die Einrichtung vermitteln können. Eine wichtige Grundlage für diese Vermittlung ist die Kommunikation: Eltern werden als Erziehungspartner ernst genommen, ihre Wünsche für ihr Kind werden gehört und besprochen, ihre Ängste werden wahrgenommen.

In der Lernsituation meldet eine Mutter ihr Kind in der Kita an. Dafür hat sie einen Termin mit der Leitung vereinbart. So finden die Mutter und die Leitung Zeit, sich vorzubereiten und zu fragen bzw. mitzuteilen, was ihrer jeweiligen Ansicht nach bedeutsam ist.

Grundsätzlich gelten für die Kommunikation mit Eltern alle Regeln der Höflichkeit und des Respekts: Sie werden begrüßt und verabschiedet, sie werden direkt angesprochen, wenn man etwas von ihnen möchte, private Informationen über die Eltern werden nicht in den Berufsalltag hineingenommen, es sei denn, das Kindeswohl ist bedroht.

Es ist selbstverständlich, dass die Pädagogin Sema die Mütter begrüßt, die bei ihrer Ankunft in der Kindertagesstätte warten, sie diese herein bittet und ihnen einen Platz zum Warten anbietet.

Oft finden Elternkontakte in kurzen Alltagssequenzen (Tür-und-Angel-Gespräche) statt, die von wenig Zeit und allgemeiner Hektik geprägt sind: beim Bringen und Abholen. In diesen Gesprächen benötigt die Fachkraft Ruhe und Empathie, um den Alltagsstress nicht noch zu verstärken. Bei verabredeten Elterngesprächen ist mehr Zeit für tiefergehende Gespräche. Mehr an Zeit heißt aber nicht automatisch, dass Schwierigkeiten des Kindes von den Eltern immer offen angesprochen werden. Um Mitteilungen der Eltern besser zu erfassen, hilft aktives Zuhören.

Begrüßungssituation

5.1 Aktives Zuhören

Entscheidende Komponenten im Kommunikationsprozess sind

- hören, was der Gesprächspartner mitteilt,
- das Gehörte aufnehmen und verstehen,
- daraus resultierend eine Antwort und ein Verhalten entwickeln, die stimmig sind.

Dies trägt dazu bei, dass die sprechende Person sich selbst versteht und von allein erkennt, was das Beste für sie ist.

Was genau ist aktives Zuhören? Unter Zuhören kann sich jeder etwas vorstellen. Man lässt seine Gedanken bei der redenden Person und schweift nicht ab, sondern konzentriert sich auf sein Gegenüber, unterbricht nicht. An dieser Stelle setzt das aktive Zuhören an.

> „Aktives Zuhören bedeutet, dass der Zuhörende sich ganz auf die Empfindungen und Gefühle des Ratsuchenden konzentriert, sie heraushört und versprachlicht.
> Er spricht dabei die Selbstoffenbarungsseite des Sprechenden an und versucht damit, ihn auf dieser Ebene wirklich zu verstehen."
>
> (Bröder, 1996)

Die zuhörende Sozialassistentin nimmt nicht nur die Worte auf, die der andere sagt, sondern versucht wahrzunehmen, in welcher gefühlsmäßigen Verfassung der Gesprächspartner ist

– vor allem die nonverbalen Kommunikationssignale wie Stimmung, Tonlage, Wortwahl sowie die Ausstrahlung des Gegenübers sagen etwas darüber aus, wie er sich fühlt. Diese Gefühle sind mindestens so wichtig wie das, was er inhaltlich zum Ausdruck bringen möchte. Sie werden in der Regel nicht genannt, sagen aber viel über den Gesprächspartner aus.

Als aktiv Zuhörende nimmt die Sozialassistentin diese unausgesprochenen Gefühle auf und verbalisiert sie: Sie agiert als „Spiegel“ des anderen und nennt seine Gefühle, wie sie sie wahrnimmt, jedoch ohne sie zu kommentieren oder zu bewerten. Durch das Benennen des Gefühls wird einem Tatbestand Raum gegeben, der im Gespräch vorhanden ist, aber bisher unbenannt war und somit kein Gesprächsgegenstand sein konnte. Der Gesprächspartner konnte oder wollte diese Seite nicht ansprechen, brachte sie aber in den Kommunikationsprozess mit ein. Viele Menschen haben nicht gelernt, über ihre Gefühle offen zu sprechen.

In der Lernsituation sagt Herr Svenson, dass es seiner Tochter nicht gut gehe, er aber einen wichtigen Termin habe und sie deshalb in den Kindergarten gebracht habe. Unausgesprochen hängt die Sorge im Raum, ob er sich hier richtig verhalten hat (ich habe ja einen wichtigen Termin) und ob Sema die Aufgabe übernehmen kann, auf seine Tochter gut zu achten. Wenn Sema eine sehr gute Vertrauensbasis zu Herrn Svenson gehabt hätte, hätte das Beispiel aus der Lernsituation so verlaufen können:

Herr Svenson: „Marie ging es heute morgen nicht gut, daher sind wir zu spät. Achten Sie auf sie, dass sie nicht so rumtobt – ich kann sie nicht zu Hause lassen, da ich heute einen wichtigen Termin habe.“

Sema: „Sie fühlen sich nicht gut, dass Sie Ihre Tochter hier lassen müssen.“

Herr Svenson: „ Genau, ich habe ein schlechtes Gewissen und mache mir Sorgen. Aber meine Arbeitssituation lässt es nicht zu, dass ich fehle.“

Sema: „Ich verstehe Ihre Situation und ich kümmere mich um Marie.“

Herr Svenson: „Das ist gut, dann kann ich jetzt beruhigt fahren.“

AUFGABE

Erklären Sie an dem abgebildeten Beispiel, was in dem Gespräch zwischen dem Jungen und der Pädagogin passiert:

Das aktive Zuhören hilft besonders gut, wenn Eltern Probleme zu Hause haben, die sich auf das Verhalten des Kindes auswirken, sie sich aber nicht trauen oder schämen, diese in der Kita zu benennen. In Konfliktgesprächen mit Eltern hilft es, wenn man im Gespräch seine eigene Sichtweise verdeutlicht und nicht mit Verallgemeinerungen und Anschuldigungen arbeitet. Dabei helfen Ich-Botschaften.

5.2 Ich-Botschaften

Eine Ich-Botschaft verdeutlicht, wie man als der Sprechende die Situation für sich erlebt. Damit wird der Gesprächspartner nicht verurteilt oder herabgesetzt, sondern es wird von dem eigenen Empfinden gesprochen, das sich aus einem bestimmten Grund gestört fühlt.

Eine Ich-Botschaft sollte drei Komponenten enthalten:

1. Das Verhalten des anderen wird kurz beschrieben, ohne es zu werten.
2. Die dadurch ausgelösten Gefühle werden ehrlich benannt.
3. Die konkrete Wirkung dieses Verhaltens, also die Konsequenz des Verhaltens, wird genannt.

Wirkung von Ich- und Du-Botschaften

Wenn eine Mutter sagt, dass sie es nicht schaffe, den Elternabend pünktlich zu besuchen, so ist es falsch, folgendermaßen darauf zu reagieren:

„Immer kommen Sie zu spät." oder „Sehen Sie zu, dass Sie pünktlich sind."

Diese Formulierungen werden **Du-Botschaften** genannt. Hier verstecken sich Verallgemeinerungen oder Anklagen. Die Mutter wird sich angegriffen fühlen und eventuell gar nicht zum Elternabend kommen („Ich schaffe es eben nicht eher.") oder in schlechter Stimmung kommen („Die meckern nur an den Eltern herum.")

Ist es der Fachkraft wichtig, dass auch diese Mutter von Beginn an dabei ist, wäre folgende Ich-Botschaft besser:

„Wenn Sie erst später kommen, würde ich mich zerrissen fühlen zwischen Anfangen und Warten, damit ich die wichtigen Informationen zu Beginn nicht zweimal sagen muss." oder „Ich verstehe, dass der Termin für Sie zu früh ist. Ich bedauere es, denn ich habe diesmal besonders versucht, alle Terminwünsche zu berücksichtigen, da wir Wichtiges zu besprechen haben."

Die Sozialassistentin nimmt somit das Terminproblem der Mutter auf. Sie sagt aber auch, welches Gefühl dieses Problem bei ihr auslöst und welche Konsequenz dies hat. Damit weiß die Mutter etwas anzufangen und kann überlegen, ob sie die Konsequenz für die Sozialassistentin verhindern kann. Sie wird sich nicht angegriffen fühlen, sondern kann die Bedenken nachvollziehen.

Beispiele von Du-Botschaften können sein: „Geh, such dir etwas zu spielen."

Eine Ich-Botschaft hieße dann: „Ich merke, dass du dich langweilst. Das macht mich unruhig, weil ich gerade so viel zu tun habe."

„Wenn du so an mir zerrst, werde ich ganz kribbelig, weil ich das Gefühl habe, dass den ganzen Tag schon Menschen an mir gezerrt haben. Ich brauche einen Moment Ruhe."

AUFGABE

1. Welche Information steckt in den folgenden Du-Botschaften? Formulieren Sie daraus anschließend Ich-Botschaften.
   a) Die Mutter kommt nach einem anstrengenden Tag nach Hause und sagt zu der Tochter: „Du hättest wenigstens dein Zimmer aufräumen können."
   b) Die Erzieherin sieht zwei Jungen streiten, geht auf sie zu und sagt zu Torben: „Du musst nicht immer Streit anfangen."
   c) Die Mutter lässt ihre Tochter am Kita-Eingang stehen und will gehen, da sagt die Erzieherin zu ihr: „Ich finde, Sie hätten freundlicher zu Ihrer Tochter sein sollen."
2. Spielen Sie diese Sequenzen im Rollenspiel durch.

6 Pädagogische Ansätze

6.1 Ziele bei der Zusammenarbeit mit Eltern

Die Zusammenarbeit mit den Erziehungsberechtigten ist in allen Gesetzen zur Kindertagesbetreuung festgeschrieben (s. Punkt 4). Erziehungsberechtigte sollen

- informiert,
- beraten und
- unterstützt werden in ihrer erzieherischen Tätigkeit sowie
- in Form von Mitbestimmung in die pädagogische Arbeit der Kindertagesstätten/Horte einbezogen werden.

Damit schlägt sich ein aus pädagogischer Sicht sinnvolles und notwendiges Ansinnen im Gesetzestext nieder. Mit dem Eintritt in die Kindertagesstätte betritt das Kind in der Regel zum ersten Mal einen kontinuierlichen Rahmen, in dem es sich mit anderen Anforderungen, Ritualen, Gewohnheiten und Beziehungen als innerhalb seiner Familie auseinandersetzen muss. Die Eltern sehen sich – vor allem beim ersten Kind – unter Umständen mit erzieherischen Fragen konfrontiert, die in ihrem bisherigen Leben eine andere oder gar keine Rolle spielten. Ihre Absicht, dem Kind eine möglichst optimale Betreuung und Erziehung zu ermöglichen, wird konfrontiert mit neuen Erfahrungen:

Werden ihre Fragen beantwortet?

Aus diesem kurzen Einblick wird deutlich, dass ein Informieren der Eltern über pädagogische Ziele und deren Umsetzung seitens des Kindergartens notwendig ist. Damit sich für das Kind eine stimmige Linie der Erziehung zwischen Elternhaus und Kindertagesstätte ergibt, bedarf es eines **kontinuierlichen Austauschs** zwischen Erziehungsberechtigten und Kindertagesstätte und/oder **Beratung** von verunsicherten Eltern und Unterstützung, wenn der Abstimmungsprozess schwierig verläuft.

In der Eingangssituation wird Anna von ihrer Mutter eingewöhnt. Dazu hat Frau Jensen vorher einen Termin mit der Leiterin, Frau Hermann, abgemacht. Diese hat der Mutter beschrieben, welche Möglichkeiten der Eingewöhnung es in der Kita gibt. Alle pädagogischen Kräfte in der Gruppe wissen Bescheid, sodass sich Frau Jensen in aller Ruhe auf Anna konzentrieren kann. Sema unterstützt diesen Eingewöhnungsprozess, sodass die Mutter beruhigt zusehen kann, wie eine vertrauensvolle Beziehung aufgebaut wird. Damit wird es ihr erleichtert, ihr Kind loszulassen. Sema ist für diese Situation von anderen Aufgaben freigestellt.

Die Zusammenarbeit mit den Eltern bei der **Eingewöhnung von Krippenkindern** verläuft nach vergleichbaren Aspekten. Hinzu kommen Themen wie Sauberkeitserziehung und Pflege. Da die Kinder noch kleiner sind und sich schlechter mitteilen können, muss die Vorbereitung besonders intensiv sein: Die Eltern müssen ein sicheres Gefühl dafür bekommen, dass sie richtig handeln und ihr Kind in guten Händen ist (s. Kap. 12, Punkt 4.1 Die Eingewöhnung von Kindern in die Gruppe).

Bei Hortkindern ergänzt sich die Informationsarbeit zu den Eltern um den Aspekt schulischer Bildungsanforderungen. Einerseits formuliert der Hort im Rahmen der Kindertagesstättenkonzeption eigene Anforderungen, andererseits hilft der Hort den Kindern, die schulischen Anforderungen zu erfüllen. Dies kann er nicht allein, sondern muss Hand in Hand mit dem Elternhaus arbeiten. Es sind Absprachen nötig über Hausaufgaben, Probleme mit Lehrkräften oder Klassenkameraden, denn Kinder, die den Hort besuchen, lassen ihren Ärger oder Frustration über Schule hier heraus. Dies kann auf keinen Fall ein einseitiger Prozess sein, sondern auch Eltern müssen die Möglichkeit haben, ihre Ideen, Anregungen und Meinungen in die pädagogische Einrichtung zu transportieren. Die hierzu vom Gesetzgeber festgeschriebenen Formen werden nachfolgend ausgeführt.

6.2 Formen von Elternarbeit

Kontakte mit Eltern ergeben sich in zahlreichen Momenten des Kindergartenalltags: beim täglichen Bringen und Abholen, in der Eingewöhnung, bei Festen oder beim Elternabend. Daneben gibt es eine Reihe weiterer unterschiedlicher Formen von Elternarbeit, von denen einige hier vorgestellt werden. In der Regel werden die meisten dieser Aufgaben von der Einrichtungsleitung oder der Gruppenleitung wahrgenommen.

Die Zusammenarbeit mit Eltern

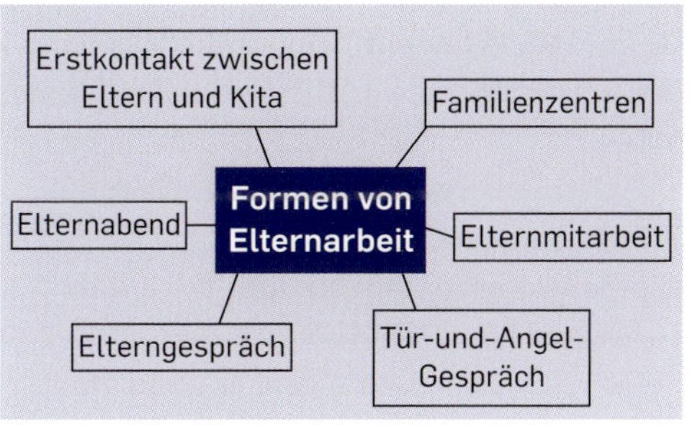

Erstkontakt zwischen Eltern und Kindertagesstätte

Wenn ein Kind im Kindergarten angemeldet wird, findet der erste Kontakt zwischen Eltern und Leitung der Einrichtung statt. Dieser erste Kontakt ist oft entscheidend für die weitere Zusammenarbeit: Hierbei wird nicht nur entschieden, ob das Kind überhaupt angemeldet wird, sondern auch, ob eine Basis für zukünftige Zusammenarbeit möglich erscheint.

Daher ist es wichtig, sich hierfür Zeit zu nehmen, um alle Fragen der Eltern hinsichtlich organisatorischer und konzeptioneller Abläufe beantworten zu können. Zugleich ist sich die Leitung bewusst, dass nicht sofort Fragen über den Kindergartenalltag vorhanden sind, weil dies die Ersterfahrung damit ist. Daher sollten vom Kindergarten auch ohne entsprechende Aufforderung seitens der Eltern inhaltliche Angebote angesprochen werden. Dazu gehört eine praktische Vorstellung des Angebots: Die Räume und Arbeitsergebnisse werden gezeigt und – wenn möglich – direkter Einblick in einen Gruppenalltag gewährt. Wichtig ist es, schon zu diesem Zeitpunkt auf die Mitwirkungsmöglichkeiten von Eltern zu verweisen und ein echtes Interesse daran zu verdeutlichen.

Tür-und-Angel-Gespräch

Eine klassische Form der Zusammenarbeit zwischen den Erziehungspartnern sind die Tür-und-Angel-Gespräche. Diese finden meist zwischen den Erzieherinnen/Zweitkräften und Sorgeberechtigten statt. Es sind

Gespräche, die in der Bring- und Abholsituation entstehen und vor allem zwei Funktionen haben.

- Es werden organisatorische Notwendigkeiten ausgetauscht.
  Leas Mutter: „Wann beginnt der Elternabend heute?"
  Herr Svenson: „Marie geht es nicht gut."
  Sema: „Ich kümmere mich um Marie, Herr Svenson."
- Es wird ein Kontaktklima geschaffen, das Interesse und freundliche Zuwendung sowie Wahrnehmung der Eltern signalisiert. **Diese Gespräche sind nicht geeignet zur Klärung schwerwiegender pädagogischer Anliegen.**
  Jedoch muss die Pädagogin auch vorsichtig sein, um nicht Klatsch und Tratsch weiterzugeben oder sich daran zu beteiligen.

Elterngespräch

Ein regelmäßiges Elterngespräch zweimal im Jahr dient dem Austausch über den Entwicklungsstand des Kindes und der Abstimmung über erzieherisches Verhalten bzw. Regeln. Es findet meist zwischen der Gruppenleitung und den Eltern statt. Möglich ist es aber auch, dass als Zweitkraft die Sozialassistentin anwesend ist.

In der Lernsituation hat eine Mutter sich für diesen Tag mit Frau Hermann zum Gespräch verabredet. Dieser Termin ist zwischen beiden abgestimmt worden, sodass beide wissen, dass etwas Zeit und ein ruhiger Ort vorhanden sind.

Dies ist zudem der Ort, an dem tiefer gehende Fragen und Probleme angesprochen werden können. Hier kann die Erzieherin nachfragen, um Verhaltensweisen des Kindes zu verstehen, vielleicht verursacht durch familiäre Änderungen oder Probleme. Auch Eltern können in diesem Rahmen Sorgen loswerden, die das Wohl des Kindes beeinträchtigen, oder momentane Unruhezustände erklären oder Bildungsfragen besprechen. Weiterführende Nachfragen nach Unterstützung können hier auftauchen und gemeinsam weitere Schritte überlegt oder Beratungsangebote gesucht werden.

Die Vorbereitung des Elterngesprächs umfasst: Der Termin wurde von den Gesprächspartnern gemeinsam vereinbart.
Es sollte vorab kurz geklärt werden, um welchen Themenbereich es sich in diesem Gespräch handeln wird, damit sich beide (Eltern wie Erzieher) darauf vorbereiten können.
Der Raum wurde gastlich vorbereitet mit Getränk und kleiner Verköstigung.
Schon für die Vorbereitung sollte man sich Zeit nehmen. Der Zeitrahmen wird im Gespräch selbst abgesteckt.
Es muss in einem Raum stattfinden, in dem man ungestört sprechen kann.

Elternabend

Elternabende als Elternversammlung sind gesetzlich vorgeschrieben und finden mindestens einmal im Jahr statt. Aus der Runde der anwesenden Eltern werden **Elternvertreter/-innen** gewählt. Dies geschieht auf Gruppen- und Einrichtungsebene. In größeren Einrichtungen entsteht aus diesen Vertretern der **Elternrat**, der mit dem Kindergartenrat (Träger und pädagogische Mitarbeiter) zusammenarbeitet und bei wichtigen Entscheidungen einbezogen wird.

Auf dem Elternabend soll darüber hinaus über den pädagogischen Alltag informiert werden. Die Art der Gestaltung ist sehr unterschiedlich: Vorträge von Erzieherinnen oder Gastreferenten, offene Gespräche in der Runde oder Mitgestaltungsangebote sind z. B. möglich.

Auf dem Elternabend

Die Einladung zum Elternabend muss rechtzeitig erfolgen, sodass sich die Eltern auf den Termin einstellen können. Sie soll das Thema oder die Themen des Abends beinhalten und eventuell Hinweise auf die Form geben (Vortrag, gemeinsames Arbeiten etc.) sowie Ort und Zeitrahmen verdeutlichen. Sie muss für alle Eltern sprachlich verständlich sein. Das bedeutet, dass einiges übersetzt oder auch vereinzelt den Eltern die Einladung noch einmal mündlich erläutert werden muss. Die Einladung sollte auf jeden Fall verdeutlichen, dass der Kindergarten bzw. die Gruppe, die einlädt, gern alle Eltern dabei haben möchte.

In der Lernsituation ist für den Abend ein Elternabend angesetzt worden. Schwierig ist die Termingestaltung: Für die Eltern mit kleineren Geschwisterkindern sollte der Termin nicht zu spät sein. Berufstätige wiederum können kaum zu einem späten Nachmittagstermin kommen. Andere haben keine Aufsicht für ihre Kinder, sodass sie lieber nachmittags mit ihren Kindern kämen. Leas Mutter scheint jedenfalls Probleme mit dem Termin zu haben.

Murats Vater kommt eher selten. Sema möchte ihn ermuntern zu kommen. Die Gründe für sein Nichterscheinen will sie herausbekommen: Ist ihm die Bedeutung nicht klar oder ist es der Termin? Oder versteht er zu wenig Deutsch, wie Amoras Mutter? Oder interessiert ihn das Thema des Abends nicht?

Manche Eltern sind gern bereit, Aufgaben zu übernehmen

Hier wird deutlich, dass es mit der inhaltlichen und organisatorischen Vorbereitung eines Elternabends noch nicht getan ist. Eltern müssen zur Mitarbeit „gewonnen" werden.

AUFGABE

Schreiben Sie einen (fiktiven) Elternbrief und laden darin zu einem Elternabend ein.

Elternmitarbeit

Eltern zur Mitarbeit zu gewinnen gelingt manchmal leichter, wenn dies bei der Gestaltung von gemeinsamen Festen (z. B. Erntedankfest, in der Vorweihnachtszeit, Laternenfest) angestoßen wird. Nicht vergessen sollte man dabei Feste anderer Religionen, z. B. das Fastenbrechen im Islam zur Beendigung des Ramadan. Bei der Gestaltung dieser Feste wird i. d. R. die Planung von der Kindertagesstätte erledigt, die Eltern werden zu Beiträgen für das Büfett gebeten oder helfen bei der Organisation notwendiger Materialien.

Manchmal werden auch gemeinsame Kreativnachmittage angenommen. Hier gibt es keinen Redezwang, sondern alle beschäftigen sich mit einer kreativen Gestaltung. Gleichzeitig kann dabei eine entspannte Situation entstehen, die zum Reden einlädt.

Andererseits gibt es immer wieder Eltern, die gern bereit sind, Aufgaben in der Kindertagesstätte zu übernehmen, und mit ihren Ideen den Alltag unterstützen möchten. Hier sollte man als Pädagogin nicht annehmen, dass dies eine unnötige Einmischung ist, sondern diesen Angeboten aufgeschlossen gegenüberstehen. Dabei muss verdeutlicht werden, dass eine gegenseitige Absprache notwendig ist, um Elternunterstützung sinnvoll einbinden zu können.

Familienzentren

Zunehmend gibt es Einrichtungen, die sich an die ganze Familie wenden. Diese Familienzentren (auch Mutter-Kind-Zentren genannt) beherbergen unter einem Dach verschiedene Angebote für die Familie. Aspekte davon finden sich auch in Kindertagesstätten, die einzelne Angebote für Eltern bereithalten. Wie in jeder Kindertagesstätte gehören dazu Sitzecken für Eltern, in die sie sich zur Unterhaltung mit einem Getränk zurückziehen können. Hier liegen Broschüren und Hinweise auf Beratungseinrichtungen aus, die den Eltern unverfänglich ermöglichen, sich nach Hilfe umzusehen. Dazu zählen Angebote, die Eltern mit Migrationshintergrund Sprachkurse anbieten, um die Einstiegsbedingungen für die Elternarbeit zu erleichtern.

AUFGABE

Welche Möglichkeiten der elterlichen Mitgestaltung bietet Ihr Kindergarten bei Festen, Ausflügen, regelmäßigen Bildungsangeboten u. a.? Informieren Sie sich und schreiben Sie die Informationen auf. Vergleichen Sie diese mit den Ergebnissen Ihrer Mitschüler.

7 Interkulturelle Elternarbeit

Zahlreiche Kindertagesstätten werden heute von Kindern aus Familien mit Migrationshintergrund besucht. Ihre Eltern haben die unterschiedlichsten Erfahrungen: Sie sind selbst bereits hier geboren und integriert, haben die deutsche Staatsbürgerschaft. Oder sie sind in einem anderen Land geboren, sprechen aber gut Deutsch. Andere leben hier schon lange, sprechen jedoch immer noch gebrochenes Deutsch. Kulturelle Vielfalt ist daher eine schon länger bestehende und vielfach alltägliche Situation. Dennoch ist die Arbeit mit manchen Eltern schwierig oder kann schwierig sein. Vor allem unterschiedliche Vorstellungen der Geschlechterrollen und damit verbundene Erziehungshaltungen führen zur Irritation zwischen Kindertagesstätte und Familien mit Migrationshintergrund.

Im Sprachcafé

Inzwischen gibt es eine Anzahl von ausländisch-inländischen Erzieherinnen und Erziehern der zweiten und dritten Generation, die hier mit ihrer Identität aus deutschen und ausländischen Anteilen ein Brückenglied in den Einrichtungen zwischen Kolleginnen und Kindern mit anderem kulturellen Hintergrund bilden können und dies zum Teil bereits machen.

Wichtigstes Element in der Arbeit mit Erziehungsberechtigten mit Migrationshintergrund ist der **stete kommunikative Austausch** über Erziehungsvorstellungen und Erläuterungen der notwendigen Regeln der

Einrichtung. Diese für jede Zusammenarbeit grundlegende Haltung bekommt hier noch einmal eine besondere Bedeutung, da man vielfach nicht davon ausgehen kann, dass scheinbar Selbstverständliches ebenso gesehen wird oder dass andererseits den Pädagoginnen immer klar ist, welch guter Grund sich hinter manchem scheinbar unverständlichem Verhalten verbirgt.

In der Situation mit Amoras Mutter meint Sema zu wissen, warum sie wenig am Elternabend teilnimmt – sie ist alleinerziehend und spricht noch wenig Deutsch. Warum aber kommt Murats Vater nicht? Hier muss Sema noch forschen, um sein Verhalten zu verstehen und andere Angebote machen zu können.

AUFGABE

1. Erkundigen Sie sich über die Vielzahl kultureller Einflüsse in Ihrer Praxiseinrichtung. Was bietet Ihre Kita den Eltern an, wenn sie nicht ausreichend Deutsch sprechen und sich daher an Angeboten für Eltern wenig beteiligen?
2. Was unternimmt Ihre Kita, wenn Eltern von Kindern mit Migrationshintergrund nicht zum Elternabend kommen?

8 Zusammenarbeit mit Eltern von Kindern mit besonderen Bedürfnissen

Für Eltern, deren Kind eine Behinderung hat, gelten alle bereits besprochenen Aspekte von Elternarbeit. Die immer zu berücksichtigende Familiengeschichte wird in diesem Fall mit meist stärker vorhandenen Gefühlen der Unsicherheit oder auch Angst begleitet. Dies ist für die Sozialassistentin wichtig zu wissen, wenn Eltern vermehrt besorgt nachfragen oder scheinbar selbstverständliche Dinge ganz genau wissen möchten. In der Regel wird der Kontakt sich auf Tür-und-Angel-Gespräche beziehen. Hier sollte die Pädagogin ebenso feinfühlig auf Nachfragen reagieren, wie es auch sonst von ihr erwartet wird, dabei aber eine mögliche sensiblere Gefühlslage der Eltern bedenken. Andererseits wissen die Eltern in der Regel deutlich mehr über die Situation des Kindes, als es eine junge Sozialassistentin wissen kann. Daher sollte man sich auch nicht scheuen, im Bedarfsfall auf dieses Wissen zurückzugreifen und nachzufragen.

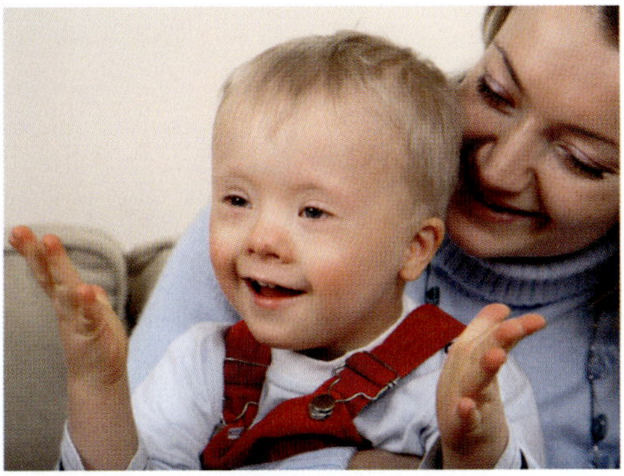

Feinfühlige Kommunikation ist nötig

9 Öffentlichkeitsarbeit, Kooperations- und Präsentationsformen

Eine Kindertagesstätte muss gelungene Öffentlichkeitsarbeit machen, um Eltern (und damit ihre Kinder) für sich gewinnen zu können. Öffentlichkeitsarbeit heißt, dass außerhalb der Einrichtung von ihr Kenntnis genommen wird. Das geschieht z. B., wenn ein Zeitungsartikel über ein Sommerfest erfolgt, ein Flyer über einen interessanten Themenabend ausliegt oder ein Tag der offenen Tür gestaltet wird. Da inzwischen viele Menschen mit dem Internet arbeiten, ist es hilfreich, den Kindergarten auf einer eigenen Webseite vorzustellen. Auf jeden Fall sollte Öffentlichkeitsarbeit kontinuierlich erfolgen.

Sema soll sich um die Einladung zum Elterntreff in der nächsten Woche kümmern. Hier wird sie darauf achten, dass:

- die Einladung an einer zentralen, gut sichtbaren Stelle aufgehängt wird,
- die Einladung mit dem für die Einrichtung typischen Logo sowie in einer standardisierten Schriftform gestaltet ist, sodass auf den ersten Blick deutlich wird, dass es

Das Spielzeug macht Urlaub

Spielzeugfreier Kindergarten in Frankfurt – drei Monate lang

FRANKFURT/MAIN. Merve und Ilias bauen eine Höhle aus Decken und Matratzen. Im Raum nebenan spielen einige Kinder Fangen. Bücher und Bauklötze, Spiele oder Stofftiere sind in dem Frankfurter Kindergarten nicht zu sehen.

„Das Spielzeug macht Urlaub", erklärt die 6-jährige Hilay. Die „Ameisen" machen mit beim „spielzeugfreien Kindergarten"; einem von EU-Gesundheitsexperten ausgezeichneten Projekt zur Suchtprävention. Das Konzept basiert auf der Idee, dass die Kleinen später weniger suchtgefährdet sind, wenn sie früh Fähigkeiten wie Kreativität oder Kommunikationsfähigkeit entwickeln. Das sollen sie lernen, indem sie sich ohne Spielzeug beschäftigen müssen.

„Einige Kinder waren ein bisschen traurig, als das Spielzeug in den Urlaub fuhr", erinnert sich Kinderpflegerin Carmen Cicek. Gemeinsam mit den Kindern haben die Erzieherinnen Puppen, Spiele und Bücher eingepackt und auf eine drei Monate lange Reise geschickt. Tags darauf waren einige Kinder sehr enttäuscht, als sie die leeren Gruppenräume betraten. Schon bald aber kamen Merve, Ilias, Hilay und die anderen Kinder auf neue Ideen: An einem Tag spielten Sie Mumie, an einem anderen Prinzessin, Geburtstag oder Tiger und Löwe. Quer aufgestellte Matratzen wurden zu einer Baustelle, zwei Stühle vor dem Waschbecken zum Friseursalon.

Gerade die ungewollte Leere soll den Kindern Freiraum bieten, kreativ und selbstsicherer zu werden. Viele Kindertagesstätten entschließen sich zum Mitmachen, weil schon die Kleinsten übersättigt sind. Den „Ameisen" ging es zunächst um die Sprachförderung: Alle rund 40 Kinder stammen von Migranten ab und wachsen mindestens zweisprachig auf. Schon in der ersten Projektwoche hätten die Kinder viel mehr miteinander geredet. „Sie müssen einen Spielpartner finden und dem erklären, was sie sich ausgedacht haben." Mancher Einzelgänger sei aufgeblüht und habe Freunde gefunden, erzählt Cicek. „Viele haben sich früher hinter einem Spielzeug versteckt wie hinter einem Schutz."

Viele Kindergärten lassen die Kinder bestimmen, welches Spielzeug nach den drei Monaten die Heimreise antreten soll. Dabei werde meist nicht mal ein Drittel zurückgefordert.

(Fränkischer Tag, Bamberg)

Ein Beispiel für Öffentlichkeitsarbeit

Öffentlichkeitsarbeit kann unterschieden werden in zwei Bereiche:

1. **Das Arbeitsklima in der Einrichtung**, also allgemein Umgangsformen, Arbeitspensum und Kommunikation untereinander, wirkt sich nicht nur positiv für die Angestellten aus, indem sie gern dort arbeiten und wenig wechseln, sondern dies spricht sich herum und wird damit ein Aspekt der öffentlichen Darstellung.

2. **Die Art der Außendarstellung** sollte abgestimmt sein: Ob eingeladen wird für den Tag der offenen Tür oder zum Sommerfest, ein Bericht in der Zeitung veröffentlicht wird oder ein Flyer erscheint– der Kindergarten sollte wiedererkennbar sein in seiner Art, sich zu präsentieren, in seinem Logo, eventuell auch in der sprachlichen Gestaltung. Der Wiedererkennungswert ist umso besser, je mehr sich die Zielgruppe angesprochen und ernst genommen fühlt. Ein schwieriger langer Text ohne Auflockerung wird wohl von den wenigsten Eltern gelesen. Veröffentlichungen mit einer Reihe von Rechtschreibfehlern verlocken keine Eltern, ihr Kind in dieser Bildungseinrichtung anzumelden.
   Zur Außendarstellung zählen auch Dokumentationen von Ergebnissen der Bildungsangebote für die Kinder: Diese machen die Arbeit transparent und erleichtern den Eltern den Nachvollzug des pädagogischen Alltags und laden sie ein zur Nachfrage.

sich um eine Mitteilung der Einrichtung handelt,

- der Text in korrektem Deutsch und in gut lesbaren Sätzen geschrieben ist,
- der Text aufgelockert gestaltet und eventuell mit Bildmaterial veranschaulicht wird, um auch weniger lesekundigen Eltern die Information zu ermöglichen,
- der Text je nach Sprachhintergrund der Eltern ganz oder in zentralen Punkten übersetzt vorliegt.

Interessant ist es für Eltern zu erfahren, ob die Kindertagesstätte mit anderen Einrichtungen in der Region kooperiert: Arbeitet der Kindergarten mit der Grundschule zusammen, sodass dem Kind später der Übergang erleichtert wird? Besteht Kontakt zu verschiedenen Beratungsinstitutionen, falls es Entwicklungsprobleme gibt? Zunehmend wird wichtig, ob der Kindergarten Ansprechpartner für die Familie sein bzw. bei Problemen weitervermitteln kann.

10 Durchspielen einer vollständigen Handlung

Stellvertretend für die verschiedenen alltäglichen Situationen, in denen die junge Pädagogin Sema mit den Eltern in Kontakt kommt, wird die vollständige Handlung am Beispiel des Elternabends durchgeführt, da hier alle wesentlichen Kompetenzbereiche für die Zusammenarbeit mit Eltern berührt werden. Ein Elternabend wird in der Regel nicht allein von der Zweitkraft, sondern in Zusammenarbeit mit den Kolleginnen vorbereitet und durchgeführt.

Analysieren – was findet Sema vor?

Der Kindergarten möchte einen Elternabend veranstalten, zu dem eingeladen worden ist. Da die Uhrzeit immer ein Problem darstellt, wurde den Eltern eine Kinderbetreuung angeboten mit anschließendem gemeinsamen Abendessen. Der Zeitrahmen wurde auf 18:00 bis 20:00 Uhr festgesetzt. Sema stellt fest, dass es bei mindestens drei Eltern dennoch unklar ist, ob sie überhaupt oder pünktlich kommen können: Leas Mutter sagt, dass sie es nicht pünktlich schaffe, Murats Vater hat sich gar nicht geäußert, Amoras Mutter ebenfalls nicht.

Das Thema des Abends wird „Gesunde Ernährung“ sein. Hierzu wurde eine Referentin eingeladen. Anschließend soll gemeinsam ein gesundes Abendbrot gestaltet werden. Letzteres muss noch vorbereitet werden.

Planen – wie will Sema weiter vorgehen?

Sema will sich mit ihren Kolleginnen absprechen, den Abend in drei Teile zu untergliedern: einen allgemeinen ersten Teil, der denjenigen, die es nicht pünktlich schaffen, die Möglichkeit gibt, das Thema des Abends „Gesunde Ernährung“ von Beginn an zu verfolgen. Der zweite Teil beinhaltet den Vortrag der Referentin, der dritte Teil wird in der gemeinsamen Vorbereitung des Abendessens bestehen. Damit könnte Leas Mutter geholfen sein.

Sema will eine Kollegin aus der Nachbargruppe ansprechen, die Spanisch spricht, ob sie Amoras Mutter noch einmal auf den Elternabend hinweist und sie bittet, dabei zu sein. Gerade das Gestalten des Abendessens verbindet auch Menschen, die sich sprachlich nicht gut verständigen können, sodass dieser Abend sicher auch für Amoras Mutter angenehm wird.

Murats Vater wird Sema später beim Abholen selbst ansprechen. Sie will darauf achten, ihm aktiv zuzuhören, wenn er seine Bedenken äußert. Sie vermutet, dass das Thema und die Essensvorbereitung ihn nicht besonders ansprechen. Daher will sie ihm die Möglichkeit geben, seine Rolle bei der Vorbereitung des Essens selbst zu bestimmen. Vielleicht ist dies ein Zugang für ihn? Außerdem möchte sie ihm verdeutlichen, wie sehr sich auch sein Sohn darauf freut, mit ihm und allen anderen gemeinsam zu essen.

Sema will noch einen Aushang machen, der an den heutigen Elternabend erinnert. Sie will nur einen kurzen, aber freundlichen und fröhlich gestalteten Aufruf hinhängen. Nachmittags will sie mit ihren Kolleginnen kleine Tischgruppen zusammenstellen, die Küchenutensilien zur Vorbereitung des Essens bereitstellen sowie die Zutaten für das gesunde Abendbrot frisch einkaufen.

Durchführen – was macht Sema?

Nachdem alle Kinder abgeholt waren, setzten sich Sema und ihre Kolleginnen zusammen und besprachen den Abend. Semas Idee der Dreiteilung des Abends fand sofort Zustimmung. Die Kollegin hat die Mutter von Amora angesprochen und diese hat zugestimmt zu kommen.

Murats Vater konnte allerdings nicht überzeugt werden – er fühlte sich offensichtlich nicht wohl, als einziger Mann zwischen den Frauen zu sitzen. Er hat sich aber zu einem kurzen Gespräch am übernächsten Tag bereit erklärt. Dann wird die Möglichkeit bestehen, die Inhalte des Elternabends kurz zu referieren und in einen Austausch mit dem Vater zu gelangen. Der Einkauf und die Gestaltung des Raums wurden aufgeteilt zwischen den Kolleginnen. Jede hat ihren Teil vorbereitet.

Reflektieren und Bewerten – wie bewertet Sema ihr eigenes Verhalten und die Situationen?

Die Art des Elternabends mit einem gemeinsamen Aktivitätsteil war gut bei den Eltern angekommen. Die Einladungen waren positiv beurteilt worden. Beides zusammen trug offensichtlich dazu bei, dass auch Eltern dabei waren, die sonst selten teilgenommen hatten.

Es war gut, sich die Kompetenzen in der gesamten Einrichtung zunutze zu machen: Die Spanisch sprechende Kollegin war eine große Hilfe.

Das Gespräch mit Murats Vater war schwierig: Sema hatte sich zwar große Mühe in der Ansprache gegeben, merkte aber, dass sie ihn nicht überzeugen konnte. Vielleicht hätte hier ein männlicher Kollege oder noch besser ein anderer Vater die Einladung übernehmen sollen? Oder sollte bei der Anmeldung noch deutlicher auf die gemeinsame Arbeit von Eltern und Kindertagesstätte hingewiesen werden? Hier muss noch weitergedacht werden. Sema möchte dies auf der nächsten großen Dienstbesprechung ansprechen. Die organisatorische Vorbereitung verlief problemlos und erwies sich als für den Abend sinnvoll.

Dokumentieren und Präsentieren – was hält Sema wie fest?

Am Elternabend wurde von einer Kollegin ein Protokoll verfasst, das allen Eltern über ihre Kinder mitgegeben wird. Eltern, die nicht dabei sein konnten, werden zusätzlich mündlich informiert. Sema selbst hatte sich Notizen gemacht – zum einen über unterschiedliche Haltungen zum Thema Ernährung, die ihr aufgefallen waren, sowie zu Themen, die für die Dienstbesprechung wichtig erschienen waren. Von der gemeinsamen Essensaktion wurden Fotos gemacht. Diese werden auf einem Plakat in der Garderobe des Gruppenraums ausgestellt. Sema hat sich bereit erklärt, das Plakat zu gestalten.

Weitere Lernsituation

Die Pädagogin Margit will den Eltern der Kinder aus der „Regenbogengruppe“ einen Brief schreiben, in dem mitgeteilt werden soll, dass in der nächsten Woche ein Waldprojekt startet. Dafür werden die Kinder jeden Tag Regenhosen, Gummistiefel und eine extra Verpflegung von den Eltern brauchen. Sie überlegt eine Zeit lang, wie sie den Brief am besten formuliert, dann schreibt sie ihn nieder.

Alle Eltern erhalten den Brief und schon in den nächsten Tagen beginnen die Eltern, Regenhosen und Gummistiefel in die Kita mitzubringen. Nur die Mutter von Johann denkt bis zum vorletzten Tag nicht daran. Margit überlegt sich, dass sie Johanns Mutter am besten beim Abholen anspricht – leider hat Frau Bernau immer so wenig Zeit. Margit grübelt, wie sie es am geschicktesten anstellt.

AUFGABE

Bearbeiten Sie die Lernsituation nach folgenden Schritten:

1. Analysieren – welche Situation findet Margit vor?
2. Planen – welche weiteren Schritte muss Margit gehen?
3. Durchführen – was genau macht Margit?
4. Reflektieren und Bewerten – wie deutet und wertet Margit aus?
5. Dokumentieren und Präsentieren – wie hält Margit die Ergebnisse fest?

Aufgaben zur Selbstreflexion

Nehmen Sie ein A4-Blatt Papier und teilen Sie es in vier Spalten ein. Die Überschriften für die mittleren beiden Spalten lauten:

- Wann fällt es mir leicht, Eltern anzusprechen?
- Wann fällt es mir schwer, Eltern anzusprechen?

Notieren Sie jeweils alle Situationen, in denen Sie Eltern angesprochen haben, und ordnen Sie sie den beiden Spalten zu. Überlegen Sie, wann Sie Eltern nicht angesprochen haben, und ordnen auch diese Situationen zu.

In einem zweiten Schritt überlegen Sie sich zu jeder der Situationen:

- Was waren die Gründe, warum es mir leicht (bzw. schwer) fiel?

Notieren Sie die Gründe in den nebenstehenden freien Spalten.

Diese Punkte besprechen Sie mit Ihrer Anleitung und versuchen so, Möglichkeiten zu finden, leichter mit Eltern in Kontakt zu kommen, wenn es erforderlich ist.

Praxisaufgaben

1. Verfassen Sie eine ansprechende (fiktive) Mitteilung an die Eltern Ihrer Kita. Besprechen Sie diese mit Ihrer Anleitung. (Wenn es den Bedarf dafür gibt, können Sie die gelungene Mitteilung auch aushängen.)
2. Achten Sie gezielt darauf, dass Sie morgens alle Eltern grüßen und nachmittags wieder verabschieden.
3. Vereinbaren Sie mit Ihrer Anleitung, an welchen Elternkontakten Sie in Ihrer Ausbildungszeit teilnehmen können. Manche Eltern akzeptieren auch die Anwesenheit einer Praktikantin bei einem Entwicklungsgespräch. Fragen Sie nach.

Glossar

Auge-Hand-Koordination: die Fähigkeit, einen optischen Reiz aufzunehmen, zu unterscheiden, zu verarbeiten, zu interpretieren und dann mit den Händen angemessen darauf abgestimmt zu reagieren.

autoritativ: maßgebend; autoritativer Erziehungsstil: ein Erziehungsstil, der Orientierung gibt.

Basisemotionen: eindeutige, international verstehbare Gefühlsausdrücke, deren Inhalt teilweise kulturell bestimmt ist (besonders Scham und Ekel).

Bedürfnis: Gefühl eines Mangelzustands, der beseitigt werden muss.

berufliche Identität: wesentlicher Teil der Persönlichkeit eines Menschen, der durch die Berufstätigkeit und Zugehörigkeit zu einer Berufsgruppe geprägt wird.

dialogischer Lernprozess: Begleitung des Kindes durch den Erwachsenen, wobei es mit ihm gleichwertig seine Erfahrungen bespricht; dies regt zum Lernen an, ohne dass der Erwachsene etwas vorgegeben hat.

Feinmotorik: Bewegungen von Fingern, Zehen und Gesicht, wie z. B. die Mimik oder die sprachliche Artikulation.

forschendes Lernen: Versuch des Kindes, selbst etwas herauszufinden; es forscht so lange, bis es das, was es suchte, entdeckt hat. Dabei lernt es.

Forscherwerkstätten: Funktionsräume in Kitas, die so eingerichtet sind, dass Kinder dort elementare technisch-mathematische, naturwissenschaftliche und naturkundliche Forschungen anstellen können.

Gesetzmäßigkeit: Ablauf von (hier) Wahrnehmungen nach bestimmten Mustern, die bei jedem Menschen gleichermaßen erfolgen.

Grobmotorik: Bewegungen von Kopf, Schultern, Rumpf, Becken sowie Armen und Beinen.

Hospitalismus: ein Mangelzustand von Kindern aufgrund fehlender emotionaler und körperlicher Zuwendung. Heute spricht man auch von Deprivation.

intrinsische Motivation: Motivation, die von innen, aus sich selbst heraus entsteht.

Kinderkonferenz: ein regelmäßiges Treffen aller Kinder in der Kindertagesstätte oder im Hort, auf dem die Anliegen der Kinder von den Kindern besprochen und beschlossen werden.

Kinderrat: Abgeordnete aus verschiedenen Kindergruppen einer Kindertagesstätte, die sich zu bestimmten Themen besprechen (mithilfe der Erwachsenen) und die Resultate in ihre Gruppen zurückbringen.

Kompetenz: Fähigkeit; Kompetenzzuwachs: Zunahme an bestimmten Fähigkeiten und Fertigkeiten.

Körperschema: das Wissen über die Größe des eigenen Körpers und seiner Gliedmaßen.

Laissez-faire: (franz. = lass sie machen); alles erlauben.

Migrationshintergrund: Als Personen mit Migrationshintergrund definiert werden *„alle nach 1949 auf das heutige Gebiet der Bundesrepublik Deutschland Zugewanderten, sowie alle in Deutschland geborenen Ausländer und alle in Deutschland als Deutsche Geborenen mit zumindest einem nach 1949 zugewanderten oder als Ausländer in Deutschland geborenen Elternteil"* (Def. d. Statistischen Bundesamts). Somit gehören auch Spätaussiedler und deren Kinder zu den Personen mit Migrationshintergrund. Dieser kulturelle Hintergrund eines Kindes sollte berücksichtigt und positiv für seine Entwicklung genutzt werden.

Motorik: Bezeichnung für die Gesamtheit aller Bewegungsabläufe des menschlichen Körpers.

Objektpermanenz: im Verlaufe der intellektuellen Entwicklung erworbene Überzeugung, dass Dinge auch dann noch vorhanden sind, wenn sie aus dem Blickfeld geraten sind.

offenes Konzept: pädagogisches Konzept, demzufolge die pädagogische Arbeit nicht in festen Gruppen (Stammgruppen) stattfindet, sondern in von den Kindern der Kindertagesstätte frei gewählten Spielgruppen mit selbst gewählten Aktivitäten. Die Kinder bewegen sich frei in der Kita, orientieren sich z. B. an Funktionsräumen wie Musik- oder Kreativraum, in denen dann oft ein entsprechendes Angebot gemacht wird.

permissiv: (von lat. permittere = erlauben); permissiver Erziehungsstil: ein Erziehungsstil, der alles erlaubt.

primäre Emotionen: die vier grundlegenden menschlichen Gefühlsausdrücke, die von Geburt an vorhanden und erkennbar sind (Freude, Trauer, Ärger, Furcht).

professionelle Haltung: in seinem Handeln das eigene Fachwissen aus verschiedenen Sichtweisen berücksichtigen und entsprechend zeigen; das Gegenteil von spontanem, emotionalem Handeln.

prüde: Einstellung, die körperliche und sinnliche Freuden nicht erkennen und akzeptieren will.

Psychoanalyse: Theorie und Behandlungsmethode, die der Wiener Arzt SIGMUND FREUD Anfang des 20. Jahrhunderts angesichts von Krankheitssymptomen entwickelte, für die er keine körperlichen Ursachen finden konnte.

Psychologie: Wissenschaft, die sich mit der seelischen Entwicklung des Menschen befasst.

Rituale: ursprünglich Verhaltensweisen, die religiös geprägt sind; inzwischen sind damit auch Verhaltensweisen gemeint, denen eine besondere Bedeutung zugesprochen wird und die von einer größeren gesellschaftlichen Gruppe anerkannt sind.

Schlüsselsituationen: Situationen, die i.d.R. wiederkehrend sind und den Alltag in besonderer Weise strukturieren.

Selbstbild: die Vorstellung, die man von sich selbst hat.

Selbstbildungspotenziale: Handlungs- und Denkmöglichkeiten (Potenzial = Möglichkeit); sie sind im Kind angelegt und erweitern sein Wissen; das Kind trägt daher also durch sich selbst zu seiner Bildung bei.

Selbstkonzept: die Vorstellung, die man von sich selbst und seinen Lebensvorstellungen hat.

Selbstreflexion: die Fähigkeit, seine eigene Person, sein Denken und Handeln kritisch zu hinterfragen.

Selbststeuerung: die Fähigkeit des Menschen/Kindes, selbst zu entscheiden, was er/es möchte.

Selbstwertgefühl: der Eindruck, den der Mensch von sich selbst, seinen Fähigkeiten und seinem Charakter hat.

Sinnessystem: Gesamtheit aller mit dem jeweiligen Sinn (z. B. Gleichgewichtssinn) verbundenen Wahrnehmungsprozesse.

Sorgeberechtigte: die Menschen, die vom Gesetzgeber den Auftrag erhalten haben, sich um das Kind zu kümmern. In der Regel sind dies die Eltern, es können aber auch andere Verwandte wie Großeltern oder nicht verwandte Personen sein, die das Erziehungsrecht (evtl. auf Zeit) erhalten haben.

soziale Normen: allgemeingültige Verhaltensregeln, die auf den Wertvorstellungen einer Gesellschaft basieren. Sie regeln das Zusammenleben in der Gesellschaft.

Sozialisation: der Prozess der Eingliederung des heranwachsenden Menschen in die Gesellschaft.

Soziologie: Wissenschaft, die sich mit der Gesellschaft, ihrer Entwicklung und dem Verhältnis Mensch-Gesellschaft befasst.

Soziometrie: Messinstrumente wie z. B. Fragen, Tabellen, um menschliche Beziehungen festzuhalten.

Sprachvorbild: Modell für andere in ihrer Haltung gegenüber sprachlicher Kommunikation und Sprache, ihrem Sprachgebrauch und dem Verhalten gegenüber anderen Sprachen und Dialekten.

Subjektivität: (hier) die eigene, individuelle Wahrnehmung von Eindrücken und deren Verarbeitung nach eigenem Entwicklungsbedarf.

Synapsen: Verbindungsstellen zwischen Nervenzellen.

Theory of Mind: Theorien, Annahmen über das Denken anderer Menschen, Vermutungen über deren Wünsche oder Absichten.

veränderte Kindheit: Wandel der gesellschaftlichen/wirtschaftlichen Bedingungen und der Lebensumwelt (z. B. veränderte Familienkonstellationen, Medieneinfluss) und ihr Einfluss auf das Aufwachsen von Kindern.

vorsprachliche Erinnerungen: Gedächtnisinhalte, die in einer Lebensphase entstanden sind, in der das Kind noch nicht sprechen konnte (es sind i.d.R. Erinnerungen an Gefühle, Berührungen, Gerüche, Farben, die später nur schwer eindeutig zugeordnet werden können).

Werte: historisch gewachsene und kulturell geprägte sittliche und geistige Grundsätze eines Sinn- und Orientierungssystems einer Gesellschaft.

Wertvorstellung: die Vorstellung davon, was das Ziel oder Ideal im eigenen Leben ist.

Zentralnervensystem: Gesamtheit aller Nervenzellen und Nervenverbindungen, die zusammen alle Funktionen des Körpers steuern und koordinieren.

Sachwortverzeichnis

Literaturverzeichnis

Kapitel 1 Sich im Berufsfeld orientieren

Verwendete Literatur

Bildungsplan Berufsfachschule für Sozialpädagogische Assistenz, Behörde für Bildung und Sport, Hamburg 2007

Erfolgreich starten. Leitlinien zum Bildungsauftrag von Kindertageseinrichtungen. Ministerium für Bildung, Wissenschaft, Forschung und Kultur des Landes Schleswig-Holstein, Kiel 2004

Gesetz über die Betreuung und Förderung von Kindern in Kindergärten, anderen Tageseinrichtungen und der Kindertagespflege in Baden-Württemberg (Kindertagesbetreuungsgesetz – KiTaG), in der Fassung vom 19. März 2009

Gesetz zur Förderung von Kindern in Tageseinrichtungen und Tagespflegestellen (Kindertagesstättengesetz – KiTaG) in Schleswig Holstein, in der Fassung vom 12. Dez. 1991

Grundgesetz für die Bundesrepublik Deutschland vom 23. Mai 1949, in der Fassung vom 19. März 2009

Hamburger Kinderbetreuungsgesetz (KibeG), in der Fassung vom 24. April 2004

Jugendarbeitsschutzgesetz (JArbSchG), in der Fassung vom 31. Okt. 2008

Kinder- und Jugendhilfeweiterentwicklungsgesetz (KICK), Bundesgesetz, in der Fassung vom 01. Okt. 2005

Kindergartengesetz (KiTaG) von Niedersachsen, in der Fassung vom 07. Feb. 2002

Krenz, A.: Kompetenz und Karriere. Freiburg 1999

Orientierungsplan für Bildung und Erziehung für die baden-württembergischen Kindergärten, Stuttgart 2006

Orientierungsplan für Bildung und Erziehung im Elementarbereich niedersächsischer Tageseinrichtungen für Kinder, Hannover 2005

Sozialgesetzbuch Achtes Buch (KJHG) SGB VIII Kinder- und Jugendschutzhilfe, Bundesgesetz, in der Fassung vom 06. Juli 2009

Tagesbetreuungsausbaugesetz (TAG), Gesetz zum qualitätsorientierten und bedarfsgerechten Ausbau der Tagesbetreuung für Kinder, Bundesgesetz, in der Fassung vom 01. Jan. 2005

www.handbuch-kindertagespflege.de

Weiterführende Literatur

Internetseiten

Möglichkeiten, sich über den Beruf und aktuelle Diskussionen zu informieren und mit anderen pädagogischen Fachkräften in Kontakt zu treten:

www.erzieherin.de
www.erzieherinnenausbildung.de
www.profis-in-kitas.de
www.erzieherin-online.de
www.entdeckerkiste.de
www.kindergartenpaedagogik.de
www.kindergarten-heute.de
www.kleinundgross.de
www.bildungsserver.de
www.news.jugendsozialarbeit.de
www.jugendserver.de
www.bagjaw.de
www.soziales-netz.de

Zeitschriften

Kindergarten heute, Zeitschrift für Erziehung, Freiburg

Klein und groß, Fachzeitschrift für Erzieherinnen und sozialpädagogische Fachkräfte, Weinheim

TPS, Theorie und Praxis der Sozialpädagogik. Evangelische Fachzeitschrift für die Arbeit mit Kindern, Seelze

Welt des Kindes, Fachzeitschrift für Kindertageseinrichtungen, Hrsg. Verband Katholischer Tageseinrichtungen für Kinder, München

Kapitel 2 Beziehungen zu Kindern und Grundlagen der Erziehung

Verwendete Literatur

Bubolz, G. (Hrsg.): Kursthemen Erziehungswissenschaften, Erziehungssituationen und Erziehungsprozesse, Berlin 2006

GEO Wissen Nr. 23: Kindheit und Jugend, Nachdruck 23/1995; Hamburg 1995, S. 47

GEO Wissen Nr. 37: Kindheit und Erziehung, Die ersten 10 Jahre; Hamburg 2006

Kindertagesstätte Glückstädter Weg/Kita der Hamburger Vereinigung GmbH: Pädagogisches Konzept, Heft 04/08, Hamburg 2008

Scherr, A.: Sozialisation, Person, Individuum, in: Korte/Schäfers, Einführung in Hauptbegriffe der Soziologie, Wiesbaden 2008

Schulz von Thun, F.: Miteinander reden Band 1, Hamburg 2004

Tausch, A. / Tausch, R.: Wege zu uns und zu anderen, Reinbek 1999

Watzlawick, P. / Beavin, J. / Jackson, D.: Menschliche Kommunikation, Bern 2000

Kapitel 3 Bedürfnisse – was brauchen Kinder zum Aufwachsen?

Verwendete Literatur

Bertelsmann Stiftung und Institut für Frühpädagogik (Hrsg.): Wach neugierig, klug – Kinder unter Drei, in: Medienpaket für Kitas, Tagespflege und Spielgruppen (CD-ROM), Gütersloh 2006

Fatke, R.: Psychohygiene und Pädagogik, in: Enzyklopädie der Psychologie des 20. Jahrhunderts, Band 12, München 1980, S. 166 f.

Franz, M.: Lebensraum Kindertagesstätte, in: TPS 1/05, Seelze 2005, S. 14–18

Kazemi-Veisari, E.: Kinder verstehen lernen: Wie Beobachtung zu Achtung führt, Seelze 2004

Krenz, A.: Was Kinder brauchen, Weinheim 2005

Laewen, H. J. / Andres, B.: Forscher, Künstler, Konstrukteure, Neuwied 2002, S. 114–123

Niggemeyer, E. / Hoenisch, N.: Bildung mit Demokratie und Zärtlichkeit, Lernvergnügen Vierjähriger, Weinheim 2003

Pikler, E.: Laßt mir Zeit – Beziehungsvolle Säuglingspflege, München 2001

Schäfer, G.: Der Raum als erster Erzieher, in: TPS 1/05, Seelze 2005, S. 6–9

Weiterführende Literatur

Brazelton, T. B. / Greenspan, S. I.: Die sieben Grundbedürfnisse von Kindern. Was jedes Kind braucht, um gesund aufzuwachsen, gut zu lernen und glücklich zu sein, Weinheim 2002

Kapitel 4 Sozial-emotionale Entwicklung

Verwendete Literatur

Baum, H.: Kleine Kinder – große Gefühle, Freiburg 1999, S. 56 (Herr Hai); S. 27 ff. (Selbstreflexion)

Laewen, H.-J. / Andres, B.: Berliner Eingewöhnungsmodell, INFANS Berlin www.infans.net

Strätling, B.: Streiten, teilen und vertragen, München 1994

Kapitel 5 Motorische und sensorische Entwicklung

Verwendete Literatur

Ayres, J.: Bausteine der kindlichen Entwicklung, Berlin 1992

Beek, A. von der: Bewegungsräume für Kinder von Null bis Drei, Berlin 2006

BZgA: Sicherheitsfibel – Ratgeber für Eltern zur Verhütung von Kinderunfällen, Köln 2002

Gebauer, K. / Hüther, G.: Kinder brauchen Wurzeln. Neue Perspektiven für eine gelingende Entwicklung, Düsseldorf 2001

Gudjons, H. u. a.: Auf meinen Spuren. Das Entdecken der eigenen Lebensgeschichte, Bad Heilbrunn 2008, S. 148 und 153 (Praxisaufgaben)

Gudjons, H. u. a.: Auf meinen Spuren. Übungen zur Biografiearbeit, Bad Heilbrunn 2008
Hamburger Forum Spielräume – eine Initiative für Kinder in der Stadt. Fachbereich Sportwissenschaft, Universität Hamburg www1.uni-hamburg.de/forum/
Herm, S.: Psychomotorische Spiele für Kinder in Krippen und Kindergärten, Weinheim 2006
Largo, R.: Babyjahre, München 2010
Maier, K. /Ambühl-Caesar, G. / Schandry, R.: Entwicklungspsychophysiologie. Körperliche Indikatoren psychischer Entwicklung, Weinheim 1994, S. 16
Miedzinski, K. / Fischer, K.: Die neue Bewegungsbaustelle – Lernen mit Kopf, Herz, Hand und Fuß. Modell bewegungsorientierter Entwicklungsförderung, Dortmund 2009
Pfluger-Jakob, M.: Wahrnehmungsstörungen bei Kindern – Hinweise und Beobachtungshilfen, in: Kindergarten heute spezial, Freiburg 2006, S. 6
Pikler, E.: Laßt mir Zeit – Beziehungsvolle Säuglingspflege, München 2001
Schäfer, G. (Hrsg.): Bildung beginnt mit der Geburt, Weinheim 2005
Schönrade, S. / Pütz, G.: Die Abenteuer der kleinen Hexe, Dortmund 2008
Zimmer, R.: Handbuch der Bewegungserziehung. Grundlagen für Ausbildung und pädagogische Praxis, Freiburg 2009
Zimmer, R.: Handbuch der Psychomotorik. Theorie und Praxis der psychomotorischen Förderung von Kindern, Freiburg 2006
Zimmer, R.: Handbuch der Sinneswahrnehmung. Grundlagen einer ganzheitlichen Bildung und Erziehung, Freiburg 2010

Weiterführende Literatur

Beudels, W. / Lensing-Conrady, R. / Beins, H. J.: Das ist für mich ein Kinderspiel, Handbuch zur psychomotorischen Praxis, Dortmund 2003
Hengstenberg, E.: Entfaltungen, Bilder und Schilderungen aus meiner Arbeit mit Kindern, Berlin 2002
Pfluger-Jakob, M.: Wahrnehmungsstörungen bei Kindern – Hinweise und Beobachtungshilfen, in: Kindergarten heute spezial, Freiburg 2006, S. 6
Schönrade, S.: Kinderräume – KinderTräume oder wie Raumgestaltung im Kindergarten sinnvoll ist, Dortmund 2001
Tardos, A. u. a.: Sich frei bewegen (Video, DVD), Pikler Institut, München 1996

Kapitel 6 Kognitive Entwicklung

Verwendete Literatur

GEO kompakt Nr. 17: Kindheit, Hamburg 2008
Jaszus, R. u. a.: Sozialpädagogische Lernfelder für Erzieherinnen, Stuttgart 2008
Kasten, H.: 0–3 Jahre, Entwicklungspsychologische Grundlagen, Weinheim 2007
Kasten, H.: 4–6 Jahre, Entwicklungspsychologische Grundlagen, Weinheim 2009
Schülerduden Psychologie, Mannheim 2003
Textor, M.: Lew Wygotski – entdeckt für die Kindergartenpädagogik, in: Klein & Groß, Heft 11/12 1999, S. 36–40
Zimbardo, P. u. a.: Psychologie, München 2008
Zimmer, R.: Handbuch der Bewegungserziehung, Freiburg 2009

Kapitel 7 Sprachentwicklung

Verwendete Literatur

Böhm, D. / Böhm, R. / Deiss-Niethammer, B.: Handbuch interkulturelles Lernen. Theorie und Praxis für die Arbeit in Kindertageseinrichtungen, Freiburg 2001
Brüggebors, G.: So spricht mein Kind richtig, Hamburg 1998
Holste, U.: Spracherziehung im Kindergarten – Überlegungen zur Notwendigkeit eines Richtungswechsels in der Sprachförderung von Kindern, in: KiTa-aktuell 2005
Holste, U.: Spracherziehung im Kindergarten.

Neue Wege der Unterstützung und Begleitung des Spracherwerbs und der sprachlichen Entwicklung vor dem Hintergrund veränderter Sozialisationsbedingungen von Kindern, in: Wehrmann (Hrsg.), Kindergärten und ihre Zukunft, Weinheim 2004

Kasten, H.: 0–3 Jahre, Entwicklungspsychologische Grundlagen, Weinheim 2007

Kasten, H.: 4–6 Jahre, Entwicklungspsychologische Grundlagen, Weinheim 2009

Kindergarten heute spezial: Sprachentwicklung und Sprachförderung, Freiburg 2004, S. 41 (Selbstreflexion)

Mietzel, G: Wege in die Entwicklungspsychologie, Weinheim 2002

Mitrovic, M. G.: Bilinguale Erziehung im Vorschulalter, in: Wehrmann (Hrsg.), Kindergärten und ihre Zukunft, Weinheim 2004

Wendlandt, W.: Sprachstörungen im Kindesalter. Materialien zur Früherkennung und Beratung, Stuttgart 2006

Winner, A.: Kleinkinder ergreifen das Wort. Sprachförderung mit Kindern von 0–7 Jahren, Berlin 2007

Weiterführende Literatur

Elschenbroich, D. / Schweitzer, O: Ins Schreiben hinein. Kinder auf der Suche nach dem Sinn der Zeichen, München 2001

Fried, L. / Briedigkeit, E.: Sprachförderkompetenz – Selbst- und Teamqualifizierung für Erzieherinnen, Fachberatungen und Ausbilder, Berlin 2008

Hamburger Bildungsempfehlungen für die Bildung und Erziehung von Kindern in Tageseinrichtungen, Hamburg 2008, S. 42 ff.

Küspert, P. / Schneider, W.: Hören, lauschen, lernen – Sprachspiele für Kinder im Vorschulalter, Göttingen 2000

Mayr, T. / Ulich, M.: SiSMIK Sprachverhalten und Interesse an Sprache bei Migrantenkindern in Kindertageseinrichtungen. Ein Instrument zur systematischen Beobachtung der Sprachentwicklung, Freiburg 2003

Neumann, S.: Ganzheitliche Sprachförderung, Weinheim 2001

Nienkerke-Springer, A. / Beudels, W.: Komm, wir spielen Sprache, Dortmund 2001

www.familie-online.de

www.muttersprachenerwerb.de

Kinderbücher in Reimform:

„Der Grüffelo“; „Für Hund und Katz ist auch noch Platz“ Scheffler, A. / Donaldson, J., Weinheim

Kapitel 8 Sexuelle Entwicklung und Sexualpädagogik

Verwendete Literatur

BzGA: Materialien und Medien zur Körpererfahrung und Sexualerziehung für Kinder ab 3 Jahren, Begleitheft zur Kindergartenbox „Entdecken, schauen, fühlen!“, Köln 2004

Danninger, K.: Kindliche Sexualität, Bestandteil einer gesunden Entwicklung, in: Pflege und Adoption 01/09, S. 10–12

Kleinschmidt, L. (Hrsg.): Lieben, Kuscheln, Schmusen. Hilfen für den Umgang mit kindlicher Sexualität, Münster 1994

Philipps, I.-M.: Wie sexuell ist kindliche Sexualität? Vortrag am 21. Feb. 2005, Fachtagung „Kuscheln, Fühlen, Doktorspiele”, Hamburg

Kapitel 9 Kindliche Lernformen

Verwendete Literatur

Kahl, R.: Archiv der Zukunft, Die Entdeckung der frühen Jahre, Weinheim 2006 www.archiv-der-zukunft.de/

Kasten, H.: 0–3 Jahre, Entwicklungspsychologische Grundlagen, Weinheim 2007

Kasten, H.: 4–6 Jahre, Entwicklungspsychologische Grundlagen, Weinheim 2009

Mietzel, G.: Wege in die Psychologie, Stuttgart 2004

Pousset, R.: Handwörterbuch für Erzieherinnen und Erzieher, Weinheim 2006

Schäfer, G. (Hrsg): Bildung beginnt mit der Geburt, Weinheim 2003

Spitzer, M.: Lernen, Gehirnforschung und die Schule des Lebens, Berlin 2007

Tietze, W. / Viernickel, S. (Hrsg.): Pädagogische Qualität in Tageseinrichtungen für Kinder. Ein nationaler Kriterienkatalog, Weinheim 2003

Zimmer, R.: Toben macht schlau, Freiburg 2004

Kapitel 10 Wahrnehmen und Beobachten

Verwendete Literatur

Bensel, J. / Haug-Schnabel, G.: Kinder beobachten und ihre Entwicklung dokumentieren; in: Kindergarten heute spezial, Freiburg 2005

Deutsches Jugendinstitut DJI, Leu u. a.: Bildungs- und Lerngeschichten, Berlin 2007

Focke, K.-U.: Sich in der Welt zurechtfinden – Wie entwickelt sich die kindliche Wahrnehmung? in: Online-Familienhandbuch www.familienhandbuch.de, Hrsg. Fthenakis/Textor

Goldstein, B.: Wahrnehmungspsychologie. Eine Einführung, Heidelberg 1997

Hamburger Bildungsempfehlungen für die Bildung und Erziehung von Kindern in Tageseinrichtungen, Hamburg 2008

Institut für angewandte Sozialisationsforschung/Frühe Kindheit e. V., INFANS Berlin www.infans.net

Laevers, F. (Hrsg.), Vandenbussche/Kog/Depondt/Laevers: Beobachtung und Begleitung von Kindern (Leuwener Engagiertheitsskala), Centre for Experiential Education, Leuwen, Belgien 2005

Laewen, H.-J. / Andres, B.: Forscher, Künstler, Konstrukteure, Neuwied 2002

Mayr, T. / Ulich, M.: SiSMIK Sprachverhalten und Interesse an Sprache bei Migrantenkindern in Kindertageseinrichtungen. Ein Instrument zur systematischen Beobachtung der Sprachentwicklung, Freiburg 2003

Neuß, N.: Bildung und Lerngeschichten im Kindergarten, Berlin 2007

Rogers, C.: Eine Theorie der Psychotherapie, der Persönlichkeit und der zwischenmenschlichen Beziehungen, Köln 1998

Viernickel, S. / Völkel, S.: Beobachten und dokumentieren im pädagogischen Alltag, Freiburg 2009

Vopel, K. W.: Interaktionsspiele, Salzhausen 2008

Wilke, F.: Der positive Blick aufs Kind, Pestalozzi-Fröbel-Haus, Berlin 2004 (Video, DVD)

Kapitel 11 Planung und Durchführung von Bildungsangeboten

Verwendete Literatur

Hall, S.: Alle Jahre wieder, in: TPS 4/01, Seelze 2001

Hamburger Bildungsempfehlungen für die Bildung und Erziehung von Kindern in Tageseinrichtungen, Hamburg 2008

Hansen, R.: Die Kinderstube der Demokratie – Partizipation in Kindertagesstätten, Kiel 2003

Hansen, R.: Die Verfassunggebende Versammlung in der Kindertageseinrichtung; in: KiTa spezial 3/05, Thema Partizipation, München 2005

Harz, F.: Verwurzelung und Öffnung. Interreligiöse Erziehung im Alltag der Kindertagesstätten, in: TPS 3/01, Seelze 2001

Hebenstreit, S.: Kindzentrierte Kindergartenarbeit, Freiburg 1994, S. 20 ff.

Jaszus, R. u. a.: Sozialpädagogische Lernfelder für Erzieherinnen, Stuttgart 2008

Klein, L.: Lernwerkstatt ist überall – Wie die ganze Kindertagesstätte Lernwerkstatt werden kann; in: TPS 1/05, Seelze 2005

Orientierungsplan für Bildung und Erziehung im Elementarbereich niedersächsischer Tageseinrichtungen für Kinder, in der Fassung vom 12. Jan. 2005

Saint-Exupéry, A. de: Der kleine Prinz, Düsseldorf 2008, S. 51

Kapitel 12 Die Gruppe in der Kindertagesstätte

Verwendete Literatur

Bernstein, S. / Lowy, L.: Untersuchungen zur sozialen Gruppenarbeit, Freiburg 1975

Dechmann, B. / Ryffel, Ch.: Soziologie im Alltag. Einführung für Erzieherinnen, Weinheim 2008

Ennulat, G.: Das Gruppenleben der unter Dreijährigen und seine Anforderungen an Kinder und Erzieherinnen, in: TPS 1/07, Seelze 2007

Korte, H./Schäfers, B.: Einführung in Hauptbegriffe der Soziologie, Wiesbaden 2010, S. 70 ff. und S. 137 f.

Niesel, R.: Der Übergang von Familie in eine Kindertageseinrichtung, München 2000

Orientierungsplan für Bildung und Erziehung im Elementarbereich, Niedersächsisches Kultusministerium 2004, S. 36

Viermichel, S. / Sechtig, J.: Krippenkinder aufnehmen; in: Kindergarten heute 1/03, Freiburg 2003

Kapitel 13 Pädagogische Handlungskonzepte

Verwendete Literatur

Becker-Textor, I.: Friedrich Fröbel – Erst greifen, dann begreifen, in: Kindergarten heute spezial: Pädagogische Handlungskonzepte, Freiburg 2005

Becker-Textor, I.: Maria Montessori, Erziehung zur Selbstständigkeit, in: Kindergarten heute spezial: Pädagogische Handlungskonzepte, Freiburg 2005

Fröbel, F.: Ausgewählte Schriften. Texte zur Vorschulerziehung und Spieltheorie, Stuttgart 1982

Kindergarten heute spezial: Pädagogische Handlungskonzepte, Von Fröbel bis zum Situationsansatz, Freiburg 2005

Oswald, P. / Schulz-Benesch, G. (Hrsg.): Grundgedanken der Montessori-Pädagogik, Freiburg 1991

Trost, F.: Die Erziehungsmittel, Weinheim 1966, S. 21

Weiterführende Literatur

Becker-Textor, I.: Maria Montessori, Kinder lernen schöpferisch. Die Grundgedanken für den Erziehungsalltag mit Kleinkindern, Freiburg 2001

Elschenbroich, D.: Weltwissen der Siebenjährigen, München 2002

Fthenakis, W. / Textor, M. (Hrsg.): Pädagogische Ansätze im Kindergarten, Weinheim 2000

Kindergarten heute spezial: Pädagogische Handlungskonzepte, Von Fröbel bis zum Situationsansatz, Freiburg 2005

Montessori, M.: Lernen ohne Druck. Schöpferisches Lernen in Familie und Schule, Freiburg 2007

Standing, E. M.: Maria Montessori, Leben und Werk, Oberursel/Taunus 1970

Kapitel 14 Zusammenarbeit mit Eltern und Sorgeberechtigten

Verwendete Literatur

Leupold, E. M.: Handbuch der Gesprächsführung, Freiburg 2002

Dahlke-Quade, A. / Höfelmeyer, A.: Mein Herz denkt arabisch – meine Ohren hören deutsch, in: Kindergarten heute 6/02, Freiburg 2002, S. 40 f.

Gesetz zur Einordnung des Sozialhilferechts in das Sozialgesetzbuch vom 27. Dez. 2003

Bröder, M.: Gesprächsführung in Kita und Kindergarten, Freiburg 2004

Kinderreport Deutschland 2010, Deutsches Kinderhilfswerk e. V. www.dkhw.de/

Elternarbeit als Kundenorientierung, in: Kindergarten heute 4/00, Freiburg 2000, S. 6 ff.

Bildquellenverzeichnis

Alf, Renate, Freiburg: S. 47
Alf, Renate: Der reinste Kindergarten, Lappan Verlag, Oldenburg 2009: S. 250; 254
Averhoff, Cornelia, Hamburg: S. 228; 297; 298; 302; 305/2
Behörde für Soziales, Familie, Gesundheit und Verbraucherschutz, Hamburg: S. 230/1
BilderBox Bildagentur GmbH, Thening, Österreich: S. 30
Corbis GmbH, Düsseldorf: S. 62 (Tim Tadder); 79 (Heike Benser); 91/1 (Tim Tadder)
Cornelsen Verlag Scriptor, Berlin: S. 230/2
dpa Picture-Alliance GmbH, Frankfurt a. M: S. 18/1 (dpa—Report), 4 (Sven Simon); 27 (dpa-Bildarchiv); 67/1 (Frank May); 68; 74 (dpa-Report); 101 (dpa-Bildarchiv); 130 (dpa-Report); 131 (dpa-Report); 169/1 (Süddeutsche Zeitung Photo); 194 (dpa-Report); 236 (dpa-Report); 243 (chromorange); 244/1 (dpa-Report), 2 (ZB-Fotoreport); 253 (dpa-Report); 318 (vario images); 327/2 (dpa-Report)
dpa-infografik GmbH, Hamburg: S. 14; 25; 78
Escher, M. C.: „Waterfall", © 2010 The M. C. Escher Company-Holland. All rights reserved. www.mcescher.com: S. 210
Escher, Thomas, Hamburg: S. 122/2
Fotolia Deutschland, Berlin, © www.fotolia.de: S. 33 (monkey business); 65 (Nicole Effinger); 70 (fux-art); 76 (Christian Schwier); 89/1 (Andreas Reimann), 2 (Dolgatsjov); 95 (Pavel Losevsky); 97 (Nicole Effinger); 99 (Hans Klein); 100 (monkey business); 120/1 (Andjej Gobacevskij), 2 (digitalpress); 121/3; 124; 143 (dron); 145 (eyezoom1000); 148/2 (Michael Pettigrew); 154 (Pavel Losevsky); 156 (Stephen Coburn); 169/2 (Lucky Dragon); 180 (Wojciech Gujda); 184/2 (AVAVA); 187 (Sonya Etchison); 189 (Peter Kögler); 196 (Iso K°); 202 (Andreas Reimann); 206 (Digitalpress); 242 (La Catrina); 324 (Amir Kaljikovic); 329 (Thomasz Markowski)
Getty Images, München: S. 111
Grützke, Johannes, Berlin: S. 52
iStockphoto, Berlin: S. 38 (Damir Cudic); 60 (forestpath); 77 (Franky de Meyer); 84 (Danish Khan); 86 (Rosemarie Gearhart); 91/2 (Zanskar), 3 (Bennewitz); 94/1 (Zanskar); 96 (Juan Monino); 102 (Meredith Mullins); 105 (Joseph Jan Rolland); 114 (Kevin Cook); 120/3 (Maya Kovacheva), 4 (Franz Rombout); 121/1 (manley 099), 2 (Boris Ryaposov); 128/1 (Jason Lago); 165 (Lobke Peers); 166 (one blue light); 168/1 (Che McPherson), 2 (Leah-Anne Thompson); 183 (Nikolai Suslov); 184/1 (Alexander Mychko); 185 (Liudmila Sundikova); 268 (Dan Moore)
Jeannot, Godje, Hamburg: S. 248; 249
Kindergarten Gustedt, Gustedt/Elbe: S. 69/2
Kindergarten Ritterhuder Straße, Hamburg: S. 328
Kindertagesstätte „Spatzennest", Cottbus: S. 308
Kipka Comic, La Massana, Andorra, für United Feature Syndicate, New York, USA: S. 127
Laage-Gaupp, Anita, aus: Stemme, Gisela & Eickstedt, Doris von: Die frühkindliche Bewegungsentwicklung. Vielfalt und Besonderheiten, S. 64, Düsseldorf, Verlag Selbstbestimmtes Leben, Neuauflage 2007: S. 122/1
Landesbund für Vogelschutz in Bayern e.V., Hilpoltstein: S. 126; 279
Malik Management Zentrum St. Gallen AG, St. Gallen, Schweiz: S. 144
Melitta Haushaltsprodukte GmbH & Co. KG, Minden: S. 208
pixelio media GmbH, München, © www.pixelio.de: S. 200 (Melanie Miske)
Preußler, Otfried, Das kleine Gespenst, mit Illustrationen von F. J. Tripp © 1966 by

Thienemann Verlag (Thienemann Verlag GmbH), Stuttgart/Wien: S. 94/3

Preußler, Otfried, Die kleine Hexe, mit Illustrationen von Winnie Gebhard © 1966 by Thienemann Verlag (Thienemann Verlag GmbH); Stuttgart/Wien: S. 94/2

Schmidt, Hartmut W., Fotografie, Freiburg: S. 10; 18/3; 24; 45; 53; 140; 148/1; 150; 158; 172; 177; 178; 188; 190; 192, 217, 219, 223; 234; 256; 262; 272; 277; 278; 286; 292; 305/1; 312; 314; 325; 327/1; 333

Stinsmeier, Julia, Hamburg: S. 18/2; 35; 67/2; 108; 128/2,3,4; 132; 133; 137; 174

Verlag Handwerk und Technik GmbH, Hamburg: S. 69/1; 72; 319

Woessner, Freimut, Berlin: S. 123

Wolter, Harro, Hamburg: S. 294; Titelfoto

Zahlenbilder, Bergmoser + Höller Verlag AG, Aachen: S. 317

http://zeuscat.com: S. 29

Sämtliche nicht im Bildquellenverzeichnis aufgeführte Zeichnungen: Bianca Schaalburg, Berlin

Umschlaggestaltung: Harro Wolter, Hamburg www.harrowolter.de